浙江省普通本科高校"十四五"重点立项建设教材

创业法律风险防范

周湖勇 主 编
谭 浩 胡海华 副主编

撰稿人 周湖勇 谭 浩 周秉策
胡海华 陈以拓 胡剑波

北京大学出版社
PEKING UNIVERSITY PRESS

图书在版编目(CIP)数据

创业法律风险防范/周湖勇主编. —北京:北京大学出版社,2024.4
ISBN 978-7-301-35017-1

Ⅰ.①创… Ⅱ.①周… Ⅲ.①创业—法律—研究—中国—教材 Ⅳ.①D922.291.914

中国国家版本馆CIP数据核字(2024)第082755号

书　　　名	创业法律风险防范 CHUANGYE FALÜ FENGXIAN FANGFAN
著作责任者	周湖勇　主编
责 任 编 辑	向秋枫　孙嘉阳
标 准 书 号	ISBN 978-7-301-35017-1
出 版 发 行	北京大学出版社
地　　　址	北京市海淀区成府路205号　100871
网　　　址	http://www.pup.cn
新 浪 微 博	@北京大学出版社　@北大出版社法律图书
电 子 邮 箱	编辑部 law@pup.cn　总编室 zpup@pup.cn
电　　　话	邮购部 010-62752015　发行部 010-62750672　编辑部 010-62752027
印 刷 者	河北滦县鑫华书刊印刷厂
经 销 者	新华书店 730毫米×980毫米　16开本　19印张　372千字 2024年4月第1版　2024年4月第1次印刷
定　　　价	49.00元

未经许可,不得以任何方式复制或抄袭本书之部分或全部内容。
版权所有,侵权必究
举报电话:010-62752024　电子邮箱:fd@pup.cn
图书如有印装质量问题,请与出版部联系,电话:010-62756370

前　言

　　创新创业教育体系的构建是培养创新创业人才的关键因素，高校应不断优化顶层设计、丰富教育内容，构建科学合理的创新创业课程体系，其中创业法治教育是创新创业教育的重要组成部分。创业法治教育的实施让创业者树立法治理念，并将法治思维和法治方式贯彻于创新创业的全过程，有助于创业者更加有序地实施创业行为，有效地规避创业法律风险，有力地维护其正当合法权益。当前大多数高校创业法治(法律)教育的课程内容上不能满足大学生以及创业者创业中对法律知识的实际需求，为此需要更新创业法律教育内容，编写新形态教材。2023年2月，中共中央办公厅、国务院办公厅印发了《关于加强新时代法学教育和法学理论研究的意见》，提出要坚持以习近平法治思想为统领，通过抓好核心教材、编好主干教材、开发新形态教材等，构建中国特色法学教材体系。

　　《创业法律风险防范》以创办企业的过程为主线，力图全面展现创业活动的关键步骤和主要细节，并结合实例讲解创业过程中的相关法律问题，包括从企业创办的筹备到企业设立登记过程中企业的经营管理、知识产权、税收、融资以及创业纠纷处理等方面的内容，以帮助创业者了解整个创业过程的法律问题，提高依法创业的意识和能力，降低创业的法律风险，为成功创业提供保障。有些院校虽然将创业法律教育融入其他课程，对创业风险防范具有一定的作用，但对创业法律风险意识的培养不够充分，对法律风险的分析不够全面、系统。很多院校虽然已经开设了这方面的课程，但没有合适的教材。国外著名大学大都有创业的体系化课程，创业方面的法律课程是其中的基础课程，如美国的哈佛大学、芝加哥大学等国外著名大学除了开设"创业的财务面课程""创业的谋略面课程"以外，还特别开设了"创业的法律面课程"，涉及税务规划、知识产权保护、契约、交易等诸多方面的内容，日本立命馆大学在创业的基础科目群中开设了"项目的法学保护"课程。基于此，笔者经过在高校多轮授课，根据授课内容写作了本教材，旨在帮助创业者全面系统地掌握创业过程中的法律风险，提高风险防范能力。

　　党的二十大报告强调，必须坚持科技是第一生产力、人才是第一资源、创新是第一动力，深入实施科教兴国战略、人才强国战略、创新驱动发展战略，开辟发展新领域新赛道,不断塑造发展新动能新优势。2017年8月,习近平总书记在给第三届中国"互联网+"大学生创新创业大赛"青年红色筑梦之旅"的大学生回信时,勉励同学们扎根中国大地了解国情民情,在创新创业中增长智慧才干,在艰苦奋斗中锤炼意志品质,在亿万人民为实现中国梦而进行的伟大奋斗中实现人生价值,用青春书写无愧于时代、无愧于历史的华彩篇章。纵深推进大众创业万众创新是深入实施创新驱动发展战略的重要支撑,大学生是大众创业万众创新的主力军。高校要以实际行动全面贯彻落实党的二十大精神,引导大学生们牢记习近平总书记嘱托,胸怀"国之大者",投身强国建设、民族复兴伟业,把创新创业的理想追求融入党和国家事业之中。可见,创新创业已成为时代的潮流,也是推动国家经济社会发展的重要动力。在创新创业发展过程中不乏产生经营方面的种种问题,影响创新创业的深入推进,于是,创新创业法律教育应运而生,这对提高创业者经营水平、避免不必要的法律风险,起到了重要的作用。

市场经济是法治经济,受到法律的规范、引导、制约和保护,这要求创业者在进入市场的过程中必须依法创业。大学生是创新创业的生力军,而大学期间是大学生成长和塑造的关键期,这个时期对大学生的教育和熏陶将为正在进行的或者大学生日后的创业活动奠定守法用法的基础,例如,可以树立法律在大学生心中的权威性,培养大学生的法律素养,以运用法治思维和法治方式解决创业过程中遇到的问题。习近平总书记在党的二十大报告中强调,要"努力使尊法学法守法用法在全社会蔚然成风"。要形成尊法守法用法护法的良好社会风尚,为创新创业提供良好的法治环境,由此才能保障创新创业有序发展。创业者要以习近平法治思想为根本遵循,积极尊法、认真学法、自觉守法、主动用法,谨守法律底线,弘扬社会正气,做社会主义法治的忠实崇尚者、自觉遵守者和坚定捍卫者。本教材就是因应创新创业背景下进行创业法律教育而编写的。

在大众创业、万众创新的背景下,我国已经掀起了一股创业的大潮,但是创业者对创业过程中的法律风险认识不足,很多人因缺乏法律风险意识而导致创业受挫,甚至导致创业失败,类似案例屡见不鲜。基于此,笔者思考如何为创业者或者即将创业者提供法律培训,培养其法律思维,帮助他们运用法律方式解决创业中的种种问题。本教材具有实用性,针对性强,分析了创业过程中存在的种种法律风险及防范对策。从组织形式的选择、融资的方式、税收缴交和避税策略的选择到合同签订、履行、变更及解除终止,对创业全过程存在的种种风险进行了分析,并提供对策。同时,本教材还分析了创业过程中用工形式的选择及管理,可以帮助创业者最大程度地避免用工风险,在我国劳动合同制度日趋完善、劳动者权利意识日益提高的背景下,意义尤其重大。除此之外,创业者在创业过程中要重视对自己知识产权的保护,同时也要注意不能侵犯他人的知识产权。此外,创业者应当具有很强的风险意识,最大限度地减少纠纷。一旦发生纠纷,要合理选择纠纷的解决方式。本教材对创业者在创业的上述环节中可能存在的法律风险进行了分析,并提供了有效的防范措施,从而为创业者创业提供了可靠的保障。因此,本教材的适用对象不仅是在校学生,还包括正在创业的人士。希望可以借助本教材,为他们成功创业助力。

本书法律规范简称

一、法律

《反不正当竞争法》=《中华人民共和国反不正当竞争法》(2019修正)
《个人独资企业法》=《中华人民共和国个人独资企业法》
《公司法》=《中华人民共和国公司法》(2023修订)
《合伙企业法》=《中华人民共和国合伙企业法》(2006修订)
《合同法》=《中华人民共和国合同法》(已失效)
《劳动法》=《中华人民共和国劳动法》(2018修正)
《劳动合同法》=《中华人民共和国劳动合同法》(2012修正)
《民法典》=《中华人民共和国民法典》
《民事诉讼法》=《中华人民共和国民事诉讼法》(2023修正)
《企业所得税法》=《中华人民共和国企业所得税法》(2018修正)
《商标法》=《中华人民共和国商标法》(2019修正)
《社会保险法》=《中华人民共和国社会保险法》(2018修正)
《税收征收管理法》=《中华人民共和国税收征收管理法》(2015修正)
《刑法》=《中华人民共和国刑法》(2023修正)
《证券法》=《中华人民共和国证券法》(2019修订)
《治安管理处罚法》=《中华人民共和国治安管理处罚法》(2012修正)
《著作权法》=《中华人民共和国著作权法》(2020修正)
《专利法》=《中华人民共和国专利法》(2020修正)

二、司法解释

《侵犯商业秘密案件司法解释》=《最高人民法院关于审理侵犯商业秘密民事案件适用法律若干问题的规定》
《民事诉讼法解释》=《最高人民法院关于适用〈中华人民共和国民事诉讼法〉的解释》(2022修正)
《合同编通则司法解释》=《最高人民法院关于适用〈中华人民共和国民法典〉合同编通则若干问题的解释》

目　　录

第一章　创业组织形式法律风险防范 …………………………………（1）
第一节　个体工商户和个人独资企业组织形式的选择及风险防范 ……（1）
　　一、法律规则 ……………………………………………………（1）
　　二、实务操作 ……………………………………………………（4）
　　三、风险防范 ……………………………………………………（5）
　　四、典型案例 ……………………………………………………（5）
第二节　合伙企业组织形式的选择及风险防范 …………………………（7）
　　一、法律规则 ……………………………………………………（7）
　　二、实务操作 …………………………………………………（10）
　　三、风险防范 …………………………………………………（11）
　　四、典型案例 …………………………………………………（12）
第三节　公司组织形式的选择及风险防范 ……………………………（13）
　　一、法律规则 …………………………………………………（13）
　　二、实务操作 …………………………………………………（23）
　　三、风险防范 …………………………………………………（25）
　　四、典型案例 …………………………………………………（26）
第四节　公司股权架构的设计及风险防范 ……………………………（27）
　　一、法律规则 …………………………………………………（27）
　　二、法律规则解读与实务操作 ………………………………（31）
　　三、风险防范 …………………………………………………（34）
　　四、典型案例 …………………………………………………（36）
第五节　创业者如何选择合适的企业组织形式 ………………………（39）
　　一、企业组织形式优劣分析 …………………………………（39）
　　二、企业组织形式的选择 ……………………………………（40）

第二章　创业合同法律风险防范 …………………………………………（43）
第一节　合同谈判 ………………………………………………………（43）
　　一、合同谈判的目的及重要性 ………………………………（43）
　　二、合同谈判的内容 …………………………………………（44）

三、合同谈判的流程 ……………………………………………… (49)
　　四、合同谈判的策略 ……………………………………………… (54)
　第二节　合同审查 …………………………………………………… (66)
　　一、法律规则 ……………………………………………………… (67)
　　二、实务操作 ……………………………………………………… (69)
　　三、风险防范 ……………………………………………………… (72)
　　四、典型案例 ……………………………………………………… (73)
　第三节　合同管理 …………………………………………………… (75)
　　一、法律规则 ……………………………………………………… (75)
　　二、实务操作 ……………………………………………………… (84)
　　三、风险防范 ……………………………………………………… (89)
　　四、典型案例 ……………………………………………………… (90)

第三章　创业税收法律风险防范 ………………………………………… (93)
　第一节　税收征收及优惠中的法律风险防范 ……………………… (93)
　　一、法律规则 ……………………………………………………… (93)
　　二、实务操作 ……………………………………………………… (98)
　　三、风险防范 ……………………………………………………… (101)
　　四、典型案例 ……………………………………………………… (102)
　第二节　合理避税和偷税的界定 …………………………………… (103)
　　一、法律规则 ……………………………………………………… (104)
　　二、实务操作 ……………………………………………………… (108)
　　三、风险防范 ……………………………………………………… (110)
　　四、典型案例 ……………………………………………………… (111)

第四章　创业用工法律风险防范 ………………………………………… (114)
　第一节　创业用工形式的选择及风险防范 ………………………… (114)
　　一、法律规则 ……………………………………………………… (114)
　　二、实务操作 ……………………………………………………… (121)
　　三、风险防范 ……………………………………………………… (124)
　　四、典型案例 ……………………………………………………… (126)
　第二节　核心员工的管理及法律风险防范 ………………………… (128)
　　一、法律规则 ……………………………………………………… (128)
　　二、实务操作与风险防范 ………………………………………… (131)
　　三、典型案例 ……………………………………………………… (133)
　第三节　规章制度的法律风险防范 ………………………………… (134)

  一、法律规则 …………………………………………………（135）
  二、实务操作 …………………………………………………（139）
  三、风险防范 …………………………………………………（141）
  四、典型案例 …………………………………………………（143）

第五章　创业融资法律风险防范 …………………………………（146）
 第一节　融资方式的选择 ……………………………………………（146）
  一、法律规则 …………………………………………………（146）
  二、实务操作 …………………………………………………（151）
  三、风险防范 …………………………………………………（151）
  四、典型案例 …………………………………………………（152）
 第二节　民间借贷融资风险防范 ……………………………………（153）
  一、法律规则 …………………………………………………（153）
  二、实务操作 …………………………………………………（158）
  三、风险防范 …………………………………………………（158）
  四、典型案例 …………………………………………………（159）
 第三节　银行贷款融资风险防范 ……………………………………（161）
  一、法律规则 …………………………………………………（161）
  二、实务操作 …………………………………………………（164）
  三、风险防范 …………………………………………………（167）
  四、典型案例 …………………………………………………（168）
 第四节　债券融资风险防范 …………………………………………（169）
  一、法律规则 …………………………………………………（170）
  二、实务操作 …………………………………………………（176）
  三、风险防范 …………………………………………………（179）
  四、典型案例 …………………………………………………（181）
 第五节　股权融资风险防范 …………………………………………（182）
  一、法律规则 …………………………………………………（182）
  二、实务操作 …………………………………………………（185）
  三、风险防范 …………………………………………………（187）
  四、典型案例 …………………………………………………（188）

第六章　创业知识产权法律风险防范 ……………………………（191）
 第一节　企业知识产权法律风险 ……………………………………（191）
  一、法律规则 …………………………………………………（191）
  二、实务操作 …………………………………………………（198）

三、风险防范 …………………………………………………… (211)
　第二节　商业秘密保护 …………………………………………… (215)
　　一、法律规则 …………………………………………………… (216)
　　二、实务操作 …………………………………………………… (223)
　　三、风险防范 …………………………………………………… (227)
　　四、典型案例 …………………………………………………… (228)

第七章　创业纠纷解决法律风险防范 ………………………………… (235)
　第一节　创业纠纷解决方式的多元化选择 ……………………… (235)
　　一、法律规则 …………………………………………………… (235)
　　二、实务操作 …………………………………………………… (239)
　　三、风险防范 …………………………………………………… (242)
　　四、典型案例 …………………………………………………… (244)
　第二节　创业诉讼风险防控 ……………………………………… (247)
　　一、法律规则 …………………………………………………… (247)
　　二、实务操作 …………………………………………………… (251)
　　三、风险防范 …………………………………………………… (253)
　　四、典型案例 …………………………………………………… (255)

第八章　创业刑事法律风险防范 ……………………………………… (258)
　第一节　企业(家)刑事法律风险的主要环节 …………………… (258)
　　一、日常经营和财务管理环节中的刑事法律风险 …………… (258)
　　二、产品安全和劳动卫生环节中的刑事法律风险 …………… (275)
　　三、贸易和融资环节中的刑事法律风险 ……………………… (281)
　第二节　企业(家)刑事法律风险的防范措施 …………………… (285)
　　一、遵循基本商业伦理，规避"现实之罪" …………………… (285)
　　二、增强法律意识，建立健全的企业法律顾问制度 ………… (286)
　　三、建立专门的刑事法律风险控制机制 ……………………… (286)
　第三节　企业(家)刑事法律风险的典型案例 …………………… (287)
　　一、日常经营和财务管理环节中的典型案例 ………………… (287)
　　二、产品安全和劳动卫生环节中的典型案例 ………………… (288)
　　三、贸易和融资环节中的典型案例 …………………………… (290)

后记 …………………………………………………………………… (292)

第一章　创业组织形式法律风险防范

企业组织形式反映了企业的性质、地位、作用和行为方式,涉及企业与政府、企业与社会、企业与消费者、企业与出资人、企业与员工之间等多方面多层次的法律关系,调整这些法律关系的依据有政策、法律、法规、规章、规范性文件、行业惯例、合同等多种形式。

目前,我国常见的企业组织形式有个体工商户、个人独资企业、个人合伙、公司制企业(有限责任公司、股份有限公司等)、合伙企业等类别。企业组织形式的选择不仅关系到创业者纳税的多少,还关系到创业者的企业注册流程、创业者个人需承担的责任以及创业者的融资行为等。创业要充分考虑企业的行业特点,只有选择了合理的组织形式,才能实现效益最大化、风险最小化。

第一节　个体工商户和个人独资企业组织形式的选择及风险防范

一、法律规则

（一）核心法条

《中华人民共和国个人独资企业法》

个体工商户和个人独资企业组织形式的选择及风险防范

第二条　本法所称个人独资企业,是指依照本法在中国境内设立,由一个自然人投资,财产为投资人个人所有,投资人以其个人财产对企业债务承担无限责任的经营实体。

第四条　个人独资企业从事经营活动必须遵守法律、行政法规,遵守诚实信用原则,不得损害社会公共利益。

个人独资企业应当依法履行纳税义务。

第八条　设立个人独资企业应当具备下列条件:

（一）投资人为一个自然人;

（二）有合法的企业名称;

（三）有投资人申报的出资;

（四）有固定的生产经营场所和必要的生产经营条件;

（五）有必要的从业人员。

第十六条 法律、行政法规禁止从事营利性活动的人,不得作为投资人申请设立个人独资企业。

第十七条 个人独资企业投资人对本企业的财产依法享有所有权,其有关权利可以依法进行转让或继承。

第十八条 个人独资企业投资人在申请企业设立登记时明确以其家庭共有财产作为个人出资的,应当依法以家庭共有财产对企业债务承担无限责任。

第十九条 个人独资企业投资人可以自行管理企业事务,也可以委托或者聘用其他具有民事行为能力的人负责企业的事务管理。

投资人委托或者聘用他人管理个人独资企业事务,应当与受托人或者被聘用的人签订书面合同,明确委托的具体内容和授予的权利范围。

受托人或者被聘用的人员应当履行诚信、勤勉义务,按照与投资人签订的合同负责个人独资企业的事务管理。

投资人对受托人或者被聘用的人员职权的限制,不得对抗善意第三人。

《中华人民共和国民法典》

第五十四条 自然人从事工商业经营,经依法登记,为个体工商户。个体工商户可以起字号。

第五十六条 个体工商户的债务,个人经营的,以个人财产承担;家庭经营的,以家庭财产承担;无法区分的,以家庭财产承担。

农村承包经营户的债务,以从事农村土地承包经营的农户财产承担;事实上由农户部分成员经营的,以该部分成员的财产承担。

第一百零四条 非法人组织的财产不足以清偿债务的,其出资人或者设立人承担无限责任。法律另有规定的,依照其规定。

(二) 规则解读

1. 成立条件。个人独资企业,指的是在中国境内设立,由一个自然人投资,财产为投资人个人所有,投资人以其财产对企业债务承担无限责任的经营实体。个人独资企业必须要有固定的生产经营场所和合法的企业名称,而个体工商户可以不起字号名称,也可以没有固定的生产经营场所而流动经营。换句话说,合法的企业名称和固定的生产经营场所是个人独资企业的成立要件,但不是个体工商户的成立要件,个人独资企业的成立需要具备以下条件:

(1) 投资人是中国公民。个人独资企业中的"人"只能是自然人,自然人之外的法人、其他组织不能投资设立个人独资企业。申请设立个人独资企业的投资人应当具有相应的民事权利能力和民事行为能力。法律、行政法规禁止从事营利性活动的人,如政府公务员,不得作为投资人申请设立个人独资企业;限制民事行为能力人和无民事行为能力人不得作为投资人申请设立个人独资企业。

(2) 有合法的企业名称。企业的名称应当真实地表现企业的组织形式特征,并应符合法律、法规的要求。就个人独资企业而言,其名称不仅应当与公司企业和合伙企业相区别,而且应当与其他的个人独资企业区别开来。因此,个人独资企业名称应与其责任形式及从事的营业活动相符合。

(3) 有投资人申报的出资。《个人独资企业法》对设立个人独资企业的出资数额未作限制。设立个人独资企业可以用货币出资,也可以用实物、土地使用权、知识产权或者其他财产权利出资。采取实物、土地使用权、知识产权或者其他财产权利出资的,应将其折算成货币数额。投资人申报的出资额应当与企业的生产经营规模相适应。投资人可以个人财产出资,也可以家庭共有财产作为个人出资。以家庭共有财产作为个人出资的,投资人应当在设立(变更)登记申请书上予以注明。

(4) 有固定的场所和必要的生产经营条件。生产经营场所包括企业的住所和与生产经营相适应的处所。住所是企业的主要办事机构所在地,是企业的法定地址。

(5) 有必要的从业人员,即要有与其生产经营范围、规模相适应的从业人员。关于从业人员的人数,法律并没有作出具体规定,由企业视情况而定。

2. 创业者人数。个人独资企业只有一个股东。根据《个人独资企业法》的规定,个人独资企业在没有办理变更企业性质(重新办理为合伙企业)的情况下是不能增加股东的。

3. 注册资本。尽管国家对企业法人有着严格的最低注册资本的要求,但《个人独资企业法》对个人独资企业的最低注册资本却没有限制和要求,对个体工商户而言也是如此。

4. 决策程序。个人独资企业投资人可以自行管理企业事务并作出决策,也可以委托或者聘用其他具有民事行为能力的人负责企业的事务管理并作出相应的决策。

5. 决策与执行机构。个体工商户和个人独资企业集所有权和经营权于一身,自行决策、自行执行,具有完全的自主权。

6. 财务。个人独资企业由仅有的一位股东进行财务账目的管理与运营。个人独资企业应当依法设置会计账簿,进行会计核算。

7. 责任形式。个体工商户的债务,个人经营的,以个人财产承担;家庭经营的,以家庭财产承担;无法区分的,以家庭财产承担。个人独资企业的发起者对该企业承担无限责任,个人独资企业投资人在申请企业设立登记时明确以其家庭共有财产作为个人出资的,应当依法以家庭共有财产对企业债务承担无限责任。

8. 所得分配。税后按劳分配。

9. 税负。个人独资企业要缴税,只是缴税方式不同而已,要按次、按月缴纳。按次征收是对无证、临时经营者采取的一种收税方式。如果个人独资企业建立健全财务制度,按账缴税的话,就要以一月为纳税期,按月缴纳,这种征收方式是查账征收;如果个人独资企业没有建立账簿,税务机关会给其核定一个月销售额,经营者在每月 15 日前自行到税务机关申报缴纳即可。

缴税的依据是商品销售收入,有账的话,多销多缴税,少销少缴税。而无账时,就是没有销售也要缴纳核定的税款。如果建账,实行查账征收的话,就要每月出财务报表。但如果是核定的话,就不必了。核定时要出具有关收入、费用、合同凭证,税务机关进行测算,并结合同类行业的税收负担,进行比较,确定核定销售额。当然,还要使用发票。在一般情况下,只要发票不超过核定定额,就不用另补税。但不开票,没有收入,也要按照核定额缴税。根据《税收征收管理法》的规定,核定征收税款的纳税人,如果实际销售超过核定额 30% 以上,就要主动向税务机关申报超过部分的税款,否则,按偷税论处。

二、实务操作

(一) 个体工商户的选择

个体工商户的经营者以其个人财产对个体工商户的债务承担无限连带责任。以经营者个人财产出资的,由个人承担;以家庭共有财产出资或收益主要用于家庭消费的,由家庭共有财产承担。但由于规模太小,又无法吸收其他人的资金和技术,个体工商户这一组织形式很难适应创业的需要。如果创业规模小,以提供技能劳务为主,则可以选择个体工商户的形式。

(二) 个人独资企业的选择

个人独资企业是指由一个自然人投资,全部资产为投资人所有的营利性经济组织。个人独资企业是一种很古老的企业形式,至今仍广泛运用于商业经营中,其典型特征是个人出资、个人经营、自负盈亏、自担风险。《民法典》第 102 条规定:"非法人组织是不具有法人资格,但是能够依法以自己的名义从事民事活动的组织。非法人组织包括个人独资企业、合伙企业、不具有法人资格的专业服务机构等。"因此,个人独资企业属于"非法人组织",是与自然人、法人并列的平等民事主体。

创业最简单的企业组织形式莫过于个人独资企业,这种组织形式通常仅涉及一位拥有并经营企业的个人。个人独资企业集企业资产所有权、控制权、经营权、收益权于一体,权利(力)高度统一,其优势首先表现在企业在经营上的制约因素少。开设、转让与关闭等可以自行决定,一般仅需向市场监督管理部门登记即可,手续简单。企业主在决定如何管理方面有很大的自由,经营方式灵活多样,处理问题简便、迅速。由于是个人独资,企业销售产品的数量或营业额、利润、生产工艺、财务状况等均可保密,这无疑有助于企业在竞争中保持优势。而且,与法人企业不同的是,个人独资企业只需要缴纳个人所得税,不需要缴纳企业所得税,税后利润归个人所有,不需要和别人分摊。另外,对投资者而言,他们在经营企业中获得的主要是个人满足感和成就感,而不仅仅是利润,这是个人独资企业特有的优势。个人独资企业这种组织形式有利于保守与企业经营和发展有关的秘密,有利于创业者个人创业精神的发扬。在个人独资企业中,创业者对企业具有完全控制权——所有决策均由创业者制定,如果创业者希望独自负责企业运营,那么不妨尝试一下这种组织形式。

当然,个人独资企业也有其缺点,选择个人独资企业意味着创业者个人需承担个人独资企业的负债。因此,这就会给创业者的个人资产带来风险,在个人独资企业无法偿还债务的情况下,创业者个人或其家庭财产要用以清偿个人独资企业所负债务。同时,个人独资企业的融资难度也很大。银行和其他融资渠道一般不愿向个人独资企业提供企业贷款,创业者将不得不依赖于创业者的自有资金,如储蓄、房产或家庭贷款。

三、风险防范

个人独资企业作为创业组织形式,其优点和缺点都很鲜明,其缺点如下:(1)不利于资金的大量筹集,在一定程度上限制了企业的扩展和大规模经营。(2)因所有权与经营权的高度统一,创业者拥有充分的自主权,但这并不利于企业连续经营,极可能导致企业破产或解散。(3)投资者风险巨大。创业者对企业负无限责任,在硬化了企业预算约束的同时,也带来了创业者承担风险过大的问题,从而限制了创业者向风险较大的部门或领域进行投资的活动,这对新兴产业的形成和发展极为不利。(4)企业内部的基本关系是雇佣劳动关系,劳资双方利益目标的差异构成企业内部组织效率的潜在危险。

总之,个人独资企业的企业主虽然能够享有所有的企业资产和管理控制权,但风险巨大,一旦破产,企业主将要面临无限责任。所以,创业者在注册时一定要深思熟虑,将风险降到最低,再确定是否注册个人独资企业。

四、典型案例

(一)案例简介

刘某是某高校的在职研究生,在经济上独立于其家庭。2020年8月在市场监督管理局注册成立了一家主营信息咨询的个人独资企业,取名为某信息咨询有限公司,注册资本为人民币1元。开业后,企业经营良好并取得了不错的收益。于是后来黄某与刘某协议参加该个人独资企业的投资经营,并注入投资5万元人民币。在经营过程中先后共聘用工作人员10名,对此刘某认为自己开办的是私人企业,并不需要为职工办理社会保险,因此没有给职工缴纳社会保险费也没有与职工签订劳动合同。后来该个人独资企业经营不善导致负债10万元。刘某决定于2022年10月自行解散企业,但因为企业财产不足清偿而被债权人、企业职工诉诸人民法院。法院审理后认为刘某与黄某形成事实上的合伙关系,判决责令刘某、黄某补充办理职工的社会保险并缴纳保险费,由刘某与黄某对该企业的债务承担无限连带责任。

(二)案例评析

(1)该企业的设立是否合法。根据《个人独资企业法》第2条、第10条的规定,自然人可以单独投资设立个人独资企业,设立时法律仅要求投资人申报出资额和出资方式,但并不要求缴纳最低注册资本金。因此,刘某单独以1元人民币经法定工商登记程序投资设立个人独资企业的做法,符合法律规定。但根据《个人独资企业法》第11条的规定,个人独资企业的名称应与其责任形式相符合,而个人独资企业为投资人个人负无限责任,因此刘某将企业取名为某信息咨询有限公司违反法律规定,应予以纠正。

(2)刘某允许另一公司参加投资,共同经营的行为不合法。根据《个人独资企业法》第2条、第8条、第15条的规定,个人独资企业须为一个自然人单独投资设立,企业存续期间登记事项发生变更时应当在作出变更决定之日起15日内申请办理变更登记。因此,刘某如允许他人参加投资经营,必须依法办理变更登记,并改变为其他性质的企业,因为此时已不符合个人独资企业的法定条件。

(3)该企业应当与职工签订劳动合同并为其办理社会保险。根据《劳动法》《劳动合同法》《社会保险法》的相关规定,该企业不与职工签订书面劳动合同,以及不为职工办理社会保险的做法违反法律的强制性规定。《个人独资企业法》第22条和第23条对此也作出了规定,"个人独资企业招用职工的,应当依法与职工签订劳动合同",并"按照国家规定参加社会保险,为职工缴纳社会保险费"。因此,刘某的理由不成立。

(4)该企业的债权人在刘某不能清偿债务时不能向刘某的家庭求偿。根据《个人独资企业法》第2条、第18条的规定,只有投资人在申请个人独资企业设立登记时明确以其家庭共有财产作为个人出资的,才可以依法由家庭共有财产对企业债务承担无限责任。刘某经济上独立于其家庭,因此,债权人不能向刘某的家庭求偿,而应当由刘某个人负无限责任。

（5）刘某决定自行解散企业的做法是否合法。根据《个人独资企业法》第26条第1项的规定,刘某作为该企业的投资人,有权决定自行解散个人独资企业,因此刘某的做法并不违法。

（6）由于黄某后来加入投资经营,因此该个人独资企业事实上已转变为公民之间的合伙关系,由此,法律责任也应当由合伙人刘某、黄某承担。可见,人民法院的判决是正确的。

第二节　合伙企业组织形式的选择及风险防范

一、法律规则

（一）核心法条

《中华人民共和国合伙企业法》

合伙企业组织形式的选择及风险防范

第二条　本法所称合伙企业,是指自然人、法人和其他组织依照本法在中国境内设立的普通合伙企业和有限合伙企业。

普通合伙企业由普通合伙人组成,合伙人对合伙企业债务承担无限连带责任。本法对普通合伙人承担责任的形式有特别规定的,从其规定。

有限合伙企业由普通合伙人和有限合伙人组成,普通合伙人对合伙企业债务承担无限连带责任,有限合伙人以其认缴的出资额为限对合伙企业债务承担责任。

第六条　合伙企业的生产经营所得和其他所得,按照国家有关税收规定,由合伙人分别缴纳所得税。

第十四条　设立合伙企业,应当具备下列条件：

（一）有二个以上合伙人。合伙人为自然人的,应当具有完全民事行为能力；

（二）有书面合伙协议；

（三）有合伙人认缴或者实际缴付的出资；

（四）有合伙企业的名称和生产经营场所；

（五）法律、行政法规规定的其他条件。

第二十二条　除合伙协议另有约定外,合伙人向合伙人以外的人转让其在合伙企业中的全部或者部分财产份额时,须经其他合伙人一致同意。

合伙人之间转让在合伙企业中的全部或者部分财产份额时,应当通知其他合伙人。

第二十三条 合伙人向合伙人以外的人转让其在合伙企业中的财产份额的,在同等条件下,其他合伙人有优先购买权;但是,合伙协议另有约定的除外。

第二十四条 合伙人以外的人依法受让合伙人在合伙企业中的财产份额的,经修改合伙协议即成为合伙企业的合伙人,依照本法和修改后的合伙协议享有权利,履行义务。

第三十条 合伙人对合伙企业有关事项作出决议,按照合伙协议约定的表决办法办理。合伙协议未约定或者约定不明确的,实行合伙人一人一票并经全体合伙人过半数通过的表决办法。

本法对合伙企业的表决办法另有规定的,从其规定。

第三十一条 除合伙协议另有约定外,合伙企业的下列事项应当经全体合伙人一致同意:

(一)改变合伙企业的名称;

(二)改变合伙企业的经营范围、主要经营场所的地点;

(三)处分合伙企业的不动产;

(四)转让或者处分合伙企业的知识产权和其他财产权利;

(五)以合伙企业名义为他人提供担保;

(六)聘任合伙人以外的人担任合伙企业的经营管理人员。

第三十三条 合伙企业的利润分配、亏损分担,按照合伙协议的约定办理;合伙协议未约定或者约定不明确的,由合伙人协商决定;协商不成的,由合伙人按照实缴出资比例分配、分担;无法确定出资比例的,由合伙人平均分配、分担。

合伙协议不得约定将全部利润分配给部分合伙人或者由部分合伙人承担全部亏损。

第四十三条 新合伙人入伙,除合伙协议另有约定外,应当经全体合伙人一致同意,并依法订立书面入伙协议。

订立入伙协议时,原合伙人应当向新合伙人如实告知原合伙企业的经营状况和财务状况。

第六十一条 有限合伙企业由二个以上五十个以下合伙人设立;但是,法律另有规定的除外。

有限合伙企业至少应当有一个普通合伙人。

第六十七条 有限合伙企业由普通合伙人执行合伙事务。执行事务合伙人可以要求在合伙协议中确定执行事务的报酬及报酬提取方式。

第七十三条 有限合伙人可以按照合伙协议的约定向合伙人以外的人转让其在有限合伙企业中的财产份额,但应当提前三十日通知其他合伙人。

第七十七条 新入伙的有限合伙人对入伙前有限合伙企业的债务,以其认缴的出资额为限承担责任。

《中华人民共和国企业所得税法》

第一条 在中华人民共和国境内,企业和其他取得收入的组织(以下统称企业)为企业所得税的纳税人,依照本法的规定缴纳企业所得税。

个人独资企业、合伙企业不适用本法。

(二) 规则解读

1. 成立条件。设立合伙企业,应当具备下列条件:(1) 有两个以上合伙人。合伙人为自然人的,应当具有完全民事行为能力。(2) 有书面合伙协议。(3) 有合伙人认缴或者实际缴付的出资。(4) 有合伙企业的名称和生产经营场所。(5) 法律、行政法规规定的其他条件。

2. 创立者人数。要有两个以上合伙人。合伙人为自然人的,应当具有完全民事行为能力。

3. 出资。合伙企业不是法人,随着合伙人的丧亡而解散,所以合伙企业的出资是由合伙协议约定的,出资多少、以什么形式出资、合伙人出资比例,都由合伙人商定,法律没有规定具体的出资限额,创业者也不需要提供增资验资报告。

4. 决策程序。合伙人对合伙企业有关事项作出决议,按照合伙协议约定的表决办法办理。合伙协议未约定或者约定不明确的,实行合伙人一人一票并经全体合伙人过半数通过的表决办法。法律对合伙企业的表决办法另有规定的,从其规定。

5. 决策与执行机构。有限合伙人不执行合伙事务,对企业承担有限责任。普通合伙人执行合伙事务,对企业承担无限连带责任,并且可以要求在合伙协议中确定执行事务的报酬及报酬提取方式。

6. 财产变更以及进出机制。合伙人之间转让在合伙企业中的全部或者部分财产份额时,应当通知其他合伙人。除合伙协议另有约定,合伙人向合伙人以外的人转让其在合伙企业中的全部或者部分财产份额时,须经其他合伙人一致同意,在同等条件下,其他合伙人有优先购买权。新合伙人入伙,除合伙协议另有约定外,应当经全体合伙人一致同意,并依法订立书面入伙协议。有限合伙人可以按照合伙协议的约定向合伙人以外的人转让其在有限合伙企业中的财产份额,但应当提前30日通知其他合伙人,新入伙的有限合伙人对入伙前有限合伙企业的债务,以其认缴的出资额为限承担责任。

7. 财务。合伙人为了解合伙企业的经营状况和财务状况,有权查阅合伙企业会计账簿等财务资料。

8. 责任形式。有限合伙企业的合伙人分为普通合伙人和有限合伙人。其中,普通合伙人对合伙企业的债务承担无限连带责任,有限合伙人则以其认缴的出资额为限对合伙企业的债务承担有限责任。

9. 所得分配。除合伙协议另有约定或合伙人协商决定,合伙企业的合伙人按照实缴出资比例分配、分担;无法确定出资比例的,由合伙人平均分配、分担。

10. 税负。相较于有限责任公司和股份有限公司,合伙企业税负较轻。其不必缴纳企业所得税,合伙人仅就生产经营所得缴纳个人所得税。

二、实务操作

(一)合伙制及其具体形式的选择

如果创业企业由多人共同所有和经营,创业者可以以合伙制作为企业的组织形式。合伙制可以做到优势互补、资源共享、降低风险。合伙制包括两大类:普通合伙制和有限合伙制。在普通合伙制企业中,合伙人负责合伙企业的管理并承担合伙企业的债务和其他义务;有限合伙制企业中既包括普通合伙人,也包括有限合伙人,普通合伙人为企业的所有者和经营者,并承担合伙企业的责任,而有限合伙人只扮演投资者的角色,对合伙企业的债务承担有限责任。有限合伙人无权执行合伙事务,对公司不具备控制权,当然也无须与普通合伙人承担同样的责任。

除非创业者预期公司的投资者多为被动投资者,否则有限合伙制并非组建新公司的最佳选择,原因在于这种合伙制结构需要报备大量文件,并且在管理方面极其复杂。如果创业者的两个或两个以上的合伙人希望积极参与企业运作,那么普通合伙制会比较适合。同时,如果创业者采用普通合伙制作为企业组织形式,个人责任则是主要的考虑因素。和独资经营者一样,普通合伙人个人承担合伙制企业的责任和债务。每一位普通合伙人都可以代表合伙制企业进行借贷或制定对所有合伙人有影响及强制性的决策(如果合伙协议允许)。合伙制企业构建成本比个人独资企业大得多,因为合伙制企业注册需要更多的法律和会计程序。

(二)审慎订立合伙协议

合伙企业与个人独资企业类似,创办手续简单,成本低、受限小,一般无法人资格,不需要缴纳企业所得税,主要的优势在于这种结构享有的税收待遇。同时,普通合伙人须共担风险、共负盈亏,共同享有企业的财产与经营权。此外,合伙企业的普通合伙人对企业负无限责任,这虽然增大了个人风险,但非常有利于刺激合伙成员的责任心,巩固合伙人之间的信任关系。对创业者来说,合伙是最好的起家形式。但是,当合伙企业发展到一定时期,这种组织形式易引发经济纠纷。因此,在合伙企业成立时,合伙人应首先订立合伙协议,其与公司章程相同,对每一位合伙人都具有法律效力,由此有助于分清责任,解决纠纷,维护合伙人自身的合法权益。

(三) 合伙人的选择

因合伙企业具有较强的人合性,所以合伙人一般都是彼此之间比较熟悉、信任的人。但理智地选择合伙人不单纯依靠熟悉、信任,还要看其有无一定的物质实力或软实力。另外,需要注意的是,外国的企业和个人也可以在我国投资设立合伙企业。

三、风险防范

(一) 拟定合作协议

许多人合伙创业到最后总不免落得对簿公堂的原因,主要是在创业之初,各合伙人之间互相信任,看好企业前景,但对风险估计不足,经常未将合伙的条件谈妥写明,有的根本就没有书面合伙协议。而合伙协议对合伙企业而言,具有设立协议和章程的双重作用,各合伙人之间权利义务的划分、直接参与经营管理等事项都依赖于合伙协议。因此,合伙协议写得越清楚明白,对合伙人彼此的保护程度也就越高。

(二) 谨慎选择合伙的形式

根据《合伙企业法》的规定,合伙形式有普通合伙、特殊普通合伙和有限合伙三种形式。不同形式的合伙,合伙人对合伙企业承担的责任不同,要结合自身的需要选择合适的合伙形式。由于有限合伙人只承担有限责任,因而他们不直接管理企业的事务,创业具体活动则由普通合伙人,即对投资活动承担无限责任的合伙人来负责。这种将投资风险分为无限责任和有限责任的模式下,具体负责投资操作的合伙人是无限责任承担者,而不负责具体操作的合伙人的责任仅限于投入的资本额,由此投资收益的变化首先影响到普通合伙人的利益,而且如果由于他的错误决策使投资组织资不抵债,普通合伙人还必须用自己的其他资产去弥补损失,这就使他的风险和收益完全对称,从而可以有效地弱化道德风险。这种合伙企业非常适合投资和股权激励的业务。

(三) 认真审查对方的资本实力

审查合作伙伴的资本实力,同时也是检验对方的诚信。在合伙过程中,对方如果实力不足而以实力雄厚的面目出现,不但增加将来生意上的风险,也容易发生争执。

(四) 合伙前,要理清自身的账目

理清自身账目为的是在将来合作中,清晰自己的投入,在发生争议时能明确自己的权益。这点为很多人所忽略,糊里糊涂地投入,到合伙终结清算时,便相互推诿。

四、典型案例

（一）案情简介

张某兄弟二人和李某从小一起长大，感情十分要好。后来，张某弟兄俩与李某商议共同出资20万元(其中李某出资10万元，张某弟兄俩各5万元)共同创业，合伙开办一特色产品超市，具体业务由张某弟兄俩负责。经营一年多后，该超市便赢利10万元，按照当时的约定，李某分得5万元的红利，张某弟兄俩则一人分得2.5万元。弟兄俩见该超市利润丰厚，便以"李某不会经营"为借口，将李某的投资撤出，退给李某，并强制将李某从该超市除名，且不让李某到超市上班。李某曾多次找张某弟兄俩质问，但都无果而终。李某无奈之下将张某兄弟二人告上了法庭，可张某弟兄俩却说，合伙企业是我们三个人的事，你到法院去起诉也没有用，双方关系也从此交恶。

（二）案例评析

为了更加规范合伙企业，规范合伙人的权利和义务，《合伙企业法》对合伙企业的设立、合伙企业的财产、合伙企业的事务执行、合伙企业与第三人关系、合伙人入伙与退伙、合伙企业解散与清算以及法律责任等作了详细的规定。该法第49条第1款规定："合伙人有下列情形之一的，经其他合伙人一致同意，可以决议将其除名：（一）未履行出资义务；（二）因故意或者重大过失给合伙企业造成损失；（三）执行合伙事务时有不正当行为；（四）发生合伙协议约定的事由。"第49条第2款规定："对合伙人的除名决议应当书面通知被除名人。被除名人接到除名通知之日，除名生效，被除名人退伙。"依据该条，李某被张某弟兄俩除名，显然违反了上述规定的情形，其理由一是李某并没有出现上述可以被除名的行为；二是李某被张某弟兄俩除名，张某弟兄俩没有用书面形式通知李某。

从本案看，张某弟兄俩见合伙超市利润可观，就以李某不会经营为借口，将李某的投资撤出，强制将李某除名，并不让其到超市上班，这显然不符合法律对于强制退伙的规定。《合伙企业法》第49条第3款规定："被除名人对除名决议有异议的，可以自接到除名通知之日起三十日内，向人民法院起诉。"张某兄弟所说"合伙企业是我们三个人的事，你到法院去起诉也没有用"明显有违该款规定。李某对张某弟兄俩的除名不服，完全可以依法向人民法院提起诉讼，请求人民法院确认该除名无效，以保护自己的合法权益。

第三节　公司组织形式的选择及风险防范

一、法律规则

（一）核心法条

《中华人民共和国公司法》

第三条　公司是企业法人，有独立的法人财产，享有法人财产权。公司以其全部财产对公司的债务承担责任。

公司的合法权益受法律保护，不受侵犯。

第四条　有限责任公司的股东以其认缴的出资额为限对公司承担责任；股份有限公司的股东以其认购的股份为限对公司承担责任。

公司股东对公司依法享有资产收益、参与重大决策和选择管理者等权利。

有限责任公司

第四十七条　有限责任公司的注册资本为在公司登记机关登记的全体股东认缴的出资额。全体股东认缴的出资额由股东按照公司章程的规定自公司成立之日起五年内缴足。

法律、行政法规以及国务院决定对有限责任公司注册资本实缴、注册资本最低限额、股东出资期限另有规定的，从其规定。

第四十八条　股东可以用货币出资，也可以用实物、知识产权、土地使用权、股权、债权等可以用货币估价并可以依法转让的非货币财产作价出资；但是，法律、行政法规规定不得作为出资的财产除外。

对作为出资的非货币财产应当评估作价，核实财产，不得高估或者低估作价。法律、行政法规对评估作价有规定的，从其规定。

第四十九条　股东应当按期足额缴纳公司章程规定的各自所认缴的出资额。

股东以货币出资的，应当将货币出资足额存入有限责任公司在银行开设的账户；以非货币财产出资的，应当依法办理其财产权的转移手续。

股东未按期足额缴纳出资的，除应当向公司足额缴纳外，还应当对给公司造成的损失承担赔偿责任。

第五十条　有限责任公司设立时，股东未按照公司章程规定实际缴纳出资，或者实际出资的非货币财产的实际价额显著低于所认缴的出资额的，设立时的其他股东与该股东在出资不足的范围内承担连带责任。

第五十一条　有限责任公司成立后，董事会应当对股东的出资情况进行核查，发现股东未按期足额缴纳公司章程规定的出资的，应当由公司向该股东发出书面催缴书,催缴出资。

未及时履行前款规定的义务,给公司造成损失的,负有责任的董事应当承担赔偿责任。

第五十二条 股东未按照公司章程规定的出资日期缴纳出资,公司依照前条第一款规定发出书面催缴书催缴出资的,可以载明缴纳出资的宽限期;宽限期自公司发出催缴书之日起,不得少于六十日。宽限期届满,股东仍未履行出资义务的,公司经董事会决议可以向该股东发出失权通知,通知应当以书面形式发出。自通知发出之日起,该股东丧失其未缴纳出资的股权。

依照前款规定丧失的股权应当依法转让,或者相应减少注册资本并注销该股权;六个月内未转让或者注销的,由公司其他股东按照其出资比例足额缴纳相应出资。

股东对失权有异议的,应当自接到失权通知之日起三十日内,向人民法院提起诉讼。

第五十三条 公司成立后,股东不得抽逃出资。

违反前款规定的,股东应当返还抽逃的出资;给公司造成损失的,负有责任的董事、监事、高级管理人员应当与该股东承担连带赔偿责任。

第五十四条 公司不能清偿到期债务的,公司或者已到期债权的债权人有权要求已认缴出资但未届出资期限的股东提前缴纳出资。

第五十八条 有限责任公司股东会由全体股东组成。股东会是公司的权力机构,依照本法行使职权。

第六十条 只有一个股东的有限责任公司不设股东会。股东作出前条第一款所列事项的决定时,应当采用书面形式,并由股东签名或者盖章后置备于公司。

第六十七条 有限责任公司设董事会,本法第七十五条另有规定的除外。

董事会行使下列职权:

(一) 召集股东会会议,并向股东会报告工作;

(二) 执行股东会的决议;

(三) 决定公司的经营计划和投资方案;

(四) 制订公司的利润分配方案和弥补亏损方案;

(五) 制订公司增加或者减少注册资本以及发行公司债券的方案;

(六) 制订公司合并、分立、解散或者变更公司形式的方案;

(七) 决定公司内部管理机构的设置;

(八) 决定聘任或者解聘公司经理及其报酬事项,并根据经理的提名决定聘任或者解聘公司副经理、财务负责人及其报酬事项;

(九) 制定公司的基本管理制度;

(十) 公司章程规定或者股东会授予的其他职权。

公司章程对董事会职权的限制不得对抗善意相对人。

第六十九条 有限责任公司可以按照公司章程的规定在董事会中设置由董事组成的审计委员会，行使本法规定的监事会的职权，不设监事会或者监事。公司董事会成员中的职工代表可以成为审计委员会成员。

第七十四条 有限责任公司可以设经理，由董事会决定聘任或者解聘。

经理对董事会负责，根据公司章程的规定或者董事会的授权行使职权。经理列席董事会会议。

第七十五条 规模较小或者股东人数较少的有限责任公司，可以不设董事会，设一名董事，行使本法规定的董事会的职权。该董事可以兼任公司经理。

第八十四条 有限责任公司的股东之间可以相互转让其全部或者部分股权。

股东向股东以外的人转让股权的，应当将股权转让的数量、价格、支付方式和期限等事项书面通知其他股东，其他股东在同等条件下有优先购买权。股东自接到书面通知之日起三十日内未答复的，视为放弃优先购买权。两个以上股东行使优先购买权的，协商确定各自的购买比例；协商不成的，按照转让时各自的出资比例行使优先购买权。

公司章程对股权转让另有规定的，从其规定。

第八十五条 人民法院依照法律规定的强制执行程序转让股东的股权时，应当通知公司及全体股东，其他股东在同等条件下有优先购买权。其他股东自人民法院通知之日起满二十日不行使优先购买权的，视为放弃优先购买权。

第八十六条 股东转让股权的，应当书面通知公司，请求变更股东名册；需要办理变更登记的，并请求公司向公司登记机关办理变更登记。公司拒绝或者在合理期限内不予答复的，转让人、受让人可以依法向人民法院提起诉讼。

股权转让的，受让人自记载于股东名册时起可以向公司主张行使股东权利。

第二百零七条 公司应当依照法律、行政法规和国务院财政部门的规定建立本公司的财务、会计制度。

第二百零八条 公司应当在每一会计年度终了时编制财务会计报告，并依法经会计师事务所审计。

财务会计报告应当依照法律、行政法规和国务院财政部门的规定制作。

第二百零九条 有限责任公司应当按照公司章程规定的期限将财务会计报告送交各股东。

股份有限公司的财务会计报告应当在召开股东会年会的二十日前置备于本公司，供股东查阅；公开发行股份的股份有限公司应当公告其财务会计报告。

一人公司

第二十三条 公司股东滥用公司法人独立地位和股东有限责任，逃避债务，严重损害公司债权人利益的,应当对公司债务承担连带责任。

股东利用其控制的两个以上公司实施前款规定行为的,各公司应当对任一公司的债务承担连带责任。

只有一个股东的公司,股东不能证明公司财产独立于股东自己的财产的,应当对公司债务承担连带责任。

第一百一十二条 本法第五十九条第一款、第二款关于有限责任公司股东会职权的规定,适用于股份有限公司股东会。

本法第六十条关于只有一个股东的有限责任公司不设股东会的规定,适用于只有一个股东的股份有限公司。

股份有限公司

第九十二条 设立股份有限公司,应当有一人以上二百人以下为发起人,其中应当有半数以上的发起人在中华人民共和国境内有住所。

第九十三条 股份有限公司发起人承担公司筹办事务。

发起人应当签订发起人协议,明确各自在公司设立过程中的权利和义务。

第九十四条 设立股份有限公司,应当由发起人共同制订公司章程。

第九十六条 股份有限公司的注册资本为在公司登记机关登记的已发行股份的股本总额。在发起人认购的股份缴足前,不得向他人募集股份。

法律、行政法规以及国务院决定对股份有限公司注册资本最低限额另有规定的,从其规定。

第九十七条 以发起设立方式设立股份有限公司的,发起人应当认足公司章程规定的公司设立时应发行的股份。

以募集设立方式设立股份有限公司的,发起人认购的股份不得少于公司章程规定的公司设立时应发行股份总数的百分之三十五;但是,法律、行政法规另有规定的,从其规定。

第九十八条 发起人应当在公司成立前按照其认购的股份全额缴纳股款。

发起人的出资,适用本法第四十八条、第四十九条第二款关于有限责任公司股东出资的规定。

第九十九条 发起人不按照其认购的股份缴纳股款,或者作为出资的非货币财产的实际价额显著低于所认购的股份的,其他发起人与该发起人在出资不足的范围内承担连带责任。

第一百条 发起人向社会公开募集股份,应当公告招股说明书,并制作认股书。认股书应当载明本法第一百五十四条第二款、第三款所列事项,由认股人填写认购的股份数、金额、住所,并签名或者盖章。认股人应当按照所认购股份足额缴纳股款。

第一百零一条 向社会公开募集股份的股款缴足后,应当经依法设立的验资机构验资并出具证明。

第一百零三条 募集设立股份有限公司的发起人应当自公司设立时应发行股份的股款缴足之日起三十日内召开公司成立大会。发起人应当在成立大会召开十五日前将会议日期通知各认股人或者予以公告。成立大会应当有持有表决权过半数的认股人出席,方可举行。

以发起设立方式设立股份有限公司成立大会的召开和表决程序由公司章程或者发起人协议规定。

第一百零五条 公司设立时应发行的股份未募足,或者发行股份的股款缴足后,发起人在三十日内未召开成立大会的,认股人可以按照所缴股款并加算银行同期存款利息,要求发起人返还。

发起人、认股人缴纳股款或者交付非货币财产出资后,除未按期募足股份、发起人未按期召开成立大会或者成立大会决议不设立公司的情形外,不得抽回其股本。

第一百零六条 董事会应当授权代表,于公司成立大会结束后三十日内向公司登记机关申请设立登记。

第一百一十一条 股份有限公司股东会由全体股东组成。股东会是公司的权力机构,依照本法行使职权。

第一百一十六条 股东出席股东会会议,所持每一股份有一表决权,类别股股东除外。公司持有的本公司股份没有表决权。

股东会作出决议,应当经出席会议的股东所持表决权过半数通过。

股东会作出修改公司章程、增加或者减少注册资本的决议,以及公司合并、分立、解散或者变更公司形式的决议,应当经出席会议的股东所持表决权的三分之二以上通过。

第一百二十一条 股份有限公司可以按照公司章程的规定在董事会中设置由董事组成的审计委员会,行使本法规定的监事会的职权,不设监事会或者监事。

审计委员会成员为三名以上,过半数成员不得在公司担任除董事以外的其他职务,且不得与公司存在任何可能影响其独立客观判断的关系。公司董事会成员中的职工代表可以成为审计委员会成员。

审计委员会作出决议,应当经审计委员会成员的过半数通过。

审计委员会决议的表决,应当一人一票。

审计委员会的议事方式和表决程序,除本法有规定的外,由公司章程规定。

公司可以按照公司章程的规定在董事会中设置其他委员会。

第一百四十二条 公司的资本划分为股份。公司的全部股份,根据公司章程的规定择一采用面额股或者无面额股。采用面额股的,每一股的金额相等。

公司可以根据公司章程的规定将已发行的面额股全部转换为无面额股或者将无面额股全部转换为面额股。

采用无面额股的,应当将发行股份所得股款的二分之一以上计入注册资本。

第一百四十四条 公司可以按照公司章程的规定发行下列与普通股权利不同的类别股：

（一）优先或者劣后分配利润或者剩余财产的股份；

（二）每一股的表决权数多于或者少于普通股的股份；

（三）转让须经公司同意等转让受限的股份；

（四）国务院规定的其他类别股。

公开发行股份的公司不得发行前款第二项、第三项规定的类别股；公开发行前已发行的除外。

公司发行本条第一款第二项规定的类别股的，对于监事或者审计委员会成员的选举和更换，类别股与普通股每一股的表决权数相同。

第一百四十七条 公司的股份采取股票的形式。股票是公司签发的证明股东所持股份的凭证。

公司发行的股票，应当为记名股票。

第一百四十八条 面额股股票的发行价格可以按票面金额，也可以超过票面金额，但不得低于票面金额。

第一百五十七条 股份有限公司的股东持有的股份可以向其他股东转让，也可以向股东以外的人转让；公司章程对股份转让有限制的，其转让按照公司章程的规定进行。

第一百六十一条 有下列情形之一的，对股东会该项决议投反对票的股东可以请求公司按照合理的价格收购其股份，公开发行股份的公司除外：

（一）公司连续五年不向股东分配利润，而公司该五年连续盈利，并且符合本法规定的分配利润条件；

（二）公司转让主要财产；

（三）公司章程规定的营业期限届满或者章程规定的其他解散事由出现，股东会通过决议修改章程使公司存续。

自股东会决议作出之日起六十日内，股东与公司不能达成股份收购协议的，股东可以自股东会决议作出之日起九十日内向人民法院提起诉讼。

公司因本条第一款规定的情形收购的本公司股份，应当在六个月内依法转让或者注销。

公司成立与运行解读

（二）规则解读

1. 成立条件。有限责任公司基本上实行准则登记制，除从事特殊行业的经营外，只要符合法律规定的条件，市场监督管理部门均给予注册，而没有繁琐的审查批准程序。与有限责任公司相比，股份有限公司向社会公众募集资本，规模较大，涉及社会公众利益的范围广,对市场经济的影响程度深。因此,法律对股份有限公司的设立有着更为严格的要求,其设立条件严格、程序复杂。

2. 股东人数。有限责任公司的股东人数有下限上限的限制。根据《公司法》第42条的规定,有限责任公司由1个以上50个以下股东出资设立。股份有限公司的股东人数则没有上限,设限的是公司的发起人。根据《公司法》第92条的规定,设立股份有限公司,应当有1人以上200人以下为发起人,其中应当有半数以上的发起人在中国境内有住所。2023年修订的《公司法》将原《公司法》中一人有限公司的章节删除,将一人有限公司的相关规定直接融入到有限责任公司的章节中,并取消了其设定的相应限制。此外,还首次承认了一人股份有限公司的合法性。

3. 注册资本。有限责任公司的出资总额全部由发起人认购,公司不向社会公开募集股份、发行股票,出资人在公司成立后领取出资证明书;发起人数一般不得超过50人。与有限责任公司不同,股份有限公司是典型的资合公司,公司股东的构成不以相互信赖为基础,公司与股东个人的名誉、地位、资产等无关,股东也不得以个人信用和劳务出资。根据《公司法》第48条第1款的规定,股东可以用货币出资,也可以用实物、知识产权、土地使用权、股权、债权等可以用货币估价并可以依法转让的非货币财产作价出资;但是,法律、行政法规规定不得作为出资的财产除外。可见,股权和债权都可以作为出资。现行《公司法》在严格强化股东的出资责任的同时,引入了新的资本制度:

首先,有限责任公司的注册资本应在公司成立之日起5年内缴足。《公司法》第47条规定:"有限责任公司的注册资本为在公司登记机关登记的全体股东认缴的出资额。全体股东认缴的出资额由股东按照公司章程的规定自公司成立之日起五年内缴足。法律、行政法规以及国务院决定对有限责任公司注册资本实缴、注册资本最低限额、股东出资期限另有规定的,从其规定。"

其次,《公司法》还设立股东失权制度,即未足额缴纳出资的股东丧失其未缴纳出资的股权。该制度可以从以下几个方面来理解:第一,催缴股东出资的宽限期不得少于60日;第二,宽限期届满,股东仍未履行出资义务的,公司经董事会决议可发出失权通知,且自书面通知发出之日起,该股东丧失其未缴纳出资的股权;第三,股东失权后的处理,该丧失的股权应当依法转让,或者公司相应减少注册资本并注销该股权,若6个月内未转让或者注销,则由公司其他股东按照其出资比例缴足出资;第四,股东未按期足额缴纳出资的,应当对给公司造成的损失承担赔偿责任。

再次,公司不能清偿到期债务的,公司或者已到期债权的债权人有权要求已认缴出资但未届出资期限的股东提前缴纳出资。

复次,股份有限公司还实行"授权资本制度",即董事会在获授权后可以在3年内决定发行不超过已发行股份50%的股份。这一规定,在股份有限公司的设立发起阶段大幅度降低了门槛要求,并且将股份后续发行的权力授予董事会,由董事会根据国家经济发展情形、经济发展规律、行业现状以及公司经营情况等多方面的因素综合考虑发行与否、发行的规模、时机等,在很大程度上促进了股份有限公司的设立、股份的发行以及公司的持续性发展。

最后,股份有限公司可以发行优先股、劣后股、特殊表决权股、转让受限股等类别股,发行了类别股的公司应当在章程中特殊载明类别股分配利润或者剩余财产的顺序、类别股的表决权数、类别股的转让限制、保护中小股东权益的措施以及股东会认为需要规定的其他事项。《公司法》还规定,股份有限公司根据公司章程的规定可以择一采用面额股或者无面额股,二者之间可以相互转换。

4. 决策程序。股东会是公司的最高权力机关,它由全体股东组成,对公司重大事项进行决策,有权选任和解聘董事,并对公司的经营管理有广泛的决定权。股东会既是一种定期或临时举行的由全体股东出席的会议,又是一种非常设的由全体股东所组成的公司制企业的最高权力机关。它是股东作为企业财产的所有者,对企业行使财产管理权的组织,企业一切重大的人事任免和重大的经营决策一般都需要股东会认可和批准方才有效。

有限责任公司股东会由全体股东组成。股东会会议分为定期会议和临时会议。定期会议应当依照公司章程的规定按时召开。代表1/10以上表决权的股东,1/3以上的董事,监事会或者不设监事会的公司的监事提议召开临时会议的,应当召开临时会议。有限责任公司设立董事会的,股东会会议由董事会召集,董事长主持;董事长不能履行职务或者不履行职务的,由副董事长主持;副董事长不能履行职务或者不履行职务的,由半数以上董事共同推举一名董事主持。有限责任公司不设董事会的,股东会会议由执行董事召集和主持。董事会或者执行董事不能履行或者不履行召集股东会会议职责的,由监事会或者不设监事会的公司的监事召集和主持;监事会或者监事不召集和主持的,代表1/10以上表决权的股东可以自行召集和主持。股东会的议事方式和表决程序,除《公司法》有规定的外,由公司章程规定。股东会会议作出修改公司章程、增加或者减少注册资本的决议,以及公司合并、分立、解散或者变更公司形式的决议,必须经代表2/3以上表决权的股东通过。

股份有限公司股东会由全体股东组成。股东会是公司的权力机构,依照《公司法》的有关规定行使职权。股东会应当每年召开一次年会。有下列情形之一的,应当在两个月内召开临时股东会会议:(1)董事人数不足《公司法》规定人数或者公司章程所定人数的2/3时;(2)公司未弥补的亏损达实收股本总额1/3时;(3)单独或者合计持有公司10%以上股份的股东请求时;(4)董事会认为必要时;(5)监事会提议召开时;(6)公司章程规定的其他情形。召开股东会会议,应当将会议召开的时间、地点和审议的事项于会议召开 20 日前通知各股东;临时股东会会议应当于会议召开 15 日前通知各股东。单独或者合计持有公司 1%以上股份的股东,可以在股东会会议召开 10 日前提出临时提案并书面提交董事会。临时提案应当有明确议题和具体决议事项。董事会应当在收到提案后 2 日内通知其他股东,并将该临时提案提交股东会审议;但临时提案违反法律、行政法规或者公司章程的规定,或者不属于股东会职权范围的除外。公司不得提高提出临时提案股东的持股比例。公开发行股份的公司,应当以公告方式作出股东会会议和提案通知。股东会不得对通知中未列明的事项作出决议。股东会会议由董事会召集,董事长主持;董事长不能履行职务或者不履行职务的,由副董事长主持;副董事长不能履行职务或者不履行职务的,由半数以上董事共同推举一名董事主持。董事会不能履行或者不履行召集股东会会议职责的,监事会应当及时召集和主持;监事会不召集和主持的,连续 90 日以上单独或者合计持有公司 10%以上股份的股东可以自行召集和主持。

5. 决策与执行和监督机构。有限责任公司的股东会作为公司的权力机构,对公司事务进行决策,但其组织机构设置灵活。有限责任公司多数属于中小型企业,股东会、董事会等组织机构的设置往往根据需要选择。有限责任公司须设立股东会;只有一个股东的有限责任公司不设股东会。股东作出有关决定时,应当采用书面形式,并由股东签名或者盖章后置备于公司。设置了股东会,可不设董事会,设立执行董事即可。监事会是任意机构,规模较小或者股东人数较少的有限责任公司,可以设 1 至 2 名监事,不设监事会;经全体股东一致同意,也可以不设监事。同时,公司可以在董事会中设置审计委员会,行使监事会的职权,不设监事会或者监事。股份有限公司的审计委员会由 3 名以上董事组成,审计委员会作出决议,应当经审计委员会成员的过半数通过。审计委员会决议的表决,应当一人一票。审计委员会的议事方式和表决程序,除《公司法》有规定的外,由公司章程规定。

— 股份有限公司的股东会作为公司的权力机构,对公司事务进行决策。股东会应当每年召开一次年会。股份有限公司设董事会,但规模较小或者股东人数较少的股份有限公司,可以不设董事会,设一名董事,行使《公司法》规定的董事会的职权。该董事可以兼任公司经理。有限责任公司和股份有限公司的董事会权限大小和两权分离程度不同,有限责任公司的股东会的权限较大,董事一般由股东自己兼任,所有权和经营权分离程度较低;在股份有限公司中,由于人多且分散,召开股东会会议比较困难,股东会的权限有限,董事会的权限往往较大,所有权和经营权的分离程度也比较高。

6. 股权变更以及进出机制。有限责任公司的股东之间可以相互转让其全部或者部分股权。股东向股东以外的人转让股权的,不需要其他股东同意,但应当将股权转让的数量、价格、支付方式和期限等事项书面通知其他股东,其他股东在同等条件下有优先购买权。股东自接到书面通知之日起30日内未答复的,视为放弃优先购买权。两个以上股东行使优先购买权的,协商确定各自的购买比例;协商不成的,按照转让时各自的出资比例行使优先购买权。公司章程对股权转让另有规定的,从其规定。人民法院依照法律规定的强制执行程序转让股东的股权时,应当通知公司及全体股东,其他股东在同等条件下有优先购买权。其他股东自人民法院通知之日起满20日不行使优先购买权的,视为放弃优先购买权。

股份有限公司对于股东转让股份,一般不予以限制,自由度更高。其股东持有的股份可以向其他股东转让,也可以向股东以外的人转让;公司章程对股份转让有限制的,其转让按照公司章程的规定进行。股东转让其股份,应当在依法设立的证券交易场所进行或者按照国务院规定的其他方式进行。股票的转让,由股东以背书方式或者法律、行政法规规定的其他方式进行;转让后由公司将受让人的姓名或者名称及住所记载于股东名册。股东会会议召开前20日内或者公司决定分配股利的基准日前五日内,不得变更股东名册。法律、行政法规或者国务院证券监督管理机构对上市公司股东名册变更另有规定的,从其规定。公司公开发行股份前已发行的股份,自公司股票在证券交易所上市交易之日起1年内不得转让。法律、行政法规或者国务院证券监督管理机构对上市公司的股东、实际控制人转让其所持有的本公司股份另有规定的,从其规定。公司董事、监事、高级管理人员应当向公司申报所持有的本公司的股份及其变动情况,在就任时确定的任职期间每年转让的股份不得超过其所持有本公司股份总数的25%;所持本公司股份自公司股票上市交易之日起1年内不得转让。上述人员离职后半年内,不得转让其所持有的本公司股份。公司章程可以对公司董事、监事、高级管理人员转让其所持有的本公司股份作出其他限制性规定。股份在法律、行政法规规定的限制转让期限内出质的,质权人不得在限制转让期限内行使质权。

7. 财务。有限责任公司应当在每一会计年度终了时编制财务会计报告,并依法经会计师事务所审计,且依照公司章程规定的期限将财务会计报告送交各股东。股份有限公司应当在每一会计年度终了时编制财务会计报告,并依法经会计师事务所审计,且财务会计报告应当在召开股东会年会的20日前置备于本公司,供股东查阅,公开发行股份的股份有限公司应公告其财务会计报告,财务公开性较强。股份有限公司可以向社会公开募集或者向特定对象募集资金。公开发行股票的股份有限公司和上市公司负有较强的信息披露义务,须定期向社会或股东披露有关信息,如公司经营状况、投资方案、资产负债情况等。

8. 责任形式。如果股东当初在公司注册成立时,已经缴纳了出资额,他就无须再对公司债务承担偿还责任,即使将来公司解散了,股东也不必再承担什么债务责任。在现实生活中,有的有限责任公司终止后,债权人到法院起诉开办公司的股东,要求股东承担偿还债务的责任。根据有限责任的原理,这种起诉是不应该获得法律支持的。然而,有的时候,在个别的地方,法院受理后,仍然判决股东再继续还债,这就与有限责任公司的原理相冲突了。有限责任,顾名思义,股东只承担有限责任,但股东负有对公司清算的义务。因此,股东在开办公司时,只要开办的是有限责任公司,并且已经缴纳了出资额,只应在出资范围内承担责任,而不应在出资范围以外再承担债务责任。当公司对外负债时,公司应当用全部财产去偿还,全部财产包括公司的全部资金、以物的形式存在的全部资产和对外拥有的债权等。当公司用全部财产偿还债务后,剩余债务仍没有偿还完毕的,公司可以进入清算程序,由公司组织清算,清算结束后,到市场监督管理部门办理注销登记。如果公司仍愿意负债经营,也可以不进入清算程序。有限责任公司的股东以其认缴的出资额为限对公司承担有限责任,股份有限公司的股东以其认购的股份为限对公司承担有限责任。

9. 所得分配。除全体股东另有约定外,有限责任公司的股东按照实缴的出资比例分取红利;股份有限公司按照股东持有的股份比例分配,但股份有限公司章程规定不按照出资比例分取红利的除外。

10. 税负。作为中国境内的企业法人,有限责任公司和股份有限公司均适用《企业所得税法》,需缴纳企业所得税和个人所得税。

二、实务操作

(一) 公司是创业较为理想的组织形式

相对于个人独资企业、合伙企业等企业组织形式,公司具有存续时间长、稳定性高、易集资、所有权变更简单、经营者与股东对公司负有限责任等特点,是创业较为理想的组织形式。公司分为有限责任公司和股份有限公司两大类。有限责任公司是股东以其出资额为限对公司承担责任,而公司以其全部资产对公司的债务承担责任;股份有限公司则是将所有资本分成等额股份,股东以其所持股份为限对公司承担责任,而公司以其全部资产对公司的债务承担责任。因此,选择公司作为创业的组织形式,将个人财产与公司财产分割,可以有效避免个人财产风险,不至于因创业失败而影响个人和家庭的生活。

公司类型的选择及风险防范

(二) 有限责任公司的选择

有限责任公司的性质介于股份有限公司与合伙企业之间,兼具资合性和人合性,资金的联合和股东间的信任是有限责任公司两个不可或缺的信用基础。有限责任公司的股东人数有限制,所需资本额通常少于股份有限公司。有限责任公司的规模具有可塑性,能够适应现实经济生活中开办各种规模不等的企业的需要,其多数属于中小型企业,股东会、董事会等组织机构的设置往往根据需要进行,尤其适合中小型企业。有限责任公司是创业者早期组织形式的较优选择。

第一,有限责任公司设立门槛低,设立有限责任公司没有最低出资要求,而且出资方式灵活,可以是现金,也可以是场地、实物、知识产权以及其他可以用货币评估作价的股权、债权等资产,对于创业者来说,是较为理想的选择。

第二,有限责任公司机构设置相对灵活,可以根据公司的实际需要予以调整。设置了股东会,可不设董事会,监事会是任意机构。公司规模较大的,可以设置股东会、董事会、监事会和经理;反之,公司规模较小的,可以设置股东会、执行董事、1至2名监事和经理。

第三,有限责任公司是企业法人,以自己所有的财产对公司债务承担责任。公司资产不足清偿债务时,可以依法破产清算。未偿还的债务,债权人不得要求股东偿还,股东仅以认缴的出资为限对公司负责。所以,从理论上讲,只有公司的破产,没有股东的破产。选择公司作为创业的组织形式,风险相对较小。

第四,有限责任公司股权转让相对自由,股东退出公司相对容易。有限责任公司不向社会公开募集股份、发行股票,出资不能像股份那样自由转让,股东相对稳定,但股权转让相对容易,法律没有对其作出限制,仅由公司章程予以规定。

第五,正因为有限责任公司不公开发行股票,股东的出资证明也不能上市交易,公司的财务会计等信息资料就无须向社会公开,由此有助于防止企业经营信息的泄露。

第六,有限责任公司在管理上比较方便,许多程序没有股份有限公司那么复杂。根据股东的愿望,可以把公司办得大一些,也可以办得小一些。正所谓"船小好转舵",遇有市场风险时,小一点的有限责任公司转向也快。因此,在以公司的组织形式创业时,有限责任公司是最佳的选择之一。

但是,有限责任公司需要双重纳税,即公司盈利要上缴企业所得税,股东从公司获得的投资收益还要上缴个人所得税。另外,有限责任公司不能公开发行股票,所以公司筹集资金的范围和规模一般不会很大,难以适应大规模的生产经营需要,比较适合创办中小型企业。当公司发展到一定规模时,有限责任公司的形式必然限制其进一步发展。

(三) 一人有限责任公司的选择

一人有限责任公司简称一人公司,它是由一个自然人或者法人投资设立的有限责任公司。相对于个人独资企业而言,尽管投资人都是一人,但二者却存在根本的不同。一人公司是法人企业,有自己独立支配的法人财产,公司财产与投资人的个人财产严格分开,投资人以认缴的出资为限对公司承担责任,公司以自己所有的财产对债权人承担有限责任。但其存在以下问题:(1) 一人公司设立门槛比较高。(2) 投资人税负较重。公司必须就其所得缴纳企业所得税,投资人从公司取得的投资收益必须缴纳个人所得税。(3) 在一定条件下,投资人对公司债务承担连带责任。一人公司的股东如果存在滥用公司法人独立地位和股东有限责任,逃避公司债务,严重损害公司债权人利益的情形,公司不再承担有限责任。

《公司法》第 23 条第 3 款对此作出了特别的规定:"只有一个股东的公司,股东不能证明公司财产独立于股东自己的财产的,应当对公司债务承担连带责任。"

(四) 股份有限公司的选择

创业者应当根据创业的需要选择股份有限公司,其可迅速聚集大量资本,广泛聚集社会闲散资金,有利于公司的迅速成长。同时,股份有限公司的债务不属于企业出资者,如果以股份有限公司为组织形式,创业者所承担的风险较小。股份有限公司也可以留存部分利润,而创业者也无须为此缴税。股份有限公司还可以通过出售股票(普通股、优先股)进行融资。股份有限公司也可以无限期地存续,即使股东发生出售股份、伤残或死亡等情况,也不影响公司的继续经营和发展。可见,股份有限公司是创业的一种重要组织形式,尤其是当创业发展到一定规模需要进行扩张时,可以选择这种组织形式,其能较好满足这一阶段创业的需要。但是,股份有限公司具有以下缺点:(1) 股份有限公司是独立于企业出资人的法人实体,需要满足更多法规和税务要求。相较于其他大多数企业组织形式,股份有限公司设立比较复杂,设立及运行成本也更高。(2) 公司抗风险能力较差。大多数股东缺乏责任感,大多出于投资考虑,一旦公司出现风吹草动,股东往往选择"用脚投票"。(3) 大股东持有较多股权,不利于保护小股东的利益。(4) 基于股份有限公司财务的公开以及相关信息的公开,公司的商业秘密容易暴露。

还有,股份有限公司须遵守的规则复杂,该组织形式需要更多会计和税务方面的服务。同时,企业所有者须就企业利润缴纳双重税负,股份有限公司不仅要缴交企业所得税,而且以股息形式分配给股东的任何利润都要缴交个人所得税。

三、风险防范

选择公司作为创业的组织形式,其优势是显而易见的,但也具有一定的局限性,如双重税负(企业所得税、个人所得税);所有权与经营权分离,易起内部矛盾;保密性差,营业状况必须向社会公开。因此,如果选择公司这个组织形式进行创业,必须采取有效措施防范这些风险。

(一) 重视设立协议的制定

公司设立协议是公司设立的基础,一个完善的股东出资合同或公司设立协议应包含以下内容:(1) 各个股东的姓名或名称、身份证或工商登记信息;(2) 欲设立的公司的名称、性质、注册资金、地址;(3) 公司经营范围、经营任务和经营方式;(4) 出资方式和出资期限;(5) 股东的权利义务;(6) 转让出资或变更注册资本的程序;(7) 组织管理机构;(8) 公司财务管理制度;(9) 利润分配和亏损负担方式;(10) 违约责任和争议解决方式;等等。内容不完善容易导致股东出现纠纷,因为当初没有约定,后来形势或利益格局的变化就容易使股东对原来不完善的出资合同或公司设立协议作出有利于自己的补充或者解释,造成不同股东在理解上的分歧。同时,如果设立协议没有设计好,不仅会影响到公司设立的进程乃至成败,甚至对公司成立后的运营都会产生不利影响,很多股东纠纷都源于此。并且,股东出资合同或公司设立协议作为公司章程的一个模板,决定着章程的内容。因此,公司设立协议应尽可能明确详细,注意梳理和明确股东之间、股东与公司之间的权益,保证各方权利义务的平衡。

（二）创业者的财产应该和公司的财产分离

创业者的财产与公司的财产一旦混同,公司的独立法人人格就难以获得法律认可,公司就不再受有限责任的保护,公司的风险就会蔓延到创业者个人乃至其家庭,公司的风险演变成为家庭的风险。

（三）少设或者不设分公司

创业者为了开拓市场,方便交易,往往在各地设立多家分公司,分公司签订合同不需要总公司的授权,由此出现很大的法律风险,因为分公司的法律责任最终要由总公司承担。因此,分公司设立得越多,给总公司带来的风险也就越大。从风险管控的角度而言,创业者在高速发展、进行扩张的时候,要少设或者不设分公司,如非必需,可以通过设立子公司的方式满足业务扩展的需要,这样才不至于发生分公司的债务最终由总公司承担的不利后果。

（四）建立和完善公司治理机制

明确公司运作程序,保证公司运营顺畅。

做到这些,就基本上达到了预防公司设立及运行中风险的目的。

四、典型案例

张某选择企业组织形式案

张某通过自己创业,经营一家化工厂,多年来,一直坚持独资经营,身兼所有者与经营者的角色。现张某年事已高,想从管理岗位上退下来,将事业留给自己的儿孙们。他首先考虑将该个人独资企业转为公司制经营,并将公司股份分配给自己的儿孙;同时也考虑将该个人独资企业转变为合伙经营企业,由儿孙合伙经营。为了选择正确的组织形式,张某提出以下目标:(1) 权益结构:2 个儿子各自拥有 30%的股份或份额,4 个孙子各分配 10%的股权或份额。(2) 管理:化工厂对生产经营管理要求较高,而自己的子孙没有经营管理能力,他希望将企业交给原来的副厂长李某经营管理。(3) 所得税:希望采用的组织形式能够尽可能减少应缴纳的税款。(4) 风险承担:经营化工厂风险较高,一旦发生事故,赔偿额度无法估量,故张某希望发生意外风险的时候,他儿孙的财产不受任何影响。

在此情况下,根据有关法律的规定,可以作如下分析:若工厂转化为公司制经营,成立一家有限责任公司,在权益结构、风险承担及管理方面能够满足张某的要求,然而公司经营过程中需要缴纳企业所得税,分配利润时各股东还需要缴纳个人所得税,因此,张某子孙所需要承担的实际税额较高。若工厂改为普通合伙制经营,权益结构方面没有问题,税负也较低,但是在风险承担方面,则各合伙人需要承担连带责任,另外,经营管理方面,各合伙人也需要参与合伙事务管理。这与张某的要求不符。张某也可以采用有限合伙制形式,这需要副厂长李某同意作为普通合伙人继续经营。张某征求李某的意见,李某跟随张某多年,对化工厂经营管理非常熟悉,愿意做普通合伙人,承担无限责任,但需要额外奖励。为此,根据双方意图拟定了注销个人独资企业、成立有限合伙企业的方案。

第四节　公司股权架构的设计及风险防范

对于公司而言,无论是处于筹备阶段、初创阶段还是发展阶段,股权架构的设计都非常重要,科学合理的股权分配是公司稳定和健康良性发展的基石。股权架构在公司治理的整个制度安排中,可以被视为制度的产权基础。它首先决定了股东结构,进而决定了整个内部监控机制的构成和运作。很多公司经营过程中遇到的重大问题,包括公司僵局、损害小股东利益等,追究其根源,都和公司的股权架构设置有关。当然公司股权架构的设置还要结合自己公司的实际情况,具体问题具体分析。

公司股权架构的设计

一、法律规则

核心法条

《中华人民共和国公司法》

第一百八十九条　董事、高级管理人员有前条规定的情形的,有限责任公司的股东、股份有限公司连续一百八十日以上单独或者合计持有公司百分之一以上股份的股东,可以书面请求监事会向人民法院提起诉讼;监事有前条规定的情形的,前述股东可以书面请求董事会向人民法院提起诉讼。

监事会或者董事会收到前款规定的股东书面请求后拒绝提起诉讼,或者自收到请求之日起三十日内未提起诉讼,或者情况紧急、不立即提起诉讼将会使公司利益受到难以弥补的损害的,前款规定的股东有权为公司利益以自己的名义直接向人民法院提起诉讼。

他人侵犯公司合法权益,给公司造成损失的,本条第一款规定的股东可以依照前两款的规定向人民法院提起诉讼。

公司全资子公司的董事、监事、高级管理人员有前条规定情形,或者他人侵犯公司全资子公司合法权益造成损失的,有限责任公司的股东、股份有限公司连续一百八十日以上单独或者合计持有公司百分之一以上股份的股东,可以依照前三款规定书面请求全资子公司的监事会、董事会向人民法院提起诉讼或者以自己的名义直接向人民法院提起诉讼。

第二百一十条　公司分配当年税后利润时,应当提取利润的百分之十列入公司法定公积金。公司法定公积金累计额为公司注册资本的百分之五十以上的,可以不再提取。

公司的法定公积金不足以弥补以前年度亏损的,在依照前款规定提取法定公积金之前,应当先用当年利润弥补亏损。

公司从税后利润中提取法定公积金后,经股东会决议,还可以从税后利润中提取任意公积金。

公司弥补亏损和提取公积金后所余税后利润,有限责任公司按照股东实缴的出资比例分配利润,全体股东约定不按照出资比例分配利润的除外;股份有限公司按照股东所持有的股份比例分配利润,公司章程另有规定的除外。

公司持有的本公司股份不得分配利润。

第二百三十一条　公司经营管理发生严重困难,继续存续会使股东利益受到重大损失,通过其他途径不能解决的,持有公司百分之十以上表决权的股东,可以请求人民法院解散公司。

有限责任公司

第六十五条　股东会会议由股东按照出资比例行使表决权;但是,公司章程另有规定的除外。

第六十六条　股东会的议事方式和表决程序,除本法有规定的外,由公司章程规定。

股东会作出决议,应当经代表过半数表决权的股东通过。

股东会作出修改公司章程、增加或者减少注册资本的决议,以及公司合并、分立、解散或者变更公司形式的决议,应当经代表三分之二以上表决权的股东通过。

第七十三条　董事会的议事方式和表决程序,除本法有规定的外,由公司章程规定。

董事会会议应当有过半数的董事出席方可举行。董事会作出决议,应当经全体董事的过半数通过。

董事会决议的表决,应当一人一票。

董事会应当对所议事项的决定作成会议记录,出席会议的董事应当在会议记录上签名。

股份有限公司

第一百一十四条　股东会会议由董事会召集,董事长主持;董事长不能履行职务或者不履行职务的,由副董事长主持;副董事长不能履行职务或者不履行职务的,由过半数的董事共同推举一名董事主持。

董事会不能履行或者不履行召集股东会会议职责的,监事会应当及时召集和主持;监事会不召集和主持的,连续九十日以上单独或者合计持有公司百分之十以上股份的股东可以自行召集和主持。

单独或者合计持有公司百分之十以上股份的股东请求召开临时股东会会议的,董事会、监事会应当在收到请求之日起十日内作出是否召开临时股东会会议的决定,并书面答复股东。

第一百一十五条　召开股东会会议,应当将会议召开的时间、地点和审议的事项于会议召开二十日前通知各股东;临时股东会会议应当于会议召开十五日前通知各股东。

单独或者合计持有公司百分之一以上股份的股东,可以在股东会会议召开十日前提出临时提案并书面提交董事会。临时提案应当有明确议题和具体决议事项。董事会应当在收到提案后二日内通知其他股东,并将该临时提案提交股东会审议;但临时提案违反法律、行政法规或者公司章程的规定,或者不属于股东会职权范围的除外。公司不得提高提出临时提案股东的持股比例。

公开发行股份的公司,应当以公告方式作出前两款规定的通知。

股东会不得对通知中未列明的事项作出决议。

第一百一十六条　股东出席股东会会议,所持每一股份有一表决权,类别股股东除外。公司持有的本公司股份没有表决权。

股东会作出决议,应当经出席会议的股东所持表决权过半数通过。

股东会作出修改公司章程、增加或者减少注册资本的决议,以及公司合并、分立、解散或者变更公司形式的决议,应当经出席会议的股东所持表决权的三分之二以上通过。

第一百一十七条　股东会选举董事、监事,可以按照公司章程的规定或者股东会的决议,实行累积投票制。

本法所称累积投票制,是指股东会选举董事或者监事时,每一股份拥有与应选董事或者监事人数相同的表决权,股东拥有的表决权可以集中使用。

第一百二十三条　董事会每年度至少召开两次会议,每次会议应当于会议召开十日前通知全体董事和监事。

代表十分之一以上表决权的股东、三分之一以上董事或者监事会,可以提议召开临时董事会会议。董事长应当自接到提议后十日内,召集和主持董事会会议。

董事会召开临时会议,可以另定召集董事会的通知方式和通知时限。

第一百二十四条 董事会会议应当有过半数的董事出席方可举行。董事会作出决议,应当经全体董事的过半数通过。

董事会决议的表决,应当一人一票。

董事会应当对所议事项的决定作成会议记录,出席会议的董事应当在会议记录上签名。

第一百三十五条 上市公司在一年内购买、出售重大资产或者向他人提供担保的金额超过公司资产总额百分之三十的,应当由股东会作出决议,并经出席会议的股东所持表决权的三分之二以上通过。

第一百四十四条 公司可以按照公司章程的规定发行下列与普通股权利不同的类别股:

（一）优先或者劣后分配利润或者剩余财产的股份;

（二）每一股的表决权数多于或者少于普通股的股份;

（三）转让须经公司同意等转让受限的股份;

（四）国务院规定的其他类别股。

公开发行股份的公司不得发行前款第二项、第三项规定的类别股;公开发行前已发行的除外。

公司发行本条第一款第二项规定的类别股的,对于监事或者审计委员会成员的选举和更换,类别股与普通股每一股的表决权数相同。

第一百四十六条 发行类别股的公司,有本法第一百一十六条第三款规定的事项等可能影响类别股股东权利的,除应当依照第一百一十六条第三款的规定经股东会决议外,还应当经出席类别股股东会议的股东所持表决权的三分之二以上通过。

公司章程可以对需经类别股股东会议决议的其他事项作出规定。

第一百六十条 公司公开发行股份前已发行的股份,自公司股票在证券交易所上市交易之日起一年内不得转让。法律、行政法规或者国务院证券监督管理机构对上市公司的股东、实际控制人转让其所持有的本公司股份另有规定的,从其规定。

公司董事、监事、高级管理人员应当向公司申报所持有的本公司的股份及其变动情况,在就任时确定的任职期间每年转让的股份不得超过其所持有本公司股份总数的百分之二十五;所持本公司股份自公司股票上市交易之日起一年内不得转让。上述人员离职后半年内,不得转让其所持有的本公司股份。公司章程可以对公司董事、监事、高级管理人员转让其所持有的本公司股份作出其他限制性规定。

股份在法律、行政法规规定的限制转让期限内出质的,质权人不得在限制转让期限内行使质权。

《中华人民共和国证券法》

第三十六条　依法发行的证券,《中华人民共和国公司法》和其他法律对其转让期限有限制性规定的,在限定的期限内不得转让。

上市公司持有百分之五以上股份的股东、实际控制人、董事、监事、高级管理人员,以及其他持有发行人首次公开发行前发行的股份或者上市公司向特定对象发行的股份的股东,转让其持有的本公司股份的,不得违反法律、行政法规和国务院证券监督管理机构关于持有期限、卖出时间、卖出数量、卖出方式、信息披露等规定,并应当遵守证券交易所的业务规则。

第六十五条　通过证券交易所的证券交易,投资者持有或者通过协议、其他安排与他人共同持有一个上市公司已发行的有表决权股份达到百分之三十时,继续进行收购的,应当依法向该上市公司所有股东发出收购上市公司全部或者部分股份的要约。

收购上市公司部分股份的要约应当约定,被收购公司股东承诺出售的股份数额超过预定收购的股份数额的,收购人按比例进行收购。

二、法律规则解读与实务操作

（一）一元股权架构

一元股权架构,即股东按照所持有的股权比例行使表决权和分红权,股东股权比例、表决权（投票权）、分红权是一一对应的。这种股权架构是最普遍的类型,很多企业都是采用一元股权架构。在这种股权架构下,其股权安排应当牢记公司股权的八条"生命线"。

（1）持股67%以上:绝对控制线。可决策关系公司生死存亡的事宜,如修改公司章程、增加或者减少注册资本,以及公司合并、分立、解散或者变更公司形式等。需要注意的是,持股67%不一定享有绝对控制权,根据法律规定,必须是持股67%以上才有所谓的绝对控制权,但公司章程作出其他规定的除外。

（2）持股51%:相对控制线。对公司大部分事项有权决策,如聘请独立董事、选举董事、董事长、聘请审议机构、聘请会计师事务所、聘请、解聘总经理等。

（3）持股34%:安全控制线。该持股量是相对于持有2/3股份而言的,股东持股1/3以上的,拥有一票否决权,持股2/3以下的股东无法享有绝对控制权。一票否决只是针对关系生死存亡的事宜,对其他仅需过半数以上通过的事宜,无法否决。

（4）持股30%：上市公司收购要约线。通过证券交易所的证券交易，投资者持有一个上市公司已发行的股份的30%时，继续进行收购的，应当依法向该上市公司所有股东发出收购要约。

（5）持股20%：重大同业竞争警示线。投资方直接或是通过子公司间接持有被投资单位20%以上但低于50%表决权股份时，一般认为对被投资单位具有重大影响，即联营企业投资。20%是一个非常重要的股权比例，因为超过这个股比，股东将从一般的积极财务投资者、参股角色，改变为重要影响者和联合控制者。

（6）持股10%：临时会议权线。可提出质询、调查、起诉、清算或解散公司。该类股东可以通过提议召开股东会临时会议，或者董事会临时会议的方式，让股东会或者董事会来讨论自己关心的问题，并且提出自己的意见和观点。通过特别开会的形式进行单独讨论决策，将对公司日常经营管理产生更大影响，股东参与公司治理的程度进一步加深。

（7）持股5%：重大股权变动警示线。本条线仅适用于上市公司，《证券法》规定持股达到5%及以上，需以书面形式披露权益变动情况。① 5%股权比例线对公司治理的意义是，对于股份有限公司，尤其是上市公司来说，持有或者通过协议、其他安排与他人共同持有公司股份达到5%的股东属于公司重要股东，能够对公司治理产生一定的影响力。由此，如果国有企业希望通过引入战略投资者作为积极股东参与公司治理，其持股比例应不低于5%。

（8）持股1%：临时提案权和代位诉讼权线。单独或者合计持有公司1%以上股份的股东，可以在股东会会议召开10日前提出临时提案并书面提交董事会。1%股权比例线对公司治理的意义是，股东能够通过提出临时提案参与公司的日常经营管理，初步对公司治理产生一定影响力。同时，当公司利益受损，尤其是公司董事、高级管理人员侵犯公司利益时，股东可以书面请求监事会向人民法院提起诉讼。如果股东的请求被拒绝，有限责任公司的股东、股份有限公司连续180日以上单独或者合计持有公司1%以上股份的股东可以以自己名义起诉。

---

① 根据《证券法》第63条的规定，通过证券交易所的证券交易，投资者持有或者通过协议、其他安排与他人共同持有一个上市公司已发行的有表决权股份达到5%时，应当在该事实发生之日起3日内，向国务院证券监督管理机构、证券交易所作出书面报告，通知该上市公司，并予公告，在上述期限内不得再行买卖该上市公司的股票，但国务院证券监督管理机构规定的情形除外。投资者持有或者通过协议、其他安排与他人共同持有一个上市公司已发行的有表决权股份达到5%后，其所持该上市公司已发行的有表决权股份比例每增加或者减少5%，应当依照上述规定进行报告和公告，在该事实发生之日起至公告后3日内，不得再行买卖该上市公司的股票，但国务院证券监督管理机构规定的情形除外。投资者持有或者通过协议、其他安排与他人共同持有一个上市公司已发行的有表决权股份达到5%后，其所持该上市公司已发行的有表决权股份比例每增加或者减少1%，应当在该事实发生的次日通知该上市公司，并予公告。

这种权利被称为代位诉讼权或派生诉讼权。

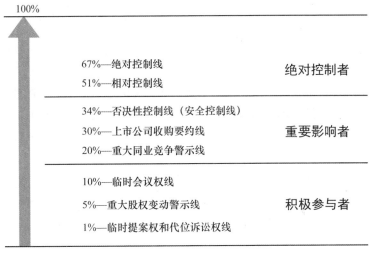

图 1-1 股权八条"生命线"

在一元股权架构下,对于普通的且章程无特殊约定的公司,以下几个股权组合供参考:

● 两位股东较优股权组合为:【70%、30%】;【80%、20%】;【51%、49%】。保证大股东的绝对或相对控制权。

● 三位股东较优股权组合为:【70%、20%、10%】;【60%、30%、10%】。大股东的持股比例要大于二、三股东之和。

● 四位股东较优股权组合为:【40%、25%、20%、15%】;【35%、29%、20%、16%】。大股东的股权在34%以上,拥有一票否决权,控制公司的生命线,防止其他三位股东联合攫取公司绝对控制权,同时大股东与其中三位股东之一组合,便可达到对公司的绝对控制或相对控制。

(二) 二元股权架构

二元股权架构,即同股不同权,股东股权比例、表决权、分红权不是一一对应的关系,股东权利分离。《公司法》第 210 条第 4 款规定,股东按照实缴的出资比例分配利润。但是,全体股东约定不按照出资比例分配利润或者公司章程另有规定的除外。表决权与股权分离的架构下,可以考虑采用以下方式:

(1) 投票权委托。创始人要求小股东签署授权委托书,将小股东所持有的公司股票表决权授予给创始人,约定委托的表决权不可撤销或约定一个比较长的授权期限。

(2) 一致行动协议。创始人与创始团队的其他小股东可签署一致行动协议,约定就公司的事项进行表决时依照创始人的意志去表决,从而提高了创始人的表决权,使其牢牢掌控公司的控制权。

(3) 构建持股法律实体。创始人团队设立一家有限责任公司或有限合伙企业作为目标公司的持股实体,而创始人同时成为该公司的法定代表人、唯一的董事或该有限合伙企业唯一的普通合伙人或执行事务合伙人,间接达到掌握目标公司的效果。

(4) 境外架构中"AB股计划"。该种方式主要适用于允许"同股不同权"的境外市场。企业可以发行具有不同程度表决权的两类股票,一类为一股一权,一类为一股多权,由此创始人和管理层可以获得比"同股同权"架构下更多的表决权,从而使其他投资机构和投资者难以掌管公司决策权。

(三) 多元股权架构

多元股权架构,指的是将公司股东分为四个类型,即创始人、合伙人、员工和投资人,针对这四类主体进行科学合理的安排。在保证创始人控制权的基础上,让合伙人、员工、投资人都能分享到利益,该种模式更有利于公司的长期稳定发展。对于这种模式,有以下几点建议:

(1) 公司设立初期,创始人团队不要过早地稀释股权,应预留10%—20%的股权作为股权激励池,用于激励将来公司的核心员工和将来引进的投资人。

(2) 公司初创期,应设定有效可行的股权退出方式,提前约定好退出条件和退出价格,并设立有限合伙企业作为持股平台,从而有效避免股东退出时产生的法律风险。

(3) 公司的创始人作为一个相对的大股东,在前期创业的时候要绝对控股,后面发展到一定的时期再不断稀释股权,但要保持相对控股权。

以上是对股权架构的基本解析,公司股权设计要有实际控制人,股权架构要明晰,具备明显的股权架构梯次,预留适当的股权比例进行股权激励。

股权设计的风险防范

三、风险防范

1. 应为控股股东参与公司治理留出合法的路径,建构科学、合理的规则体系。这套规则的核心目标是确立合理的权责机制,主要内容则是科学规定控股股东的特殊权利、义务与责任。绝对控制权保障公司有人负责、经营管理有人拍板,保障创始人能够成为最终决策者。好的股权架构可以使创始人始终牢牢掌握对公司的控制权,使公司朝着自己预期的方向发展。

2. 表决权可与出资比例不一致,可以设计更高的表决权,不按照出资比例行使表决权,进而实现创始人等对公司的控制权。根据《公司法》第65条的规定,股东会会议由股东按照出资比例行使表决权,但是公司章程有特别规定的除外。因此,有限责任公司可以在章程里约定创始人的出资比其他人享有更多的表决权,这样就可以在表决的时候掌握控制权。

3. 注重股权激励。不同阶段可以通过实股、虚股、期股等方式作股权激励,激发员工的积极能动性,充分发挥资源优势,使公司与持股员工成为利益共同体,共同致力于公司发展。

4. 约定明确的股权退出机制。当股东出现问题或者发生约定的其他情况损害了公司的利益时,公司其他股东可以让该股东退出。当然,当公司出现问题,股东不想继续持股时,该股东也可以选择退出。这无论是对于公司而言,还是对于股东而言,都是良好的选择。因此,应当设立明确的股权退出机制。

5. 常见股权架构风险防范。以下是股权架构设计时常见的风险:股份平均化、资金股占比太高、控制人身份模糊、股权高度分散、创始股东股权被过早稀释、未实缴注册资本股权比例过高、代持股份未披露等。具体而言,在股权架构设计时,应当注意防范以下的风险。

(1) 股权过分分散引发的风险。在高度分散型的股权架构中,公司没有大股东,所有权与经营权基本完全分离,单个股东所持股份的比例在 10% 以下;管理层基本掌握了公司的控制权,众多小股东存在"搭便车"的现象,股东对参与公司治理兴趣不大,公司可能会如同一盘散沙,不利于公司的长远发展。同时,由于缺乏具有相对控制力的股东,股东很难对管理层进行有效的监督和约束,存在"内部人控制"现象。公司治理结构框架的主要目标和原则应是保护股东利益,使管理层按照股东利益最大化行事,股权过分分散最大的缺陷是公司治理效率低下。可以采取股票期权为主的激励机制、内部的董事会监督和外部的公司控制权市场三者相结合的约束机制来实现公司治理。激励机制主要解决经理层由于不持有公司全部股份所产生的与股东利益相偏离的问题。董事会中如果独立董事能有效发挥作用,就能对经理层在事前、事中和事后实现有效的监督。公司控制权市场是指通过收集股权或投票代理权取得对公司的控制,达到接管和更换不良管理层的目的。公司控制权市场的交易主要包括企业并购和代理权争夺两种方式。代理权争夺也就是投票权竞争,是一种投票机制,按照这种机制,股东对董事、现任经理或其他股东提出的议案进行投票表决。同时,在任经理和部分股东通过分发竞争性的委托材料来积极收集不出席股东会会议的股东的投票权,以增强影响投票结果的能力。

(2) 平衡股权架构引发的风险。在平衡股权架构中,公司的大股东之间的股权比例相当接近,没有其他小股东或者其他小股东的股权比例极低。这种结构有一定的优点,但如果公司只有两个股东,这种结构的弊端则尽显无遗。只要两个股东之间就任何问题发生争执,就很容易形成股东僵局,公司无法召开股东会、董事会会议,即使召开也无法形成有效的决议。现实中发生的武力抢夺公章、强行占领办公室、单方强行表决等现象很多,都与公司的平衡股权架构有关。更为严重的是,当公司陷入僵局的时候,由于司法救济的滞后性,事实上很难通过诉讼解决问题。因此,"五五平分"被称为最糟糕的股权架构。公司两名股东,各持50%的股权,收益权和决策权都是平等的,看似很公平,但是该类企业走到最后会越来越艰难。平分的股权架构使得公司无法作出有效的决策,导致公司陷入僵局,股东长期内耗,最终公司无法继续经营。

(3) 高度集中型股权架构引发的风险。在高度集中型股权架构中,绝对控股股东一般拥有公司50%以上的股份,对公司拥有绝对控制权。控股股东拥有有效监督管理者的权利,同时,大股东可能利用其优势地位,为谋自身利益而通过多种手段损害中小股东的利益,如支付特殊红利,进行关联交易,或者利用会计准则的缺陷进行利润管理等。"一股独大"或股权高度集中的治理模式与股权分散一样,都可能损害外部社会公众股东的利益。因此,对高度集中型股权架构的公司而言,公司治理的主要目标和原则就是抑制大股东的"掠夺"行为,保护小股东的利益。

(4) 特殊的股权设置——一人公司或夫妻股东。只有一个股东的公司,如果股东不能证明公司财产独立于股东自己的财产,就需要对公司债务承担连带责任,风险较大,但有些人又信不过别人,因此将公司注册为夫妻两人所有,实质上由一人出资经营;许多民营企业家在创业之初即为夫妻共同打天下,自然将公司注册为夫妻两人所有。通常债权人在起诉该一人公司或夫妻公司时,会将夫妻列为共同被告,并向法院申请财产保全,查封、扣押、冻结公司财产和股东个人或夫妻共同财产。最终股东若无法证明股东财产与公司财产独立,可能会被认定为滥用公司法人独立地位和股东有限责任逃避债务,严重损害公司债权人利益,法院可能判决股东以其个人财产或夫妻共同财产对公司债务承担连带清偿责任。

四、典型案例

(一) 案情简介①

第一次股权之争:创始合伙人股权之争

1998年年底,吴长江联合同学杜刚、胡永宏创立雷士照明,吴长江拥有雷士照明45%的股权,杜刚和胡永宏的股权共55%。如果杜刚与胡永宏合力,那么

---

① 佚名:《因股权设计失败致使创始人丧失公司控制权——雷士照明与吴长江》,https://baijiahao.baidu.com/s?id=1722737589178666259&wfr=spider&for=pc,访问时间:2023年8月10日。

就拥有对雷士照明的重大事项决定权。雷士照明创立初期搭建的股权架构为吴长江第一次失去控制权埋下了伏笔。果不其然，2005年，杜刚、胡永宏两位股东与吴长江对于公司经营发展理念、盈利如何分配等问题产生了分歧，于是开会把吴长江的董事长职位罢免了，吴长江的全部股份被迫让出，携8000万元出走，失去控制权。吴长江出走后，戏剧性的一幕上演，全体经销商"倒戈"，要求吴长江重掌企业。经过投票，其余两股东被迫各拿8000万元离开，此时，吴长江拥有雷士照明100%的股权。

第二次股权之争：引进投资人导致的控制风险

当时雷士照明拿不出1.6亿元现金，于是通过融资补足缺口。这样吴长江就借助资本的力量，用股权作为交换解决了与雷士照明创业股东之间的纠纷，完美地夺回了控制权。

2006年，赛富亚洲基金投资雷士照明2200万美元，占比35.71%，接近吴长江的41.8%。此后，赛富亚洲基金几次投资雷士照明，2008年总持股比例达到了30.73%，超过持股29.33%的创始人吴长江，成为公司第一大股东，为日后轰动一时的公司控制权争夺埋下伏笔。

2011年，雷士照明引进了投资机构施耐德电气，施耐德电气从雷士照明的6位股东处共获得公司9.2%的股份，成为第三大股东。同年底，赛富亚洲基金、吴长江、施耐德电气和高盛集团分别约持有雷士照明18.3%、15.9%、9.1%和5.6%的股份。

仅持有15.9%股权的吴长江此时对雷士照明已经没有了控制力。2012年5月，吴长江与资本方赛富亚洲基金创始合伙人阎焱闹翻，被迫离开雷士照明董事会。当时雷士照明发布的公告称，公司创始人吴长江因个人原因已辞任公司一切职务。公司的非执行董事、赛富亚洲基金创始合伙人阎焱接任董事长，来自施耐德电气的张开鹏则接任首席执行官。

这一次控制权之争，由于吴长江对渠道的把控，雷士照明经销商力挺吴长江，集体请愿。几乎与此同时，经由熟人牵线，吴长江和德豪润达董事长王冬雷迅速牵手，扩大在雷士照明的控股权。吴长江在经销商和王冬雷的支持下，再度逆转胜出。

2012年年底，吴长江将手中约11.8%的雷士照明股权转让给德豪润达，保留6.79%的股权。德豪润达则合计持有雷士照明20.05%的股权，成为雷士照明的第一大股东，合计斥资16.54亿港元。阎焱为首的赛富亚洲基金及德国施耐德电气则分别为雷士照明第二及第三大股东，持股18.48%和9.21%。

之后王吴二人迎来了一段关系蜜月期。在德豪润达的助力下,2013年1月,吴长江被任命为雷士照明CEO。2013年4月,阎焱退出雷士照明董事会。

第三次股权之争:痛失控制权,沦为阶下囚

吴长江所不知道的危机正在暗伏,2014年4月,吴长江向德豪润达转让2.15亿股股份,约占集团已发行股本的6.86%。股份转让完成后,吴长江仅持有雷士照明7930.9万股,占总股本的2.54%,而德豪润达持有雷士照明8.48亿股股份,占27.1%的股权,为雷士照明最大单一股东。

历史总是这么惊人的相似,第三次股权争夺又展开了,这一次站在吴长江对手位置上的是德豪润达王冬雷。2014年8月8日,雷士照明董事会电话会议上,吴长江被免去执行董事、CEO职务。王冬雷则通过投票成为临时CEO。吴长江第三次被迫离开雷士照明董事会。

正是由于股权的一步步转让,吴长江在雷士照明的话语权已降至历史最低的1.71%,控制权彻底旁落,当这一次股权危机如洪水猛兽般来袭时,吴长江变得势单力薄。

与此同时,雷士照明几乎所有经销商都表示支持董事会决议,吴长江想要故技重施却没有了支持的人。并且这次王冬雷棋高一等,发现了吴长江违规担保的事情,2014年11月,吴长江被抓。

(二) 案例评析

雷士照明给我们以下启示:

(1) 公司创始人要在企业创立之初,做好股权顶层设计,股东之间要有进入、退出和调整机制。当企业发展到一定规模时,创始人团队需要有更大的格局。只有做好合理的制度设计,才能充分调动各合伙人的积极性,才能团结一致,增强企业的凝聚力,促进企业稳定、有序、有效地发展。

(2) 在设计股权架构时,一定要严守股权生死线,做到"股权控制",避免决定上的缺陷。【50%、50%】平分股权,谁说了也不算;【51%、49%】看似只差2%,一旦稀释极易被小股东联合反超;【66%、34%】34%俗称股东捣蛋线。比较合理的股权架构是,创始人作为股东带头大哥,掌握绝对控制权,如形成7:2:1这样明显的股权梯次。

(3) 做不到股权控制,创始人就要确保自己在经营管理上的控制权。在章程上做好设计则可以前置防火墙,例如通过对同股不同权、董事会议事规则及董事长选举任命方式、排除股东资格的继承权等内容的约定,或通过有限合伙架

构、委托表决权等方式,实现对公司在经营管理上的控制。

(4) 融资要保持对公司的控制权。公司一直发展,必然会用股份去融资、"融人"、融钱,而股份越稀释越少,一旦出现被恶意收购的情况或者股东之间有矛盾,就可能会导致创始人最终失去对公司的控制权。

第五节 创业者如何选择合适的企业组织形式

企业的组织形式反映了企业的性质、地位和作用,表明一个企业的财产构成、内部关系以及与外部经济组织之间的联系方式。目前,我国常见的企业组织形式有个体工商户、个人独资企业、合伙企业、有限公司、股份公司等类别。

创业者如何选择
合适的企业
组织形式

一、企业组织形式优劣分析

个体工商户、个人独资企业、合伙企业、有限公司、股份公司等企业组织形式都有自身的优点和缺点,创业者须考虑企业组织形式的优劣,并根据自己创业的情况选出最合适的企业组织形式。

1. 个人独资企业。其结构简单、成本耗费低、受限小、自由度高。在不违反法律的情况下,经营者可根据自身需要和实际情况,自主经营、自负盈亏,无须缴纳企业所得税。但受自身条件限制,此类企业通常较难获得大额投资,其规模与寿命相对有限,而且企业所有人需对企业负无限责任,即当企业资产不足以抵偿债务时,企业所有人需以个人财产甚至家庭财产清偿债务。

2. 合伙企业。其优势主要表现在以下几方面:第一,合伙企业无须缴纳企业所得税,只需缴纳个人所得税;第二,创办费用较低;第三,合伙人人数没有限制,可以从众多的合伙人处筹集资本;第四,合伙人对企业盈亏负有完全责任,有助于提高企业信誉。合伙企业的劣势则主要表现在以下几个方面:第一,普通合伙人对企业债务负有无限连带责任;第二,权力分散,决策效率低,合伙人之间容易发生矛盾;第三,外部筹资比较困难。

3. 公司制企业。其最大的优势在于股东的有限责任,即使企业日后出现运营困难,无法偿还所有债务,债权人通常情况下也不能向股东要求偿还。公司企业有如下特点:(1) 股东负有限责任;(2) 股份可转让,流动性好;(3) 可以募集大量资金;(4) 公司有独立的存在期限;(5) 管理较科学,效率较高;(6) 创办手续较为复杂,费用高;(7) 保密性差,尤其是股份有限公司的财务状况比较透明;(8) 政府的限制较多;(9) 社会负担重,要承担双重税赋。

二、企业组织形式的选择

创业伊始,创业者不但需要了解我国现有的企业组织形式有哪些,更应当了解每一种组织形式的优劣,从而选择一种最合适的企业组织形式。通常来说,选择组织形式需要考虑以下因素。

(1)拟投资的行业。对于一些特殊的行业,法律规定只能采用特殊的组织形式,如律师事务所只能采用合伙形式而不能采用公司形式,而银行、保险等行业只能采用公司制。因此,拟投资的行业是选择企业的组织形式时首要考虑的因素。对于法律有强制性规定的行业,只能按照法律的要求选择组织形式。对于私募股权基金,法律只允许选择公司制和合伙制,越来越多的私募股权基金选择了有限合伙制的组织形式。

(2)合作还是单干。单干的选择余地不小,个体工商户、个人独资企业、一人有限责任公司都可以选择,合作的形式主要有合伙企业、公司。如果自己单独出资,那只能选择个体工商户、个人独资企业或者一人有限责任公司;如果欲召集有限人数出资(少于50人),那么可以设立有限责任公司和合伙企业;如果欲吸纳众多大众资金来出资,那么可以设立股份有限公司。

单干还是找合作伙伴一起创业,这不但是个人喜好问题,往往还关系到创业的命运。合作有合作的好处,如更容易筹措到资金,合作伙伴之间可以优势互补,能共担风险。但是,如果合作不好,则会给创业带来很多麻烦,亲兄弟都有分家,更何况是一般的合作者呢?因此,在创业之初,必须认真考虑这个问题,如果有意选择合作伙伴,就要对合作创业的可行性、默契程度等进行客观、充分地评估。

(3)创业风险的大小及创业者的风险承担能力。有的创业项目风险低、回报率低;有的创业项目回报率虽高,但风险也大。在创业之初,合理评价自身创业项目的风险是很重要的。如果是风险较大的项目,建议选择仅承担有限责任的创业形式,如公司;如果是风险较小的项目,可以选择个人独资企业或合伙企业等承担无限责任的创业形式。创业者自身的风险承担能力也是创业者必须考虑的因素之一,企业组织形式与创业者日后承担的风险息息相关。公司制企业股东仅以出资额为限承担有限责任,普通合伙制企业的投资人、个人独资企业的投资人都要承担无限责任,选择后两种企业组织形式,创业者要承担较大的风险。

(4)出资流转难易程度。个人独资企业可以随意转让出资,不受他人限制;而合伙企业的合伙人如果对外转让出资,则需要经过其他合伙人的一致同意。有限责任公司对外转让出资需要全体股东过半数同意,其他股东具有优先购买权;而股份有限公司对外转让出资没有限制,除法律有特别限制以外,可以自由转让。

（5）税务因素。由于不同的企业组织形式所缴纳的税不同，因此选择企业组织形式必须考虑税负问题。个人独资企业和合伙企业的生产经营所得计征个人所得税，公司制企业既要缴纳企业所得税，又要在向股东分配利润时为股东代扣代缴个人所得税。因此，从税负筹划的角度，选择个人独资企业和合伙企业税负更低。

（6）资本和信用的需求程度。通常，创业者有一定的资本，但尚不足，又不想使事业的规模太大，或者扩大规模受到客观条件的限制，更适宜采用合伙或有限公司的形式；如果所需资金巨大，并希望经营的事业规模宏大，适宜采用股份制；如果开办人愿意以个人信用为企业信用的基础，且不准备扩展企业的规模，适宜采用独资的方式。一般来说，资金实力雄厚、规模大的项目适合采取公司形式，而资金较小、规模较小的项目适合采取个体工商户、个人独资企业以及合伙企业等形式。因此，未来融资需要是选择创业组织形式的一个重要因素。如果创业者资金充足，拟投资的事业所需资金规模也不大，则采用合伙制和有限责任公司制均可；如果日后发展业务所需资金规模非常大，建议采取股份有限公司的组织形式。

（7）对经营期限的考量。对于个人独资企业，一旦投资人死亡且无继承人或者继承人决定放弃继承，则企业必须解散；合伙企业由合伙人组成，一旦合伙人死亡，除非不断吸收新的合伙人，否则合伙企业寿命也是有限的。因此，个人独资企业和合伙企业经营期限都不会很长，很难持续发展下去。但公司制企业则不同，除出现法定解散事由或股东决议解散外，原则上公司制企业可以永远存在。

当然，除了上述因素之外，还可以从投资权益的自由流通和经营管理需要等多个方面就企业组织形式的优劣进行分析比较，进而选择最合适的组织形式。

思考题

1. 创业可选择哪些企业组织形式？
2. 合伙企业作为创业组织形式，有哪些优劣？
3. 公司作为创业组织形式，有哪些优劣？
4. 选择创业组织形式，需要考虑哪些因素？
5. 公司股东有哪些出资方式？应注意的问题有哪些？
6. 有限责任公司的董事会会议是如何召开的？其议事方式、议事程序和表决效力如何确定？
7. 假如你要创业，应如何选择合作伙伴？
8. 注册公司的简要程序是什么？

9. 有人对创业组织形式作出如下评价:"独资企业,创业者无须和他人分享利润,但创业者要一人承担企业的亏损。合伙企业,如果合伙协议没有特别规定,利润和亏损由每个合伙人按相等的份额分享和承担。有限责任公司和股份有限公司,公司的利润是按股东持有的股份比例和股份种类分享的;对公司的亏损,股东个人不承担投资额以外的责任。"你怎么看?

10. 请简述公司企业、合伙企业与个人独资企业的不同之处。

11. 不同的企业组织形式各自有什么特点?分别适合什么类型的新创企业?

12. 什么是企业的社会责任?谈谈你对创业者及其创业企业应承担的社会责任的看法。

13. 请结合创业的实践,谈谈你对如何推进"依法治企"的认识与理解。

14. 请结合创业的实践,谈谈企业家应如何以法律思维为导向进行决策。

15. 结合创业的实践,你认为应如何处理法律思维的规范性与实际工作的灵活性之间可能存在的矛盾?

课后练习

第一章—习题

第一章—答案

第二章 创业合同法律风险防范

创业的过程中几乎不可避免地需要订立各种各样的合同,小到日常的买卖合同、工作中的劳动合同,大到合伙合同、投资合同等。合同已成为企业在生产经营、对外业务往来中不可缺少的部分,是企业从事经济活动取得经济效益的桥梁和纽带,但同时也是产生纠纷的根源,关系到创业者的切身利益。一些创业者对合同法律风险的防范意识不强,法律知识匮乏、合同签订技巧不足,这样就可能导致合同出现法律风险,引发合同争议。然而在处理这些争议、纠纷时,不仅要花费大量的人力、物力、财力,有时还要承担于己不利的法律后果。因此,创业者需要具备基本的合同审查和风险防控意识。如果这些前期工作准备充分,就能减少很多麻烦。

第一节 合同谈判

合同谈判是准备订立合同的双方或多方当事人为确定各方当事人在交易中的权利、义务与责任而进行的商议活动。合同谈判是交易的起点,也是交易能够成功进行的关键一环。合同谈判可以使当事人对双方的基本情况有更深入的了解,并能有效避免许多麻烦和纠纷。订立合同应当高度重视合同谈判,运用谈判技巧,最大程度维护自身合法权益。

一、合同谈判的目的及重要性

提到合同谈判,我们首先关注的是为什么而进行合同谈判。说到这一点,很多人会认为合同谈判的目的当然是成功缔结合同。当然这种说法也是对的,但是并不完全。因为,从整个交易达成并履行的动态过程来看,合同谈判的目的不只是成功签订合同,还应该包括顺利履行合同。如果将合同谈判的目的局限于成功签订合同,那么,大家的注意力都会放在怎样使合同成功签订上,这样就有可能会出现一些问题,如因为怕影响合同签订的进度,而对一些可能存在冲突的问题避而不谈,因为一旦谈到,可能会产生一些争议和分歧,会影响合同谈判的进度,从而影响合同的签订。为了快速签订合同而回避一些问题的做法是非常不可取的,这些问题在合同履行的过程中有可能还是会出现。出现了问题,但是对应的处理方法和责任承担方式却没有在合同中予以约定,那么极有可能会导致

合同谈判的目的、重要性及主要内容

纠纷的发生,影响合同的履行。

开展谈判的根本目的是促成有效的合同,因此只有以合同履行为目的进行谈判,才能在合同签订后的履行过程中,减少风险和纠纷,顺利完成交易。美国谈判学会主席尼伦伯格1968年在《谈判的艺术》中提到:"只要人们为了改变彼此的关系而交换观点,为了取得一致意见而磋商协议,他们就是在进行谈判。"[1]现实世界是一个巨大的谈判场,无论愿意与否,你都是一个参加者。从搞定客户签成单子,到说服老板成功加薪;从砍掉商贩的价格水分,到劝说小孩去做作业……所有事情都是一种谈判的过程。可以说,谈判无处不在、无时不有。在现代商务社会,企业的经济行为几乎都以谈判为表现形式,因此合同谈判的水平影响着交易成功与否。合同谈判的水平高,往往更能提高交易的成功率,获得更高的回报。

典型案例[2]

德国通用汽车是世界上最大的汽车公司之一,早期通用汽车曾经启用了一个叫罗培兹的采购部经理,他上任半年,就帮通用汽车增加了净利润20亿美金。他是如何做到的呢?汽车是由许许多多的零部件组成的,其大多是外购件。罗培兹上任的半年时间里只做一件事,就是把所有的供应配件的厂商请来谈判。他说,我们公司信用这样好,用量这样大,所以我们认为,现在要重新评估价格,如果你们不能给出更好的价格的话,我们打算更换供应的厂商。这样的谈判下来之后,罗培兹在半年的时间里就为通用省下了20亿美金!

难怪德国前总统克林顿的首席谈判顾问罗杰·道森说:"全世界赚钱最快的办法就是谈判!"这是一个比较极端的例子。实际上,由于双方的立场不同,在追求彼此共同认可的最大化利益的路上,往往充满尖锐复杂的利害冲突,而合同谈判正是交易双方施展各种行之有效的策略,正确处理和解决彼此间的冲突和矛盾,谋求一致,达成双方都能接受的协议的过程。因此,谈判对于形成有效的合同起到至关重要的作用。

二、合同谈判的内容

合同谈判的内容根据项目的情况及合同的性质、类别不同而有所区别,但是

---

[1] 〔美〕杰勒德·尼伦伯格、〔美〕亨利·卡莱罗:《谈判的艺术》,陈琛、许皓皓译,新世界出版社2012年版,第4页。

[2] 佚名:《一场谈判,净利润增加20亿美金!》,https://www.163.com/dy/article/GIRB5OIL0518SE41.html,访问时间:2024年4月2日。

基本都包括以下几项内容：

1. 合同的主体

合同的主体，是指享有合同权利、承担合同义务的人。不同的主体签订合同将会对合同的效力产生不同的影响。在合同签订的实践中，由于对相关法律知识的缺乏，往往出现签订合同的人却不一定具有签订合同和履行合同的资格的情形。这里就需要在合同谈判中首先确定合同的签订主体，如签订合同的主体是否具有履行合同的能力，是否具有相关的资质，有没有超过授权范围签订合同等，都应在谈判中确认。

2. 合同的标的条款

合同的标的是合同的重要组成部分。在合同谈判中应该对合同标的进行明确。以采购合同为例，采购合同的标的是采购的物品，其名称、规格、型号、颜色、形状等都应该明确。采购物品和约定不符造成的纠纷是采购合同纠纷中最常见的一种。

3. 合同的数量条款

合同的数量条款属于合同的必备条款之一。数量的明确约定，对合同成立起着至关重要的作用。但是，在实际的合同谈判过程中，除了应明确数量外，对于数量的确定方法也应在谈判中确定。有些定量包装的物品，由于采购数量巨大，在收货的时候不可能一一开箱核对计数，那么数量的确定方法就必须明确。通常可以约定"甲方在验货的过程中，定量包装商品如抽检发现有短少的，则所有定量包装均按照抽检结果计算短少数量，如抽检的包装中并无短少而入库后甲方人员在其他定量包装中发现有短少的，则扣除实际短少数量"。这种约定，对出卖方有一定的约束，便于操作，也易于在合同的谈判中达成共识。除非出卖方本就有缺斤短两的打算，否则一般不会拒绝这一条约定。这样的约定，为合同的履行过程创造了便利。

4. 合同的价格条款

价格条款是合同的重要条款之一，包括计价货币、计价单位、价格优惠、价格浮动的处理等内容。在合同的谈判中，既要明确价格，对于一些可能引起价格波动的情况也要予以考虑。

典型案例

在一次黄鱼委托加工合同的谈判中，A 公司委托 B 公司生产加工黄鱼。A 公司考虑到 B 公司的沿海地理位置，所以加工产品的原材料黄鱼由 B 公司在当地采购，A、B 两公司统一定价 12 元/斤，并约定该价格在合作期内不变。在合作中，由于下半年黄鱼捕捞数量大幅增大，导致黄鱼价格下跌幅度较大，A 公司希望将价格下调,但B公司以合同中明确约定"合作期内价格不变"为理由拒绝。考虑到高额的违约成本,A公司只能以高于商场价的价格从B公司处进行采购。

通过上述案例,我们发现,在有的合同谈判中,光确定价格是不够的,谈判中也要考虑到价格的波动。在实际业务处理过程中,碰到这种情况,可以对价格的波动情况进行约定,如"原材料价格上涨或下跌幅度超过本合同约定价格的10%的,双方应对价格进行调整"。如此约定,既防止价格小幅度波动时进行调价,导致交易成本增加,又可以在价格大幅度变动时对价格进行调整,降低价格波动对不利一方造成的损失。而且,该项约定系出于公平的考虑,双方都比较乐于接受和执行,不会给合同谈判造成障碍。

5. 合同的质量条款

买卖合同双方在交易过程中发生的争议,很多时候都是买卖合同中的质量条款约定不明确所致。质量条款是买卖合同中最重要的条款之一,货物的质量将决定货物的具体价格。因此在买卖合同中,必须明确商品的质量标准、确定商品质量的时间和地点,以及质量出现问题的处理方式等。对于合同双方而言,在合同谈判时,明确合同中的质量条款,可以严格区分彼此的权利与义务,从而降低发生纠纷的概率。

典型案例

甲公司为浙江温州某服装贸易公司,乙公司为江苏某纺织品公司,双方就布料的买卖达成交易协议。根据双方签署的合同,甲公司应当在收到布料后一次性付清货款。但是甲公司却发现收到的货物存在质量问题,布料重量轻于甲公司的设想。甲公司拒付款项。乙公司催款不得,遂诉讼至法院。但由于双方在合同中没有对布匹的质量进行明确的约定,甲方也无法提供货品质量不合格的检测报告,因此,法院支持了乙公司的诉讼请求,甲公司只能按照合同的约定付款。

为了避免日后交易双方因对质量标准认识不同而引起纠纷,双方最好在合同的谈判中就对质量标准进行充分的沟通,包括验收的方式,是以双方确认的样品为准,还是以一定的技术标准来确定,这些内容在谈判时也需要加以明确,以减少争议。另外,如果合同所涉金额大或对合同标的物的质量要求很高,建议合同双方还要对标的物质量的检验标准、检验方法和检验机构进行协商并达成一致。

6. 合同的履行期限、地点及方式

履行期限是指合同中约定的当事人履行自己的义务如交付标的物、价款或者报酬,履行劳务,完成工作的时间界限。履行期限直接关系到合同义务完成的时间,是确定合同是否按时履行或者迟延履行的客观依据。不同的合同,对履行期限的要求、履行期限的具体含义均有所不同。如买卖合同中卖方的履行期限是指交货的日期,买方的履行期限是交款日期;保险合同的履行期限是保险的期间;运输合同中承运人的履行期限是指从起运到目的地卸载的时间。正因如此,期限条款还是应当尽量明确、具体,或者明确约定计算期限的方法。

履行地点是指一方当事人履行合同义务和对方当事人接受履行的地点。履行地点以合同的约定为准,如果没有明确约定,则依据《民法典》第511条第3项的规定确定,即:"履行地点不明确,给付货币的,在接受货币一方所在地履行;交付不动产的,在不动产所在地履行;其他标的,在履行义务一方所在地履行。"履行地点有时是确定运费由谁负担、风险由谁承担、所有权是否转移、何时转移的依据,以及在发生纠纷后确定由哪一地法院管辖的依据。因此,履行地点在合同谈判中也应加以明确。

履行方式是指当事人履行合同义务的具体做法。不同的合同,决定了履行方式的差异。履行可以是一次性的,也可以是在一定时期内的,也可以是分期、分批的。履行方式还包括价款或者报酬的支付方式、结算方式等。履行方式与当事人的利益密切相关,应当从方便、快捷和防止欺诈等方面考虑采取最为适当的履行方式,并且在合同中应当明确约定。

典型案例

某天,刘某看到王某发布的售楼广告,内容为:"王某在某小区12幢有一套房子,面积为89平方米,精装修,有宽带、电话、有线,商住两用,价格60万元,不包过户,中介勿扰。"刘某于次日按该广告中载明的联系方式和地址与王某见面、看房,并于当日签订房屋买卖合同,约定价格为60万元。刘某先向王某预付首期购房款5万元,王某收到此款后为刘某出具了收据一枚,内容为:"收到购房预付款5万元,房屋全款60万元,过户期限1个月,如有违约预付款不退。"双方对余款给付方式未作约定。刘某称与王某达成口头协议,约定王某在1个月内先将房屋办理过户,然后其再将55万元支付给王某。王某称刘某所述不属实,当时双方口头约定刘某将尾款55万元全部付清后,其再为刘某办理房屋过户。后双方发生争执引起诉讼,刘某请求法院依法判令解除双方之间的房屋买卖合同,王某退还5万元预付款并承担占用期间的银行利息。法院经审理后认为,双方签订合同后应全面履行各自的义务。双方对房款的给付期限未作约定,

在收据中亦仅注明过户期限,现双方对房屋价款的给付方式发生争执。法院认为按照交易习惯,对于买卖合同纠纷,应该由买受人向出卖人给付价款后,出卖人方协助买受人办理过户手续。本案中,在刘某未向王某给付购房款之前,王某有权拒绝协助刘某办理房屋过户手续。

现实生活中,这种因为履行方式约定不明而导致纠纷的案例屡见不鲜。减少纠纷的最佳途径就是在合同谈判中对履行方式进行协商,并最终付诸纸面合同文本。

7. 违约责任条款

违约责任是指在当事人一方或者双方不履行合同或者不适当履行合同时,依照合同的约定,当事人应当承担的法律责任。没有违约责任的合同,完全依靠道德和诚信进行约束,很容易会出现一方或双方认为违约的成本低而产生违约行为的情况。违约责任条款能促使当事人履行合同义务,是保证合同顺利履行的重要条款。违约责任非常重要,因此在合同谈判中也要进行协商。但是,在合同谈判的过程中,谈判人员往往觉得谈及违约产生的各种责任、违约金时有些难以启齿,毕竟合作刚刚开始就对违约条款进行深入细化的讨论,怕给对方留下不好的印象。谈判对方往往觉得"你对我们这么没有信心"或"太不相信我们履行合同的诚意了"。虽然在谈及违约责任的时候可能会造成不快,但是在合同的谈判中还是应该对违约责任尽量细化。当然,我们在谈判中可以采取一些方法对违约责任进行约定,既不伤和气,又能保护自己的利益。这样的方法将在后文进行论述。

8. 争议解决方法条款

争议解决方法指合同争议的解决途径,合同的签订、履行发生争议时的解释方法以及法律适用等。解决争议的途径很多,但是合同中一般采用仲裁和诉讼两种。《民事诉讼法》第35条规定:"合同或者其他财产权益纠纷的当事人可以书面协议选择被告住所地、合同履行地、合同签订地、原告住所地、标的物所在地等与争议有实际联系的地点的人民法院管辖,但不得违反本法对级别管辖和专属管辖的规定。"

在非跨国的交易中,合同当事人出于诉讼成本的考虑,一般都想选择自己的所在地进行诉讼。但在合同谈判中,大家如果都坚持己方所在地为管辖地,合同就无法达成一致了,所以也可以各退一步选择被告住所地进行管辖。毕竟合同还没有发生争议,谁都有可能成为被告,这种提法比较容易被对方接受。在跨国的交易中,争议的解决方法又有所不同。

三、合同谈判的流程

英国谈判学家马什长期以来从事谈判策略以及谈判的数学与经济分析的研究。他在 1971 年《合同谈判手册》中指出整个谈判是一个过程,他认为:所谓谈判是指有关各方为了自身的目的,在一项涉及各方利益的事务中进行磋商,并通过调整各自提出的条件,最终达成一项各方较为满意的协议这样一个不断协调的过程。① 由此可见,恰当掌握合同谈判的每一个流程才能成就一份满意的合同。

(一) 合同谈判准备

"凡事预则立",在进行合同谈判之前进行充分的准备,是合同谈判取得成功的前提条件。为谈判进行一系列的筹划就是合同谈判的准备阶段,在谈判的准备阶段就充分注意到各项细节,并拟定好相关对策,是优秀的谈判者应该具备的素质。在进行谈判之前,可以从以下几个方面进行准备:

(1) 了解自身情况。充分了解自身,包括自身的优势和劣势,可以使谈判者保持清醒的头脑,在谈判中扬长避短。俗话说"知己知彼,百战不殆",首先是知己。没有对自身的客观了解,就无法作出正确的判断。过高或过低评估自身实力都不利于合同谈判顺利进行。如果在谈判桌上,对自己的情况都不甚了解,或者还没有对方了解,那么首先在气势上就落了下乘,也会严重打击谈判人员的自信心。可想而知,这样的谈判很难达到令人满意的效果。因此,要确定谈判目标,首先必须了解自身的情况,包括企业的经营管理情况、发展战略、近期与远期的发展目标,及本次谈判的项目对企业的发展起到什么样的作用等。

(2) 了解市场情况。谈判前应当了解市场的行情及消费的需求、自身产品的市场占有率、竞争对手的情况等,这都是有利于谈判顺利进行的信息。

(3) 了解产品情况。了解产品的技术指标、质量情况,如产品的技术在行业内排名前列,无疑增加了己方的谈判筹码。竞争对手的产品信息、价格等都是己方产品定价的重要参考。己方产品的可替代性也是谈判中的一个重要因素,越是不可替代的产品,越能在谈判中取得主动的地位。

(二) 确定谈判人员,进行内部分工,派定谈判角色

在合同谈判中,个人的丰富知识和技能当然能提高谈判的质量,但是俗话说"没有完美的个人,只有完美的团队",选择合适的人组成合同谈判团队,个人特长和知识结构互补,有助于提高谈判的成功率,以期达到在谈判桌上角色分明,相互配合,各有重点,进退自如的效果。

第一,参与合同谈判的人员,必须是对情况熟悉、为人沉稳、思路敏捷、口齿

---

① 〔英〕P. D. V. 马什:《合同谈判手册》,章汝奭主译,上海翻译出版公司 1988 年版,第 1 页。

伶俐的人员。谈判的成效,往往很大程度上取决于谈判人员的知识水平和心理素质。谈判人员的素质是应该重点考虑的问题。

第二,谈判的人员应该层次分明,结构合理,分工合作。明确谁负责主导谈判过程,谁负责项目专业方面的内容,谁负责从中调和等。进行团队合作,大家互补不足,相互配合,能避免谈判的冷场,促进谈判的顺利进行。

(三) 了解对方及对方的谈判人员

成功的合同谈判,不仅仅在于能够充分认识自己,还应该充分地认识谈判的对方,即所谓的"知彼"。

(1) 应该了解对方的企业,包括对方企业的资信状况、经营管理水平、财务状况等。如果没有对谈判对手的资信进行了解,谈判对方履行合同的能力不足,那么签订的合同在履行过程中也难以得到保障。了解对方企业是否具有先进的管理理念、经营者有无长远的战略眼光,这些有利于我们分析对方合作的诚意,判断合作是否能长久。

(2) 对对方生产出售的产品应该有个明确的认识,包括产品的质量、产品的技术标准、产品的优势、产品的价格及市场行情价格,如果可以的话,了解对方产品近年来的销售数据,那么己方就能充分掌握谈判的主动权。

典型案例

我国某冶金公司要向美国购买一套先进的组合炉,派一高级工程师与美商谈判。为了不负使命,这位高级工程师做了充分的准备工作,他查找了大量有关冶炼组合炉的资料,花了很大的精力将国际市场上组合炉的行情及美国这家公司的历史和现状、经营情况等了解得一清二楚。谈判开始时,美商报价230万美元,经过讨价还价压到130万美元,中方仍然不同意,坚持出价100万美元。美商表示不愿继续谈下去了,把合同往中方工程师面前一扔,说:"我们已经作了这么大的让步,贵公司仍不能合作,看来你们没有诚意,这笔生意就算了,明天我们回国了。"中方工程师闻言轻轻一笑,把手一伸,做了一个优雅的请的动作。美商真的走了,冶金公司的其他人有些着急,甚至埋怨工程师不该抠得这么紧。工程师说:"放心吧,他们会回来的。同样的设备,去年他们卖给法国只有95万美元,国际市场上这种设备的价格100万美元是正常的。"果然不出所料,一个星期后美方又回来继续谈判了。工程师向美商点明了他们与法国的成交价格,美商又愣住了,没有想到眼前这位中国商人如此精明,于是不敢再报虚价格,只得说:"现在物价上涨得厉害,比不了去年。"工程师说:"每年物价上涨指数没有超过6%。一年时间,你们算算,该涨多少?"美商被问得哑口无言,在事实面前,不得不让步,最终以101万美元达成了这笔交易。

这个案例中,可以明显地看出,中方谈判取得胜利最关键的一点在于中方工程师对对方信息的收集整理准确、详尽、全面,这对合同谈判的成功起了决定性的作用。

(3) 应当了解对方的谈判人员。合同谈判是以人为主导的,在谈判中,谈判人员一般都具有一定的权限,如价格优惠的幅度、履行时间的前后调整幅度等。为此,需要了解谈判对手的信息,包括谈判团队中主导负责人的背景、职位、性格、爱好、办事作风,谈判团队内部的关系等,据此可在谈判中投其所好,扬长避短。英国著名哲学家弗朗西斯·培根就曾在《谈判论》中指出:"与人谋事,则须知其习性,以引导之;明其目的,以劝诱之;谙其弱点,以威吓之;察其优势,以钳制之。与奸猾之人谋事,惟一刻不忘其所图,方能知其所言;说话宜少,且须出其最不当意之际。于一切艰难的谈判之中,不可存一蹴而就之想,惟徐而图之,以待瓜熟蒂落。"①因此调查了解对方的谈判人员在很多时候也能对谈判的结果起到不小的促进作用。

典型案例②

迪吧诺公司是纽约有名的面包公司,该公司的面包远近闻名,纽约很多的大酒店和餐饮消费场所都与迪吧诺公司有合作业务,但迪吧诺公司附近一家大型的饭店却一直没有向他们订购面包,这种局面长达 4 年。迪吧诺公司的创始人兼销售经理迪吧诺先生每周都去拜访这家大饭店的经理,参加他们举行的会议,甚至以客人的身份入住该饭店,想方设法同大饭店进行接触,一次又一次地同他们进行推销谈判。但无论采用何种手段,迪吧诺公司的一片苦心就是不能促成双方谈判成功。这种僵持局面令迪吧诺暗自下定决心,不达到目的决不罢休。从此之后,迪吧诺一改过去的推销策略和谈判技巧,开始对这家饭店的经理所关心的问题和爱好进行调查。通过长时间详尽细致的调查,迪吧诺发现,饭店的经理是美国饭店协会的会员,热衷于协会事业,还担任会长一职。这一重大发现给了迪吧诺很大帮助,当他再一次去拜会饭店经理时,就以饭店协会为话题,围绕协会的创立和发展以及有关事项和饭店经理交谈起来。果然起到了意想不到的效果,这一话题引起了饭店经理的极大兴趣,他的眼里闪着兴奋的光,和迪吧诺谈起了饭店协会的事情,还口口声声称这个协会如何给他带来无穷的乐趣,而且还邀请迪吧诺加入这个协会。这一次同饭店经理"谈判"时,迪吧诺丝毫不提关于面包销售方面的事,只是就饭店经理所关心和感兴趣的协会话题,取得了很多

---

① 〔英〕弗兰西斯·培根:《培根论说文集》,水天同译,商务印书馆 1983 年版,第 173—174 页。
② 佚名:《【谈古通今】投其所好谁都能懂,用心做到才算成功!》,https://www.sohu.com/a/339043215_159801,访问时间:2024 年 4 月 2 日。

一致性的见解和意见。饭店经理甚至表示同迪吧诺有相见恨晚之感。

几天以后那家饭店的采购部门突然给迪吧诺打去电话,让他立刻把面包的样品以及价格表送到饭店去。饭店的采购组负责人在双方的谈判过程中笑着对迪吧诺说:"我真猜不出您究竟使用了什么样的绝招,使我们的老板那么赏识你,并且决定与你们公司进行长期的业务合作。"听了对方的话,迪吧诺有些哭笑不得,向他们推销了4年面包,进行了若干次推销谈判,竟连1块面包都没销售出去。如今只是对他关心的事表示关注而已,对方的态度却发生了180度的转变。

(四)确定主题和目标

我为什么进行这次谈判?我要什么?这是整个谈判要紧紧围绕并解决的问题。对于谈判的目标,我们可以分解为最高目标、可接受目标、最低目标三个层次。最高目标就是最理想的目标,一旦实现可以最大限度地满足己方的利益;可接受目标是通过己方努力并作出一定让步可以实现的目标;最低目标是己方作出最大的让步后达成的目标,是宁可放弃合作也不能突破的底线。在谈判中,一般双方最后达成的是可接受目标,这种情况下合同的履行也比较有保障。如果谈判中以最低目标成交,甚至低于最低目标成交,有可能给后期合同的履行埋下隐患。

(五)设计和确定谈判方案

合同谈判的过程有很多变数,对于合同谈判可以设定几条路径。准备好上中下三策,设计好最优方案、次优方案和备选方案,做到临场不乱。

(六)确定谈判议程

议程是合同谈判的程序安排。开始谈什么,接着谈什么,最后谈什么,事先都要有一个大致的安排。同时,要预计哪些环节可能出现分歧,出现了这些分歧应采取什么对策。议程应根据己方的情况,尽量扬长避短,充分发挥己方优势;在安排议程的时候,应为后面运用谈判手段埋下伏笔。好的议程要能统筹兼顾,引导和控制谈判的步调,牢牢把握谈判的主动权。

(七)合同谈判的过程控制

合同谈判是一个复杂的过程,接下来我们分析一下如何管理这个过程。

1. 开局

合同谈判的开场要尽量表现出善意,创造一个和谐的氛围。好的开始是成功的一半;同理,不好的开始就可能导致不良的谈判结果。

典型案例

巴西一家公司到美国去采购成套设备。巴西谈判小组成员因为购物耽误了时间。当他们到达谈判地时，比预定时间晚了35分钟。美方的谈判代表对此非常不满，一开场就指责巴西代表不遵守时间，浪费时间就是浪费金钱，巴西代表缺少最起码的尊重，没有信用，如果以这种态度进行合作，工作很难开展。对此巴西代表感到理亏，只好不停地向美方代表道歉，一时间弄得巴西代表非常尴尬，说话非常被动。由此，巴西代表无心与美方代表讨价还价，对美方提出的许多要求也没有静下心来考虑，匆匆忙忙就签订了合同。等巴西代表平静下来，才发现自己吃了大亏，一开场就处于劣势，一直未能挽回，从而签订了不平等的合同，但是为时已晚。因此，在合同谈判过程中，应重视开场，争取主动地位。

2. 磋商阶段

合同谈判的磋商阶段，是整个合同谈判的核心阶段。这个阶段主要可以分成摸底、报价、还价三个部分。

摸底是实质谈判的开始，双方在这个阶段可以通过沟通，表达自身的立场和观点。在这一阶段，合同谈判人员应明确地表明己方的意图，通过谈判应解决的首要问题及己方需要通过谈判获得的利益。通过摸底阶段也能了解对方的意图，对后期的谈判有个正确的评估。

报价与还价是合同谈判中的重要一环。在报价时，卖方一般提高报价，买方一般压低报价，但这种提高或降低应该适可而止，如果价格与实际价格相差过大，会影响对方对己方交易诚意的判断。

报价的方式也有不同，有的报高价，给对方一个空间作优惠让步，最终达成交易价格；有的报低价，先牢牢吸引对方的兴趣，排斥竞争方，然后再在服务和其他配套产品上进行相应的要价，最终达成交易的价格。报价中还要注意尽量报最小单位的价格。如啤酒报价，我们通常报1瓶的价格，却不报1箱的价格，正是这个道理。因为整件报价不易换算成单价，而且整件价目大，一时之间会给人留下高价的印象。如果是价格有浮动的产品，应报出平均时间单位内相应的价格。

在谈判中，通常是没有一方一开价，另一方就马上批准，双方拍板成交的，都要经过多次的抬价、压价，才相互让步，确定一个一致的价格标准。所以谈判中的还价就显得尤为重要。

在合同的谈判中，还价可以采用多种方法：如挤压水分，直指实价。大致估算出成本费用，以该行业平均利润率计算，可以挤出报价中的水分，防止漫天要价的情况出现。又如制定预算,明确价格的高低线,在高低线区间中还价。还可以用反抬价来回击,如果在价格上迁就对方,必须在其他方面获得补偿。

3. 成交阶段

随着磋商的深入,谈判双方在越来越多的事项上达成共识,彼此在立场与利益等方面的差异逐步缩小,交易条件逐渐成熟。此时谈判就将进入成交阶段,缔结具有法律约束力、明确双方权利义务的合同成为双方共同的意愿。

(1)最后的回顾。当双方已经初步达成合意时,应当再回过头来审视谈判,对双方观点逐条分析,逐条过堂。明确所有项目均已谈妥,交易条件中也没有遗漏的问题尚未解决。此外还应考察谈判对手的交易条件是否进入己方成交线,当对方观点接近己方目标或权限时,一定要适时让步,共赢才是硬道理,只有兼顾各方的利益,才能达成共识。

(2)成交初步阶段。进入成交阶段一般表现为对方发出成交信号或者己方认为已经达到合作条件时发出成交信号。这时,己方应慎重地再次对一些重要的问题进行检索和确认:合作公司的信誉、对方谈判人员的资质、对方企业的产品价值、对方有成交的欲望。当上述的问题均已查实,基本可以成交。

(3)拟定、签署谈判合同。谈判合同是以书面的形式将双方的权利义务确定下来,对双方均具有约束力的法律文件。在双方共同参与,共同撰写合同文本时,必须围绕谈判双方达成合意的内容,明晰深化思想,完善具体细节,有条理地把各条款内容组织起来,做到语言文字严谨、准确、清晰,内容具体、明确,权利、义务、违约责任条款全面、详细。具体的书写条款及各不同类型合同的范本将在后文详述。在双方签署合同时,签署前应再次审核签字人的权限和合同的合法性、有效性、一致性、准确性。合同签署后,还应对合同进行履行和维护。

合同谈判的策略

四、合同谈判的策略

合同谈判中,合同双方为了各自的利益,通过运用合同谈判的策略,相互角逐、逐步让步,最后争取签订一个实现己方利益、双方妥协认可的合同。合同谈判的策略不是一项简单的机械性工作,而是集合了策略和技巧的艺术,它对谈判成败有直接影响,恰当运用谈判策略是合同谈判成功的秘诀。

(一)合同谈判策略运用的意义

(1)争取利益的有力手段。合同谈判策略的运用一般在合同谈判中起到的是扬长避短、争取主动权的作用。在认真分析和研究谈判双方各自的"筹码"和"需求"的基础上,机动灵活地运用谈判的策略,最大限度发挥己方的优势,以求实现己方既定目标。

典型案例

一对夫妻去买电视机,他们问老板:"这台电视机多少钱?""彩色的 3300 元。"老板说。这夫妻俩马上说:"3300!我们上礼拜跑了两家了,同一个规格,同一个品牌,没有一家是 3300 的,你这儿是最贵的。别的地方都是 3200。"

情景一:

这时候老板可能会这样想:"这对夫妻已经做了市场调研了,我恐怕不能咬住价格了。"于是,老板就以 3200 元的价钱把电视机卖给了他们。

情景二:

老板不慌不忙地说:"我真佩服你们俩啊,买一台电视机这么认真,到处做市场调研,你现在可以当一个行家了!但是,你们不了解实情,展示的电视机可以便宜一点,所以你听到的 3200 元可以买的电视机肯定是展示品,不是新机。我们行业有这样一个规定,谁违反了这个价格游戏规则,就会被罚款 500 元,他不可能宁肯被罚 500 元也要给您便宜 100 元的。"

夫妻俩听了老板的话心里开始犯嘀咕,最后以 3300 元买下了电视机。

上述案例中,情景一这对夫妻运用情报筹码策略压迫老板让价,也许他们的情报不一定是真的。但是,这并不影响向对方施加压力,给己方带来积极效应。而情景二老板也是运用情报的策略,使自己避免了第一种情景,争取了己方最大的利益。

(2)维护利益的有效工具。合同谈判的双方存在着一种微妙的关系,既非敌对,又有着明显的利害冲突。在双方进行利益角逐时,面临的问题是如何维护自身的利益,而恰当运用谈判的策略可以很好地解决这个问题。谈判的高手一般是根据实际情况巧妙运用各种谈判策略,在熟知己方优势、隐藏己方劣势的前提下,刺探对方意图,最大限度维护和争取己方利益。

典型案例[①]

日本松下电器公司创始人松下幸之助先生刚"出道"时,曾被对手以寒暄的形式探测了自己的底细,因而使自己产品的销售大受损失。当他第一次到东京,找批发商谈判时,刚一见面,批发商就友善地与他寒暄,说道:"我们第一次打交道吧?以前我好像没见过你。"批发商想用寒暄托词,来探测对手究竟是生意场上的老手还是新手。松下先生缺乏经验,恭敬地回答:"我是第一次来到东京,

---

① 佚名:《几句寒暄就让松下损失惨重,对手到底说了什么?》,https://baijiahao.baidu.com/s?id=1736436179876560898&wfr=spider&for=pc,访问时间:2024 年 4 月 2 日。

什么都不懂,请多关照。"正是这番极为平常的寒暄答复却使批发商获得了重要的信息:对方原来只是个新手。批发商问:"你打算以什么价格卖出你的产品?"松下又如实地告知对方:"我的产品每件成本是20元,我准备卖25元。"批发商了解到松下在东京人地两生,同时他又暴露出急于要为产品打开销路的愿望,因此趁机杀价:"你首次来东京做生意,刚开张应该卖得更便宜些。每件20元,如何?"结果没有经验的松下先生在这次交易中吃了亏。

在合同谈判中,谈判者善于运用策略,就能掌握谈判对象的性格爱好、处事方式,谈判经验及作风等;而不讲究谈判策略或谈判策略运用不当的谈判者,就很可能轻易暴露己方的意图,使得谈判目标大打折扣。

(3) 促进谈判顺利进行。合同谈判可细分为六个阶段:准备、始谈、摸底、僵持、让步、促成,过程的复杂性和矛盾性决定了谈判的过程中每一步都存在冲突,如果任何一个阶段对问题处理不当,都会导致谈判陷入困境甚至破裂、失败。一个成功的谈判者会重视和讲究谈判的策略和技巧,营造一个有利于己方的谈判氛围。

典型案例

有一次,中德进行化工原料进口贸易谈判。德方仗着产品高纯度、高质量,对合同谈判中的价格不愿意让步,谈判一度冷场,陷入僵局。这时,德方代表团中的一位成员为了活跃气氛,说:"其实,中方的说法也有一定的道理,我们也可以考虑一下。"德方的首席谈判代表对这突如其来的内部意见甚为恼火,当场不留情面地说:"你马上给我出去。"该名成员只得离场。谈判随时都会破裂。这时,德方的另一位代表见状便在当中调和:"我们是不是可以考虑一下他的意见?"德方的首席代表不情愿地勉强点点头。中方看到德方有松动的迹象,就把之前的协商预购价提高了一点,更接近于德方的开价,德方也同意适当让步,接受中方此次的报价,于是合同顺利签订。

其实,把那名成员赶出谈判会场未尝不是德方所用的谈判策略。在表面上德方首席代表好像把自己人当成了敌人,但他的实际目的是利用那名成员,以友为敌下台阶,使谈判在破裂的边缘上及时止步,打破僵局,并使中方看到己方的坚持,自愿做出进一步的让步。

(4) 促成合意的最终达成。谈判的双方基于各自的利益,有着利害冲突的一面。但是为获得更大的利益需要合作,又有着渴望达成协议的一面。因此,在谈判中善用策略,有助于在坚持己方的基本目标的前提下,互谅互让、求同存异,达成双方满意的共赢局面。

典型案例

北欧某深海渔产公司(以下简称深海公司)的冻鱼产品质量优良,味道有自己的特色,深受各国消费者的喜爱,但从未进入到我国市场。深海公司希望能在中国开展冻鱼销售业务并在我国寻找合作伙伴。经由我国某市经济委员会介绍,该公司派代表来我国与北方某罐头制品厂进行冻鱼产品的经销谈判。该罐头制品厂在国内有广泛的销售网络,非常愿意与深海公司合作。因此,在开始阶段,会谈气氛十分融洽。但谈到价格问题时双方出现了较大的分歧。罐头制品厂的谈判代表表示,深海公司所提出的报价过高,按此价格进入我国市场销售,很难为中国消费者接受。深海公司一方则表示,他们的报价已经比他们在国际市场上的报价降低了4%,无法继续降低价格,谈判进入僵局。

谈判休会期间,罐头制品厂公关部组织深海公司代表参观了谈判所在城市的几个大型超市,使深海公司的代表对我国人民的消费习惯和消费水平有了初步的了解。罐头制品厂代表特别向深海公司代表指出,中国人口众多,人民消费水平稳步提高,市场潜力很大。超市中拥挤的人流是世界各国中所少见的。这一点给深海公司的代表留下了很深的印象,他们看到了一个未来极有发展前途的新市场。深海公司的代表在和总部的领导反复协商之后,为了在开始阶段打开中国市场,决定将冻鱼制品的报价降低30%并向我国的经销商提供部分广告和促销费用。

深海公司看到了中国市场的广大发展前景,而中方也抓住了深海公司的需求,促成合意的最终达成。

(二) 合同谈判策略制定的原则

合同谈判策略制定的原则是指在复杂多样的交易环境中,为签订各种不同种类的合同,制定谈判策略时所要依靠的正确指导思想和基本准则。

1. 促成合作原则

谈判双方的关系历来是谈判学家在理论上争论的焦点,是合作者还是竞争者?交易双方在完成一项交易活动中相得益彰、实现双方的共同利益,这时的谈判双方或多方都是合作者,而非竞争者,更不是敌对者。试想如果谈判双方持互不合作的态度,相互防范,损人利己,那么势必产生许多负面的效应,甚至导致谈判失败,因此应当坚持以下两个原则:

(1) 消除敌意。如果把合同谈判看作一场比赛,你是希望对方成为你的对手,争个你死我活,还是希望对方成为你亲密的队友,与你并肩作战?无疑,都是选择后者。在合同谈判时，假设双方各执己见、利益互不相容，绞尽脑汁、千方百计想赢，想压倒对方，结果会导致两种可能：一是一方成了赢家，而另外成为输家的一方，必然觉得不甘与屈辱，双方没有了融洽的合作关系，即使最后达成了合作，也势必没有下次的继续合作；二是双方谈判破裂，双方失去创造更大利益的机会。这两种结果都不是双方想要的。

（2）积极合作。在合同谈判中，明确对方不是对手、敌人，而是合作对象、伙伴，这会带来难以想象的积极意义。一次良性的合同谈判往往是1+1，但它不等于2，而是大于2。理想的谈判不能是简单的利益争夺过程，而是一个双方相互沟通、寻求共同发展的过程，这有利于有效消除双方的竞争性，从利益争夺中解脱出来，更多考虑其他的收益。

典型案例

北京某区一位党委书记在同外商谈判时，发现对方对自己的身份持有强烈的戒备心理，这种状态妨碍了谈判的进行。于是，这位党委书记当机立断，站起来对对方说道："我是党委书记，但也懂经济、搞经济，并且拥有决策权。我们摊子小，并且实力不大，但人实在，愿意真诚与贵方合作。咱们谈得成也好，谈不成也好，至少你这个外来的'洋'先生可以交一个我这样的'土'朋友。"寥寥几句肺腑之言，一下子就打消了对方的疑惑，使谈判顺利地向纵深发展。

这位党委书记用开诚布公的方式，向对方展示了合作的诚意，消除了对方的敌意，使谈判得以顺利进行。秉承促成合作的原则往往会建立令双方均满意的长期合作关系。

2. 共同利益原则

共同利益原则又称共赢原则，是指合作双方或多方在完成一项交易活动或共同完成一项任务的过程中，互惠互利，同时实现双方或多方的目标，甚至赢得更大的利益价值。在以往许多合同谈判破裂的案例里，很大一部分原因是谈判者将某项原则或立场视为谈判所坚持的重要条件，互不相让。然而，我们许多人并不一定了解，在一场谈判的背后，既可能存在冲突的利益，也可能隐藏着谈判双方共同的或可以彼此兼容的利益。

典型案例

两个孩子分一个橙子。

情景一：

一个负责切橙子，而另一个孩子选橙子。各取一半橙子的孩子回了家，第一个孩子把皮扔了,把果肉吃了;第二个孩子把果肉扔了,把橙子皮碾碎混进面粉里烤蛋糕。两个孩子看似很公平地分配,却没有达到资源最大的优化。

情景二:

一个孩子说:"如果你把这个橙子都给我,你上次欠我的糖就不需要还了。"其实,这个孩子蛀牙不能吃糖。另一个孩子想:"刚从妈妈那里拿到零花钱准备买糖还债,现在可以换橙子还债,省下零花钱,那也就不稀罕酸橙子了。"两个孩子在创造价值的过程中,都在寻求对自己有利的方案,同时也满足了对方最主要的需求。

同样是分橙子,前后两种方式却形成了不同的效果。原因是情景二中的孩子在考虑己方利益最大化的同时也清楚知道对方的利益所在,注重共同利益。然而现实生活中的合同谈判往往纷繁复杂,双方的利益往往隐藏在立场后面,这就要求谈判者透过现象看本质。一般可以从以下几方面分析研究:

(1) 探索对方的利益。俗话说"知己知彼,百战不殆",寻求双方共同利益首先需要的是设身处地站在对方的立场上探求对方的需求和欲望。

(2) 研究对方利益的多种可能性。每一次合作中,双方往往都有着多种利益追求,这时需要合作双方去分析双方利益的竞合之处或互补之处,以求发现双方的共同利益。如在购销合同中,卖方的利益包含了争取最优的价格、销售渠道的维护、获得中间商提供的各种服务等。

(3) 尊重对方。在双方进行合同谈判时,物质利益不是关注焦点的全部,还需要注意其他方面,如对方国家的法律制度、风俗习惯,对方的尊严等等。

(4) 协调分歧,达成合作。合同谈判的双方坚持某一立场旨在实现预期利益,那么如果能达成既实现己方的利益又满足了对方的利益的合同,双方未尝不可适当对立场进行让步,促成共赢结局。

3. 区分人和事原则

区分人和事原则,是指谈判者在合同谈判时将个人情感喜好与合同谈判本身的问题区分开来的原则。因为合同谈判双方的代表是由人组成的,谈判者的个人情感、要求、价值观、性格、人际关系、风俗习惯各不相同,对事物的看法感觉也不尽相同。过于重视个人情感对合同谈判往往会产生两种影响:一种是双方在合同谈判的过程中沟通顺畅,建立了友好的人际关系,或双方之前已经认识并有良好的关系,乐于在洽谈中做出让步,但是如果没有把握好分寸,也有可能损及己方公司的利益。另一种是在合同谈判中双方沟通不良,意气用事,相互指责、抱怨,充满敌意。随着误会加深和关系恶化,最终合同谈判破裂。

谈判者在处理谈判本身和谈判双方的关系时,可以采取以下做法:

（1）认清己方立场和底线。客观认识己方公司的立场，在双方进行合同谈判时，不就观点和立场进行争论，以避免将谈判内容与双方关系混淆。同时也不宜用让步的方式换取双方关系的改善，这样容易降低己方谈判的地位。

（2）客观陈述，避免个人情绪带入。混淆人与事的关系，往往会因个人感情因素影响对事物的看法，从而影响双方合同的订立。合同谈判时，尽量多客观阐述合作情况，在提出己方见解的同时，尊重对方的意见。在语言表达方面平和有理，避免使用责难对方的言辞。这样易消除由于双方间的分歧而引起的紧张气氛，使对方感到我方在客观阐述问题、讨论问题，而不是针对个人。

（三）合同谈判策略的运用

1. 言语、行为攻势

（1）针锋相对策略。针锋相对策略，是指在合同谈判中针对对方的不同于己方的观点进行直接反驳或间接反击，从而坚持己方的观点的毫不客气的做法。在合同谈判中，参与谈判人员应不能只为了让合同顺利达成而无原则地妥协让步。对于合同中一些不能让步的原则性问题，语言上一定要以法理和事实去说服对方，可以在情绪上采用一些不愉快的爆发反应，从而达到施压的效果。或者在行动上使用拒绝、制造僵局的手段，迫使对方重视己方的观点。

典型案例

中、美两公司就游戏软件开发的交易在北京进行谈判。美方在与中方接触的过程中，了解到中方对美方游戏软件开发技术的需求，同时中方的专家对美方过硬的技术表示高度赞许，这使得美方谈判态度非常强硬，大有"我就开出这样的条件，同意便签约，不同意便散伙"之意。对此，中方的首席谈判员王先生意识到在合同谈判初期策略使用不当，于是王先生迅速改变谈判策略。首先王先生将参与谈判的人员缩减一半，自己也退出谈判，并告诉剩下的谈判人员只需拖着，陪美方谈判就行，有进展最好，没进展也没关系。一天过去后，美方问王先生的助手王先生的去向，助手只告知有事。这样一整天谈判下来仍未有任何进展。第二天上午美方要求见王先生，下午王先生见了美方便问："谈判进展得如何？"美方回答说："没有。"并问王先生为什么不继续参与合同谈判，王先生只笑答有事。美方表示与王先生的助手进行谈判使得谈判进展不大，希望王先生继续参与谈判。王先生一笑："我并不认为此次谈判没有进展的原因在于我的助手，而且虽然我很乐意参与谈判，但是我需要安排好时间。"说着随即告辞。

之后的谈判，中方一再调整谈判时间，从一天改为半天，半天时间靠后排。就这样过了两天，美方要求与王先生面谈。美方一见王先生马上指责道："贵公司不重视与我方的合作。"王先生反驳道："不对。我方一直很重视此次谈判，我方一直安排与贵方进行洽谈。"美方认为如果重视,王先生应该参与谈判,而且现在谈判的时间安排也显示中方的不重视,并问追问王先生忙什么,试探是不是在与其他公司谈合同。王先生笑着说:"您的消息真灵通。"美方马上严肃起来,庄重地说:"王先生,不管现在你们谈得如何,我方是很有诚意与贵公司合作的,也希望贵公司能给机会,同时王先生本人参加谈判。"王先生也认真地回答:"我理解贵方的立场,我将向上级汇报,调整我的工作,争取能与您配合谈判该项目。"双方恢复了谈判,一改过去的僵持,很通情达理地进行了相互妥协,最后达成了协议。

但是采用针锋相对策略还需要注意,不能凡事不松口、不让步。要知道事事计较,不顾对方利益,就会给对方留下没有合作诚意的印象,在一些非原则问题上面的让步,会让对方也有谈判有所收获的感觉。同时,没有针对性地反驳,在枝节问题上的纠缠,容易出现"跑题"的情况,这样对方的一句"没有听明白说什么"就一下子瓦解了你的话锋。因此,采用针锋相对的策略须抓住重点,切中要害,至于小问题方面,可以适当含糊或妥协。语言措辞方面,要准确锋利,且要做到冷静陈述。"话锋"的锐利不在于声色俱厉,而在于理,在于恰如其分的分寸。但在合同谈判的过程中不要刻薄讽刺、断章取义、歪曲原意、蛮不讲理,这样容易把针锋相对变成争吵辱骂。

(2)抓大放小策略。在针锋相对策略里,我们一直强调采用针锋相对策略的前提是在原则性问题上不让步,小的枝节上不纠缠,这种"求大同存小异"的方法就是抓大放小策略。在合同谈判中大原则不放弃,小条款可以协商。在现代市场上,合同一旦订立,就需要全面地履行,即便履行合同可能导致明显的亏损。如果不履行,会承担违约责任,影响企业的社会信用。因此抓大放小策略可以保证企业效益最大化。然而,在现实的合同谈判中,谈判的各方对合同的关注要点、关注程度都有所不同。如在一份采购合同中,采购方更关心的是采购物品的质量和售后服务,出卖方关心的则是出售的价格和数量。因此在双方进行合同洽谈时,采购方对物品的质量提出诸多要求,那么出卖方可以在保证质量能达到采购方标准的前提下,说服采购方因质量成本高,所以需要贵一点,其实这是双方都可以考虑的。

(3)坦诚说服策略。坦诚说服策略是指在合同谈判中通过适当地表现己方的坦诚态度去说服对方,以求改变对方当初的想法,从而接受己方的意见。采用此策略可分以下几步:

第一步,表示友善。向对方表示己方合作的诚意和善意,使对方熟悉并信任自己。对方只有在感到可信的时候,才能更容易接受己方的说法与建议。

第二步,陈述利弊。合同谈判的目的是获利,向对方澄明利弊,如果对方觉得提出的建议有利可图,或者趋利避害,那么会增加双方合作的可能性。

第三步,坦陈己方利益。一场合作中,不可能只是一方的获利,适当地向对方坦陈己方的利益,并让对方觉得合情合理,会使对方看到己方的合作诚意,获得对方的信任友好,促进双方在良好的氛围下进行谈判。

第四步,强调利益的一致性。只有双方的利益一致,才能在谈判桌上达成共识。

2. 善用筹码

(1)情报筹码。在合同谈判中,通过实例汇总出的情报信息具有很强的说服力。情报包括统计资料、竞价报价单、客户调查意见等,谈判方掌握充足的信息资源,更容易思考应对的方法。

典型案例

A鞋产品生产公司与B传媒公司就一次A公司委托B公司拍摄海报宣传事宜进行洽谈。谈判开局,B公司首次报价15万元,这个报价其实偏贵很多。B公司之所以这么做,一是因为之前他们确实交易过这样价格的服务费。二是如果A公司不了解业内市场行情,以此作为谈判的基础,那么B公司就可获厚利;如果A公司不能接受,B公司也可自圆其说,进可攻,退可守。由于A公司事先了解了市场的行情与走向,知道此次报价是B公司的试探。于是A公司直接指出:"这个报价不能作为谈判的基础。"B公司对A公司的果断拒绝感到震惊,他们分析A公司恐怕做过市场调查,此价格恐怕很难实现。但是B公司仍不愿意放弃努力,于是向A公司强调了B公司历来宣传杂志、海报的质量高、读者广、宣传效果明显。B公司这样的做法既避免了被对手直接戳破的尴尬,也宣传了自己公司,还说明了高报价的理由,不失为一石三鸟。但A公司四两拨千斤地反问了一句:"不知贵公司优于隔壁市的C传媒公司和D传媒公司的依据是什么?"此看似礼貌的请教,却向对方说明了一是此类服务非你方独家所有;二是我已了解此类服务的市场价值。B公司知道再虚报高价已经了解市场的A公司是不明智的。于是B公司首席谈判员问助手:"这报价是什么时候的?"助手也心领神会:"以前定的。"于是B公司笑着解释"因为这个价格太久定的,我需要再请示一下"。A公司深谙此道,便也给出"台阶",主动提议休会。

A公司之所以可以气定神闲地对B公司的价格进行反击,全部归功于A公司谈判前对B公司、对市场的情报收集。由此可见情报收集对于合同谈判的重要性。

情报搜索是一项细致的工作,不仅要搜集对方的情报,还需要对市场和竞争行业有清楚的认识。应尽可能地保证情报的完整性,否则容易被对方突破;保证情报的真实性,因为错误的情报很难有说服力。再则还须对情报进行深度的分析,不断地更新。掌握充分有力的情报最容易给对方施加压力,从而达到说服对方的目的。

(2) 时间筹码。有网购经历的人,肯定会经常在节假日遇到网上商家打出"限时抢购"的标语。商场店铺中也经常有"存货不多,欲购从速"的字样。作为买家会感到这次价格便宜,数量有限,如果不买的话,以后就没有这个机会了,卖家从而吸引了大量的顾客。其实商家用的正是时间筹码策略。在合同谈判中,仔细观察和分析对方的既定截止期限,有助于己方掌握谈判的主动权。

典型案例

在一次美法贸易合作中,美国人乘飞机飞往法国进行谈判。寒暄中,美国人透露该次洽谈只在法国停留七天。法国人聪明地运用这时间期限,头五天,法国人只带美国人在法国境内游玩,只字不提合同事宜,直到第六天才开始在谈判桌上坐下,但也只是泛泛地谈了一些无关紧要的事情。第七天,也就是美国人回国的最后一天,开始谈到关键问题,法方坚持己方的观点,而美方又无法说服,且时间已经快没有了,如果再不作出决定,这一趟会白跑。美国人进退维谷,只能签署了有利于法方的合同。这一例子充分说明了利用期限这一策略的成功性。

当然也可反用期限,以达到给对方施压的效果。根据双方谈判的实际情况,合理地给对方一个截止日期,提高谈判的效率,从而迫使对方尽早亮出底牌。一软件开发公司发现一公司未通过合法途径购买却在使用软件。遂发律师函告知,并明确载明,若在某一具体的期限内不予妥善处理将诉诸法律。由此迫使该企业在侵权风险和签署采购合同中权衡利弊,最后在该期限内与软件公司签署了采购合同。善加运用期限,可以推进合同尽早达成。

(3) 法律筹码。法律筹码是指在合同谈判的过程中,灵活使用法律,促使成就合法有力的合同。法律是一把尺子,在合同谈判中用以衡量谈判双方的行为。在合同谈判中,多是先小人后君子,有时"小人"会让对方产生反感,此时,借法律之力,可以让对方知道我方只是根据法律合理规避彼此以后的风险,进而赢得对方的谅解。不仅如此,法律也是一个很好的拒绝武器,在对方提出不法要求且己方不愿意同意的时候,己方不需要答应,此时法律是很好的推辞,对方也能接受和理解。

3. 巧用战术

商场历来被称为没有硝烟的战场,而双方的合同谈判更像是战场上两军的排兵布阵、兵刃相见。而巧妙地运用我国古代军事谋略,在合同谈判中解决一些问题是非常有必要的。

(1) 欲擒故纵。"欲擒故纵"是三十六计中的第十六计,属于第三篇"攻战计",是己方处于进攻态势的计谋。讲的是欲取之,必先予之。在合同谈判中,谈判的一方对于某些交易志在必得,反而不应表现得特别急切,可以故意通过各种措施,让对方感到自己满不在乎,从而压制对手,以达到己方的目的。

典型案例

中国某公司与日本某公司围绕进口农业加工机械设备,进行了一场竞争与让步的谈判。谈判一开局,按照国际惯例,首先由卖方报价。首次报价为1000万日元。这一报价离实际卖价偏高许多,结果第一局谈判并未达成协议。第二轮谈判开始后,双方首先漫谈了一阵,调节了情绪,融洽了感情,创造了有利于谈判的友好气氛。之后,日方再次报价:"我们请示了总经理,又核实了一下成本,同意削价100万日元。"同时,他们夸张地表示,这个削价的幅度是不小的,要中方"还盘"。中方认为日方削价的幅度虽不小,但离中方的要价仍有较大距离,马上"还盘"还很困难,因为"还盘"就是向对方表明己方可以接受的对方的报价。在弄不清对方的报价离实际卖价的"水分"有多大时就轻易"还盘",往往造成被动,高了己方吃亏,低了可能刺激对方。"还盘"多少才是适当的,中方一时还拿不准。为了慎重起见,中方一面电话联系,再次核实该产品在国际市场的最新价格,一面对日方的二次报价进行分析。

根据分析,这个价格,虽日方表明是总经理批准的,但根据情况看,此次降价是谈判者自行决定的。由此可见,日方报价中所含水分仍然不小,弹性很大。基于此,中方确定"还盘"价格为740万日元。日方立即回绝,认为这个价格很难成交。中方坚持与日方探讨了几次,但没有结果。鉴于讨价还价的高潮已经过去,因此,中方认为谈判的"时钟已经到了",该是展示自己实力、运用谈判技巧的时候了。于是,中方主谈人使用了具有决定意义的一招,郑重向对方指出:"这次引进,我们从几家公司中选中了贵公司,这说明我们成交的诚意。此价虽比贵公司销往C国的价格低一点,但由于运往上海口岸比运往C国的费用低,所以利润并没有减少。另一点,诸位也知道我国有关部门的外汇政策规定,这笔生意允许我们使用的外汇只有这些。要增加,需再审批。如果这样,那就只好等下去,改日再谈。"

这是一种欲擒故纵的谈判方法,旨在向对方表示己方对该谈判已失去兴趣,以迫使其作出让步。但中方仍觉得这一招的分量还不够,又使用了类似"竞卖会"的高招,把对方推向了一个与"第三者竞争"的境地。中方主谈人接着说:"A国、C国还等着我们的邀请。"说到这里,中方主谈人把一直捏在手里的王牌摊了出来,恰到好处地把中国外汇使用批文和 A 国、C 国的电传递给了日方主谈人。日方见后大为惊讶,他们坚持继续讨价还价的决心被摧毁了,陷入了必须"竞卖"的困境:要么压价握手成交,要么谈判就此告吹。日方一时举棋不定,握手成交吧,利润不大,有失所望;告吹回国吧,跋山涉水,兴师动众,花费了不少的人力、物力和财力,最后空手而归,不好向公司交代。这时,中方主谈人便运用心理学知识,根据"自我防卫机制"的文饰心理,称赞日方此次谈判的确精明强干,中方就只能选择 A 国或 C 国的产品了。

日方掂量再三,还是认为成交可以获利,告吹只能赔本。这正如本杰明·富兰克林的观点所表明的那样,"最好是尽自己的交易地位所能许可来做成最好的交易。最坏的结局,则是由于过于贪婪而未能成交,结果本来对双方都有利的交易却根本没有能成交"。

中方谈判成功的原因就在于,中方巧用了欲擒故纵的策略,谈判各个环节紧紧相扣,谈判手段运用巧妙,一气呵成,最后促成谈判的圆满成功。

---

(2) 声东击西。"声东击西"是三十六计中的第六计,属于第一篇"胜战计",是在己方处于一定优势的基础上所使用的计谋。在合同谈判中,当双方的利益等发生冲突时,可以试着将对方的注意力转移,引到和谈判议题看似关联不紧密的议题上,为自己发动致命一击创造条件,或是以其他条件引诱对方,转移对方的注意力,以换得己方的关键利益。

典型案例

一家丹麦的大型建筑公司参加了德国在中东某一工厂工程的招标,由于自身的技术条件好,所以丹麦公司觉得自己中标的可能性很大。经过了几轮谈判,丹麦方面希望能够早些达成协议,但是德方却并不着急,坚持继续谈判,并就价格问题向丹麦公司提出了意见。

在谈判桌上,德方的高级负责人说道,德方在招标时对金额采取部分保留的态度,希望丹麦方面考虑降价 2.5%,并且提出德方也在同时和其他的竞标单位就这一新的价格进行磋商,给丹麦公司施加压力。丹麦方面似乎感到了形势的紧迫,一时不知道如何回复德方。于是,丹麦谈判负责人提出休会,与其他成员进行商议。

当丹麦代表再次回到谈判桌时,已经是两个小时之后。他们一上桌便拿出了一份建筑规格明细,开始对德国代表仔细讲解。丹麦代表不断重复,这份明细表完全是根据德方的要求设计的,并权衡每一项可以改动的设计。德方代表很是不耐烦,说道:"不对,你们搞错了。我们是希望你们将原有的设计保持不变。"但是,接下来的讨论始终围绕着规格争论不休,丹麦代表逐项提出对原有设计的修改以节省成本,德国代表一一反驳,坚持原设计方案不能修改,而丹麦方面也越发不耐烦。突然,丹麦方面主动向德国代表发问:"你们到底想降多少价?"

这时,德方忽然完全醒悟。是德方代表自己肯定了丹麦的每一项设计方案,并坚持不能有任何改动,又怎么能让对方降价。最后,德国代表只得苦笑着回答:"如果我们让你们在不改变设计的基础上降价,你觉得我们还能成交吗?"于是丹麦公司在没作任何让步的情况下,就这样取得了胜利。

丹麦公司面对德方的压价,使用"声东击西"的战略,通过休会,将议题引到规格讨论上,让德方再次肯定设计,为自己拒绝降价开路。使用声东击西的战略能使谈判双方不容易陷入僵局。当然要注意在谈判过程中需要将自己的最终目标隐蔽,才容易取得效果。这种策略如果运用得很熟练,对方是很难反攻的,它可以成为影响谈判的积极因素。

(3)反客为主。"反客为主"是三十六计中的第三十计,属于第五篇"并战计",是在对付友军时为使己方处于优势地位所使用的计谋。在合同谈判中,如果对方一直主导,己方难免步步被牵制,这时可以主动采取一些措施,以声势压倒对方,获得谈判中的主动权。

典型案例

日本的煤炭和钢铁资源稀缺,渴望购买煤和铁。澳大利亚生产煤和铁,并且在国际贸易中不愁找不到买主。按照常理来说,日本的谈判者应该到澳大利亚去谈生意。但日本人总是想尽办法把澳大利亚人请到日本去谈生意。在煤、铁的国际商务谈判中,澳方绝对是价格的主导者,然而日本的谈判者却力邀澳方前来日本,将己方所在地变为谈判场所,而澳大利亚人一般比较谨慎,讲究礼仪,不会过分侵犯东道主的权益。这样一来日方和澳方在谈判桌面上的相互地位就发生了显著变化,日方由明显被动方转变为较为有利的一方。日方充分利用主场优势,掌握谈判的主动权,适当地讨价还价,使谈判的结果最大程度有利于自己。

第二节 合同审查

合同审查概述

合同是企业(单位)与外界交往的桥梁,是实现生产经营目的的主要手段,是产生利润的源泉,同时也是产生法律风险的源泉,守住这座桥梁就可以防范绝大部分的法律风险,避免绝大部分的争议。而这座桥梁一旦失守,企业往往只能听天由命。西方有句话叫"财富的一半来自合同"。可见,合同对于企业和单位来说非常重要,企业应当高度重视合同审查,做好事前防范,未雨绸缪,即使事后发生纠纷,也能够在法律的范围内最大程度维护自己的合法权益。

一、法律规则

(一)核心法条

《中华人民共和国民法典》

第四百六十九条　当事人订立合同,可以采用书面形式、口头形式或者其他形式。

书面形式是合同书、信件、电报、电传、传真等可以有形地表现所载内容的形式。

以电子数据交换、电子邮件等方式能够有形地表现所载内容,并可以随时调取查用的数据电文,视为书面形式。

第四百七十条　合同的内容由当事人约定,一般包括下列条款:

(一)当事人的姓名或者名称和住所;

(二)标的;

(三)数量;

(四)质量;

(五)价款或者报酬;

(六)履行期限、地点和方式;

(七)违约责任;

(八)解决争议的方法。

当事人可以参照各类合同的示范文本订立合同。

第五百八十六条　当事人可以约定一方向对方给付定金作为债权的担保。定金合同自实际交付定金时成立。

定金的数额由当事人约定;但是,不得超过主合同标的额的百分之二十,超过部分不产生定金的效力。实际交付的定金数额多于或者少于约定数额的,视为变更约定的定金数额。

第五百八十七条　债务人履行债务的,定金应当抵作价款或者收回。给付定金的一方不履行债务或者履行债务不符合约定,致使不能实现合同目的的,无权请求返还定金;收受定金的一方不履行债务或者履行债务不符合约定,致使不能实现合同目的的,应当双倍返还定金。

《中华人民共和国民事诉讼法》

第二十四条 因合同纠纷提起的诉讼,由被告住所地或者合同履行地人民法院管辖。

第二十五条 因保险合同纠纷提起的诉讼,由被告住所地或者保险标的物所在地人民法院管辖。

第三十五条 合同或者其他财产权益纠纷的当事人可以书面协议选择被告住所地、合同履行地、合同签订地、原告住所地、标的物所在地等与争议有实际联系的地点的人民法院管辖,但不得违反本法对级别管辖和专属管辖的规定。

(二) 规则解读

1. 合同的基本要素。根据《民法典》第 470 条的规定,合同的基本要素包括当事人的名称或者姓名和住所、标的、数量、质量、价款或者报酬、履行期限、地点和方式、违约责任、解决争议的方法等。合同的内容应符合下列要求:(1) 主体合格、标的明确、手续完备;(2) 条款齐全、意思表示真实;(3) 文字清晰、语言规范;(4) 无矛盾条款、无空白条款。数据电文合同还需满足以下有效要件:(1) 能够有效地表现所载内容并可供随时调取查用;(2) 能够可靠地保证自最终形成时起,内容保持完整、未被更改(在数据电文上增加背书以及数据交换、储存和显示过程中发生的形式变化不影响数据电文的完整性);(3) 数据电文的格式与其生成、发送或者接收时的格式相同,或者格式不相同但是能够准确表现原来生成、发送或者接收的内容;(4) 能够识别数据电文的发件人、收件人以及发送、接收的时间;(5) 具有可靠的电子签名。

2. 合同的有效要件。《民法典》第 143 条规定:"具备下列条件的民事法律行为有效:(一) 行为人具有相应的民事行为能力;(二) 意思表示真实;(三) 不违反法律、行政法规的强制性规定,不违背公序良俗。"据此,合同有效需要符合以下条件:(1) 双方当事人应具有实施法律行为的资格和能力;(2) 合同双方当事人的意思表示真实;(3) 合同的订立不违反法律、行政法规的强制性规定,不违背公序良俗;(4) 合同必须符合法律规定的形式。

3. 合同的主体要件。合同主体不仅包括债务人,也包括债权人。合同全面适当履行的实现,不仅依赖于债务人履行债务的行为,还依赖于债权人受领履行的行为。因此,合同履行的主体是指债务人和债权人。除法律规定、当事人约定以及性质上必须由债务人本人履行的债务以外,履行也可以由债务人的代理人进行,但是代理只有在履行行为是法律行为时方可适用。同样,在上述情况下,债权人的代理人也可以代为受领。此外,必须注意的是,在某些情况下,合同也可以由第三人代替履行，只要不违反法律的规定或者当事人的约定，或者符合合同的性质，第三人也是正确的履行主体。不过，由第三人代替履行时，该第三人并不取得合同当事人的地位，第三人仅仅只是居于债务人的履行辅助人的地位。

合同当事人的资质、履约能力是否适合合同内容，是否符合法律的强制性或指导性规范，是审查合同是否有效的一个重要标准。主体不合格的合同是无效合同。因此，应当审查合同的主体要件。

二、实务操作

（一）主体审查

合同审查的实务操作

通过"国家企业信用信息公示系统""中国裁判文书网""中国执行信息公开网"等网站，查询合同主体的出资情况、股权架构、是否存在经营异常行为、是否存在重大诉讼、是否为失信被执行人等，或者进行实地考察，也可以委托第三方机构进行尽职调查，内容包括：调查对方的社会信誉（近三年是否有重大违约，是否涉及重大经济纠纷或经济犯罪案件等）和履约能力（如生产能力、支付能力、运输能力等）；审查营业执照是否真实、有效；核实对方的资产（资金）证明；审查对方的资质等级证书；审查法人证书及法人委托书；审查其他根据合同性质需要审查的内容。合同对方当事人的资信、履约能力有瑕疵或其委托代理人没有有效授权的，不得与其签订合同。

1. 了解合作方的基本情况，保留其营业执照复印件，如果对方是个人，应详细记录其身份证信息（或保留身份证复印件）和联系电话。了解这些信息有利于我方更好地履行合同。同时，当出现纠纷的时候，便于我方进行诉讼和向法院申请强制执行。

2. 审查合作方有无签约资格。我国法律对某些行业的从业资格作了限制性规定，没有从业资格的单位和个人不得从事特定的业务，如果我方与没有资格的主体签订此类合同，将给我方带来经济损失。

3. 调查合作方的商业信誉和履约能力。尽可能对合作方进行实地考察，或者委托专业调查机构对其资信情况进行调查。

（二）内容审查

1. 审查标的。合同内容的合法性审查首先涉及标的的合法性，包括是否属于禁止性交易，标的物本身是否拥有合法的权属证明。因此，一定要和对方商量清楚，合同交易的究竟是什么，是制作产品还是代理业务？产品的型号规格是什么？写清型号、商标、生产厂家等。详细的描述可以避免供需之间出现差错。当事人超越经营范围订立合同，人民法院不因此认定合同无效，但是违反国家限制经营、特许经营及法律、行政法规禁止经营规定的除外。合同主体从事限制经营、特许经营的活动不仅会导致合同无效，其中违反专营、专卖和限制买卖规定的行为还有可能因非法经营而被追究刑事责任。因此,在有些交易中还要审查许可证、资质等内容。

2. 审查质量标准。产品或服务都存在质量标准问题,因此要对质量标准作出明确约定。标准中有国家标准也有行业标准,根据《国家标准管理办法》和《行业标准管理办法》,下列涉及人身健康、财产安全方面的产品或者服务实行强制性标准:(1)药品、食品卫生、兽药、农药和劳动卫生标准;(2)产品生产、储运和使用中的安全及劳动安全标准;(3)工程建设的质量、安全、卫生等标准;(4)环境保护和环境质量方面的标准;(5)有关国计民生方面的重要产品标准等。

强制性标准属于最低的质量标准,不符合这一标准则根本不允许生产和销售。除了强制性标准外,还有推荐性标准。当合同需要采用推荐性标准时,要明确以推荐性标准为履行合同的标准,否则该标准没有强制性,对合同没有约束力。如广告策划合同,由于质量无法量化或者标准化,因此往往成为"付钱合同"。因为何时付钱、付钱多少是清楚的,而所提供服务的质量是含糊、无法确定的。对这类合同一定要确定判断质量的原则性标准,实在没有办法确定标准,就约定以委托方的主观判断为准,以杜绝质量条款的缺失,否则由于缺乏质量标准,委托方的权益很难得到保障。

3. 审查价款或者报酬条款。这个条款是双方最为关心的条款,撰写合同时,计量单位、单价、计算方法必须清晰明了,切忌前后矛盾。

4. 审查明确履行期限、地点和方式。履行期限是合同当事人实现权利和履行义务的时间,也就是交付标的和支付价款或者报酬的时间。它是确定合同是否按时履行的时间标准。期限规定应该具体、明确,双方当事人要根据各自的需要和能力以及标的的具体情况,协商确定合理的期限。如果需要分期或者分批履行,对每一期的履行期限都要明确约定。如果履行期限需要顺延,要明确约定顺延的条件以及通知义务和费用如何承担。如果法律或者行政法规对某种合同的履行期限有强制性规定,那么合同约定的履行期限不得违反该规定。

履行地点(简称履行地)是合同当事人实现权利和履行义务的地点。明确约定履行地点不仅对合同的履行有直接作用,而且关系到履行时各种所需费用的支付,还涉及合同纠纷案件的地域管辖问题。因此,履行地点应该明确约定。在起草或审阅合同履行条款时,要联系合同争议解决条款进行考虑,如果选择诉讼方式解决合同争议,而且选择合同履行地法院进行管辖,那么对合同履行地的约定一定要注意最高人民法院有关的司法解释和批复,根据合同的具体情况对合同履行地作出最有利于己方的约定。

履行方式是合同当事人履行义务的方式。履行方式分为时间方式和行为方式两种。不同性质的合同,履行方式也不同。如交付标的物的方式包括送货、提货和代办托运,代办托运的运输方式又包括铁路运输、公路运输、水上运输、航空运输和多式联运等。

5. 审查付款期限。付款期限是双方都非常敏感的问题,尤其应明确约定。模棱两可的约定会给合作方找到拖延付款的理由。

6. 审查合同终止条件。约定合同终止条件时应明确约定解约条件,双方的责任承担以及解约后的详细处理事宜。对企业不规范的合同进行梳理,就签订合同后未履行的协议,应及时补办合同解除手续,书面确认双方合同关系的终止。

7. 审查违约责任及定金条款。"任何一方违反本合同约定均需要依法承担违约责任"的约定属于十足的空话,没有细节条款也就根本无法充分追究违约责任,想要充分追究违约责任则要在许多条款上面进行细化。违约条款的设置要明晰,要逐一明确、量化相对应的违约责任,并对违约责任的承担方式予以明确,以下是常见的方法:

(1) 约定违约损失的计算范围。约定违约责任所造成损失的范围时,可将因违约而产生的调查费、差旅费、律师费等细分后全部列入,以便在对方违约时将损失转嫁给对方。

(2) 约定违约金的具体金额。如果约定违约损失的计算范围,就必须为自己的损失举证,而且还需要对方质证。而约定违约金的金额则合同本身便是证据,无须另外举证,其特点就是简单明了、举证成本低。但这种方式也有缺点,如过高的违约金可能导致对方提起诉讼要求予以减少。因此,尺度要掌握在法院予以支持的范围之内。

(3) 约定违约金的具体比例。这一方式与前一方式本质相同但比前一方式灵活,并会随基数的变化而变化,可以根据损失的大小而索赔不同的金额。但具体的比例一旦过高也可能受到审判机关或者仲裁机关的调整,而基数较小或比例不够高,违约金可能不足以弥补实际发生的损失。

关于定金条款,应明确所缴款项的性质是"定金",并应写明"定金"字样,如果写作留置金、担保金、保证金、订约金、押金或者订金等,但没有约定定金性质,当事人主张定金权利的,人民法院不予支持。给付定金的一方不履行约定的债务的,无权要求返还定金;收受定金的一方不履行约定的债务的,应当双倍返还定金。同时,定金不得超过主合同标的额的20%,对于超过20%的部分,可以作为预付款,也可以要求返还,但不具备定金的性质。

8. 审查担保条款。为了防范风险,在与合作方签订合同的时候,应尽量取得对方提供的担保。关于担保合同应注意以下几个问题:

(1) 担保合同的当事人:担保人不一定是本合同的一方当事人,在保证担保合同中,担保人只能是本合同当事人以外的第三人。

（2）我国法律对某些财产的抵押规定必须经过登记，合同才能生效或才能产生对抗效力。以动产抵押的，抵押权自抵押合同生效时设立；未经登记，不得对抗善意第三人。以动产抵押的，不得对抗正常经营活动中已经支付合理价款并取得抵押财产的买受人。同时，抵押权设立前，抵押财产已经出租并转移占有的，原租赁关系不受该抵押权的影响。以建筑物和其他土地附着物、建设用地使用权、海域使用权、正在建造的建筑物等财产设定抵押的，应当办理抵押登记，抵押权自登记时设立。

（3）国家机关、学校和医院等以公益为目的的事业单位、社会团体，以及企业法人的职能部门，不得为保证人。但是，公司的分支机构经公司股东（大）会或者董事会决议可以以自己的名义对外提供担保。①

9. 审查解决争议方法。可根据具体情况选择诉讼或仲裁的途径解决争议。诉讼和仲裁只能选择一种，同时选择两种无效。在争议解决部分规定"双方可以仲裁或诉讼"的或裁或审条款一般无效，约定"在温州市法院进行诉讼"等不明确、不规范的条款也可能导致产生纠纷。同时，为了处于"主场地位"，可以选择当事人所在地法院管辖。在不违反法院级别管辖和专属管辖的情况下，可以在书面合同中协议选择被告住所地、合同履行地、合同签订地、原告住所地、标的物所在地人民法院等与合同有实际联系的法院管辖。

三、风险防范

（一）审查合同主体是否适格

要认真审查对方的主体资格、履约能力、信用情况等，不能仅凭其名片、介绍信、工作证、公章、授权书、营业执照复印件等证件，就相信对方。可以从以下方面进行审查：（1）查看对方的营业执照和企业参加年检的证明资料，了解其经营范围，以及对方的资金、信用和经营情况。（2）审查其项目是否合法。（3）如果对方有担保人，也要调查担保人。（4）审查签约人的资格，查看对方提交的法人开具的正式书面授权证明，了

合同审查的风险防范

---

① 《最高人民法院关于适用〈中华人民共和国民法典〉有关担保制度的解释》第11条规定："公司的分支机构未经公司股东（大）会或者董事会决议以自己的名义对外提供担保，相对人请求公司或者其分支机构承担担保责任的，人民法院不予支持，但是相对人不知道且不应当知道分支机构对外提供担保未经公司决议程序的除外。金融机构的分支机构在其营业执照记载的经营范围内开立保函，或者经有权从事担保业务的上级机构授权开立保函，金融机构或者其分支机构以违反公司法关于公司对外担保决议程序的规定为由主张不承担担保责任的，人民法院不予支持。金融机构的分支机构未经金融机构授权提供保函之外的担保，金融机构或者其分支机构主张不承担担保责任的，人民法院应予支持，但是相对人不知道且不应当知道分支机构对外提供担保未经金融机构授权的除外。担保公司的分支机构未经担保公司授权对外提供担保，担保公司或者其分支机构主张不承担担保责任的，人民法院应予支持，但是相对人不知道且不应当知道分支机构对外提供担保未经担保公司授权的除外。公司的分支机构对外提供担保，相对人非善意，请求公司承担赔偿责任的，参照本解释第十七条的有关规定处理。"

解对方的合法身份和权限范围,以确保合同的合法性。(5)对于标的额大的交易,还应到工商、税务、银行等单位调查对方当事人的资信能力。

(二)建立诚信客户名册

将已经保持良好合作关系的,并可以按约履行合同的相对人纳入诚信名册中,而履约能力明显较低,或者是双方存在较大矛盾的相对人则要纳入黑名单中,如此可以降低法律风险,最大程度维护企业的合法权益。

(三)强化尽职调查

对合同相对人的履约能力进行调查,对其注册资金、各类财产等均要有一定的了解。此外,还要对生产的设备、规模、技术、材料等展开调查,在此基础上确定其履约能力。履约信用的调查也是不可忽视的,要针对经营历史、业绩等进行调查,了解对方和金融机构之间的关系,并对客户评价展开分析。必要时,可以委托律师事务所和会计师事务所进行尽职调查,确保交易对象信息真实、可靠。

(四)强化合同内容和形式审查

要仔细研究每项条款的适用性,防止在后期合同执行中出现法律纠纷,从而有效规避风险;要积极收集和保存资料,从而保证合同管理者了解合同具体的履行进程。不仅要审查合同有关条款,还要注意合同条款前后的逻辑关系,避免条款存在约定或表述的矛盾;合同条款的表述要规范,前后表述须一致。对于政府合同,政府会议纪要所确定的事项在合同中应约定,合同约定不得与会议纪要冲突,政府会议纪要未议定的重大事项,不得随意在合同中增加。采取罗列式表述合同约定事项的,应有兜底条款,如"包括但不限于"等内容。

四、典型案例

(一)案情简介

重庆重铁物流有限公司与巫山县龙翔商贸有限责任公司、合江县杉杉贸易有限公司买卖合同纠纷案[①]

2013年12月1日,原告重庆重铁物流有限公司(以下简称重铁物流公司)分别与被告巫山县龙翔商贸有限责任公司(以下简称龙翔公司)、被告合江县杉杉贸易有限公司(以下简称杉杉公司)签订《煤炭购销合同》和《煤炭买卖合同》,同时三方还签订了《补充协议》。前述三份合同、协议约定:由龙翔公司销售煤炭给重铁物流公司,重铁物流公司销售给杉杉公司,合同有效期为2013年12月1日起至2014年12月31日止。交货方式为水路运输,龙翔公司销售给重

---

① (2014)成铁中民初字第38号,案例来源于中国裁判文书网。

铁物流公司的煤炭到港后直接销售给杉杉公司，重庆物流公司委托杉杉公司对煤炭进行质量、数量验收。重铁物流公司、龙翔公司及杉杉公司三方还约定，在重铁物流公司未收到杉杉公司货款前，龙翔公司不向重铁物流公司催收货款，如杉杉公司拒付或拖延支付货款，则龙翔公司放弃要求重铁物流公司支付部分或全部货款。合同签订后，被告龙翔公司向原告重铁物流公司出具了9份水路货物运单和32份增值税发票（总额为3094.245万元），被告杉杉公司向原告重铁物流公司出具了收货证明5份。按照上述货物运单、发票和收条的记载，原告与两被告之间共计有48414.1吨煤炭交易发生。依据合同的约定，被告杉杉公司应向原告重铁物流公司支付相应货款，重铁物流公司也应向被告龙翔公司支付约定价款。而事实上，原、被告三方签订的煤炭买卖合同及补充协议并未实际履行，相关各方并无真实煤炭交易发生，也无相关货款的给付。在案证据证实，签订合同时，被告龙翔公司和被告杉杉公司的法定代表人均系邱翔一人，而杉杉公司提交了法定代表人为陈祝增的营业执照，隐瞒了其公司和龙翔公司的法定代表人均为邱翔的事实。尔后，邱翔伪造了9份货物运单，并授意其工作人员虚开32份增值税发票和5份收货证明交予重铁物流公司，虚构了整个煤炭交易的事实。被告龙翔公司基于上述合同虚构煤炭交易，形成对原告3094.245万元的债权。原告以两被告恶意串通，以欺诈手段使原告在违背真实意思的情况下与其签订相关合同为由，诉至成都铁路运输中级法院，请求判决撤销2013年12月1日原告与被告龙翔公司签订的《煤炭购销合同》、与被告杉杉公司签订的《煤炭买卖合同》以及与两被告签订的《补充协议》。

  成都铁路运输中级法院认为，被告龙翔公司、杉杉公司故意隐瞒其法定代表人均为邱翔的真实情况，使重铁物流公司签订了前述合同和协议，并且通过伪造货物运单、收货证明，虚开增值税发票等手段，虚构了本不存在的煤炭交易事实。《最高人民法院关于贯彻执行〈中华人民共和国民法通则〉若干问题的意见（试行）》第68条规定"一方当事人故意告知对方虚假情况，或者故意隐瞒真实情况，诱使对方当事人作出错误意思表示的，可以认定为欺诈行为"，龙翔公司、杉杉公司的行为与该项规定相吻合，应认定为欺诈行为。依照《中华人民共和国合同法》第54条的规定，一方以欺诈手段，使对方在违背真实意思的情况下订立的合同，受损害方有权请求撤销，重铁物流公司关于撤销其于2013年12月1日与龙翔公司签订的《煤炭购销合同》、与杉杉公司签订的《煤炭买卖合同》以及三方签订的《补充协议》的诉请符合法律规定，予以支持。法院依照《中华人民共和国合同法》第54条、《最高人民法院关于贯彻执行〈中华人民共和国民法通则〉若干问题的意见（试行）》第68条的规定，判决撤销重庆重铁物流有限公司2013年12月1日与巫山县龙翔商贸有限责任公司签订的《煤炭购销合同》、与合江县杉杉贸易有限公司签订的《煤炭买卖合同》以及三方签订的《补充协议》。

(二) 案例评析

(1) 诚实信用原则不仅仅是合同法的基本原则,也是整个民事活动的基本原则。在市场经济活动中,市场主体在行为时不欺不诈,尊重他人利益,保证合同关系的各方当事人都能得到自己的利益,并且不损害社会和第三人的利益,才能更好地促进市场经济健康发展。市场主体的诚实、恪守信用,为市场主体提供了一种普遍的信赖,这种信赖是市场交易所必需的资源之一。如果合同一方当事人不守诚信,违反合同约定,甚至采取欺诈手段,损害对方利益或对社会、第三人造成损害,最终会扰乱市场交易秩序,影响整个市场经济活动的健康发展。本案中,被告龙翔公司、杉杉公司实为同一人控制的公司,但在与原告签订合同时故意隐瞒了这一真实情况,使原告与两公司签订了合同和协议,并且通过伪造货物运单、收货证明,虚开增值税发票等手段,虚构了本不存在的煤炭交易事实。被告龙翔公司基于上述合同虚构煤炭交易,形成了对原告3000余万元的债权,从而到银行办理了保理业务,将此笔应收账款向银行转让进行融资,使得原告承担可能被银行追索的风险,银行也承担了保理业务坏账的风险。两被告不讲诚实信用,其行为完全符合合同欺诈的认定。根据当时《合同法》第54条的规定,原告撤销合同的诉请,得到了法院的支持。本案的裁判结果体现了良好的社会效果,彰显了法院在制裁违约、打击欺诈、维护社会诚信方面的重要作用。

(2) 说明企业在订立合同时需要对合同主体进行审查,要了解企业的基本情况,尤其是涉及多方主体的,需要对其资质、出资人、实际控制人等进行审查,以免发生欺诈等情况。

第三节 合 同 管 理

合同管理主要是指合同的主体以自身需求为出发点,与其他法律主体在法律规定的范围内签订、履行、终止合同以及处理合同纠纷等一系列综合管理工作。在企业发展过程中,合同管理发挥着重要作用:一方面,良好的合同管理工作是企业在市场经济环境生存的必然选择;另一方面,合同管理工作有效保障了企业的经济利益,通过利用法律的约束力来促进合同的有效实施,从而保证企业的经济效益和社会效益。

一、法律规则

(一) 核心法条

《中华人民共和国民法典》

第四百七十一条 当事人订立合同,可以采取要约、承诺方式或者其他方式。

第四百七十二条 要约是希望与他人订立合同的意思表示,该意思表示应当符合下列条件:

(一)内容具体确定;

(二)表明经受要约人承诺,要约人即受该意思表示约束。

第四百七十三条 要约邀请是希望他人向自己发出要约的表示。拍卖公告、招标公告、招股说明书、债券募集办法、基金招募说明书、商业广告和宣传、寄送的价目表等为要约邀请。

商业广告和宣传的内容符合要约条件的,构成要约。

第四百七十九条 承诺是受要约人同意要约的意思表示。

第四百八十条 承诺应当以通知的方式作出;但是,根据交易习惯或者要约表明可以通过行为作出承诺的除外。

第四百八十一条 承诺应当在要约确定的期限内到达要约人。

要约没有确定承诺期限的,承诺应当依照下列规定到达:

(一)要约以对话方式作出的,应当即时作出承诺;

(二)要约以非对话方式作出的,承诺应当在合理期限内到达。

第五百零二条 依法成立的合同,自成立时生效,但是法律另有规定或者当事人另有约定的除外。

依照法律、行政法规的规定,合同应当办理批准等手续的,依照其规定。未办理批准等手续影响合同生效的,不影响合同中履行报批等义务条款以及相关条款的效力。应当办理申请批准等手续的当事人未履行义务的,对方可以请求其承担违反该义务的责任。

依照法律、行政法规的规定,合同的变更、转让、解除等情形应当办理批准等手续的,适用前款规定。

第五百三十三条 合同成立后,合同的基础条件发生了当事人在订立合同时无法预见的、不属于商业风险的重大变化,继续履行合同对于当事人一方明显不公平的,受不利影响的当事人可以与对方重新协商;在合理期限内协商不成的,当事人可以请求人民法院或者仲裁机构变更或者解除合同。

人民法院或者仲裁机构应当结合案件的实际情况,根据公平原则变更或者解除合同。

第五百三十五条 因债务人怠于行使其债权或者与该债权有关的从权利,影响债权人的到期债权实现的,债权人可以向人民法院请求以自己的名义代位行使债务人对相对人的权利,但是该权利专属于债务人自身的除外。

代位权的行使范围以债权人的到期债权为限。债权人行使代位权的必要费用,由债务人负担。

相对人对债务人的抗辩,可以向债权人主张。

第五百三十八条 债务人以放弃其债权、放弃债权担保、无偿转让财产等方式无偿处分财产权益,或者恶意延长其到期债权的履行期限,影响债权人的债权实现的,债权人可以请求人民法院撤销债务人的行为。

第五百三十九条 债务人以明显不合理的低价转让财产、以明显不合理的高价受让他人财产或者为他人的债务提供担保,影响债权人的债权实现,债务人的相对人知道或者应当知道该情形的,债权人可以请求人民法院撤销债务人的行为。

第五百四十三条 当事人协商一致,可以变更合同。

第五百四十四条 当事人对合同变更的内容约定不明确的,推定为未变更。

第五百四十五条 债权人可以将债权的全部或者部分转让给第三人,但是有下列情形之一的除外:

(一)根据债权性质不得转让;

(二)按照当事人约定不得转让;

(三)依照法律规定不得转让。

当事人约定非金钱债权不得转让的,不得对抗善意第三人。当事人约定金钱债权不得转让的,不得对抗第三人。

第五百五十一条 债务人将债务的全部或者部分转移给第三人的,应当经债权人同意。

债务人或者第三人可以催告债权人在合理期限内予以同意,债权人未作表示的,视为不同意。

第五百五十二条 第三人与债务人约定加入债务并通知债权人,或者第三人向债权人表示愿意加入债务,债权人未在合理期限内明确拒绝的,债权人可以请求第三人在其愿意承担的债务范围内和债务人承担连带债务。

第五百五十五条 当事人一方经对方同意,可以将自己在合同中的权利和义务一并转让给第三人。

第五百九十条 当事人一方因不可抗力不能履行合同的,根据不可抗力的影响,部分或者全部免除责任,但是法律另有规定的除外。因不可抗力不能履行合同的,应当及时通知对方,以减轻可能给对方造成的损失,并应当在合理期限内提供证明。

当事人迟延履行后发生不可抗力的,不免除其违约责任。

《最高人民法院关于适用〈中华人民共和国民法典〉合同编通则若干问题的解释》

第六条 当事人以认购书、订购书、预订书等形式约定在将来一定期限内订立合同,或者为担保在将来一定期限内订立合同交付了定金,能够确定将来所要订立合同的主体、标的等内容的,人民法院应当认定预约合同成立。

当事人通过签订意向书或者备忘录等方式,仅表达交易的意向,未约定在将来一定期限内订立合同,或者虽然有约定但是难以确定将来所要订立合同的主体、标的等内容,一方主张预约合同成立的,人民法院不予支持。

当事人订立的认购书、订购书、预订书等已就合同标的、数量、价款或者报酬等主要内容达成合意,符合本解释第三条第一款规定的合同成立条件,未明确约定在将来一定期限内另行订立合同,或者虽然有约定但是当事人一方已实施履行行为且对方接受的,人民法院应当认定本约合同成立。

第十条 提供格式条款的一方在合同订立时采用通常足以引起对方注意的文字、符号、字体等明显标识,提示对方注意免除或者减轻其责任、排除或者限制对方权利等与对方有重大利害关系的异常条款的,人民法院可以认定其已经履行民法典第四百九十六条第二款规定的提示义务。

提供格式条款的一方按照对方的要求,就与对方有重大利害关系的异常条款的概念、内容及其法律后果以书面或者口头形式向对方作出通常能够理解的解释说明的,人民法院可以认定其已经履行民法典第四百九十六条第二款规定的说明义务。

提供格式条款的一方对其已经尽到提示义务或者说明义务承担举证责任。对于通过互联网等信息网络订立的电子合同,提供格式条款的一方仅以采取了设置勾选、弹窗等方式为由主张其已经履行提示义务或者说明义务的,人民法院不予支持,但是其举证符合前两款规定的除外。

第十四条 当事人之间就同一交易订立多份合同,人民法院应当认定其中以虚假意思表示订立的合同无效。当事人为规避法律、行政法规的强制性规定,以虚假意思表示隐藏真实意思表示的,人民法院应当依据民法典第一百五十三条第一款的规定认定被隐藏合同的效力;当事人为规避法律、行政法规关于合同应当办理批准等手续的规定,以虚假意思表示隐藏真实意思表示的,人民法院应当依据民法典第五百零二条第二款的规定认定被隐藏合同的效力。

依据前款规定认定被隐藏合同无效或者确定不发生效力的,人民法院应当以被隐藏合同为事实基础,依据民法典第一百五十七条的规定确定当事人的民事责任。但是,法律另有规定的除外。

当事人就同一交易订立的多份合同均系真实意思表示,且不存在其他影响合同效力情形的,人民法院应当在查明各合同成立先后顺序和实际履行情况的基础上,认定合同内容是否发生变更。法律、行政法规禁止变更合同内容的,人民法院应当认定合同的相应变更无效。

第十五条 人民法院认定当事人之间的权利义务关系,不应当拘泥于合同使用的名称，而应当根据合同约定的内容。当事人主张的权利义务关系与根据合同内容认定的权利义务关系不一致的，人民法院应当结合缔约背景、交易目的、交易结构、履行行为以及当事人是否存在虚构交易标的等事实认定当事人之间的实际民事法律关系。

第二十条 法律、行政法规为限制法人的法定代表人或者非法人组织的负责人的代表权，规定合同所涉事项应当由法人、非法人组织的权力机构或者决策机构决议，或者应当由法人、非法人组织的执行机构决定，法定代表人、负责人未取得授权而以法人、非法人组织的名义订立合同，未尽到合理审查义务的相对人主张该合同对法人、非法人组织发生效力并由其承担违约责任的，人民法院不予支持，但是法人、非法人组织有过错的，可以参照民法典第一百五十七条的规定判决其承担相应的赔偿责任。相对人已尽到合理审查义务，构成表见代表的，人民法院应当依据民法典第五百零四条的规定处理。

合同所涉事项未超越法律、行政法规规定的法定代表人或者负责人的代表权限，但是超越法人、非法人组织的章程或者权力机构等对代表权的限制，相对人主张该合同对法人、非法人组织发生效力并由其承担违约责任的，人民法院依法予以支持。但是，法人、非法人组织举证证明相对人知道或者应当知道该限制的除外。

法人、非法人组织承担民事责任后，向有过错的法定代表人、负责人追偿因越权代表行为造成的损失的，人民法院依法予以支持。法律、司法解释对法定代表人、负责人的民事责任另有规定的，依照其规定。

第二十一条 法人、非法人组织的工作人员就超越其职权范围的事项以法人、非法人组织的名义订立合同，相对人主张该合同对法人、非法人组织发生效力并由其承担违约责任的，人民法院不予支持。但是，法人、非法人组织有过错的，人民法院可以参照民法典第一百五十七条的规定判决其承担相应的赔偿责任。前述情形，构成表见代理的，人民法院应当依据民法典第一百七十二条的规定处理。

合同所涉事项有下列情形之一的，人民法院应当认定法人、非法人组织的工作人员在订立合同时超越其职权范围：

（一）依法应当由法人、非法人组织的权力机构或者决策机构决议的事项；

（二）依法应当由法人、非法人组织的执行机构决定的事项；

（三）依法应当由法定代表人、负责人代表法人、非法人组织实施的事项；

（四）不属于通常情形下依其职权可以处理的事项。

合同所涉事项未超越依据前款确定的职权范围，但是超越法人、非法人组织对工作人员职权范围的限制，相对人主张该合同对法人、非法人组织发生效力并由其承担违约责任的，人民法院应予支持。但是，法人、非法人组织举证证明相对人知道或者应当知道该限制的除外。

法人、非法人组织承担民事责任后，向故意或者有重大过失的工作人员追偿的，人民法院依法予以支持。

第二十二条 法定代表人、负责人或者工作人员以法人、非法人组织的名义订立合同且未超越权限，法人、非法人组织仅以合同加盖的印章不是备案印章或者系伪造的印章为由主张该合同对其不发生效力的，人民法院不予支持。

合同系以法人、非法人组织的名义订立，但是仅有法定代表人、负责人或者工作人员签名或者按指印而未加盖法人、非法人组织的印章，相对人能够证明法定代表人、负责人或者工作人员在订立合同时未超越权限的，人民法院应当认定合同对法人、非法人组织发生效力。但是，当事人约定以加盖印章作为合同成立条件的除外。

合同仅加盖法人、非法人组织的印章而无人员签名或者按指印，相对人能够证明合同系法定代表人、负责人或者工作人员在其权限范围内订立的，人民法院应当认定该合同对法人、非法人组织发生效力。

在前三款规定的情形下，法定代表人、负责人或者工作人员在订立合同时虽然超越代表或者代理权限，但是依据民法典第五百零四条的规定构成表见代表，或者依据民法典第一百七十二条的规定构成表见代理的，人民法院应当认定合同对法人、非法人组织发生效力。

第二十三条 法定代表人、负责人或者代理人与相对人恶意串通，以法人、非法人组织的名义订立合同，损害法人、非法人组织的合法权益，法人、非法人组织主张不承担民事责任的，人民法院应予支持。

法人、非法人组织请求法定代表人、负责人或者代理人与相对人对因此受到的损失承担连带赔偿责任的，人民法院应予支持。

根据法人、非法人组织的举证，综合考虑当事人之间的交易习惯、合同在订立时是否显失公平、相关人员是否获取了不正当利益、合同的履行情况等因素，人民法院能够认定法定代表人、负责人或者代理人与相对人存在恶意串通的高度可能性的，可以要求前述人员就合同订立、履行的过程等相关事实作出陈述或者提供相应的证据。其无正当理由拒绝作出陈述，或者所作陈述不具合理性又不能提供相应证据的，人民法院可以认定恶意串通的事实成立。

第四十二条 对于民法典第五百三十九条规定的"明显不合理"的低价或者高价，人民法院应当按照交易当地一般经营者的判断，并参考交易时交易地的市场交易价或者物价部门指导价予以认定。

转让价格未达到交易时交易地的市场交易价或者指导价百分之七十的，一般可以认定为"明显不合理的低价"；受让价格高于交易时交易地的市场交易价或者指导价百分之三十的，一般可以认定为"明显不合理的高价"。

债务人与相对人存在亲属关系、关联关系的,不受前款规定的百分之七十、百分之三十的限制。

第六十条 人民法院依据民法典第五百八十四条的规定确定合同履行后可以获得的利益时,可以在扣除非违约方为订立、履行合同支出的费用等合理成本后,按照非违约方能够获得的生产利润、经营利润或者转售利润等计算。

非违约方依法行使合同解除权并实施了替代交易,主张按照替代交易价格与合同价格的差额确定合同履行后可以获得的利益的,人民法院依法予以支持;替代交易价格明显偏离替代交易发生时当地的市场价格,违约方主张按照市场价格与合同价格的差额确定合同履行后可以获得的利益的,人民法院应予支持。

非违约方依法行使合同解除权但是未实施替代交易,主张按照违约行为发生后合理期间内合同履行地的市场价格与合同价格的差额确定合同履行后可以获得的利益的,人民法院应予支持。

第六十一条 在以持续履行的债务为内容的定期合同中,一方不履行支付价款、租金等金钱债务,对方请求解除合同,人民法院经审理认为合同应当依法解除的,可以根据当事人的主张,参考合同主体、交易类型、市场价格变化、剩余履行期限等因素确定非违约方寻找替代交易的合理期限,并按照该期限对应的价款、租金等扣除非违约方应当支付的相应履约成本确定合同履行后可以获得的利益。

非违约方主张按照合同解除后剩余履行期限相应的价款、租金等扣除履约成本确定合同履行后可以获得的利益的,人民法院不予支持。但是,剩余履行期限少于寻找替代交易的合理期限的除外。

(二) 规则解读

1. 合同的成立与生效。合同成立不一定有效,签订合同后,合同当事人具有民事行为能力,合同是当事人的真实意思表示,合同不违反法律、行政法规的强制性规定,不违背公序良俗的,合同才具有法律效力。合同的成立适用意思自治原则,当事人有从事合同行为的意志自由,可以自由地选择合同的相对人、订立的形式和合同的内容,依其自由意志创设权利义务关系。只要具备意思表示这一基本事实,合同即告成立。而合同有效必须在国家的干预下,依法判断合同是否合乎法律,只有合法的合同才有效。可见,合同成立是指双方当事人意思表示达成了一致,合同有效是指成立后的合同在法律上得到了肯定性评价,产生了当事人意定的法律效力,也就是使合同获得了相当于法律的效力。合同成立后,如果不符合合同的有效要件,可能会成为无效合同、可撤销合同或效力待定合同。同

合同法律
规则解读

时,合同有效不一定生效,合同生效是以合同成立为前提的,合同成立后不一定就生效。合同成立后是否生效,主要分为几种情况:(1) 大多数合同成立即生效,也即合同成立与合同生效是同一时间;(2) 合同成立后并不立即生效,只有完成了批准、登记等手续后才生效;(3) 合同成立后并不立即生效,生效时间要视所附期限于何时到来,即附延缓期限的合同;(4) 合同成立后并不立即生效,能否生效要视所附条件能否实现而定,即附延缓条件的合同。

2. 合同订立的程序,视不同情形如下:

(1) 顾客提出要约邀请的合同订立程序:资信审查→接受要约邀请→合同填写→审查→批准→签章。

(2) 我方提出要约邀请的合同订立程序:对方资信情况审核→要约邀请→要约信息反馈→合同填写→审查→批准→签章。

(3) 通过招标订立合同的程序:市场调查→标书制作、发放→接收投标→评审→定标→订立合同→审查→批准→签章。

(4) 设备、材料、物资买卖合同的订立程序:计划准备→考察小组对标的的咨询(质量、价格、售后服务等)→资信审查→技术或商务谈判→草拟合同文本→审查→批准→签章。

3. 合同履行。合同履行是指合同债务人按照合同的约定或法律的规定,全面、适当地完成合同义务,使债权人的债权得以实现。合同履行应坚持适当履行原则、协作履行原则、经济合理原则和情势变更原则。当事人应当按照约定全面履行自己的义务,并应遵循诚信原则,根据合同的性质、目的和交易习惯履行通知、协助、保密等义务。同时,当事人在履行合同过程中,应当避免浪费资源、污染环境和破坏生态。

4. 合同变更。合同变更是指在合同成立以后,基于当事人的法律行为、法院或仲裁机构的裁判行为或法律规定,不改变合同主体而使合同内容发生变化的现象。

5. 合同转让。合同转让并不改变原合同的权利义务内容。合同转让旨在使原合同权利义务全部或者部分地从合同一方当事人转移给第三人,因此不会从实质上更改原合同的权利义务内容。如果有合同内容的更改,则是合同转让之后的合同变更。合同的转让将发生合同主体的变化,即合同的转让通常将导致第三人代替原合同关系当事人一方而成为合同新的一方当事人。主体的变更是合同的根本性变化,主体的变化将导致原合同关系消灭,而产生一个新的合同关系。合同的转让并非在于保持原合同关系继续有效,而是通过转让终止原合同,产生新的合同。合同的转让通常要涉及两种不同的法律关系,即原合同双方当事人之间的关系、转让人与受让人之间的关系。合同转让主要是在转让人和受让人之间完成的,但因为合同的转让往往会涉及原合同另一方第三人的利益,因此法律要求义务的转让应当取得原合同权利人的同意,而转让权利应及时通知原合同义务人。

根据合同转让的内容不同,可将合同转让分为合同权利的转让、合同义务的转让和合同权利义务的一并转让。所谓合同权利的转让,又称为债权让与,是指当事人一方将其合同权利全部或者部分转让给第三人(《民法典》第545条),债权人转让债权的,受让人取得与债权有关的从权利,但是该从权利专属于债权人自身的除外。受让人取得从权利不因该从权利未办理转移登记手续或者未转移占有而受到影响。所谓合同义务的转让,又称为债务承担,是指当事人一方将其合同义务全部或者部分转移给第三人(《民法典》第551条、第552条),又可分为免责的债务承担和并存的债务承担。所谓合同权利义务的一并转让,又称为合同权利义务的概括转让,是指当事人一方将其合同权利义务一并转让给第三人(《民法典》第555条)。

6. 合同保全。合同保全制度是指法律为防止因债务人财产的不当减少致使债权人债权的实现受到危害,而设置的保全债务人责任财产的法律制度。具体包括债权人代位权制度和债权人撤销权制度。其中,债权人的代位权着眼于债务人的消极行为,当债务人有权利行使而不行使,以致影响债权人权利的实现时,法律允许债权人代债务人之位,以自己的名义向第三人行使债务人的权利;而债权人的撤销权则着眼于债务人的积极行为,当债务人在不履行其债务的情况下,实施减少其财产而损害债权人债权实现的行为时,法律赋予债权人诉请法院撤销债务人所为的行为的权利。

人民法院认定代位权成立的,由债务人的相对人向债权人履行义务,债权人接受履行后,债权人与债务人、债务人与相对人之间相应的权利义务终止。债务人对相对人的债权或者与该债权有关的从权利被采取保全、执行措施,或者债务人破产的,依照相关法律的规定处理。债务人影响债权人的债权实现的行为被撤销的,自始没有法律约束力。

7. 合同解除。合同解除是指合同关系成立以后,当具备合同解除条件时,因当事人一方或双方的意思表示而使合同关系自始消灭或向将来消灭。合同解除可以分为约定解除和法定解除,而约定解除又包括协议解除和约定解除权两种情况。前者是指在合同成立后、未履行或未完全履行时,当事人双方通过协商解除合同,从而使合同效力消灭;后者是指当事人双方在合同中约定,在合同成立以后,没有履行或没有完全履行之前,由当事人一方在某种解除合同的条件成就时享有解除权,并可以通过行使合同解除权使合同关系消灭。法定解除是指在合同成立以后没有履行或者没有全部履行完毕之前,当事人一方通过行使法定的解除权而使合同效力消灭。

合同管理的实务操作

二、实务操作

合同管理,是指公司制定和修改有关合同的管理制度以及对合同的订立、审查批准、履行、变更与解除、纠纷处理等进行监督、检查与考核等全过程的管理活动,具体包括的环节如下:

(一) 合同签订中的管理

1. 争取合同的起草权。一般来讲,合同由谁起草,谁就掌握主动权。起草一方的主动性在于可以根据双方协商的内容,认真考虑写入合同中的每一条款,斟酌选用对己方有利的措辞,更好地考虑和保护自己的利益。

2. 加强公章管理。合同专用章管理人员应妥善保管、使用和管理合同专用章。合同专用章的使用应建立台账,合同专用章如遗失或被盗,除应立即通知有关部门外,还应登报挂失。发生特殊情况,需要外带合同专用章的,须经法定代表人批准,并按规定办理登记手续。关于盖章的法律效力,根据《合同编通则司法解释》第22条的规定,法定代表人、负责人或者工作人员在订立合同时未超越权限,法人、非法人组织仅以合同加盖的印章不是备案印章或者系伪造的印章为由,主张合同对其不发生效力的,人民法院不予支持。合同仅有法定代表人、负责人或者工作人员签名或者按指印而未加盖法人、非法人组织的印章,相对人能够证明法定代表人、负责人或者工作人员在订立合同时未超越权限的,合同有效,但是,当事人约定以加盖印章作为合同成立条件的除外。合同仅加盖法人、非法人组织的印章而无人员签名或者按指印,相对人能够证明合同系法定代表人、负责人或者工作人员在其权限范围内订立的,合同有效。前述三种情形中,如果法定代表人、负责人或者工作人员超越权限,但构成表见代表或表见代理,合同仍对法人、非法人组织发生效力。

3. 加强授权管理。各被授权人在被授权的范围、期限内,代表公司对外订立合同,不得将代理事项自行转委托他人代理。同时要注意对法定代表人的行为(代表行为)以及工作人员的行为(职务代理)进行区别管理,《合同编通则司法解释》对二者的法律效力作出了规定。根据该司法解释第19条的规定,无权处分并不导致合同无效,但是受让人可以以履行不能为由解除合同,请求赔偿。根据该司法解释第20条的规定,越权代表行为,相对人未尽合理审查义务,主张合同有效并由法人或者非法人组织承担违约责任的,人民法院不予支持,但是,相对人可以参照《民法典》第157条的规定,向有过错的法人或者非法人组织主张相应的赔偿;如果构成表见代表,则应当依据《民法典》第504条的规定处理。根据《合同编通则司法解释》第21条的规定,越权职务代理订立的合同,相对人主张该合同对法人、非法人组织发生效力并由其承担违约责任的,人民法院不予支持,但是,相对人可以参照《民法典》第157条的规定向有过错的法人或者非法人组织主张相应的赔偿;如果构成表见代理,则应当依据《民法典》第172条的规定处理。

(二) 合同履行中的管理

合同履行是关键环节,合同一经承诺,即具有法律效力,重点是要做到按约履行,工作成果要及时交付,款项也不能拖欠,如此方可使得双方利益得到有效保护。合同履行时要做好动态监控,合同履行过程中发生对方不履行或履行不全面、不适当及其他违约事项或纠纷时,主办人应当积极妥善地行使抗辩权、代位权、撤销权、变更权、留置权等手段。否则,致使合同不能履行或不能完全履行,给单位造成损失的,要追究有关人员的相应责任。如果双方存在争议,则要进行协商,对相关记录予以保存,这样将来维权时就能够提供证据。

合同履行结束之后应该在第一时间展开合同后评价,并要做好经验的总结、分析,如此可以为企业的经营决策提供借鉴。

1. 合同履行管理

合同生效后,当事人就质量、价款或者报酬、履行地点等内容没有约定或者约定不明确的,可以协议补充;不能达成补充协议的,按照合同相关条款或者交易习惯确定。依据前面做法仍不能确定的,适用下列规定:(1) 质量要求不明确的,按照强制性国家标准履行;没有强制性国家标准的,按照推荐性国家标准履行;没有推荐性国家标准的,按照行业标准履行;没有国家标准、行业标准的,按照通常标准或者符合合同目的的特定标准履行。(2) 价款或者报酬不明确的,按照订立合同时履行地的市场价格履行;依法应当执行政府定价或者政府指导价的,依照规定履行。(3) 履行地点不明确,给付货币的,在接受货币一方所在地履行;交付不动产的,在不动产所在地履行;其他标的,在履行义务一方所在地履行。(4) 履行期限不明确的,债务人可以随时履行,债权人也可以随时请求履行,但是应当给对方必要的准备时间。(5) 履行方式不明确的,按照有利于实现合同目的的方式履行。(6) 履行费用的负担不明确的,由履行义务一方负担;因债权人原因增加的履行费用,由债权人负担。

2. 合同变更管理

合同变更需要符合以下条件:(1) 存在合法有效的合同关系。(2) 合同内容发生变化。如上所述,狭义的合同变更即指合同内容的变化而不包括合同主体的变化,《民法典》规定合同主体的变化指的是合同的转让。(3) 合同的变更须依当事人协议或法律规定及法院裁决,有时依形成权人的意思表示。如果是双方当事人协商同意变更合同,则必须遵循有关民事法律行为的规定,符合民事法律行为的生效要件;如果是根据法律规定变更合同,则必须根据法律规定的程序和方法变更合同,须遵守法律要求的方式。在变更合同中,要及时签订变更协议,法律要求采取一定方式的,必须遵守这种要求。

3. 合同转让管理

债权转让需要通知债务人。债权人转让债权,未通知债务人的,该转让对债务人不发生效力。而且,债权转让的通知不得撤销,但是经受让人同意的除外。同时,以下三种情形不得转让:(1) 根据债权性质不得转让;(2) 按照当事人约定不得转让;(3) 依照法律规定不得转让。债务人接到债权转让通知后,债务人对让与人的抗辩,可以向受让人主张;因债权转让增加的履行费用,由让与人负担。

债务转让需要经过债权人同意。债务人将债务的全部或者部分转移给第三人的,应当经债权人同意。债务人或者第三人可以催告债权人在合理期限内予以同意,债权人未作表示的,视为不同意。债务人转移债务的,新债务人可以主张原债务人对债权人的抗辩;原债务人对债权人享有债权的,新债务人不得向债权人主张抵销。

4. 合同保全管理

合同代位权的行使需要符合以下条件:(1) 债权人对债务人的债权合法、确定,且必须已届清偿期;(2) 债务人怠于行使其到期债权;(3) 债务人怠于行使权利的行为已经对债权人造成损害;(4) 债务人的债权不是专属于债务人自身的债权。债务人对于第三人的权利,为债权人代位权的标的。

债权人撤销权的行使要符合以下条件:第一,客观要件,即撤销权的行使首先要求债务人实施了一定的处分财产的行为,处分财产的行为主要有放弃到期债权、无偿转让财产、在财产上设立抵押、以明显不合理的低价出让财产等。当债务人采取上述不正当或非法方式转移财产,导致债务人事实上的资不抵债,明显损害债权人的合法权益时,债权人才能行使撤销权。第二,主观要件,即债务人实施处分财产行为时或债务人与第三人实施民事行为时具有恶意。一方面,债务人必须具有恶意;另一方面,要求第三人也具有恶意。同时还要注意行使的时间,撤销权自债权人知道或者应当知道撤销事由之日起 1 年内行使。自债务人的行为发生之日起 5 年内没有行使撤销权,该权利消灭。

5. 合同解除权的合法行使

需要注意的是,只有违反主要义务使合同目的难以实现时才能行使解除权,而单纯违反依诚实信用原则所产生的附随义务,一般不会导致合同目的难以实现,不能据此解除合同。可见,并不是只要对方违约就要解除合同,而要判断这种违约是不是根本违约,是否不采取解除措施就不可能避免给自己造成更大的损失。合同解除一定要慎重,合同解除意味着交易失败,一方违约就解除合同,不仅自己订立合同的目的无法实现,而且将给市场交易带来沉重的交易成本,并给市场交易秩序和安全带来冲击和破坏。因此,法律一般不鼓励合同解除,但对于当事人一方而言,如果对方的行为导致自己订立合同的目的无法实现,也要敢于并及时行使解除权,以最大限度维护自己的合法权益,使自己的损失最小化。合同解除权有以下两种行使方式:一是通过法院判决或仲裁机构裁决;二是单方面通知对方解除合同,但如果对方不同意或者不愿意解除,还要通过法院判决或仲裁机构裁决予以确认。

还需要注意的是,合同解除权的行使有期限,法律规定或者当事人约定解除权行使期限,期限届满当事人不行使的,该权利消灭。法律没有规定或者当事人没有约定解除权行使期限,自解除权人知道或者应当知道解除事由之日起 1 年内不行使,或者经对方催告后在合理期限内不行使的,该权利消灭。

6. 情势变更和不可抗力的合理适用

在合同履行、变更、解除过程中,要注意情势变更和不可抗力的区别,二者都是当事人维护自身合法权益的重要手段,但两者的适用情形、法律后果是不同的,需要区分不同情形行使。不可抗力是导致客观上无法履行合同的事由,当事人无法按原约定履行合同义务,属于"欲为而不能",《民法典》将其放在"违约责任"部分。情势变更影响合同法律关系,主要表现为使当事人在一定程度上出现履行合同的障碍,继续按原约定履行会导致双方当事人权利义务关系出现失衡,属于"为之而不公"。这就需要根据变化后的新情势对权利义务进行相应调整;如果无法调整平衡以适应新情势,则只能解除合同①,《民法典》将其放在"合同履行"部分。可见,不可抗力可以作为违约抗辩事由;而对于情势变更,则可以以此为由免除剩余合同义务,即解除合同。

7. 违约责任和抗辩权的正确行使

先履行抗辩权与违约责任有相同之处,都以当事人一方存在违约行为作为适用的前提,适用时容易发生混淆,甚至以先履行抗辩权代替违约责任的适用。违约责任,除逾期违约的情形外,是当事人一方于合同履行期限届满后追究对方不履行合同或者履行合同不符合约定的责任,目的在于维护合同的严肃性和社会的经济秩序。在合同履行中,当事人可享有同时履行抗辩权、先履行抗辩权、不安抗辩权。这些抗辩权利的设置,使当事人在法定情况下可以对抗对方的请求权,使当事人的拒绝履行不构成违约,可以更好地维护当事人的利益。可见,合同履行中的抗辩权为一时的抗辩权,延缓的抗辩权,其目的是促使对方当事人按照约定履行自己的义务,实现合同目的。当事人要正确适用违约责任和行使

---

① 李俊晔:《疫情引发合同履行障碍之不可抗力与情势变更类案辨析》,载《法律适用》2020 年第 6 期。

抗辩权，以最大程度维护自身的合法权益。

（三）纠纷发生后的管理

1. 运用法律武器进行自我保护

企业应当建立合同纠纷处理机制，赋予法务人员更高的合同纠纷处理权限，将合同涉及的职能部门负责人与法务人员作为主要的合同纠纷处理主体。从合同纠纷的处理方式方法选用上看，企业应当将协商处理作为一个最优选择，同时保留从法律层面解决相应纠纷的具体权利。预先使用友好的协商方式，如果不能协商则要走法律程序，通过法律的调整保证合同双方的合法权益。在使用法律手段解决合同纠纷时，平时要注意收集保留证据。对于违约行为要及时申请仲裁或向人民法院提起诉讼；对于合同欺诈行为要及时采取措施，尽量减少和避免损失，并请求有关部门予以打击处理。

2. 催告函的出具

在面临对方当事人没有正当理由拒不履行、不完全履行合同义务或者履行不符合合同约定，如无正当理由拒绝支付价款、迟延履行等情况时，可以向对方发送催告函。发送催告函不仅能够起到正式通知、督促履行、警告以及预告解除的作用，还能起到引起诉讼时效中断的法律效果。

3. 注意时效中断的措施

如果超过诉讼时效，权利人的主张将不会得到法院的支持，即丧失胜诉权。为了防止超过诉讼时效，权利人应当采取措施引起诉讼时效的中断。诉讼时效的中断是指诉讼时效因提起诉讼、当事人一方提出要求或者同意履行义务而中断。诉讼时效一旦中断，那么就会导致已经经过的时效期间归于无效，之后若中断的情形消失，则需要重新计算诉讼时效。根据《最高人民法院关于审理民事案件适用诉讼时效制度若干问题的规定》第 8 条的规定，具有下列情形之一的，应当认定为《民法典》第 195 条规定的"权利人向义务人提出履行请求"，产生诉讼时效中断的效力：（1）当事人一方直接向对方当事人送交主张权利文书，对方当事人在文书上签字、盖章或者虽未签字、盖章但能够以其他方式证明该文书到达对方当事人的；（2）当事人一方以发送信件或者数据电文方式主张权利，信件或者数据电文到达或者应当到达对方当事人的；（3）当事人一方为金融机构，依照法律规定或者当事人约定从对方当事人账户中扣收欠款本息的；（4）当事人一方下落不明，对方当事人在国家级或者下落不明的当事人一方住所地的省级有影响的媒体上刊登具有主张权利内容的公告的，但法律和司法解释另有特别规定的，适用其规定。实践中常通过以下做法保留诉讼时效中断的证据：债权人提供催款函、律师函的快递底单，以证明其曾经向债务人主张过权利；通过录音、录像等设备，固定向债务人催讨债务的证据；向法院提交起诉状，同时注意保留提交材料回执和立案受理通知书。

三、风险防范

(一) 强化相关人员培训,提高其法律风险防范意识

定期组织合同管理人员与法务人员参加合同法律风险防范知识培训,重点培养其相关法律风险防范能力,提升合同管理人员的综合素养。培训时不仅要讲解相关法律风险防范的重要性,

合同管理的风险防范

更要结合与企业核心业务开展相关的合同法律风险案例,让相关人员能够对法律风险的形成机制、防范机制等形成完整、全面的认识。

(二) 加强合同管理机构和制度建设,为合同管理提供组织和制度保障

加强企业合同管理,需要建立合同管理机构和合同管理制度,从组织机构、管理规章层面进行规范。以法务部为依托,建立合同管理机构,并针对合同管理构建起完善的制度体系,并确保其有效落实,为企业发展起到保驾护航的作用。合同管理机构和合同管理制度的建设可以有效规范合同签订、履行行为,为合同管理提供组织和制度保障。

(三) 强化合同流程管理,实现对合同动态管理

1. 强化合同流程管理,不仅严把合同签订关,还要强化履约意识,加强对合同的动态管理。企业的合同管理部门要及时了解和掌握合同履行的情况,通过建立合同档案和合同报表制度,及时总结合同管理中的经验教训,提高防骗反诈能力。在合同履行过程中,要加强与合同当事人及内外部相关参与方的沟通,进行经常的检查、监督和解释工作,必要时召开协调会议,及时处理合同履行存在的各种问题。

2. 建立健全合同审批流程。加强管理,严格规范合同的审批流程。一般而言,一份合同的签署,应该由以下几个步骤组成:

(1) 业务部门与对方初步洽商、草拟合同;

(2) 业务部门经理审核业务可行性、风险;

(3) 法律部门审核法律风险,出具法律意见;

(4) 分管领导审批;

(5) 董事长(负责人)从企业发展战略角度进行取舍、审批;

(6) 签署合同;

(7) 登记存档;

(8) 履行合同。

3. 加强合同档案管理,规范合同管理行为。合同审签工作完成后,要对全部的档案进行整理,评审、采购、投标、中标等文件均是不可缺少的,要保证合同档案是完整的,并在第一时间归档,这样企业可及时展开数据录入以及分析工

作,保证合同后评价能够顺利展开。合同履行完毕后,合同文本和附件要及时归档保管,以免丢失,并要尽量保存原件。同时还要定期对合同档案进行审查,了解合同履行情况,了解是否还有没有履行完毕的情况,尤其是有欠款的要注意诉讼时效,并做好提醒工作。

4. 加强合同审计监督,提高合同绩效。合同履行结束之后应该在第一时间展开合同后评价,并要做好经验的总结、分析,如此可以为企业的经营决策提供借鉴。由企业内部有关成员成立的职能部门完成相关的监督、评价工作,确保内部检查制度能够得到有效执行,了解存在的具体问题,在此基础上选择合适的措施进行管理。对企业的经济活动展开全面审查,确定是否真实、合法。这样的审计方式可以使得合同管理的监督、评价顺利进行,将管理中出现的问题寻找出来,并将管理方向予以明确。

四、典型案例

(一) 案情简介

上海某混凝土公司与某国企合同纠纷案①

2011年8月,上海某混凝土公司与一国企签订一份《上海预拌混凝土委托加工合同》,虽名为加工合同,实际系买卖合同,合同约定该国企向混凝土公司购买混凝土用于某新建厂房工程项目。后混凝土公司根据国企要求按时按量向其提供混凝土数十次,全部通过验收。最后一次供货时间为2013年7月。经核算,双方共发生货款总计人民币110余万元,国企通过案外人付款方式已向混凝土公司支付货款80余万元,剩余30余万元经混凝土公司多次催要未果。2015年6月,混凝土公司诉至法院,要求国企支付剩余货款及延期付款利息。

争议焦点有三:

(1) 是否存在真实的买卖合同关系?混凝土公司的关键证据即《上海预拌混凝土委托加工合同》原件已经遗失,只有复印件。混凝土公司手头能证明供货事实的证据原件,只有送货单及双方确认的结算单,送货单由当时工地上的国企工头个人签字确认,结算单由带有国企名称字样的圆形项目章落款确认。

国企对此抗辩称,从未承接过涉讼工程,原、被告双方也未签订过上述合同,更不存在事实供货关系,送货单上需方签字确认的个人并非该国企员工,未对其委托授权,国企对该签字无须承担付款义务,而结算单落款章并非公章,该国企不存在项目章,并否认其真实性。

---

① 周维能:《丢失原件,供货方如何证明合同?》,https://www.lawyers.org.cn/info/e812d00cb2744814b9d00553f342d32f/,访问时间:2022年7月5日。

(2) 买方结欠卖方的货款金额如何确定？由于合同原件遗失，计价方式不能确认，送货单及结算单真实性尚存异议，无法证明结欠金额。混凝土公司诉称收到国企的 80 余万元货款，又系案外第三方公司代为支付，混凝土公司无法证明国企与第三方公司的关联关系。就算买卖双方存在事实供货关系，混凝土公司举证国企已付货款金额及结欠货款金额存在实际困难。

(3) "已过诉讼时效"是否成立？国企辩称未曾签署该合同，假设存在实际供货，每次供货都应独立计算诉讼时效，以 2015 年 6 月起诉之日倒推两年，混凝土公司对 2011 年 8 月至 2013 年 6 月之间数十次供货的所有货款丧失胜诉权。

(二) 案例评析

(1) 加强合同管理，尤其是要加强合同材料的档案管理。一般而言，买卖合同纠纷相对其他合同纠纷，事实较为简单，当事人对诉讼难度没有深层次的预期，诉讼准备并不充分。上述案件中，混凝土公司原本以为提起诉讼后，基本事实可以得到确认，国企会与其协商解决货款问题，最终让步利息后调解结案，这也是常见的买卖合同诉讼结果，但是万万没有想到的是，对方在诉讼中完全否认此次交易，且混凝土公司面临关键证据原件遗失、证据链证明效力存在问题、基本事实无法证明这三大诉讼难题。后来，在律师的帮助下，此案获得较好的结果，但是此案给我们的教训是深刻的。这个案件如果不是因为律师的专业和敬业，败诉的可能性大。可见，单位平时应当加强合同管理，主办部门要加强合同档案材料的管理。

买卖合同签订后，不排除会出现类似上述案件中一方当事人完全否认交易事实的情况，买卖各方应当保存好交易的所有凭证原件。涉及建筑建材的买卖合同，买卖双方千万不要图省事，省去必要的备案手续，备案手续不单单是让交易合法合规的程序，也是保护自己的主要手段。在上述案件中，若不是混凝土公司代理律师找到了备案信息这个突破口，通过调取各类备案材料，组成完整证据链，弥补了遗失关键证据原件的问题，且一并解决以上三大争议焦点，则混凝土公司极有可能面临败诉的风险，损失数十次供货的货款。企业可以建立规章制度，规定合同主办人员负责整理合同档案，及时移交归档，因为合同未归档造成损失的，主办人和主办部门要承担相应的责任。

(2) 企业要根据合同履行情况及时行使权利，维护自己的合法权益。合同履行过程中发生对方不履行合同义务或履行不全面、不适当及其他违约事项或纠纷时，主办人应当积极妥善地行使抗辩权、代位权、撤销权、留置权。公司可以规定，如果有关部门及其工作人员不及时行使上述权利，致使合同不能履行或不能完全履行，给公司造成损失的，要追究有关人员的相应责任。上述案件的深刻教训是,混凝土公司由于没有及时维护自己的权利,差一点败诉,给自己造成不可弥补的损失。

思考题 》》

1. 成交阶段谈判的目标主要有哪些?
2. 请简述你对谈判僵局的认识。
3. 请简述商务谈判的基本程序。
4. 请简述谈判队伍中专家和专业人员的具体职责。
5. 请简述先报价的优点和缺点。
6. 请简述交锋中的谈判技巧。
7. 组建创业团队应该注意什么?
8. 请试述国际商务谈判中"辩"的技巧。
9. 请结合创业的实践,谈一谈在合同履行过程中应当注意哪些事项。
10. 请讨论定金、订金、违约金、预付款的区别。
11. 请结合创业的实践,谈谈企业应当如何加强合同管理。
12. 请结合创业的实践,试述合同主体的常见问题及法律风险。
13. 请结合创业的实践,试述企业合同管理常见的法律风险及其防范。

课后练习 》》

第二章—习题

第二章—答案

第三章　创业税收法律风险防范

第一节　税收征收及优惠中的法律风险防范

企业作为市场主体，从事生产经营活动，必须依法纳税，由此形成了与税务机关之间的征纳关系。市场经济日益活跃，企业的交易越来越频繁，我国的税收法律法规体系也越来越繁杂，税务机关对企业的纳税义务监管也越来越严格。如果企业忽视涉税问题，一旦税务机关对其实施检查，相关的问题就会暴露无遗，由此形成法律风险。

其实，企业涉税法律风险无处不在。企业涉税法律风险或者来自企业的投资人和管理人，或者来自企业员工，或者来自企业的生产和经营环节，或者来自竞争对手，或者来自税务机关，或者来自政府部门，或者来自税收环境。企业在处理涉税事项的过程中，违规运用税收政策来纳税，片面地追求减轻税收负担，必然会形成税收法律风险。企业出现涉税法律风险的后果是严重的，不仅会受到税务机关的处罚，由此会增加税收成本，而且会影响企业形象、企业的生存和发展，甚至会受到法律制裁。

一、法律规则

（一）核心法条

《中华人民共和国税收征收管理法》

第二十八条　税务机关依照法律、行政法规的规定征收税款，不得违反法律、行政法规的规定开征、停征、多征、少征、提前征收、延缓征收或者摊派税款。

农业税应纳税额按照法律、行政法规的规定核定。

第六十条　纳税人有下列行为之一的，由税务机关责令限期改正，可以处二千元以下的罚款；情节严重的，处二千元以上一万元以下的罚款：

（一）未按照规定的期限申报办理税务登记、变更或者注销登记的；

（二）未按照规定设置、保管账簿或者保管记账凭证和有关资料的；

（三）未按照规定将财务、会计制度或者财务、会计处理办法和会计核算软件报送税务机关备查的；

（四）未按照规定将其全部银行账号向税务机关报告的；

（五）未按照规定安装、使用税控装置，或者损毁或者擅自改动税控装置的。

纳税人不办理税务登记的,由税务机关责令限期改正;逾期不改正的,经税务机关提请,由市场监督管理部门吊销其营业执照。

纳税人未按照规定使用税务登记证件,或者转借、涂改、损毁、买卖、伪造税务登记证件的,处二千元以上一万元以下的罚款;情节严重的,处一万元以上五万元以下的罚款。

第六十一条 扣缴义务人未按照规定设置、保管代扣代缴、代收代缴税款账簿或者保管代扣代缴、代收代缴税款记账凭证及有关资料的,由税务机关责令限期改正,可以处二千元以下的罚款;情节严重的,处二千元以上五千元以下的罚款。

第六十二条 纳税人未按照规定的期限办理纳税申报和报送纳税资料的,或者扣缴义务人未按照规定的期限向税务机关报送代扣代缴、代收代缴税款报告表和有关资料的,由税务机关责令限期改正,可以处二千元以下的罚款;情节严重的,可以处二千元以上一万元以下的罚款。

第六十三条 纳税人伪造、变造、隐匿、擅自销毁账簿、记账凭证,或者在账簿上多列支出或者不列、少列收入,或者经税务机关通知申报而拒不申报或者进行虚假的纳税申报,不缴或者少缴应纳税款的,是偷税。对纳税人偷税的,由税务机关追缴其不缴或者少缴的税款、滞纳金,并处不缴或者少缴的税款百分之五十以上五倍以下的罚款;构成犯罪的,依法追究刑事责任。

扣缴义务人采取前款所列手段,不缴或者少缴已扣、已收税款,由税务机关追缴其不缴或者少缴的税款、滞纳金,并处不缴或者少缴的税款百分之五十以上五倍以下的罚款;构成犯罪的,依法追究刑事责任。

第六十四条 纳税人、扣缴义务人编造虚假计税依据的,由税务机关责令限期改正,并处五万元以下的罚款。

纳税人不进行纳税申报,不缴或者少缴应纳税款的,由税务机关追缴其不缴或者少缴的税款、滞纳金,并处不缴或者少缴的税款百分之五十以上五倍以下的罚款。

第六十五条 纳税人欠缴应纳税款,采取转移或者隐匿财产的手段,妨碍税务机关追缴欠缴的税款的,由税务机关追缴欠缴的税款、滞纳金,并处欠缴税款百分之五十以上五倍以下的罚款;构成犯罪的,依法追究刑事责任。

第六十六条 以假报出口或者其他欺骗手段,骗取国家出口退税款的,由税务机关追缴其骗取的退税款,并处骗取税款一倍以上五倍以下的罚款;构成犯罪的,依法追究刑事责任。

对骗取国家出口退税款的,税务机关可以在规定期间内停止为其办理出口退税。

第六十八条 纳税人、扣缴义务人在规定期限内不缴或者少缴应纳或者应解缴的税款,经税务机关责令限期缴纳,逾期仍未缴纳的,税务机关除依照本法第四十条的规定采取强制执行措施追缴其不缴或者少缴的税款外,可以处不缴或者少缴的税款百分之五十以上五倍以下的罚款。

第六十九条 扣缴义务人应扣未扣、应收而不收税款的,由税务机关向纳税人追缴税款,对扣缴义务人处应扣未扣、应收未收税款百分之五十以上三倍以下的罚款。

《中华人民共和国税收征收管理法实施细则》

第四十二条 纳税人需要延期缴纳税款的,应当在缴纳税款期限届满前提出申请,并报送下列材料:申请延期缴纳税款报告,当期货币资金余额情况及所有银行存款账户的对账单,资产负债表,应付职工工资和社会保险费等税务机关要求提供的支出预算。

税务机关应当自收到申请延期缴纳税款报告之日起20日内作出批准或者不予批准的决定;不予批准的,从缴纳税款期限届满之日起加收滞纳金。

第四十三条 享受减税、免税优惠的纳税人,减税、免税期满,应当自期满次日起恢复纳税;减税、免税条件发生变化的,应当在纳税申报时向税务机关报告;不再符合减税、免税条件的,应当依法履行纳税义务;未依法纳税的,税务机关应当予以追缴。

《中华人民共和国增值税暂行条例》

第一条 在中华人民共和国境内销售货物或者加工、修理修配劳务(以下简称劳务),销售服务、无形资产、不动产以及进口货物的单位和个人,为增值税的纳税人,应当依照本条例缴纳增值税。

《中华人民共和国消费税暂行条例》

第一条 在中华人民共和国境内生产、委托加工和进口本条例规定的消费品的单位和个人,以及国务院确定的销售本条例规定的消费品的其他单位和个人,为消费税的纳税人,应当依照本条例缴纳消费税。

第二条 消费税的税目、税率,依照本条例所附的《消费税税目税率表》执行。

消费税税目、税率的调整,由国务院决定。

第三条 纳税人兼营不同税率的应当缴纳消费税的消费品(以下简称应税消费品),应当分别核算不同税率应税消费品的销售额、销售数量;未分别核算销售额、销售数量,或者将不同税率的应税消费品组成成套消费品销售的,从高适用税率。

第四条 纳税人生产的应税消费品,于纳税人销售时纳税。纳税人自产自用的应税消费品,用于连续生产应税消费品的,不纳税;用于其他方面的,于移送使用时纳税。

委托加工的应税消费品,除受托方为个人外,由受托方在向委托方交货时代收代缴税款。委托加工的应税消费品,委托方用于连续生产应税消费品的,所纳税款准予按规定抵扣。

进口的应税消费品,于报关进口时纳税。

《中华人民共和国企业所得税法》

第五条 企业每一纳税年度的收入总额,减除不征税收入、免税收入、各项扣除以及允许弥补的以前年度亏损后的余额,为应纳税所得额。

第六条 企业以货币形式和非货币形式从各种来源取得的收入,为收入总额。包括:

(一)销售货物收入;

(二)提供劳务收入;

(三)转让财产收入;

(四)股息、红利等权益性投资收益;

(五)利息收入;

(六)租金收入;

(七)特许权使用费收入;

(八)接受捐赠收入;

(九)其他收入。

第七条 收入总额中的下列收入为不征税收入:

(一)财政拨款;

(二)依法收取并纳入财政管理的行政事业性收费、政府性基金;

(三)国务院规定的其他不征税收入。

第二十五条 国家对重点扶持和鼓励发展的产业和项目,给予企业所得税优惠。

第二十六条 企业的下列收入为免税收入:

(一)国债利息收入;

(二)符合条件的居民企业之间的股息、红利等权益性投资收益;

(三)在中国境内设立机构、场所的非居民企业从居民企业取得与该机构、场所有实际联系的股息、红利等权益性投资收益;

(四)符合条件的非营利组织的收入。

第二十七条 企业的下列所得,可以免征、减征企业所得税:

（一）从事农、林、牧、渔业项目的所得；

（二）从事国家重点扶持的公共基础设施项目投资经营的所得；

（三）从事符合条件的环境保护、节能节水项目的所得；

（四）符合条件的技术转让所得；

（五）本法第三条第三款规定的所得。

第二十八条 符合条件的小型微利企业，减按20%的税率征收企业所得税。

国家需要重点扶持的高新技术企业，减按15%的税率征收企业所得税。

第三十条 企业的下列支出，可以在计算应纳税所得额时加计扣除：

（一）开发新技术、新产品、新工艺发生的研究开发费用；

（二）安置残疾人员及国家鼓励安置的其他就业人员所支付的工资。

第三十一条 创业投资企业从事国家需要重点扶持和鼓励的创业投资，可以按投资额的一定比例抵扣应纳税所得额。

第三十二条 企业的固定资产由于技术进步等原因，确需加速折旧的，可以缩短折旧年限或者采取加速折旧的方法。

第三十三条 企业综合利用资源，生产符合国家产业政策规定的产品所取得的收入，可以在计算应纳税所得额时减计收入。

第三十四条 企业购置用于环境保护、节能节水、安全生产等专用设备的投资额，可以按一定比例实行税额抵免。

（二）规则解读

1. 增值税，指的是对在我国境内销售货物或者提供加工、修理修配劳务以及进口货物的单位和个人，就其取得的新增加的价值或者商品附加值征收的一种流转税，属于多环节课征、普遍课征的间接税、价外税。在我国，增值税由国家税务总局负责征收管理，所得收入由中央政府和地方政府共享，属于中央地方共享税。

税收种类

从全国税收收入规模来看，增值税已经成为我国最主要的税种之一，增值税收入占全部税收的60%以上。但是创业者的会计核算水平普遍不高，会计人员素质参差不齐，加上增值税涉及的税收政策比较多，不少企业对增值税政策把握不准，理解不透，很容易出现认识偏差，并由此出现多缴或者不缴增值税的情况，给企业带来不可避免的风险。

2. 消费税，是以消费品和消费行为的流转额为课税对象征收的一种税，是目前世界各国普遍征收的一个税种，属于价内税。消费税由国家税务总局负责征收管理，但是进口环节的消费税由海关代为征收管理。消费税所得收入由中央政府与地方政府共享,属于中央地方共享税。我国目前开征的消费税属于特种消费税,其纳税人是我国境内从事生产、委托加工和进口应税消费品的单位和个人,其课税对象是纳税人的销售额或销售数量。

3. 企业所得税,是对我国境内企业和其他取得收入的组织,就其来源于境内、境外的生产、经营所得和其他所得征收的一种税,是目前世界各国普遍征收的一种税。企业所得税是我国目前开征的18个税种中涉及内容最广、难度最大的税种,因此企业在缴纳所得税环节的法律风险也比较多。

税收的
实务操作

二、实务操作

(一)增值税纳税环节的法律风险

我国缴纳增值税的纳税人众多,还有一部分纳税人的财务制度不健全,为了便于征收管理,我国将增值税的纳税人划分为一般纳税人和小规模纳税人。增值税一般纳税人和小规模纳税人是我国增值税法的特定概念。区分增值税一般纳税人和小规模纳税人,对于正确缴纳增值税有重要作用。

企业作为一般纳税人认定环节的法律风险,主要体现在企业提供虚假资料申报一般纳税人的法律风险、企业在辅导期内不遵守税务管理规定的法律风险、企业在办理一般纳税人资格认定时对税务机关送达的《税务事项通知书》处理不及时引发的法律风险、企业符合一般纳税人条件但不办理一般纳税人资格认定手续引发的法律风险。

1. 企业提供虚假资料申报一般纳税人的法律风险。税收实践中,有部分企业不懂增值税的规定,错误采纳他人的所谓税收筹划建议,将企业认定为一般纳税人。但是,企业要申请一般纳税人的资格认定又不符合条件,因此提供虚假的申请材料,以至于被税务机关行政处罚,由此承担了不应该承担的法律风险。

2. 企业在辅导期内不遵守税务管理规定的法律风险。新认定为一般纳税人的小型商贸批发企业的纳税辅导期为3个月,其他一般纳税人的纳税辅导期为6个月。企业在辅导期内不遵守税务管理规定,容易出现的法律风险点有:

(1)在辅导期内取得的增值税专用发票抵扣联、海关进口增值税专用缴款书以及运输费用结算不经过稽核对比,直接进行会计处理抵扣进项税,引发法律风险。税法规定,辅导期内企业取得增值税专用发票抵扣联、海关进口增值税专用缴款书以及运输费用结算单应当经过税务机关稽核对比无误后,方可抵扣进项税。但是税收实践中,有很多企业却忽视了这一规定,直接将取得的票据进行会计处理,进行进项税的抵扣,办理纳税申报,因此引发法律风险。

(2)违反辅导期纳税人增值税专用发票预购规定,引发法律风险。在辅导期内,主管税务机关要对企业实行限量限额发售增值税专用发票。实行纳税辅导期管理的小型商贸企业,领购增值税专用发票的最高开票限额为10万元,其他一般纳税人增值税专用发票最高开票限额根据企业实际经营情况核定。辅导期内,企业按规定预缴的增值税可在本期增值税应税额中抵减,如有余额,可以继续抵减。但是有部分企业违反辅导期税务机关关于增值税专用发票的管理规定,虚开增值税专用发票,代开增值税专用发票,由此引发了法律风险。

(3) 违反防伪税控专用设备管理规定,引发法律风险。对于防伪税控专用设备,企业应当采取有效措施保障其安全,否则要承担法律风险。如果防伪税控专用设备被盗、丢失,企业应当迅速报案,并向主管税务机关报告,由税务机关依法处理。企业防伪税控专用设备被盗的,会被税务机关处以1万元以下的罚款。对于防伪税控专用设备,企业要按照规定安装、使用,不得毁损或者擅自改动。如果出现违规行为,企业要被处以2000元以下罚款;情节严重的,要被处以2000元以上1万元以下的罚款。

(4) 在辅导期内逃税、逃避追缴欠税、抗税等税收违法行为,引发法律风险。在辅导期内,企业存在逃税、逃避追缴欠税、骗取出口退税、抗税等税收违法行为,被税务机关查实的,企业很可能被认定为"其他一般纳税人",并且要被重新确定辅导期。

3. 企业在办理一般纳税人资格认定时,对税务机关送达的《税务事项通知书》处理不及时,引发法律风险。如果企业的年销售额已经超过小规模纳税人标准,税务机关会向企业送达《税务事项通知书》,通知企业进行一般纳税人资格认定。企业应当在收到通知书后10个工作日内,作出决定向税务机关报送《增值税一般纳税人申请认定表》,或者报送《不认定增值税一般纳税人申请表》。逾期未报送的,税务机关会按照企业的销售额并根据增值税税率,计算企业的应纳税额,并且企业不得抵扣进项税,也不得使用增值税专用发票。

4. 企业符合一般纳税人条件但不办理一般纳税人资格认定手续,引发法律风险。税收实践中,税务机关会审核企业的报表、资金流动凭据、销售日记账,同时通过对企业的单位能耗测算,核实企业的年实际应税销售额,由此判定企业是否符合一般纳税人资格条件但又不申请认定为一般纳税人。如果企业符合一般纳税人资格认定条件,但是又不去办理一般纳税人资格认定,逾期未报送的,如前面所述,按销售额依照增值税税率计算应纳税额,不得抵扣进项税额,也不得使用增值税专用发票。直至纳税人报送上述资料,并经主管税务机关审核批准后方可停止执行。

(二) 消费税纳税环节的法律风险

企业作为纳税人,在消费税纳税环节,从税收实践看主要的法律风险有如下方面。

第一,从总体看主要的法律风险有:

（1）在税务登记和纳税申报方面存在的法律风险：从事应税消费品生产经营的纳税人应当办理税务登记而没有办理的法律风险，或者虽然办理了税务登记但是没有申报缴纳消费税的法律风险；受托加工应税消费品的扣缴义务人没有按照规定履行代收代缴消费税义务的法律风险。

（2）在使用税目税率方面存在的法律风险：纳税人兼营不同税率的应税消费品从低适用了消费税税率的法律风险；不同税率应税消费品，或者应税消费品与非应税消费品组成套装应税消费品对外销售的，纳税人从低适用了消费税税率的法律风险。

（3）在纳税义务发生时间方面存在的法律风险：纳税人没有按照消费税法规定的纳税义务发生时间申报缴纳消费税的法律风险；扣缴义务人没有按照消费税法的规定解缴代收的消费税税款的法律风险。

第二，从具体环节看主要的法律风险有：

（1）生产销售环节存在的法律风险：纳税人不明确征税范围的法律风险；纳税人隐瞒计税依据，将应税收入不列入税收账户核算，将收入长期挂往来账户的法律风险；纳税人错误地认为包装物不属于消费税的应税范围，将包装物收入不列入收入账户，或者不计入应税销售额中的法律风险。

（2）委托加工环节存在的法律风险：纳税人不明确委托加工应税消费品征纳范围的法律风险；纳税人不明确代收代缴消费税主体的法律风险；纳税人错误计算组成计税价格和应纳消费税税额的法律风险。

（三）企业所得税纳税环节的法律风险

税收实践中，企业缴纳所得税面临的法律风险主要包括纳税人对收入总额计算不正确的法律风险、纳税人对准予扣除项目总额计算不正确的法律风险、纳税人对应纳税所得额和应纳税额计算不正确的法律风险、纳税人对税收优惠政策运用不当的法律风险。

1. 纳税人对收入总额计算不正确的法律风险。纳税人的收入总额包括基本收入和特殊收入，主要是生产经营收入、财产转让收入、信息收入、租赁收入、股息收入、债务重组收入、接受捐赠收入等。正确判定纳税收入总额是计算企业所得税的首要环节，也是重要环节。纳税人在收入总额方面的错误做法包括纳税人对收入不入账；纳税人将收入挂往来账；纳税人对视同销售没有作纳税调整；纳税人接受捐赠但是没有作纳税调整。

2. 纳税人对准予扣除项目总额计算不正确的法律风险。正确把握准予扣除项目也是正确计算企业所得税的关键，扣除项目指的是与纳税人取得收入相关的成本、费用、税金和损失等。纳税人在准予扣除方面的错误做法主要有纳税人多结转成本、纳税人虚增期间费用、纳税人多扣除税金等。

3. 纳税人对应纳税所得额和应纳税额计算不正确的法律风险。纳税人将其应纳税所得额乘以适用税率即为纳税人的应纳税额。因此,纳税人应纳税所得额是在纳税人准确计算收入总额和准予扣除项目的基础之上的结果。纳税人在应纳税所得额方面的错误做法包括纳税人没有按照税法的规定正确进行纳税调整,主要包括对资产类调整项目没有进行纳税调整,对准备调整项目没有进行纳税调整,对特别纳税调整应税所得项目没有进行纳税调整。

4. 纳税人对税收优惠政策运用不当的法律风险。企业所得税是国家十分重视的一个税种,由于实施《企业所得税法》,为了政策上的衔接,国家税务总局先后出台了很多优惠政策。这样多的政策,纳税人很难很好地理解运用,必然承担法律风险。

三、风险防范

（一）增值税法律风险防范

1. 企业在任何时候都应当实事求是,不弄虚作假。在企业的税收管理活动中,企业应当依据税法的规定向税务机关提供客观真实的资料和材料,而不能为了达到某一目的弄虚作假。弄虚作假的结果就是损害了自身的利益,承担了不应当承担的法律风险。

税收的
风险防范

2. 如果防伪税控专用设备被盗,会造成金税卡①内增值税专用发票电子数据失去控制,会给不法分子虚开增值税专用发票骗取国家税款以可乘之机,从而造成国家税款流失。因此,企业应当加强防范意识,尽力保证防伪税控专用设备的安全,避免法律风险。

3. 企业在辅导期内,要建立完善的发票领购、使用、保管制度,严格按照税务机关的规定或者《中华人民共和国发票管理办法》的规定使用、保管发票,并依法抵扣税款,尽力杜绝发票违法行为的发生,防范发票管理过程中的法律风险。

4. 企业要熟悉一般纳税人认定环节的税法实务。一般纳税人认定环节的税法制度主要包括纳税人的基本含义、一般纳税人的认定与管理等方面的内容。这是防控增值税纳税环节法律风险的基础。企业了解增值税纳税义务人的基本范畴以及纳税义务人的含义,有助于企业正确把握增值税的内涵,有助于企业正确认识增值税,有助于企业正确向税务机关申报缴纳增值税。

（二）消费税法律风险防范

纳税人要在这一环节控制法律风险,其基本要求是:在了解消费税法基本规定的前提下,熟悉税务机关对消费税的管控手段和稽查重点,找到应对税务机关

---

① 金税卡是插入计算机内的一块智能 PCI 卡,是增值税专用发票防伪系统的核心,通常企业购入时计入固定资产,但不计提折旧。

消费税稽查的方法。例如,税务机关在生产销售环节的监管手段和检查重点是:检查纳税人的经营业务与消费税征税范围是否相符,避免纳税人将应税范围的商品名称变更;检查纳税人的应税商品是否存在相互混杂的情况,核对纳税人的应税货物与征税范围是否相符,核对纳税人的应税货物的名称是否符合本质属性;核对纳税人的应税收入,判断纳税人是否存在故意压低高税率收入而增加低税率收入的情况。纳税人在知道税务机关的稽查重点之后,应当调整经营模式,在不违反法律规定的前提下,采取正确的风险控制策略,完善企业运营管理,避免潜在的风险,提高企业的收益。

(三)企业所得税法律风险防范

企业所得税纳税环节涉及的问题非常复杂,内容非常多,不仅要熟悉相关的税法规定,还要熟悉税务机关的管控措施。

在税收实践中,税务机关对企业所得税纳税环节的管控重点和措施主要有:监管纳税人对税收收入总额的计算;监管纳税人对材料成本的税务处理;监管纳税人对生产成本的税务处理;监管纳税人对固定资产、无形资产、递延资产的税务处理;监管纳税人对期间费用的税务处理;监管纳税人对损失的税务处理;监管纳税人对永久性差异额和时间性差异额的税务处理。除此之外,纳税人要熟悉企业所得税的纳税实务:首先,应当了解纳税义务方面的内容,如明确纳税义务人,明确收入取得的境内境外区别原则,要注意源泉扣缴;其次,在收入方面,企业应当把握好收入的内涵,明确收入的分类;最后,企业要正确适用扣除项目,控制好不允许扣除的项目,正确计算好应纳税额。

四、典型案例

(一)案情简介

某饮料公司利用虚开增值税发票偷税案

有人向某省国家税务稽查局举报,该省某饮料公司接受虚开的增值税专用发票,偷逃税款。税务稽查局立即派人到公司调查,发现该公司已基本停产,其主管税务机关刚进行过检查,并已作出令其补缴增值税4800元的税务处理决定。进一步检查发现,该公司先后从A省某公司取得58张增值税专用发票,合计进项税额128万元,并已申报抵扣,但账面上未见相应的购货记录。随后,稽查人员前往A省进行追踪调查,证实该公司从A省某公司取得的专用发票确属虚开,其行为已构成偷税。税务稽查局随即作出决定:由其主管税务机关追缴该公司所欠税款128万元,同时处以192万元罚款,并移交司法机关进一步处理。

(二) 分析与评价

本案是利用增值税发票偷税的典型案例。《税收征收管理法》第63条第1款规定:"纳税人伪造、变造、隐匿、擅自销毁账簿、记账凭证,或者在账簿上多列支出或者不列、少列收入,或者经税务机关通知申报而拒不申报或者进行虚假的纳税申报,不缴或者少缴应纳税款的,是偷税。对纳税人偷税的,由税务机关追缴其不缴或者少缴的税款、滞纳金,并处不缴或者少缴的税款百分之五十以上五倍以下的罚款;构成犯罪的,依法追究刑事责任。"

本案中当事人某饮料公司蓄意利用虚开的增值税专用发票,虚增进项税额抵扣税款的行为,显然符合偷税的特征。并且,该饮料公司偷税数额多达128万元,根据我国《刑法》的规定,已构成偷税罪。因而,对于该公司的行为,除追缴税款、处以滞纳金和罚款外,还应追究该公司及其主管负责人员的刑事责任。

关于增值税发票的使用,除不得虚开之外,纳税人还应遵守如下各项规定:(1) 不得私自印制专用发票;(2) 不准向个人或者税务机关以外的单位买取专用发票;(3) 不准借用他人专用发票;(4) 应按规定开具专用发票;(5) 应按规定保管专用发票;(6) 应按规定申报专用发票的购、用、存情况;(7) 应按规定接受税务机关检查。

本案值得吸取的教训是,市场经济为人们提供了施展才华的广阔舞台,个人只有遵纪守法,勤劳致富,才能得到社会的尊重和承认。企图利用虚开增值税发票等违法犯罪手段,偷逃税款,不劳致富,必将受到法律的严厉制裁。

第二节 合理避税和偷税的界定

避税是在法律允许的前提下,纳税人以不违反税法的手段和方式来达到减少缴纳税款目的的经济行为。税法对税收制度及其内容的规定,既规制着纳税人的经营活动,也在实际上影响着人们的财产观念和对财产的处分活动。在企业经营活动中,企业要在激烈的市场竞争中立于不败之地,必须通过减少成本、降低费用来实现企业利益的最大化。税收正是影响企业生产经营成本高低的一个重要因素。如何在不违反税法的前提下,通过税收筹划避税已经成为企业研究与实施的一项重要内容,并导致避税现象日益普遍。在法律未予明确禁止的前提下,企业运用税法规范降低经营成本,避免或者减轻税收负担,已成为不少企业的财务策略。

税法所要制裁的是违法偷税、漏税和逃税的行为。在经济学上,在不违反税法的前提下,通过企业财务活动,采取合理的避税手段降低经营成本,是纳税人可选择的权利。避税是指在法律允许的前提下,纳税人以合法的手段和方式来达到减少缴纳税款目的的经济行为。该定义的关键是纳税人在税法许可的范围内,通过对筹资、投资、经营等活动的精心安排,尽量达到税法条文所规定的条件,以达到减轻税收负担的目的。避税也不排除通过利用税法上的某些漏洞或者含糊之处的方式来安排经济活动,以减少所承担的纳税数额。

一、法律规则

(一) 核心法条

《中华人民共和国税收征收管理法》

第五十五条 税务机关对从事生产、经营的纳税人以前纳税期的纳税情况依法进行税务检查时,发现纳税人有逃避纳税义务行为,并有明显的转移、隐匿其应纳税的商品、货物以及其他财产或者应纳税的收入的迹象的,可以按照本法规定的批准权限采取税收保全措施或者强制执行措施。

第六十三条 纳税人伪造、变造、隐匿、擅自销毁账簿、记账凭证,或者在账簿上多列支出或者不列、少列收入,或者经税务机关通知申报而拒不申报或者进行虚假的纳税申报,不缴或者少缴应纳税款的,是偷税。对纳税人偷税的,由税务机关追缴其不缴或者少缴的税款、滞纳金,并处不缴或者少缴的税款百分之五十以上五倍以下的罚款;构成犯罪的,依法追究刑事责任。

扣缴义务人采取前款所列手段,不缴或者少缴已扣、已收税款,由税务机关追缴其不缴或者少缴的税款、滞纳金,并处不缴或者少缴的税款百分之五十以上五倍以下的罚款;构成犯罪的,依法追究刑事责任。

《中华人民共和国企业所得税法》

第四十一条 企业与其关联方之间的业务往来,不符合独立交易原则而减少企业或者其他关联方应纳税收入或者所得额的,税务机关有权按照合理方法调整。

企业与其关联方共同开发、受让无形资产,或者共同提供、接受劳务发生的成本,在计算应纳税所得额时应当按照独立交易原则进行分摊。

第四十二条 企业可以向税务机关提出与其关联方之间业务往来的定价原则和计算方法,税务机关与企业协商、确认后,达成预约定价安排。

第四十三条 企业向税务机关报送年度企业所得税纳税申报表时,应当就其与关联方之间的业务往来,附送年度关联业务往来报告表。

税务机关在进行关联业务调查时,企业及其关联方,以及与关联业务调查有关的其他企业,应当按照规定提供相关资料。

第四十四条 企业不提供与其关联方之间业务往来资料,或者提供虚假、不完整资料,未能真实反映其关联业务往来情况的,税务机关有权依法核定其应纳税所得额。

第四十五条 由居民企业,或者由居民企业和中国居民控制的设立在实际税负明显低于本法第四条第一款规定税率水平的国家(地区)的企业,并非由于合理的经营需要而对利润不作分配或者减少分配的,上述利润中应归属于该居民企业的部分,应当计入该居民企业的当期收入。

第四十六条 企业从其关联方接受的债权性投资与权益性投资的比例超过规定标准而发生的利息支出,不得在计算应纳税所得额时扣除。

第四十七条 企业实施其他不具有合理商业目的的安排而减少其应纳税收入或者所得额的,税务机关有权按照合理方法调整。

第四十八条 税务机关依照本章规定作出纳税调整,需要补征税款的,应当补征税款,并按照国务院规定加收利息。

《中华人民共和国刑法》

第二百零一条 纳税人采取欺骗、隐瞒手段进行虚假纳税申报或者不申报,逃避缴纳税款数额较大并且占应纳税额百分之十以上的,处三年以下有期徒刑或者拘役,并处罚金;数额巨大并且占应纳税额百分之三十以上的,处三年以上七年以下有期徒刑,并处罚金。

扣缴义务人采取前款所列手段,不缴或者少缴已扣、已收税款,数额较大的,依照前款的规定处罚。

对多次实施前两款行为,未经处理的,按照累计数额计算。

有第一款行为,经税务机关依法下达追缴通知后,补缴应纳税款,缴纳滞纳金,已受行政处罚的,不予追究刑事责任;但是,五年内因逃避缴纳税款受过刑事处罚或者被税务机关给予二次以上行政处罚的除外。

《最高人民法院关于审理偷税抗税刑事案件具体应用法律若干问题的解释》

第一条 纳税人实施下列行为之一,不缴或者少缴应纳税款,偷税数额占应纳税额的百分之十以上且偷税数额在一万元以上的,依照刑法第二百零一条第一款的规定定罪处罚:

(一)伪造、变造、隐匿、擅自销毁账簿、记账凭证;
(二)在账簿上多列支出或者不列、少列收入;
(三)经税务机关通知申报而拒不申报纳税;
(四)进行虚假纳税申报;
(五)缴纳税款后,以假报出口或者其他欺骗手段,骗取所缴纳的税款。

扣缴义务人实施前款行为之一,不缴或者少缴已扣、已收税款,数额在一万元以上且占应缴税额百分之十以上的,依照刑法第二百零一条第一款的规定定罪处罚。扣缴义务人书面承诺代纳税人支付税款的,应当认定扣缴义务人"已扣、已收税款"。

实施本条第一款、第二款规定的行为,偷税数额在五万元以下,纳税人或者扣缴义务人在公安机关立案侦查以前已经足额补缴应纳税款和滞纳金,犯罪情节轻微,不需要判处刑罚的,可以免予刑事处罚。

第二条 纳税人伪造、变造、隐匿、擅自销毁用于记账的发票等原始凭证的行为,应当认定为刑法第二百零一条第一款规定的伪造、变造、隐匿、擅自销毁记账凭证的行为。

具有下列情形之一的,应当认定为刑法第二百零一条第一款规定的"经税务机关通知申报":

(一)纳税人、扣缴义务人已经依法办理税务登记或者扣缴税款登记的;

(二)依法不需要办理税务登记的纳税人,经税务机关依法书面通知其申报的;

(三)尚未依法办理税务登记、扣缴税款登记的纳税人、扣缴义务人,经税务机关依法书面通知其申报的。

刑法第二百零一条第一款规定的"虚假的纳税申报",是指纳税人或者扣缴义务人向税务机关报送虚假的纳税申报表、财务报表、代扣代缴、代收代缴税款报告表或者其他纳税申报资料,如提供虚假申请,编造减税、免税、抵税、先征收后退还税款等虚假资料等。

刑法第二百零一条第三款规定的"未经处理",是指纳税人或者扣缴义务人在五年内多次实施偷税行为,但每次偷税数额均未达到刑法第二百零一条规定的构成犯罪的数额标准,且未受行政处罚的情形。

纳税人、扣缴义务人因同一偷税犯罪行为受到行政处罚,又被移送起诉的,人民法院应当依法受理。

依法定罪并判处罚金的,行政罚款折抵罚金。

避税和偷税之规则解读

(二)规则解读

1. 避税和偷税的区别

避税和偷税都是对应税行为产生的纳税责任的规避,但两者存在本质区别。

(1)法律性质不同。偷税是纳税人在实际纳税义务已发生并且确定的情况下,采取不正当或者不合法的手段逃避其纳税义务,结果是减少其应纳税款,是对其应有税收负担的逃避,不能叫减轻。而避税是有意减轻或者解除税收负担,采取一定的手段,对经济活动的方式进行组织安排。偷税直接表现为全社会税基总量的减少,而避税却并不改变全社会的税基总量,而仅仅造成税基中适用高税率的那部分向低税率和免税的那部分转移。故偷税是否定应税经济行为的存在,避税是否定应税经济行为的原有形态。

偷税是公然违反、践踏税法,与税法对抗的一种行为。它在形式上表明纳税人有意识地采取谎报和隐匿有关纳税情况和事实等非法手段达到少缴或者不缴税款的目的,其行为具有欺诈的性质。在纳税人因疏忽和过失而造成同样后果的情况下,尽管纳税人可能并不具备故意隐瞒这一主观要件,但其疏忽过失本身也是法律所不允许的。避税是在遵守税法、拥护税法的前提下,利用法律的缺陷或者漏洞进行的减轻税负和少纳税的实践活动。尽管这种避税也是出自纳税人的主观意图,但在形式上它是遵守税法的。

(2)适用手段不同。偷税以违背法律法规的有关条款,对应税事实进行隐瞒或者作虚假陈述,如采取伪造、变造、隐瞒、擅自销毁账簿、记账凭证,在账簿上多列支出或者不列、少列收入,经税务机关通知申报而拒不申报或进行虚假的纳税申报的手段,来实现不履行已产生的纳税义务的目的。而避税则以寻找和利用税收法律、法规中的空间,通过人为的异常的法律上的安排,使应税事实变为非应税事实或者变为纳税义务较轻的应税事实,从而达到不交税的目的。避税与偷税的区别在于,偷税的实现途径具有欺诈性,而避税不具有欺诈性,避税手段是公开地利用法律所具有的空间,有时可以说是利用了法律的漏洞或缺陷。

(3)纳税义务发生的时间不同。在避税行为中,纳税人通常采取异常的交易和经济安排,这种安排从经营开始就实行,使税收条款不能适用,或者符合既定的免税要求。即在纳税义务产生之前,就开始采用避税措施。而偷税却是在已经实施经济行为,纳税义务已经产生以后,纳税人通过隐瞒事实或者提供虚假材料、擅自销毁账簿或记账凭证、在账簿上多列支出或者少列支出等手段,以达到不纳税或者少纳税的目的,从而获得税收物质利益。

(4)法律后果不同。避税者在不违反税法的条文规定或者形式规定的前提下,利用法律漏洞、模糊、不规范处,选择有利于其自身但却异常的、不合常规的交易安排以达到规避税负的目的。避税行为在外观上并不违反法律的形式规定或者文义规定,并且在税法上是适法有效的行为,具有形式合法性。由于避税行为不直接触犯税法条款,因而它一般受到各国政府的默认,针对避税行为,政府一般是采用修改和完善税法的方式来堵塞纳税人可能利用的漏洞,而不会追究纳税人的法律责任。而偷税行为属于法律上明确禁止的行为,直接违反税收法律,一旦查明纳税人偷税事实属实,纳税人就要为此承担相应的法律后果。《税收征收管理法》第63条第1款规定,对纳税人偷税的,由税务机关追缴其不缴或者少缴的税款、滞纳金,并处以不缴或者少缴税款50%以上5倍以下的罚款;构成犯罪的,依法追究其刑事责任。第 64 条第 1 款规定,纳税人、扣缴义务人编造虚假计税依据的,由税务机关责令限期改正,并处以 5 万元以下的罚款。

2."特别纳税调整"应对

《企业所得税法》实施后,企业的避税将面临"特别纳税调整"。"特别纳税调整"是针对"一般纳税调整"而言的,是指税务机关出于反避税目的而对纳税人纳税事项所作的税收调整,包括针对纳税人转让定价、资本弱化、受控外国公司及其他避税行为而进行的税收调整。特别纳税调整的"特别"之处体现在对象、内容、方法等很多方面。《企业所得税法》中的"特别纳税调整"更多是针对资本的国际流动,更多强调企业经济行为在市场经济运行中的公平性、合理性问题,拓展和提升了反避税的领域和理念。凡因不合理的安排减少企业应税收入或应税所得额的行为,都将属于调整和规范的内容。

这就意味着纳税人的避税成本将会增大。"特别纳税调整"的处罚性条款对企业来说威慑力较大。更重要的是,企业被税务机关查处的信息一旦被披露,就会直接影响企业的形象、公司的股票价格,进而影响到企业的融资和发展。因此,企业如果发现自己把握不准的问题应及时与税务机关沟通,争取税务机关的理解与支持,将隐患消灭在萌芽之中。

"为平衡纳税义务人合理的负担与制止税收逃避的需要,税收规避责任不宜过重,以补偿为主即可。"①在一般税收规避行为中,由于纳税人无违反真实义务的行为,与避税行为有本质上的区别。但若在补税调查过程中,纳税人有其他违反真实义务的行为,仍有构成偷税的可能。再者,由于税务机关所认定的补税调整额具有一定的不确定性,再加上 10 年的追溯期与加收利息,无疑会大幅提高企业税收规避的风险与成本。

纳税人不会因为特别纳税调整(政府的反避税措施)而不避税,但也不能因避税不违法而不考虑被纳税调整后将会给企业带来的有形和无形的损失。

合理避税的
实务操作

二、实务操作

企业避税是一种十分普遍的经济现象,又是一个十分敏感的问题。它既涉及企业、国家的利益,又涉及诸多法律法规,以及政策、道德、习惯、纪律。在市场经济条件下,避税是一种较为普遍的社会经济现象。企业避税的种类及方法大概有如下几种:

1. 转移定价法。定价转移指的是两个有经济关系的企业为了平摊利润而进行的活动,在产品的买卖过程中,不是根据原本市场上的价格,而是为了两企

---

① 《中华人民共和国企业所得税法实施条例》立法起草小组:《中华人民共和国企业所得税法实施条例释义及适用指南》,中国财经经济出版社 2007 年版,第 376 页。

业之间的利益而共同进行的定价,定的价格有时高于市场上的价格,有时也会低于市场上的价格,完全是以企业的利益为出发点,从而达到少交税的目的,所以它的价格是不公平的。转让价格根据双方的意愿,可高于或者低于市场上供求关系决定的价格,以达到少纳税,甚至不纳税的目的。可见,定价转移实质上是税率不同的两个企业,通过转移定价,从而使税率相对较高的企业的少部分利率转移到税率较低的企业,以便使纳税人减少应缴纳的税款,但是税率相同的企业则不采用此方法。从法律方面讲,企业之间转让定价或者转让利润是不违法的。

2. 成本法。运用成本法避税,是指通过对成本各项内容的计划、组合,使其达到一个最佳成本值,这个最佳成本值可以最大限度地抵销利润,扩大成本计算,实现少纳税或者不纳税的目的。用成本法避税,绝不是任意加大成本,乱摊成本。它是依照法规允许的成本计算程序、核算方法要求进行的企业内部核算活动。

3. 筹资法。筹资法是企业利用一定的筹资技术,使自己达到最大获利水平而税负又轻的方法。[①] 企业筹资的方法很多,但从纳税的角度看,不同的筹资方法产生的税收后果却有很大的差异。有些筹资方法可以有效地帮助企业减轻税负,使企业获得更多的好处。如自我积累所承受的税负重于向金融机构贷款所承受的税负,贷款筹资所承受的税负重于企业之间相互拆借所承受的税负,企业之间相互拆借所承受的税负重于企业内部筹资所承受的税负。从资金的实际拥有或从对资金风险的负担的角度看,自我积累为最大,企业内部筹资为最小,所以它们承担的税负也相应地大或小。从避税角度看,企业内部筹资和企业之间相互拆借效果最好,向金融机构贷款次之,自我积累效果最差。

4. 租赁法。租赁是企业避税的重要方法。租赁指的是在出租人认可的范围内,以收取租金为条件,将合约上所规定的资产让承租人使用的一种行为。在合约规定的期限内,租赁可以使企业的规模得到扩大,使企业更好更快地发展;也可以减轻企业重新购买器材的压力,让企业更快地进入轨道;可以使租赁方的器材得到更好的使用,从而避免机器浪费的现象。承租人可获得双重好处,既可以避免因长期拥有机器设备而承受负担和风险,同时又可以在经营活动中,以支付租金的方式冲减企业利润,从而减少纳税额。对出租人来说,租赁也给他带来好处,他不必为如何利用这些设备而操心,可以较容易地获得租金收入。出租人的资金收入要比一般性经营利润收入享受更优惠的税收待遇,有助于减轻企业的税负。由于租赁的费用是从企业的经济效益中扣除,一定程度上使得经济效益减少,而缴纳的税收也相应地减少,从而达到企业合理避税的目的。

5. 对经济特区及税收优惠的利用。经济特区和税收优惠,对促进经济繁荣、加快经济发展,有着十分重要的作用。然而,特区的建立和税收优惠政策的

---

① 张琛:《对国内企业合理避税问题的探讨》,载《辽宁经济》2001年第1期。

实施,在客观上造成了国内区域之间的税收差距,为企业利用这种差距进行避税和利润转移创造了条件。企业可以利用特区和各项优惠政策把企业设在特区,其经营活动则不是在特区或不是主要在特区进行。企业在非特区获得的经营收入,可享受特区的税收减免照顾,特区外的利润所得可向特区内企业总部转移,从而减少纳税额。

6. 巧用税收优惠政策。国家为了鼓励更多的创业,会制定一些税收方面的优惠政策,这些政策往往会帮助企业合理避税,提高企业的经济效益,使得企业更好地发展。例如国家给小型微利企业的优惠税率为20%,国家重点扶持的高新技术企业的税率为15%,这些优惠给予了微利企业和高新技术企业方便;又如企业的固定资产可以通过加速折旧法进行折旧;再如企业从事公共设施建设而产生的经济效益,国家采用"三免三减半政策",使得经济效益得到提高,成本得以降低。企业应该巧用税收优惠政策,使企业能够享受到国家的税收优惠政策,提高企业的经济效益,促进企业的快速发展。

7. 分摊费用。企业在运行某个项目时,需要花费各项费用。分摊费用就是企业采取一定的办法使各项费用分摊在成本里。税收是依据企业的经济效益确定的,经济效益越好,缴纳的税收也就越多。而分摊费用指的是将各项费用分到成本里,使成本得到增加,这样就证明企业的利润小,利润越小则企业所缴纳的税也就越少,从而最大可能地实现避税。

分摊费用包括实际费用分摊,不规则摊销等分摊原则,无论企业采用哪种分摊方法,它的目的都是将避税做到最大化,更好地使企业达到经济利益的最大化,使企业更好地发展。

合理避税的
风险防范

三、风险防范

企业的避税要考虑很多方面的因素,如企业自身的实际情况、国家的经济政策、市场的经济现状等。企业实现合理避税应当注意如下几个问题:

1. 合理避税应该遵循最基本的原则。首先是合法性。对于避税和漏税或者偷税来说,它们之间最大的不同在于避税本身的一个基本前提为遵守税法,换而言之,避税是按照法律的规定,尽可能地降低自己的税务负担。其次是计划性。避税一定是发生在一定的安排之后的,换而言之,对于企业发生的经济行为,企业需要有计划地进行避税。最后是选择性。避税依赖成本,成本包括人、财、物三个方面,还有对应的机会成本。避税的过程中,如果没有对成本进行科学的分析和考量,可能达不到降低成本的目的,所以企业的避税也需要作出最优的选择。

2. 税前进行充分研究。影响企业避税效果的因素是多方面的,企业在筹划税收方案的时候应该对各种影响避税的因素进行充分的研究。如对市场经济情况的研究,可以作为企业选择避税方案的参考;对国家税法进行充分的研究,避免错把合理避税变为违规地偷税、漏税等,应结合自身实际情况进行详细分析,对比各种方法的优劣,从风险估计、节税效果、与国家税法的意识是否违背等方面来作出科学、合理的选择,使选择出来的避税方案能够帮助企业实现合理避税的目标。

3. 熟知税法,加强对税法的学习,自觉遵守和维护税法的规定。对企业而言,财务管理的一个重要工作就是严格依法纳税,维护好税法的严肃性。只有在认真学习和理解税法的前提下,才能真正树立正确的纳税观念,合理准确运用税收政策对企业进行保护,把国家有关税收的优惠政策运用到企业经营管理活动中,通过有效的安排、合理的筹划,在分析税收优惠政策的基础上,最大化实现避税和纳税筹划的目的。

4. 需要有较高业务水平和道德素质的税务会计专职人员。结合企业实际,应选配具有较高专业水准和业务水平的专职税务会计人员,税务会计人员需要在精通税务财务及相关法律知识的前提下,积极学习更新自己的专业理论知识,丰富实践经验,及时了解、洞察国家税收政策变化,随时调整纳税筹划方案,从而降低企业税负。

5. 借助税务咨询机构,更好地改善和协调企业和税务机关之间的关系。当前,税收大部分都是由税务机关予以直接征纳,这就告诉我们,与税务机关保持良好的关系,对企业来说至关重要。与税务机关之间关系的保持,一方面需要长期加强沟通,另一方面,也需要尽可能地在工作上获得税务机关的认可。通过灵活的手段,获得最有时效性的信息,实现合理、合法的避税和纳税筹划,让企业的纳税工作更具专业性,避免因为避税和纳税筹划作业的不合理、不合法增大企业的运营成本,这个过程可以向专业的咨询机构予以咨询,使企业的操作做到最优。

四、典型案例

(一)案件简介

网络主播黄薇逃税案[①]

浙江省杭州市税务部门经税收大数据分析评估发现,网络主播黄薇(网名:薇娅)涉嫌重大偷逃税问题,且经税务机关多次提醒督促仍整改不彻底,税务机关遂依法规对其进行立案并开展了全面深入的税务检查。2019年至2020年期

---

① 佚名:《浙江省杭州市税务部门依法对黄薇偷逃税案件进行处理》,https://zhejiang.chinatax.gov.cn/art/2021/12/20/art_13226_529541.html,访问时间:2024年4月2日。

间,黄薇通过隐匿其从直播平台取得的佣金收入,虚假申报偷逃税款;通过设立上海蔚贺企业管理咨询中心、上海独苏企业管理咨询合伙企业等多家个人独资企业、合伙企业虚构业务,将其个人从事直播带货取得的佣金、坑位费等劳务报酬所得转换为企业经营所得进行虚假申报偷逃税款;从事其他生产经营活动取得收入,未依法申报纳税。

在税务调查过程中,黄薇能够配合并主动补缴税款5亿元,同时主动报告税务机关尚未掌握的涉税违法行为。综合考虑上述情况,国家税务总局杭州市税务局稽查局依据《中华人民共和国个人所得税法》《中华人民共和国税收征收管理法》《中华人民共和国行政处罚法》等相关法律法规规定,按照《浙江省税务行政处罚裁量基准》,对黄薇追缴税款、加收滞纳金并处罚款,共计13.41亿元。其中,对隐匿收入偷税但主动补缴的5亿元和主动报告的少缴税款0.31亿元,处0.6倍罚款计3.19亿元;对隐匿收入偷税但未主动补缴的0.27亿元,处4倍罚款计1.09亿元;对虚构业务转换收入性质偷税少缴的1.16亿元,处1倍罚款计1.16亿元。

杭州市税务局稽查局已依法向黄薇送达税务行政处理处罚决定书。同日,薇娅在其官方微博发布道歉信,表示将完全接受有关部门的处罚决定。黄薇丈夫董某在其官方微博亦发布致歉信,信中表示:自2020年11月至今,我们终止了所谓的税务规划统筹,按照45%个人所得税率全额缴纳薇娅相关税款,并主动补缴在此之前的不合规的相关税款。

(二) 案例解析

(1) 薇娅"避税"不合法变成逃税、偷税。薇娅偷逃税款的主要形式就是通过隐匿其从直播平台取得的佣金收入虚假申报;设立多家个人独资企业、合伙企业虚构业务,将个人劳务报酬所得转为企业经营所得虚假申报;从事其他生产经营活动取得收入却未依法申报纳税。即薇娅本应适用较高的45%个人综合所得税率,却违法转变为适用35%经营所得税率申报,将个人所得转换为企业经营所得,以更低税率申报,甚至利用税收洼地政策以对其个人所得税实现核定征收,实际税负率低至1%—3%的核定征收率,达到了偷逃税的目的。

薇娅通过设立上海蔚贺企业管理咨询中心(注册地上海市崇明区为知名的"税收洼地")、上海独苏企业管理咨询合伙企业等多家个人独资企业、合伙企业虚构业务,这通常就是虚构了交易合同,使其从法律形式上看没问题,但根据财务会计实质课税原则,实质是重于形式的,该原则要求应当按照交易或事项的经济实质进行会计确认、计量和报告,而不应当仅仅以交易或事项的法律形式为依据。因此,税务机关在判断应纳税所得额时必然是透过法律形式看交易实质,从而得出那些被挂在企业经营所得项下的收入,实质应当是薇娅的个人劳务所得。

(2)黄薇设立的个人独资企业、合伙企业等组织形式虽然可以避免企业所得税,但却不能扣除成本、费用以及损失。黄薇创业没有设立公司,而是设立了个人独资企业、合伙企业,这是因为设立公司需要额外再缴纳25%的企业所得税。个人独资企业、合伙企业跟劳务报酬一样也缴纳个人所得税,但前者属于经营所得,在计税时能够扣减成本、费用以及损失,而劳务报酬则不能扣减上述费用。如果其将自己或家庭的开销大量计入个人独资企业、合伙企业的成本、费用中,将大大降低应纳税所得额及税负。

(3)黄薇能够主动配合调查并缴清税款避免刑事责任。黄薇首次被税务机关按偷税予以行政处罚且此前未因逃避缴纳税款受过刑事处罚,能在规定期限内缴清税款、滞纳金和罚款,则依法不予追究刑事责任;若其在规定期限内未缴清税款、滞纳金和罚款,税务机关将依法移送公安机关处理。

思考题 》》

1. 请简述在创业过程中进行税收筹划的必要性和可行性。
2. 在创业过程中,如何区分避税和偷税?
3. 在创业过程中,如何防范税收法律风险?
4. 请结合创业的实践,简述节税与避税的关系。
5. 请结合创业的实践,比较我国主要税种的特征。

课后练习 》》

第三章—习题

第三章—答案

第四章　创业用工法律风险防范

"人才是第一资源",职工是企业运行发展的重要基础和条件之一,而劳动用工管理又是创业过程中风险易发、多发点,创业者应当予以重视。了解创业劳动用工风险,合理配置人力资源,有针对性地采取措施规避劳动用工风险、激发职工的工作积极性是创业管理的基础性工作。创业者在创业过程中要选择适合创业所需的用工形式,最大程度地调动职工的积极性、主动性、创造性,最大程度地降低用工成本,防范用工法律风险。同时,创业者还需要注意规范管理,合法运用服务期、竞业限制、保密、违约金等法律制度,留住核心员工,并运用劳动规章制度,加强职工的管理,维护单位的合法权益。

第一节　创业用工形式的选择及风险防范

用工形式大致可以分为全日制用工和非全日制用工,而全日制用工又可以分为很多形式,如人事代理、劳务派遣和劳务外包等。用人单位应当根据本单位的性质、岗位设置等,采用不同的用工形式,充分发挥各种用工形式的优势,并结合多种用工形式的特点,在各种用工形式之间建立起一个相互联通的结合点,形成一个形式多样、制度灵活、相互联系、共同发展的有机整体和有效运行机制。由此既可以规范用工,最大限度降低用工成本,不断提高企业用工的总体效益和水平,也可以更好地调动职工的积极性、主动性和创造性,不至于出现用工僵化,影响企业的生机和活力。尤其是对于创业者而言,需要保持创业体的生机和活力,而用工形式的选择则是调动职工积极性、主动性、创造性的一个重要手段,应当予以重视。

一、法律规则

(一) 核心法条

《中华人民共和国就业促进法》

第二十七条　国家保障妇女享有与男子平等的劳动权利。

用人单位招用人员,除国家规定的不适合妇女的工种或者岗位外,不得以性别为由拒绝录用妇女或者提高对妇女的录用标准。

用人单位录用女职工,不得在劳动合同中规定限制女职工结婚、生育的内容。

第二十八条 各民族劳动者享有平等的劳动权利。

用人单位招用人员,应当依法对少数民族劳动者给予适当照顾。

第二十九条 国家保障残疾人的劳动权利。

各级人民政府应当对残疾人就业统筹规划,为残疾人创造就业条件。

用人单位招用人员,不得歧视残疾人。

第三十条 用人单位招用人员,不得以是传染病病原携带者为由拒绝录用。但是,经医学鉴定传染病病原携带者在治愈前或者排除传染嫌疑前,不得从事法律、行政法规和国务院卫生行政部门规定禁止从事的易使传染病扩散的工作。

第三十一条 农村劳动者进城就业享有与城镇劳动者平等的劳动权利,不得对农村劳动者进城就业设置歧视性限制。

《中华人民共和国劳动合同法》

第六十三条 被派遣劳动者享有与用工单位的劳动者同工同酬的权利。用工单位应当按照同工同酬原则,对被派遣劳动者与本单位同类岗位的劳动者实行相同的劳动报酬分配办法。用工单位无同类岗位劳动者的,参照用工单位所在地相同或者相近岗位劳动者的劳动报酬确定。

劳务派遣单位与被派遣劳动者订立的劳动合同和与用工单位订立的劳务派遣协议,载明或者约定的向被派遣劳动者支付的劳动报酬应当符合前款规定。

第六十六条 劳动合同用工是我国的企业基本用工形式。劳务派遣用工是补充形式,只能在临时性、辅助性或者替代性的工作岗位上实施。

前款规定的临时性工作岗位是指存续时间不超过六个月的岗位;辅助性工作岗位是指为主营业务岗位提供服务的非主营业务岗位;替代性工作岗位是指用工单位的劳动者因脱产学习、休假等原因无法工作的一定期间内,可以由其他劳动者替代工作的岗位。

用工单位应当严格控制劳务派遣用工数量,不得超过其用工总量的一定比例,具体比例由国务院劳动行政部门规定。

第六十九条 非全日制用工双方当事人可以订立口头协议。

从事非全日制用工的劳动者可以与一个或者一个以上用人单位订立劳动合同;但是,后订立的劳动合同不得影响先订立的劳动合同的履行。

第七十条 非全日制用工双方当事人不得约定试用期。

第七十一条 非全日制用工双方当事人任何一方都可以随时通知对方终止用工。终止用工,用人单位不向劳动者支付经济补偿。

第七十二条 非全日制用工小时计酬标准不得低于用人单位所在地人民政府规定的最低小时工资标准。

非全日制用工劳动报酬结算支付周期最长不得超过十五日。

(二) 规则解读

1. 常规用工形式：全日制用工

创业用工形式的选择

全日制用工是企业常规用工形式。根据劳动合同期限的不同，常规用工形式分为三种：一是与劳动者订立有固定期限劳动合同的用工形式；二是与劳动者订立无固定期限劳动合同的用工形式；三是与劳动者订立以完成一定工作任务为期限的劳动合同的用工形式。固定期限劳动合同用工和以完成工作任务为劳动合同期限的用工形式是企业以往惯用的用工形式，但根据《劳动合同法》第14条的规定，连续签订两次固定期限劳动合同的，或者在用人单位连续工作满10年的，应当订立无固定期限劳动合同。因此，无固定期限劳动合同将成为用工的主要形式。鉴于《劳动合同法》对无固定期限劳动合同作出许多新的规定，这种形式被人认为是"铁饭碗"，可能会导致企业用工的僵化，使企业失去生机和活力。《劳动合同法》实施前固定期限劳动合同是主要形式，很多劳动合同都是一年一签。不少单位通过签订短期合同来逃避自己应负的责任。《劳动合同法》为扭转这一状况，借鉴国际通行做法，引导、鼓励劳动者和用人单位签订无固定期限劳动合同，建立长期、稳定的劳动关系。

与以前相比，《劳动合同法》规定的用人单位辞退员工的条件更为严格、程序更为复杂、违法辞退的成本更高；用人单位需为职工支付工资、社会保险、解除或终止劳动关系所产生的经济补偿金等，这些费用的支付更具刚性。虽然这些费用不是《劳动合同法》所规定的，但对违反规定的行为，《劳动合同法》规定了较为严重的法律后果，如用人单位不缴纳社会保险的，劳动者可以解除劳动合同；用人单位不支付或不足额支付劳动报酬的，劳动者可以解除劳动合同，且可以要求用人单位支付没有支付金额的50%至100%赔偿金等。同时，基于对无固定期限劳动合同为"铁饭碗"的错误理解，员工的忧患意识可能降低，尤其是随着无固定期限劳动合同成为常态，劳动关系将会长期化，且日趋规范的人性化管理方法对员工的约束力日趋下降，用工制度设计如果不科学，员工的"铁饭碗"意识可能更严重。对此，用人单位对企业要进行精细化管理，选择适合自己的用工形式，降低用工成本，尽量避免违法成本。其中尤其要正确看待无固定期限劳动合同，其并不等于"铁饭碗"，与固定期限劳动合同相比，只是劳动合同的期限长短不能确定，但并不是没有终止时间，更不是不能解除或终止。无固定期限的劳动合同也是劳动合同的一种类型，当法律规定的可以解除劳动合同的条件出现时，无固定期限的劳动合同和其他劳动合同一样可以依照法定条件或约定条件解除。此外,无固定期限劳动合同也不是不能变更的"死合同",无固定期限劳动合同和其他类型的合同一样,也适用《劳动法》与《劳动合同法》的协商变更原则。

无固定期限劳动合同既有利于劳动者稳定职业,熟练掌握技能,也有利于培养职工对企业的忠诚度,增强企业的凝聚力,培养稳定的企业文化,减少企业频繁换人的损失,使企业获益。尤其这种用工形式对留住核心员工、增加企业核心竞争力具有重要作用。同时,用人单位可以从企业长远发展的需要考虑,放心对员工组织培训教育,帮助员工提升职业能力,这对实现企业和员工协同发展将起到很好的促进作用,可以为企业储备人才,帮助职工做好人生规划。

2. 劳务派遣

劳务派遣是指由派遣机构(用人单位、劳务输出单位)与派遣劳工(劳动者)订立劳动合同,由派遣机构向要派企业(用工单位、劳务输入单位)给付劳务,劳动合同关系存在于派遣机构与派遣劳工之间,但劳动力给付的事实则发生于派遣劳工与要派企业之间。劳动派遣最显著的特征就是劳动力的雇用和使用分离,"用人的不管人,管人的不用人"。与传统劳动关系不同,劳务派遣存在三方法律关系,劳务输出单位与劳务输入单位之间是劳务派遣关系(民事合同关系),劳务输出单位与劳动者之间是劳动关系,劳动者与劳务输入单位之间则是劳务服务关系。

2012年《劳动合同法》修正后,国家对劳务派遣资质和管理提出了更高的要求,如何合理规避使用劳务派遣用工的风险是使用劳务派遣的企业所面临的新问题。劳务派遣以其诸多明显优势,正被越来越多的企业使用。劳务派遣近年如此迅速地蔓延,得到如此众多用人单位的欢迎,一方面是《劳动合同法》的实施,使全日制普通用工更加规范,企业无法随意变更、解除或终止劳动合同,且违法成本大大提高,企业家想另谋"出路",规避《劳动合同法》;另一方面是因为劳务派遣本身的优点和作用,这种用工形式有助于用人单位降低人力成本,提高企业的经济效益和管理效率。通过劳务派遣,用人单位的信息搜寻成本、招聘成本及管理成本大大降低,且有助于企业降低薪酬支出。劳务派遣输入员工薪酬的低支出,相对于劳动合同制员工来说,其用工成本较低。同时,劳务派遣用工形式可使各种不确定性的风险得到有效控制和转移,因为用工单位和劳动者之间不存在劳动关系,在一定程度下,劳务派遣用工可避免与被派遣员工的直接劳动纠纷,从总体而言,基本可实现"用人不管人,增效不增支"的快捷式用工。此外,劳务派遣用工形式机动灵活,可为企业提供一种及时性人力资源补充和弹性化用人机制。对于企业来说,可以根据自身需求及生产经营的需要,随时要求派遣单位增减派遣员工,有利于企业保持用人的灵活性。但是,这种方式的缺点也很明显:

首先，劳动派遣适用岗位具有特定性。《劳动合同法》第 66 条明确规定，劳动合同用工是我国的企业基本用工形式，劳务派遣用工是补充形式，只能在临时性、辅助性或者替代性的工作岗位上实施。其中，临时性工作岗位是指存续时间不超过 6 个月的岗位，辅助性工作岗位是指为主营业务岗位提供服务的非主营业务岗位，替代性工作岗位是指用工单位的劳动者因脱产学习、休假等原因无法工作的一定期间内，可以由其他劳动者替代工作的岗位。《劳务派遣暂行规定》第 28 条明确，被派遣劳动者数量不得超过企业用工总量的 10%。

其次，劳动者缺少安全感，人员流失率高。企业一般是按需配人，一旦生产任务减少导致减员时，劳务派遣员工往往是主体，他们往往看不到职业发展前景，因而导致人员流失率高。

最后，劳务派遣缺乏归属感，工作积极性、主动性不高。受派遣员工身处用工企业，劳动关系主体却属劳务派遣公司，因而其缺乏归属感，导致他们缺少工作积极性、主动性。

还有，《劳动合同法》明确规定，用工单位应当履行下列义务：执行国家劳动标准，提供相应的劳动条件和劳动保护；告知被派遣劳动者的工作要求和劳动报酬；支付加班费、绩效奖金，提供与工作岗位相关的福利待遇；对在岗被派遣劳动者进行工作岗位所必需的培训；连续用工的，实行正常的工资调整机制。用工单位不得将被派遣劳动者再派遣到其他用人单位，并要实现同工同酬。可见，法律对用工单位的规制越来越严格。

鉴于劳务派遣这种用工形式自身的缺陷以及国家对其规制的日趋严格，企业可以将其作为一种用工激励机制。企业通过建立长效的劳务派遣机制，除缓解用工难的压力以外，还可以激励员工从劳务派遣身份转为劳动合同制，也能从劳动合同制转为劳务派遣身份，从而形成有效的用工激励机制，有利于企业聘用贤人，"短中择长"。在受派遣的员工和客户企业双方进行互相选择时，用工单位对满意的员工可重点培养，而后转为直接雇用，实现人力资源使用中的续短为长，提高双方自主选择的意愿。从企业人才储备的角度来看，可将劳务派遣用工打造成企业技能人才储备的资源池。

3. 人事代理

人事代理是指人才服务中心按照国家有关人事政策法规的要求，接受单位或个人委托，在其服务项目范围内，为各类单位及各类人才提供人事档案管理、职称评定、社会保险金收缴、出国政审等全方位服务，是实现人员使用与人事关系管理分离的一项人事改革新举措。人事代理的方式多样，可由单位委托，也可由个人委托；可多项委托，将人事关系、工资关系、人事档案、养老保险社会统筹等委托区人才服务中心管理，也可单项委托，如将人事档案委托人才服务中心管理。用人单位将其人力资源管理中的非核心部分的工作全部或部分委托专业机构管(办)理,但被托管人员的劳动关系仍隶属于原委托企业。人事代理单位可代收代付社会保险、代发工资、代扣代缴个人所得税、管理员工档案、代办各种人事手续等。

人事代理有利于促进企业人事管理事务的社会化。一些不属于企业人事管理的社会事务,如档案管理、户籍管理、计划生育管理、离退休管理等,随着市场经济发展和各个方面的体制改革推动,这些事务必须社会化,以减少用人单位的负担;人事代理还有利于促进人事管理事务的专业化。企业的所有活动都要求以最低的成本取得最高的收益,人事代理通过专业化、优质的人事事务服务,满足了用人单位在竞争中降低成本、提高效益的要求,人事事务如果由企业自己承担,远不及由专门人事代理机构承担成本低、效果好。

4. 劳务外包(业务外包)

劳务外包是指企业将一些非核心的、次要的或辅助性的功能或业务外包给企业外部专业服务机构,利用它们的专长和优势来提高企业的整体效率和竞争力,而自身仅专注于企业具有核心竞争力的功能和业务的一种管理模式。业务外包是一种间接用工形式,企业与承包单位之间存在民事合同关系,与承包单位雇用的员工之间没有任何关系。这种方式目前我国法律没有明确的规定,鉴于对劳务派遣规制的加强,很多企业将劳动派遣变为劳务外包,由此国家可能会对这种方式作出规制,用人单位应当高度关注国家法律的出台,及时调整用工形式。

企业通过将某些业务进行外包,在降低固定用工成本的同时,可以将部分风险责任转移给承包商,从而降低企业的经营风险并减少因直接用工可能产生的法律责任。劳务外包的优势和作用很明显,将那些企业自身缺少能力的业务部分外包后,企业可以专注于培养和发挥核心竞争力,以获得持久的竞争优势。但是,业务外包也会产生一些问题,如外包的成本未必比企业直接生产经营的成本低多少,在有些情况下,甚至会更高,且企业对承包单位的控制面临挑战。如果外包企业存在内部管理混乱、员工素质差、业务水平低等问题,将对企业的产品质量、交付率等造成影响。同时,业务外包可能会导致企业责任外移,管理难度和风险加大。由于在外包经营中缺乏对业务的监控,增大了企业责任外移的可能性,导致质量监控和管理难度加大。另外,劳务外包可能导致关键技术、商业秘密的外泄,从而失去竞争的领先地位,尤其是外包员工如在发包企业场地工作,将给安全管理、劳动关系风险、公共秩序及现场管理等方面带来更大的难度和风险,一旦发生安全责任事故,发包企业仍将承担连带责任。

5. 非全日制用工

非全日制用工是指以小时计酬为主,劳动者在同一用人单位一般平均每日工作时间不超过4小时,每周工作时间累计不超过24小时的用工形式。非全日制劳动是灵活就业的一种重要形式,适应企业降低人工成本、推进灵活用工的客观需要。非全日制用工具有口头化、关系终止随意化和无补偿化的特点,可以让企业便于管理,与全日制用工相比降低许多风险而且便于控制用工成本。近年来,我国非全日制劳动用工形式呈现迅速发展的趋势,特别是在餐饮、超市、社区服务等领域,用人单位使用的非全日制用工形式越来越多。在非全日制用工的情况下,小时工资标准是用人单位按双方约定的工资标准支付给非全日制劳动者的工资,但不得低于当地政府颁布的小时最低工资标准。和全日制用工相比,非全日制用工有以下特点:

(1)从事非全日制用工的劳动者可以与一个或者一个以上用人单位订立劳动合同,但是,后订立的劳动合同不得影响先订立劳动合同的履行;而全日制用工劳动者一般只与一个用人单位订立劳动合同。

(2)非全日制用工双方当事人可以订立口头协议;而全日制用工的,应当订立书面劳动合同。

(3)非全日制用工双方当事人不得约定试用期;而全日制用工的,除以完成一定工作任务为期限的劳动合同和3个月以下固定期限劳动合同外,其他劳动合同可以依法约定试用期。

(4)非全日制用工双方当事人任何一方都可以随时通知对方终止用工,且用人单位不向劳动者支付经济补偿;而对于全日制用工,双方当事人依法解除或者终止劳动合同的,用人单位应当按照法律规定的情形和标准向劳动者支付经济补偿金。

(5)非全日制用工不得低于用人单位所在地人民政府规定的最低小时工资标准,而全日制用工劳动者执行的是月最低工资标准。

(6)非全日制用工劳动报酬结算周期最长不得超过15日,而全日制用工的,工资应当至少每月支付一次。

6. 劳务用工形式

劳务合同是指双方当事人约定,在确定或不确定期间内,一方向他方提供劳务,他方给付报酬的合同。企业在使用特殊劳务人员(非法律意义上的劳动者)的时候,即使双方签订了劳动合同,也只会产生劳务关系,属于劳务用工。这些特殊员工包括在校学生、离退休人员、达到退休年龄的劳动者、下岗人员、从事兼职的人员等。

劳务关系下的企业用工成本一般包括:向劳务人员提供劳务报酬;依法为劳务人员提供劳动保护条件;对劳务提供方提供必要的劳动教育。劳务用工的优势显而易见:劳务报酬一般没有法定的最低标准,法律对劳务报酬支付方式也没有强制性规定;企业不需要为劳务人员缴纳社会保险、住房公积金;企业和劳务人员可以依照双方约定解除劳务关系。但是,劳务用工同样蕴含着风险:劳务人员在为企业提供劳务时受到伤害或者致人或物损害的，企业需要根据不同情况承担相应的法律责任。

7. 新业态用工

新业态用工，也称为新就业形态，其最大的特点是灵活性和去劳动关系化。灵活性是指企业基于自身需求，与从业人员不建立标准劳动关系，工作时间、工作地点灵活，管理方式灵活；从业人员不再为单一雇主提供服务，而是根据平台提供的信息，自主选择服务对象。这种用工关系由于具有灵活、短期的特性，不同于传统的雇佣用工模式。因此，从企业角度可以称之为灵活用工。去劳动关系化是指平台和从业人员之间也不是传统的雇佣模式，而是更贴近于合作模式。这种新就业形态主要集中在电子商务、共享经济、平台经济和零工经济。

新业态用工具体包括以下形式：直接用工关系、间接用工关系、业务外包中的用工关系、业务承包中的用工关系、多层转包型用工关系、兼职用工关系、一人承接多家平台业务型用工关系等。新业态企业采取劳务外包、加盟协作等其他合作形式的，由相关当事人与从业人员签订民事协议，合理确定企业、从业人员、合作单位的权利和义务，相互之间发生的纠纷按照相关民事法律法规进行处理。

目前国内关于新业态用工的政策还较为宽松，政府对新业态用工还在鼓励中，新业态企业还需进一步规范，但是西方国家对于新业态用工的管理已经日趋严格。法国通过修法，要求 Uber 等平台企业必须给依靠平台的从业人员缴纳保险费。美国加利福尼亚州计划将依赖平台工作者看成劳动法意义上的劳动者，有关法案于 2020 年 1 月生效。

二、实务操作

1. 用人单位应当实行多元的用工形式，根据本单位的性质、岗位、发展规划等实行以劳动合同制用工为核心，以劳务派遣、劳务（业务）外包、非全日制用工、劳务用工、新业态用工等用工形式为辅，多元的、灵活的组合式用工模式，最大程度降低用工成本，提高用工的灵活性，为企业的持续发展提供人力资源保障。其中，常规的劳动合同制适用于关键技术性岗位、职能管理核心岗位及帮助企业实现战略目标、提高企业竞争优势的岗位。劳务派遣制适用于企业中临时性、辅助性、替代性强的工作岗位或非企业核心竞争力的岗位。劳务外包用工则适用于企业非关键操作岗位。实习生适用于企业非竞争力的事务性岗位，退休返聘人员适用于涉及专业技术、法律等要求经验丰富的岗位。非全日制用工适用于临时性、事务性或替代性强的灵活用工的岗位，如餐饮、保洁、绿化、后勤等。

2. 企业要引入竞争机制，各种用工形式灵活转换，针对多元化的用工形式建立多元化的激励政策。用人单位要建立详尽的绩效考核机制，对优秀员工进行奖励,将优秀的劳务用工人员、劳务派遣人员等转变为企业劳动合同制员工,对优秀的实习生提前做好人才的储备工作。同时,对违纪、业绩平庸的员工,将其所采用的常规用工变为人事代理、劳务派遣等形式,甚至进行淘汰。

3. 无固定期限劳动合同的用工形式尤其适用于那些人力资本价值高且具有稀缺性的核心人才,以避免出现核心员工流动过大给企业运作带来巨大影响的局面。面对法律强制规定的无固定期限劳动合同,企业也可以采取相应的措施来规避。如果企业想少签无固定期限劳动合同,可以考虑用劳务派遣、非全日制用工等用工形式来替代,以分散用工风险,降低劳动纠纷风险。同时,企业也可以通过加强绩效考核,解除与那些不能胜任其职务的劳动者的无固定期限劳动合同,从而避免无固定期限劳动合同所带来的用工僵化问题。

4. 企业(用工单位)在选择派遣机构进行合作之前,应当核实与查证派遣机构的资质和口碑。与派遣单位签订的派遣协议要尽量做到责权清晰、条款完备。在使用劳务派遣员工时,企业要努力消除因用工形式不同所产生的管理边界,使被派遣员工融入企业文化,充分发挥其积极性。对于表现出色的派遣员工,企业应根据自身发展需要在适当的时机将其转为正式员工,由此既可以留住优秀人才,也可以对其他派遣员工起到激励作用。

5. 企业采用业务外包时,首先要对自己的核心优势、潜在优势及劣势进行详尽的分析,加强对外包业务的成本、收益和风险的评估,在此基础上再确定业务外包的范围。选择合适承包商并与之保持有效的信息交流和沟通,加强对外包业务的监控,保障产品的质量。同时要加强对企业的核心技术和商业秘密外泄的控制。

6. 用人单位的用工形式要与工时制相衔接。在大多数岗位实行标准工时制,在部分岗位实行特殊工时制。如果有必要,企业可以根据实际用工情况来采用特殊工时制或者特殊工资支付制度。特殊工时制主要包括综合计算工时工作制和不定时工作制。

综合计算工时工作制是指针对因工作性质特殊,需连续作业或受季节及自然条件限制的企业的部分劳动者,采用的以周、月、季、年等为周期综合计算工作时间的一种工时制度,但其平均日工作时间和平均周工作时间应与法定标准工作时间基本相同。如果在整个综合计算周期内的实际工作时间总数不超过该周期的法定标准工作时间总数,只是该综合计算周期内的某一具体日(或周或月或季)超过法定标准工作时间,其超过部分不视为延长工作时间,用人单位不需要支付加班加点工资;但整个综合计算周期内的实际工作时间总数超过该周期的法定标准工作时间总数的,超过部分视为延长工作时间,应按150%的比例支付加班工资。综合计算工时工作制的适用范围如下:(1)交通、铁路、邮电、水运、航空、渔业等行业中因工作性质特殊,需连续作业的劳动者;(2)地质及资源勘探、建筑、制盐、制糖、旅游等受季节和自然条件限制的行业的部分劳动者；(3) 其他因生产工作需要，适合实行综合计算工时工作制的劳动者。

不定时工作制适用以下情形：一是针对因生产特点、工作特殊需要或职责范围的关系，需要连续上班或难以按时上下班的情形；二是针对无法按标准工作时间衡量或需要机动作业的职工所采用的一种工时制度。一般适用以下对象：(1) 实行年薪制的劳动者；(2) 高级管理人员、外勤人员、推销人员、部分值班人员和其他因工作无法按标准工作时间衡量的劳动者；(3) 长途运输人员、出租汽车司机和铁路、港口、仓库的部分装卸人员以及因工作性质特殊，需机动作业的劳动者；(4) 其他因生产特点、工作特殊需要或职责范围的关系，适合实行不定时工作制的劳动者，如保卫、货运、押运、非生产性值班的劳动者。由于实行不定时工作制的劳动者劳动时间不确定，无法实行加班加点制度，因此，在实行不定时工作制审批有效期内，除法定节假日工作需支付加班工资外均不需要支付加班加点工资。

企业采用综合计算工时工作制或者不定时工作制来用工，必须满足法定条件。同时，报经有关部门批准也是采取特殊工时制的必备条件。企业擅自采用综合计算工时工作制或者不定时工作制会被认定无效。即使企业和劳动者在劳动合同中约定按照综合计算工时工作制或者不定时工作制来用工，不经过有关部门批准也是无效的。如果发生劳动争议，企业采用的未经有关部门批准的特殊工时制会被认定为标准工时制，企业会因此承担不利后果。

7. 合理使用新就业形态劳动者。2021年人力资源和社会保障部等八部门发布的《关于维护新就业形态劳动者劳动保障权益的指导意见》（以下简称《指导意见》）和《关于维护新就业形态劳动者劳动保障权益的指导意见》等，标志着我国对新就业形态劳动者的权益保障正式进入规范与制度建设阶段。《指导意见》将新就业形态用工分为三种类型：(1) 符合确立劳动关系情形的，企业应当依法与劳动者订立劳动合同。(2) 不完全符合确立劳动关系情形但企业对劳动者进行劳动管理（以下简称不完全符合确立劳动关系情形）的，指导企业与劳动者订立书面协议，合理确定企业与劳动者的权利义务。(3) 个人依托平台自主开展经营活动、从事自由职业等，按照民事法律调整双方的权利义务。第一种和第三种情形可以通过劳动法和民法来调整，第二种类型的提出表明我国劳动关系从"两分法"走向"三分法"（劳动关系、不完全劳动关系、民事关系）。目前法律对此还没有予以界定，理论和实践中还存在诸多争论。

对于新就业形态用工，企业可以更加全面地应用这种新技术，实现人力资源的高效管理，提升管理的灵活性，降低用工成本。同时，政府将会更加重视这种用工模式的发展，制定相应的法律政策和支持措施，规范和促进这种新型用工模式的进一步创新和发展。二十大报告明确提出："完善促进创业带动就业的保障制度,支持和规范发展新就业形态。健全劳动法律法规,完善劳动关系协商协调机制,完善劳动者权益保障制度,加强灵活就业和新就业形态劳动者权益保障。"随着监管的加强和国家政策导向,灵活用工平台野蛮增长的趋势将被扼制,平台企业应当重视相应的灵活用工平台的合规建设。平台企业应当遵守国家相关法律法规,注重用户和员工的权益保护,合规运营,建立健全的数据保护和安全管理机制。

三、风险防范

用工形式选择的风险防范

1. 企业根据本单位工作的性质和要求,在比较各种用工形式优劣的基础上,采取适合的用工形式,在增加利润、降低用工成本与降低用工风险之间寻求平衡点。企业必须做到详尽认识和准确理解多种用工形式,了解每一种用工形式的优缺点,全面考察本单位生产经营的实际情况,对各个岗位的用工需求情况和岗位特点进行仔细研究,依据岗位的不同情况"因岗制宜",灵活、恰当地运用以上几种用工形式,形成既能保障劳动者合法权益,又能符合企业发展目标的组合型用工模式。企业要寻找增加利润、降低用工成本和降低用工风险之间的平衡点,并且,这些做法要以合法用工为依据。企业必须在各项用工成本(如招聘、续聘、解除和终止关系等的成本)和各种可能的用工风险之间作出明智选择,将用工的合法性和灵活性、企业的现实需要和长远需要结合起来,选择适合企业的用工形式。

2. 对本单位岗位进行归类,寻求适合的用工形式。对于关键核心岗位,采取常规全日制用工,订立无固定期限劳动合同;对于相对弹性的工作岗位,除了可以使用劳务派遣和非全日制用工等非标准用工模式外,也可以采用短期用工的标准用工模式,同样可以提高用工的灵活性,降低解聘相关的用工成本。可以通过使用劳务派遣、劳务外包、聘用在校实习生等用工形式,大大降低企业在招聘、培训、劳动报酬支付、人员辞退等方面的成本;通过对非核心岗位的灵活用工,减少管理成本,让企业更专注于核心人才资源。

3. 加强人事管理和考核,激活职工的活力。变被动的人力资源管理为主动管理,增强用工风险意识,构建和完善企业的各项规章制度,加强劳动合同管理和其他日常管理,大力提高危机防范意识和应对能力,防止有些职工利用法律的倾斜保护,损害用人单位的利益。同时还可以及时解雇平庸的、和单位发展不相匹配的职工,打破职工"铁饭碗"的意识,为用人单位的发展提供不竭的动力。

4. 加强人才培养,用制度留住人才,以维护公司的利益。企业通过自主培养内部人才,构建阶梯式培养计划,储备后备人才,防止核心人才流失。鉴于绝大部分关键岗位均为劳动合同制用工,用人单位应建立合法、合理的保密制度,和员工签订保密协议和竞业限制协议,防止核心技术、内部管理、客户资料等泄密,以免对用人单位造成无法估量的损失。同时,对给予专项培训的人员实行合理的违约金制度,以防止自身"人财两空"的风险。

5. 用工形式的选择要和工时制相配合。对因生产特点、工作特殊需要或职责范围关系无法按标准工作时间衡量或需要机动作业的劳动者,如实行年薪制的劳动者、高级管理人员、外勤人员、推销人员等实行不定时工作制;对因工作性质特殊,需连续作业或受季节及自然条件限制的企业的部分劳动者,采用综合计算工时工作制,这两种特殊工时制要报劳动行政部门审批,否则即使实施,也可能无效,用人单位可能面临巨额的加班费。

6. 全面考察谨慎选择业务外包企业,通过和外包企业的协作,加强生产场所和员工的管理,加强产品质量的监控,防范知识产权被盗用、商业和技术信息外泄的风险。

7. 企业可以考虑把部分用工变成民事法律关系(如劳务关系),如使用退休人员和实习生,千万不要把民事法律关系变成劳动关系而给自身带来麻烦。在选择劳务用工形式时,要通过购买商业保险等方式,分散劳务用工可能存在的人身伤害赔偿风险。

8. 签订协议,明确用人单位和用工单位的权利义务。用人单位首先应该取得员工同意,即员工愿意到用工单位工作。其次,用人单位应当同用工单位、劳动者签署三方协议,明确用工劳动关系仍然保留在用人单位,用工单位负责员工的工资发放,定期将员工的社保、公积金成本支付给用人单位,由用人单位代为缴纳,同时明确划分员工在此期间的管理、工伤等相关权利义务。涉及工伤风险问题可以考虑另行购买雇主责任险等商业保险,具体是否购买、购买保额多大的保险、保费由哪方主体支付也可在协议中予以明确。

9. 采取合理措施,规避法律风险。新就业形态用工最大的风险是将不完全劳动关系认定为劳动关系,最好认定为劳务关系或合作关系,由此用工风险最小,成本最低。根据《关于确立劳动关系有关事项的通知》,对于新就业形态劳动者的用工法律风险防范,可以从以下几个方面入手:(1)用人单位的规章制度不适用新就业形态劳动者,即使劳动者违反了,也不会像该单位员工一样受到同样的处罚。(2)不对新就业形态劳动者进行管理,即不对劳动者在工作时间、工作数量等方面像对企业员工一样作出强制性要求,不对其劳动过程进行管理控制。(3)不安排员工劳动,即强调劳动者可以自由安排劳动,自主决定是否接单、何时接单,在劳动者进入平台时所签的协议中明确说明双方属于地位平等的合作关系。[①] (4)给劳动者或平台支付的费用是劳务费,而不是工资。

---

① 劳达-HI伙伴法税顾问团队编著:《灵活用工合规手册》,中国财富出版社2021年版,第106—107页。

四、典型案例

(一) 案件简介

华为辞职门事件[①]

从2007年9月底开始,国内外颇有影响力的通信设备制造商——深圳华为技术有限公司共计7000多名工作满8年的老员工,相继向公司提出请辞自愿离职。这次大规模的辞职是由华为公司安排的,辞职员工随后即可以竞聘上岗,职位和待遇基本不变,唯一的变化就是再次签署劳动合同。全部辞职老员工均可以获得华为公司支付的赔偿。华为在《劳动合同法》颁布后生效前,通过一次性支付老员工经济补偿的方式,买断了8年以上工龄员工的工龄,使得他们的工龄归零,劳动合同期限重新开始计算,不用在期满后签订无固定期限的劳动合同。此次事件会给华为带来以下损失:

从经济上来看,本来可以续约、不需要支付经济补偿的员工也同样给了补偿金,实际上是给自己增加了负担。根据华为的方案,就算一个只工作8年的普通员工,他的赔偿金额也有20多万元,而年限长的则会拿得更多,外界预测赔偿费总额将超过10亿元。

从人才方面来看,华为的做法无论是否为了规避法律风险,都容易对员工感情造成伤害,而对人才的吸纳和培训、员工的团结和凝聚力一直是华为得以迅速崛起的重要基础,华为的做法会否损及这种凝聚力?而且,假如那些拿到20多万元补偿金的骨干员工真的就此离开,不再应聘,对华为而言是否意味着更惨痛的损失?

从社会影响来看,华为的做法被普遍质疑是在规避《劳动合同法》实施的风险,不仅当地劳动部门表态其做法不具合法性,国家有关部门也表示,即将出台《劳动合同法》相关配套办法,对用人单位规避法律的行为将不予认可,违规操作的企业可能"赔了夫人又折兵"。而且,假如有员工因对补偿金的标准不满等原因将华为告上法庭,这件事情将持续成为社会关注的焦点;假如有其他企业继续效法这种做法,华为作为始作俑者,也难以走出舆论的漩涡。这些对华为苦苦构筑起来的良好的企业形象无疑将构成严重伤害。

类似华为做法的还有沃尔玛,沃尔玛中国区将近100名员工突然被辞退,占到该企业全球裁员人数的50%。

---

① 佚名:《华为事件沦为笑柄 摆乌龙皆因企业解读法律出现偏差》, http://www.gucheng.com/hot/2013/2358209.shtml,访问时间:2024年4月2日。

(二) 案件评析

(1) 相关企业在依据新法作出重大决定之前,也应该请教立法者或权威的法律专家,对相关法律进行正确的解读,以免作出错误的决定。

(2) 用人单位要进行精细管理。华为作出决定的目的是防止企业用工的僵化,使企业避免失去生机和活力,其采取此种措施的一个重要原因是误读《劳动合同法》关于无固定期限劳动合同的规定。无固定期限劳动合同制度不仅对劳动者,而且对用人单位都有积极作用。对劳动者而言,该制度可以给劳动者安全感,让年纪偏大而又未到退休年龄的劳动者不必担心失业的问题;对用人单位而言,该制度的好处在于,企业对员工会有更强的凝聚力,提高员工的忠诚度,企业也更愿意培养员工,为员工做长期的职业规划。作为劳动合同领域的一个趋势,无固定期限劳动合同将会越来越多被运用,而固定期限劳动合同的适用范围会不断缩小。有一个误解就是,在签订无固定期限劳动合同的员工不能胜任工作时,将无法解除劳动合同。其实不然,无固定期限劳动合同除了没有明确的终止日期外,其他规定都与固定期限劳动合同一样,如解除合同的方式和条件等,因而这并不是"铁饭碗",照样可以解除变更。用人单位应制定具体完善的企业内部管理制度,并以员工手册或写入劳动合同等形式,向劳动者明示。《劳动合同法》规定了企业在员工严重违反企业规章制度时,可以行使单方解除权,且不需要支付经济补偿金。由于企业的经营管理模式不同,法律不可能对何种情形是严重违反企业规章制度作出规定,企业自身需要对何种情形是严重违反企业规章制度作出明确而具体的规定,只要不违反强行法(如强令冒险作业、强迫或变相强迫加班等),法律都会认可。一个完善的企业内部管理制度,不仅能让企业自身保持健康的机体,让害群之马无处藏身,也增加了员工的压力与动力,促使其更好地工作。用人单位应制定明确具体的岗位职责说明书,并写入劳动合同中。企业不会留任无法胜任工作的员工,而如何判断一名员工能否胜任工作,仅通过面试时的一些提问是不够的。而且,员工在不同时期的工作能力、工作态度不同,都可能对其能否胜任工作产生影响。这时,就需要企业制定明确具体的岗位职责说明书,特别是一些技术性、管理性的岗位。只有在明确员工的职责后,用人单位才能依据法律规定,在该名员工无法胜任工作岗位时,与其解除劳动合同,且无须支付经济补偿金。用人单位还应制定公平合理和完善的绩效考核与薪酬体系。良性的竞争环境和合理的激励制度,是企业保持高昂的战斗力的重要法宝,绩效考核和薪酬体系不合理,则军心涣散、人才流失严重、人浮于事。针对那些在企业遵章守纪,工作任务也能恰好完成,既达不到解除合同的条件,企业又实在不想为此支付过多的工资成本的混日子的劳动者,企业就需要制定完善的绩效考核和薪酬体系。这样,让真正的人才多劳多得,让混日子的员工只能拿到与他们的工作量相当的收入。

(3) 对企业用工作出合理的规划和设计。华为作出错误的决定还有一个重要的因素是没有对用工进行很好的设计和规划,从而调动员工的积极性、主动性和创造性。企业必须做到详尽认识和准确理解多种用工形式,了解每一种用工形式的优缺点,全面考察本单位生产经营的实际情况,对各个岗位的用工需求情况和岗位特点进行仔细研究,依据岗位的不同情况"因岗制宜",灵活、恰当地运用多种用工形式,形成既能保障劳动者合法权益,又能符合企业发展目标的组合型用工模式。

第二节 核心员工的管理及法律风险防范

在创业过程中,需要管理好职工,尤其要留住企业的核心员工,为此需要对服务期、竞业限制、保密协议、违约金等进行约定,对职工进行规范管理;否则,如果管理不完善,可能会导致员工的离职,以及企业商业秘密的泄露,或者承担其他的法律后果,如违法解除劳动合同承担支付双倍工资的法律责任。因此,企业要加强对员工特别是核心员工的管理,防范有关法律风险。

一、法律规则

(一) 核心法条

《中华人民共和国劳动合同法》

第二十二条 用人单位为劳动者提供专项培训费用,对其进行专业技术培训的,可以与该劳动者订立协议,约定服务期。

劳动者违反服务期约定的,应当按照约定向用人单位支付违约金。违约金的数额不得超过用人单位提供的培训费用。用人单位要求劳动者支付的违约金不得超过服务期尚未履行部分所应分摊的培训费用。

用人单位与劳动者约定服务期的,不影响按照正常的工资调整机制提高劳动者在服务期期间的劳动报酬。

第二十三条 用人单位与劳动者可以在劳动合同中约定保守用人单位的商业秘密和与知识产权相关的保密事项。

对负有保密义务的劳动者,用人单位可以在劳动合同或者保密协议中与劳动者约定竞业限制条款,并约定在解除或者终止劳动合同后,在竞业限制期限内按月给予劳动者经济补偿。劳动者违反竞业限制约定的,应当按照约定向用人单位支付违约金。

第二十四条 竞业限制的人员限于用人单位的高级管理人员、高级技术人员和其他负有保密义务的人员。竞业限制的范围、地域、期限由用人单位与劳动者约定,竞业限制的约定不得违反法律、法规的规定。

在解除或者终止劳动合同后,前款规定的人员到与本单位生产或者经营同类产品、从事同类业务的有竞争关系的其他用人单位,或者自己开业生产或者经营同类产品、从事同类业务的竞业限制期限,不得超过二年。

第二十五条 除本法第二十二条和第二十三条规定的情形外,用人单位不得与劳动者约定由劳动者承担违约金。

《中华人民共和国劳动合同法实施条例》

第十五条 劳动者在试用期的工资不得低于本单位相同岗位最低档工资的80%或者不得低于劳动合同约定工资的80%,并不得低于用人单位所在地的最低工资标准。

第十六条 劳动合同法第二十二条第二款规定的培训费用,包括用人单位为了对劳动者进行专业技术培训而支付的有凭证的培训费用、培训期间的差旅费用以及因培训产生的用于该劳动者的其他直接费用。

《中华人民共和国劳动法》

第九十九条 用人单位招用尚未解除劳动合同的劳动者,对原用人单位造成经济损失的,该用人单位应当依法承担连带赔偿责任。

《中华人民共和国劳动合同法》

第九十一条 用人单位招用与其他用人单位尚未解除或者终止劳动合同的劳动者,给其他用人单位造成损失的,应当承担连带赔偿责任。

《最高人民法院关于审理劳动争议案件适用法律问题的解释(一)》

第二十七条 用人单位招用尚未解除劳动合同的劳动者,原用人单位与劳动者发生的劳动争议,可以列新的用人单位为第三人。

原用人单位以新的用人单位侵权为由提起诉讼的,可以列劳动者为第三人。

原用人单位以新的用人单位和劳动者共同侵权为由提起诉讼的,新的用人单位和劳动者列为共同被告。

第三十六条 当事人在劳动合同或者保密协议中约定了竞业限制,但未约定解除或者终止劳动合同后给予劳动者经济补偿,劳动者履行了竞业限制义务,要求用人单位按照劳动者在劳动合同解除或者终止前十二个月平均工资的30%按月支付经济补偿的,人民法院应予支持。

前款规定的月平均工资的30%低于劳动合同履行地最低工资标准的,按照劳动合同履行地最低工资标准支付。

第三十七条 当事人在劳动合同或者保密协议中约定了竞业限制和经济补偿,当事人解除劳动合同时,除另有约定外,用人单位要求劳动者履行竞业限制义务,或者劳动者履行了竞业限制义务后要求用人单位支付经济补偿的,人民法院应予支持。

第三十八条 当事人在劳动合同或者保密协议中约定了竞业限制和经济补偿,劳动合同解除或者终止后,因用人单位的原因导致三个月未支付经济补偿,劳动者请求解除竞业限制约定的,人民法院应予支持。

第三十九条 在竞业限制期限内,用人单位请求解除竞业限制协议的,人民法院应予支持。

在解除竞业限制协议时,劳动者请求用人单位额外支付劳动者三个月的竞业限制经济补偿的,人民法院应予支持。

第四十条 劳动者违反竞业限制约定,向用人单位支付违约金后,用人单位要求劳动者按照约定继续履行竞业限制义务的;人民法院应予支持。

核心员工管理的规则解读

(二) 规则解读

1. 服务期的约定

用人单位为劳动者承担专项培训费用,对其进行专业技术培训的,可以与该劳动者订立协议,约定服务期。可见,约定服务期的对象具有特定性,此处的培训只能是"专业技术培训"而不是一般的岗前培训,不属于用人单位基于履行法定义务而对劳动者进行的培训,而是对职工职业发展具有重大意义的专业知识和职业技能培训。因此,用人单位使用按国家规定提取的职业培训经费,对劳动者进行的一般性的培训,如上岗和转岗培训、各类岗位适应性培训、安全生产培训等就不属于专项技术培训。下列培养一般认定为"专业技术培训":学历教育;委托全日制大中专院校、科研院校、培训中心、职业学校代培;提升劳动者能力的培训,如外语培训、专业技术职称(晋级)培训、劳动技能培训等;出国或异地培训、进修、研修、做访问学者等。

2. 保密协议和竞业限制的约定

(1) 约定的形式。用人单位与劳动者可以在劳动合同中或专门的保密协议中约定保守用人单位的商业秘密和与知识产权相关的保密事项。

(2) 适用的对象。承担竞业限制义务的员工只限于企业高级人员和其他有条件接触企业商业秘密的人员,与这部分人员之外的员工订立的竞业限制条款无效。

(3) 期限。保密期限可能是终身的,但竞业限制期限不得超过2年。

(4) 违约金的标准。要合理约定竞业限制的违约金标准,法律没有规定违反竞业限制违约金的标准,可由双方进行约定,但需注意合理性的问题。

(5) 经济补偿金的标准。劳动者和用人单位可以约定经济补偿金的数额。当事人在劳动合同或者保密协议中约定了竞业限制,但未约定解除或者终止劳动合同后给予劳动者经济补偿,劳动者履行了竞业限制义务的,有权要求用人单位按照劳动者在劳动合同解除或者终止前12个月平均工资的30%按月支付经济补偿。

3. 违约金的约定

(1) 用人单位可约定由劳动者承担违约金的情形。根据《劳动合同法》第25条的规定,设立违约金的法定情形只有两种:一是用人单位为劳动者提供专项培训费用,对其进行专业技术培训的,可以与该劳动者订立协议,约定服务期。二是对负有保密义务的劳动者,用人单位可以在劳动合同或者保密协议中与劳动者约定竞业限制条款,并约定在解除或者终止劳动合同后,在竞业限制期限内按月给予劳动者经济补偿。劳动者违反竞业限制约定的,应当按照约定向用人单位支付违约金。

(2) 劳动合同解除、终止与服务期的关系。劳动合同解除、终止导致服务期未满,是否可以认定劳动者违反约定,应当按照约定向用人单位支付违约金?由于劳动合同解除、终止的情形多种,原因多样,应当区分不同情形、不同原因确定责任。因用人单位原因导致劳动合同解除、终止的,以及因劳动者主体消灭而导致劳动合同终止的,应免除劳动者的服务期责任,如符合劳动者单方当即解除情形的,由于该解除行为系基于用人单位的违法违约行为,虽然劳动关系因劳动者提出而结束,但劳动者负有的服务期义务也应当免除。而用人单位不存在过错的劳动合同解除、终止,则不能免除劳动者的服务期责任,即便该解除行为由用人单位作出,如符合用人单位单方当即解除情形的,由于该解除行为系基于劳动者的主观过失行为,故劳动者负有的服务期义务也不能免除,劳动者应当按照约定向用人单位支付违约金。

(3) 违约金支付的数额。劳动者违反服务期约定的,应当按照约定向用人单位支付违约金。违约金的数额不得超过用人单位提供的培训费用。用人单位要求劳动者支付的违约金不得超过服务期尚未履行部分所应分摊的培训费用。

二、实务操作与风险防范

(一) 服务期的约定

1. 适用的对象范围。企业不仅应当与为其提供专项技术培训的职工约定服务期,而且应当适当扩大约定服务期的对象的范围,以下三类人员必须签订服务期协议:一是用人单位花费大量费用招聘的人员;二是需要投入大额资金进行特殊培训的人员;三是用人单位为其提供了特殊待遇的人员,如提供住房、通信设备、交通工具、户籍指标等。

核心员工管理的
实务操作与
风险防范

2. 培训应当与职工的职业生涯规划结合起来,与个人待遇、职位晋升挂钩,使员工能够认识到企业对其的培养,对个人发展有充分预期,由此才能真正留住核心职工。

(二) 技术培训的风险防范

1. 有选择性地为员工技术培训提供出资。一般不委托外面的机构,让试用期内的员工外出培训,试用期员工一旦辞职,企业难以追究其违约金。一般而言,在试用期内劳动者解除劳动合同,劳动者无须支付违约金。如果该新员工表现优秀,确实要出资对其进行委外培训的,建议先给予办理提前转正,将其转为正式员工后再与其签订服务期协议,这样追究其违约责任时才合法。尽量选择在企业服务年限长的核心岗位或高级岗位人才安排技术培训,并且在送去培训之前,对其忠诚度和离职倾向进行综合评估,从源头上把关,认为该员工几乎不太可能离职的方可安排。

2. 合理约定培训协议的内容,培训服务期协议的内容一般应当包含培训时间、地点、培训内容、培训费、服务期、违约情形、违约责任等,核心是培训内容、服务期和违约责任等三项内容。尤其要在培训内容中明确是专项培训,服务期约定合法性的一个关键是用人单位应提供证据证明提供的培训是专项培训。

3. 服务期协议应在专项技术培训开始前签订。

4. 合理约定服务期。在条款里可以约定"如与劳动合同期限及以后签订的培训服务期限有冲突,劳动合同期限延续至培训服务期协议约定的服务期终止"等字样内容,以解决服务期超过劳动合同期限的合同自动延续问题。

(三) 竞业限制约定的实务操作

劳动者如需承担竞业限制义务,应在劳动合同中与该员工约定竞业限制条款;或单独订立保密协议。在约定竞业限制条款时,一定要符合法律、法规的规定,不得与法律、法规相抵触。竞业限制的期限不得超过2年,范围约定要合理,同时要按照约定在劳动合同解除或终止后按月支付经济补偿。

1. 竞业限制属于法律授权给企业在劳动合同或保密协议中约定的条款,劳动合同中如无约定,在法律上即可以视为劳动者不承担竞业限制义务。

2. 承担竞业限制义务的员工只限于企业高级人员和其他有条件接触企业商业秘密的人员,与这部分人员之外的员工订立的竞业限制条款无效。

3. 超过2年的竞业限制期限无效。

4. 合理约定竞业限制补偿金和违约金标准,法律没有规定竞业限制补偿金标准的,可由双方进行约定,但需注意合理性的问题。

5. 制作完善周密的竞业限制协议,保护用人单位的利益。

6. 竞业限制补偿必须在解除或者终止劳动合同后支付,不能约定包含在工资中;竞业限制补偿金必须在竞业限制期限内支付,支付周期为每月支付一次。

(四) 违约金约定的实务操作与风险防范

1. 违约金约定符合法定范围。《劳动合同法》第 25 条规定,除培训违约金及保密和竞业限制违约金外,用人单位不得与劳动者约定由劳动者承担违约金。因此,约定劳动者承担违约金的范围只有两种情形。实际上,给予特殊待遇的也可以约定违约金,但如果以劳动合同履行与否作为判断劳动者是否支付违约金的条件,该约定无效。

2. 依法在服务期协议中约定违约金。《中华人民共和国劳动合同法实施条例》第 16 条明确,用人单位为了对劳动者进行专业技术培训而支付的有凭证的培训费用、培训期间的差旅费用以及因培训产生的用于该劳动者的其他直接费用,如食宿费用等,属于《劳动合同法》第 22 条第 2 款规定的培训费用。关于劳动者在培训期间的工资、社保费用等,是否可以计入培训费用,法律没有明文规定,理论界和实务界有两种观点:一种是支持计入培训费用;另外一种是反对计入培训费用。建议用人单位从维护自身利益的角度,可以把培训期间的工资和社保费用计入培训费用,先予以约定再说。

"违约金"数额依尚未履行期限按比例计算实际违约金。计算公式如下:违约金=(培训费总和/约定的服务期)×未履行的服务期,实际核算中以月为最小单位。同时,在培训协议中应当明确约定培训费用的构成项目以及数额。各项费用需培训机构或劳动者提供有效票据方可报销,企业应妥善保管各项培训费用的支出凭证,为可能产生的争议纠纷保留证据。因此,企业应保留培训发票,该发票应当是具有培训资格的培训单位或者学校出具的,而不是用人单位自己开具的。用人单位还应当保存劳动者在服务期内违约解除劳动合同的事实和证据。

对于培训以外的违约金的约定,可以约定具体的数额或计算方法。

三、典型案例

(一) 案情简介

李某于 2019 年进入甲公司,担任保安,双方签订的保密协议中约定,鉴于李某知悉的甲公司商业秘密具有重要影响,李某在聘用关系终止后两年内,不得与甲公司客户单位发生同类业务往来;不得到与甲公司有竞争关系的单位就职;不得自办与甲公司有竞争关系的同类产品或者从事与甲公司商业、技术秘密有关的产品生产等。甲公司在李某信守义务的情况下,向李某支付竞业限制补偿金;另外,双方还对违约责任等进行了相应约定。2021 年 12 月 7 日,李某与甲公司解除了劳动合同。2022 年 2 月 9 日,甲公司申请劳动仲裁,要求李某承担违约责任,理由是李某到乙公司工作违反了双方之间的竞业限制约定。李某认为其与甲公司之间的竞业限制约定无效,故其不用承担违约责任。

　　本案的争议焦点在于李某与甲公司之间签订的竞业限制约定是否有效。对此,有两种观点:第一种观点认为双方的竞业限制约定有效。理由在于:李某与甲公司签订的竞业限制约定是双方劳动合同的组成部分,因此,对该约定的效力审查应适用《劳动合同法》第26条的规定,而该约定并无《劳动合同法》第26条规定的三种情形之一,因此,双方的竞业限制约定有效。第二种观点认为双方签订的竞业限制约定无效。理由在于:虽然李某与甲公司在保密协议中约定李某知悉甲公司的商业秘密,但在审理过程中甲公司并无证据证明其公司存在商业秘密,而且该秘密为李某所知晓,因此,双方的竞业限制约定无效。

(二) 案例评析

　　李某在甲公司担任保安,并不属于高级管理人员、高级技术人员之列,但其与甲公司签订有保密协议,那么其是否属于其他负有保密义务的人员?对此,虽然李某与甲公司签有保密协议,并在保密协议中约定李某知悉甲公司的商业秘密,但从该保密协议中并不能看出李某知晓甲公司何种商业秘密以及甲公司存在商业秘密。因此,仍需由甲公司举证证明其公司存在商业秘密,且该商业秘密为李某所知晓,但其未能举证证明,故其应承担举证不能的法律后果。据此,由于甲公司限制李某的自由择业权无正当理由,甲公司与李某之间的竞业限制约定无效。同时,甲公司没有向李某支付经济补偿,李某无须向公司履行保密义务。

第三节　规章制度的法律风险防范

　　企业规章制度是企业内部的"法律",是确立用人单位和劳动者权利义务关系的重要依据,也是处理劳动争议的重要依据。尤其是《劳动合同法》对用人单位管理员工的手段进行了限制,如对违约金进行了限制,只有在用人单位提供培训、签订保密协议和竞业限制协议的情况下才可以约定违约金。同时,对用人单位单方面调整工作岗位也进行了限制,除非有法律规定的情形[①],用人单位要和劳动者协商,并要采取书面形式,不可单方面调整工作岗位。规章制度成为调整劳动关系,用人单位管理员工的不可多得的手段。为了防止用人单位滥用权利,《劳动合同法》又从实体和程序上对规章制度的适用作出规范。因此,用人单位既要用好,也要慎用这一手段。

---

　　① 根据《劳动合同法》第40条的规定,劳动者患病或者非因工负伤,在规定的医疗期满后不能从事原工作的,可由用人单位另行安排工作;劳动者不能胜任工作的,用人单位可调整工作岗位。

一、法律规则

（一）核心法条

《中华人民共和国劳动法》

第八十九条 用人单位制定的劳动规章制度违反法律、法规规定的，由劳动行政部门给予警告，责令改正；对劳动者造成损害的，应当承担赔偿责任。

《中华人民共和国劳动合同法》

第四条 用人单位应当依法建立和完善劳动规章制度，保障劳动者享有劳动权利、履行劳动义务。

用人单位在制定、修改或者决定有关劳动报酬、工作时间、休息休假、劳动安全卫生、保险福利、职工培训、劳动纪律以及劳动定额管理等直接涉及劳动者切身利益的规章制度或者重大事项时，应当经职工代表大会或者全体职工讨论，提出方案和意见，与工会或者职工代表平等协商确定。

在规章制度和重大事项决定实施过程中，工会或者职工认为不适当的，有权向用人单位提出，通过协商予以修改完善。

用人单位应当将直接涉及劳动者切身利益的规章制度和重大事项决定公示，或者告知劳动者。

第三十八条 用人单位有下列情形之一的，劳动者可以解除劳动合同：

（一）未按照劳动合同约定提供劳动保护或者劳动条件的；

（二）未及时足额支付劳动报酬的；

（三）未依法为劳动者缴纳社会保险费的；

（四）用人单位的规章制度违反法律、法规的规定，损害劳动者权益的；

（五）因本法第二十六条第一款规定的情形致使劳动合同无效的；

（六）法律、行政法规规定劳动者可以解除劳动合同的其他情形。

用人单位以暴力、威胁或者非法限制人身自由的手段强迫劳动者劳动的，或者用人单位违章指挥、强令冒险作业危及劳动者人身安全的，劳动者可以立即解除劳动合同，不需事先告知用人单位。

第三十九条 劳动者有下列情形之一的，用人单位可以解除劳动合同：

（一）在试用期间被证明不符合录用条件的；

（二）严重违反用人单位的规章制度的；

（三）严重失职，营私舞弊，给用人单位造成重大损害的；

（四）劳动者同时与其他用人单位建立劳动关系，对完成本单位的工作任务造成严重影响，或者经用人单位提出，拒不改正的；

(五) 因本法第二十六条第一款第一项规定的情形致使劳动合同无效的;
(六) 被依法追究刑事责任的。

第八十条　用人单位直接涉及劳动者切身利益的规章制度违反法律、法规规定的,由劳动行政部门责令改正,给予警告;给劳动者造成损害的,应当承担赔偿责任。

最高人民法院《关于审理劳动争议案件适用法律问题的解释(一)》

第五十条　用人单位根据劳动合同法第四条规定,通过民主程序制定的规章制度,不违反国家法律、行政法规及政策规定,并已向劳动者公示的,可以作为确定双方权利义务的依据。

用人单位制定的内部规章制度与集体合同或者劳动合同约定的内容不一致,劳动者请求优先适用合同约定的,人民法院应予支持。

劳动规章制度
的规则解读

(二) 规则解读

1. 劳动规章制度在公司管理中的地位、作用和意义

《劳动法》第 4 条规定:"用人单位应当依法建立和完善规章制度,保障劳动者享有劳动权利和履行劳动义务。"可见,制定劳动规章制度(以下简称规章制度)既是用人单位的权利,也是其义务。从这个意义而言,用好规章制度既是用人单位的权利,也是其应当履行的一项义务。同时,规章制度是劳资自治的要求和体现,既是调整劳动关系的重要手段,也是用人单位法定的管理手段,在劳动关系调整中具有特殊的作用。在《劳动合同法》对企业用工严格规制的背景下,规章制度在调整劳动关系方面,尤其是用人单位以此来进行有效管理的作用及地位方面的意义就更加突出,这是用人单位不可多得的有效的法定工具,应当充分用好该工具,甚至应当"珍惜"这一工具。

有学者认为,《劳动合同法》对劳动者是"宽进宽出",对用人单位"宽进严出"。[①] 这在一定意义上是对的,用人单位约束劳动者的手段受到极大的限制,如原来用人单位常用的"杀手锏"是订立高额的违约金,如今违约金只限于约定服务期和签订保密及竞业限制协议两种情况,其他情况下不得约定。但是,正如上帝关闭一扇门的同时又开了一扇窗,《劳动合同法》在加强管制的前提下,在规章制度上留了一道自治的"口子",再一次确认和规范了用人单位制定规章制度的权利。由此很多的用人单位敏锐地看到了这一点,在《劳动合同法》颁布后

---

① 董保华:《劳动合同立法的争鸣与思考》,上海人民出版社 2011 年版,第 75—76 页。

及时重新修订、发布规章制度,以充分发挥其在企业管理中的作用。

2. 规章制度的有效要件

用人单位的规章制度很多,但并不是所有的规章制度都具有劳动法上的法律效力[①],只有符合《劳动合同法》第 4 条所规定事项的制度才是劳动规章制度,也只有按照《劳动合同法》第 4 条规定的程序制定的规章制度才是具有法律效力的规章制度,才能对员工具有约束力。用人单位的劳动规章制度能不能具有法律效力有效约束员工,须从三个方面来加以衡量:

第一,规章制度的内容要合法。规章制度的内容不能与现行的法律、行政法规、国家政策及社会公德等相违背,这是其是否有效的前提。规章制度如果违反现行的法律、行政法规,与社会善良风俗相悖,那将会是无效的,仲裁机构或法院将不予以认可。

第二,规章制度要经过民主程序制定。企业规章制度的分类很多,有经营管理制度、人力资源管理制度、薪金分配制度、财务管理制度等,有的涉及企业广大职工切身利益(如工资分配制度),有的只是企业的日常管理制度,并不涉及广大职工的切身利益(如差旅费报销制度)。根据《劳动合同法》第 4 条第 2 款和第 4 款的规定,用人单位在制定、修改或者决定有关劳动报酬、工作时间、休息休假、劳动安全卫生、保险福利、职工培训、劳动纪律以及劳动定额管理等直接涉及劳动者切身利益的规章制度或者重大事项时,应当经职工代表大会或者全体职工讨论,提出方案和意见,与工会或者职工代表平等协商确定。用人单位应当将直接涉及劳动者切身利益的规章制度和重大事项决定公示,或者告知劳动者。可见,并不是企业所有的规章制度都要经过民主程序制定并公示,只有涉及广大职工切身利益的才需要。

何为民主程序?其实质和核心是保障劳动者的参与权和协商权,企业在制定规章制度时要听取和吸收职工的意见,与工会或者职工代表平等协商。主要方法有:职工代表大会讨论或全体职工讨论,提出方案和意见;设立工会的,要听取工会意见。

第三,规章制度要向员工公示告知。规章制度要向劳动者公示,最高人民法院的司法解释以及《劳动合同法》都强调这一点,目的是维护作为弱势方的劳动者的权益。规章制度是在用人单位的主持下制定的,有的用人单位甚至将规章制度打造成为"秘而不宣"的约束劳动者的秘密武器,在"关键"的时刻拿出这一"武器"。为了防止这种情况的发生,规章制度在制定和修改时要向员工公示和告知。同时,规章制度的公示也是企业民主管理的一种体现和要求,"(规章制

---

① 根据《最高人民法院关于审理劳动争议案件适用法律问题的解释(一)》第 50 条第 1 款的规定,用人单位根据《劳动合同法》第 4 条规定,通过民主程序制定的规章制度,不违反国家法律、行政法规及政策规定,并已向劳动者公示的,可以作为确定双方权利义务的依据。

度)以职工民主管理制度为支撑,集中体现职工民主管理的成果,放大职工民主管理的功效"①。此外,这也是民主程序的必然的要求。

3. 规章制度的法律效力

程序合法,且内容合法,并对员工公示的企业规章制度依法产生以下的法律效力②:

(1) 规范与协调劳动关系的法定方式。规章制度是规范和调整劳动关系的一种重要的法定手段,在当前我国劳动合同和集体合同在调整劳动关系方面均存在严重不足的背景下,劳动规章制度应当成为我国调整劳动关系的重要方式和有效补充。③《劳动合同法》在《劳动法》规定的基础上对规章制度的法律地位进一步确认和规范,目的就是要发挥其在劳动关系调整中的特有作用。

(2) 可以成为解除或者终止劳动合同的法定依据。《劳动合同法》第38条第1款第4项规定,用人单位的规章制度违反法律、法规的规定,损害劳动者权益的,劳动者可以单方解除劳动合同。同时,该法第39条第2项规定,劳动者严重违反用人单位的规章制度的,用人单位可以单方解除劳动合同。可见,规章制度不仅可能成为劳动者解除劳动关系的法定理由,也可能成为用人单位解除劳动关系的法定理由。

(3) 可以作为确定双方权利义务的依据,其效力和法律、法规是一样的,可以作为裁判时确定双方权利义务的依据,而不是参考,可见其地位之高。

在实践中,常常发生规章制度和劳动合同及集体合同的规定不一样,甚至相互冲突的情况,此时其效力如何呢?对此,《最高人民法院关于审理劳动争议案件适用法律问题的解释(一)》第50条第2款规定:"用人单位制定的内部规章制度与集体合同或者劳动合同约定的内容不一致,劳动者请求优先适用合同约定的,人民法院应予支持。"据此,在劳动者选择的情况下,劳动合同或集体合同具有优先适用于规章制度的法律效力。集体合同和劳动合同的订立程序突出体现了平等自愿、协商一致的原则,而用人单位内部的规章制度无论是职工大会、职代会,还是企业的管理层制定的,其制定的程序都较强地体现了管理属性,对每一个劳动者而言,疏于保护甚至是限制劳动者合法权益的情况在所难免。因

---

① 参见廖名宗:《劳动规章制度研究》,法律出版社2009年版,序(王全兴)。
② 对于规章制度效力的来源,有以下三种主要学说:(1) 契约规范说。此观点认为虽然规章制度由用人单位规定和变更,但已纳入合同的规章制度,其本身是合同的一部分,对同意规章制度的劳动者具有法律约束力,对不同意规章制度的劳动者不具有法律约束力。规章制度的效力来源于劳动者的签字确认。(2) 法律规范说。此观点认为,规章制度的强制力和约束力是因为规章制度具有法规范的性质,与劳动者主观的意思表示无关。(3) 格式条款说。该说认为,就劳动规章制度的形式而言,规格化和定型化是其特点;就劳动规章制度的实质而言,劳动规章制度由用人单位单方拟定,劳动者对劳动规章制度的形成并无磋商交涉机会,只能概括地接受或不接受,不能对其内容作增删修改,与格式条款极为相似。
③ 廖名宗:《劳动规章制度研究》,法律出版社2009年版,第84页。

此,明确集体合同和劳动合同的优先适用地位,可以防止用人单位、特别是管理者不正当行使劳动用工管理权,借少数人的民主权利侵害多数职工依法享有的民主权利,从而促进劳动力市场管理秩序的规范。事实上,各国在劳动合同和集体合同的关系上,都规定劳动合同中有关劳动条件和劳动报酬等方面的内容约定必须高于集体合同,两种合同的选择适用一般应以劳动合同为准,劳动合同具有优先适用的效力。

4.《劳动合同法》颁布以来规章制度适用的变化

2020年12月通过的《最高人民法院关于审理劳动争议案件适用法律问题的解释(一)》对规章制度的依据和效力予以修改:一是制度的制定依据由《劳动法》第4条变为《劳动合同法》第4条;二是制度的效力由《最高人民法院关于审理劳动争议案件适用法律若干问题的解释》规定的"作为人民法院审理劳动争议案件的依据"①改为"作为确定双方权利义务的依据"②,如此表述更为精准,既严格规范了规章制度的制定程序,也提高了规章制度在裁判中的法律效力。

二、实务操作

1. 规章制度的制定程序

劳动规章制度的制定和修改应严格履行"民主程序",并保留职工代表大会或者全体职工讨论、协商的相关书面证据。

劳动规章制度的实务操作

劳动规章制度的制定应该经过平等协商程序,即要经过职工代表大会或全体职工讨论,提出方案和意见,然后由用人单位与工会或职工代表经过平等协商确定。劳动规章制度的制定、修改流程为:职工代表大会或者全体职工讨论→提出方案和意见→与工会或者职工代表平等协商确定→公示告知。

为此,用人单位在制定和修改规章制度时,必须进行平等协商程序,并务必要留好记录,保存好相关证据,如会议纪要、讨论情况和经过、张贴公告的记录等。一旦劳资双方在劳动规章制度效力问题上发生争议,用人单位需要举证证明其规章制度经过平等协商程序且曾向劳动者公示、告知,如果用人单位不事先保留相应证据,就无法证明相应的内容,规章制度就可能无效,难以作为确立劳动者和用人单位权利义务的依据。

2. 规章制度的公示程序

规章制度是否公示对劳动争议案件的处理影响极大,直接关系到劳动争议

---

① 《最高人民法院关于审理劳动争议案件适用法律问题的解释》(已失效)第19条规定,用人单位根据《劳动法》第4条之规定,通过民主程序制定的规章制度,不违反国家法律、行政法规及政策规定,并已向劳动者公示的,可以作为人民法院审理劳动争议案件的依据。

② 《最高人民法院关于审理劳动争议案件适用法律问题的解释(一)》第50条第1款规定,用人单位根据《劳动合同法》第4条的规定,通过民主程序制定的规章制度,不违反国家法律、行政法规及政策规定,并已向劳动者公示的,可以作为确定双方权利义务的依据。

案件的胜败。发放员工手册必须有员工签收记录,规章制度培训必须保留培训人员的签到记录,规章制度考试应当将试卷作为员工的档案资料保存。

在规章制度公示或告知时选择易于举证的公示或告知方式,并保留已公示或告知的书面证据。规章制度是否向劳动者公示直接决定用人单位在劳动争议案件中的胜败,按照最高人民法院司法解释及《劳动合同法》的规定,规章制度只有向劳动者公示才对劳动者产生约束力。司法实践中劳动者往往以其不知道规章制度的内容为由主张规章制度未公示,用人单位往往也无法提供已经公示的证据,很多单位本应该胜诉的案件最终败诉问题往往就出在这里。如员工的违纪行为本已经达到了规章制度中规定的解除劳动合同的条件,但是员工称不知道有这个制度,单位也无法证明曾向员工公示,最终导致案件败诉,这些案件在实践中屡见不鲜。公示、公告的方式及形式,法律上均无明文规定。可以尝试以下方法:

(1) 劳动者入职登记表声明条款(保存有员工签名的登记表),如"本人已经充分阅读公司规章制度,愿意遵照执行",或者通过劳动合同的约定和签订,确定劳动者已阅读并了解规章制度。

(2) 在领取有关材料中写明(员工签字确认)或者员工手册发放(要有员工签领确认)。

(3) 意见征询法(保留员工意见的签名和书面资料)。

(4) 在会议宣读或传达记录上签字。

(5) 在单位宣传栏或公告栏上张贴(拍照以保存证据)。

(6) 在公司内部网站上公布。

(7) 通过电子邮件系统发往员工邮箱。

(8) 召开职代会进行公示。

(9) 对企业规章制度进行集中学习、培训和考核并保留签到、试卷、签收、培训记录等证据。

(10) 有工会的委托工会进行公示。

从举证角度考虑,不推荐网站公布法、电子邮件通知法、公告栏张贴法,这些方法可能存在适用范围窄、适用人数少或者操作难、证据保留难、不易于举证等风险,如果员工否认的话,单位很难举证;网站上的数据可以随时更改,对网站即时数据进行公证费时费力,劳动者在仲裁或诉讼中若对网站是否在发生劳动争议前就已公布规章制度的内容提出异议,用人单位将陷入举证难的境地。同时,也不宜采用劳动合同附件的形式送达,将来如果修改,存在新旧版本冲突,劳动者有权选择在劳动合同中约定的、对其有利的版本。

总之,在成本控制允许的范围内建议企业尽量对公示证据采用纸质文档保存。无论采取何种方式,对用人单位最安全的方法是让员工签字确认已全部知悉该规章制度并同意遵守。同时,可以采用多种方式予以公示。

3. 细化"严重违反""重大损害"等相关标准

用人单位应当在规章制度和员工手册中细化关于"严重违反"以及"重大损害"的相关标准。《劳动合同法》第 39 条的规定赋予用人单位在劳动者严重违反用人单位的规章制度时可以单方解除劳动合同的权利,但是何为"严重",法律没有具体规定,留待用人单位结合自身的情况作出具体的可操作性强的规定。同时,用人单位平时要注意收集员工严重违纪的证据,且必须以书面形式通知员工,否则败诉风险极大,甚至构成非法解除劳动关系,可能会支付两倍的经济补偿金,不仅达不到解除与违章的劳动者之间的劳动关系的目的,还会增加企业的用工成本。用人单位在适用此规定时,必须举证证明自己的解除理由是充分的,是有确凿证据的。因此,在解除严重违纪员工劳动关系之前必须收集充分的证据,不可随意为之。通常,在这类争议中,以下资料可以作为证据:违纪员工的检讨书、申辩书;有违纪员工本人签字的违纪记录、处罚通知书等;其他员工及知情者的证言;相关事件涉及的物证;相关视听资料;政府相关部门的处理意见、处理记录及证明等。书面证据是最有效的证据,尤其是有违纪员工签字的书面证据,应及时收集和保留。

三、风险防范

(一) 规章制度常见的法律风险

劳动规章制度的风险防范

如前所述,规章制度必须符合"民主程序制定""合法、合理""公示"三个条件,才可作为人民法院审理劳动争议案件的依据。劳动规章制度若违反法律、法规,包括内容违法、制定程序违法、公示程序违法,在仲裁或诉讼中就不能作为审理劳动争议案件的依据,用人单位还可能会承担相应的法律责任,因此用人单位在适用规章制度这个工具时,应当注意这些法律风险。

1. 规章制度法律风险的常见类型

(1) 法律法规发生了变化,规章制度没有及时修订。

(2) 内容不符合法律法规的规定。劳动规章的内容违反法律法规,主要是指在法律法规保护的主体条件、劳动规章的内容等方面与法律法规的规定相抵触。如规章制度中规定试用期的问题,《劳动合同法》规定试用期最长不超过 6 个月,这只是一个最高限定,并不是劳动合同无论期限多长,只要试用期不超过 6 个月就是合法的。用人单位制定劳动规章,涉及试用期问题时,就不能笼统地规定 6 个月的试用期,因为试用期的长短和劳动合同的期限密切相关,3 年以上的劳动合同才可以约定 6 个月的试用期;用人单位更不能规定,让员工先试用后再签劳动合同。在仲裁和诉讼过程中,如果用人单位对试用期等问题的规定没有相应的法律法规和政策作依据,或者这些规定是违法的,在劳动人事争议仲裁和诉讼中肯定不能作为裁决的依据。

(3) 用人单位在制定、修改或者决定直接涉及劳动者切身利益的规章制度或者重大事项时,未经职工代表大会或者全体职工讨论,提出方案和意见,未与工会或者职工代表平等协商确定。这样的规章制度实际上没有法律效力;一些单位制定的规章制度虽然已经通过平等协商程序,但由于未保留书面记录作为证据,结果在发生争议纠纷时也很容易遭到仲裁和司法机构的质疑。

(4) 直接涉及劳动者切身利益的规章制度和重大事项未公示、未告知劳动者或者即使有公示或告知劳动者,但由于公示或告知方法使用不当而导致无法向仲裁庭或法庭举证。不少用人单位的劳动规章制度都是处于秘密状态,锁在人力资源部管理工作者的抽屉里,只有到员工违反了规章制度的规定时,才拿出来告知员工违反了单位的规章制度。对于这种现象,只要劳动者提出异议,用人单位的规章制度就无法产生法律效力。一些单位即使有公示或告知劳动者,但由于公示或告知方法使用不当,导致证据材料没有保留,无法向仲裁庭或法庭举证,同样要承担不利的法律后果。

(5) 制定规章制度时履行了法定程序要件,但修改规章制度时却没有履行法定程序要件。

(6) 规章制度内容不合理、不明确,可操作性不强。如有的用人单位规定,迟到即为严重违反规章制度,用人单位可以解除劳动合同,这种规定就不合情理,有可能不能作为确立劳动者和用人单位权利、义务的依据。

2. 法律后果

(1) 用人单位直接涉及劳动者切身利益的规章制度违反法律、法规规定的可能要承担相应的行政责任,甚至民事赔偿责任。

规章制度违反法律、法规规定的,由劳动行政部门责令改正,给予警告;给劳动者造成损害的,应当承担赔偿责任。同时,用人单位的规章制度违反法律、法规的规定,损害劳动者权益的,劳动者可以解除劳动合同。《劳动合同法》第38条第1款第4项规定,用人单位的规章制度违反法律、法规的规定,损害劳动者权益的,劳动者可以单方解除劳动合同。

(2) 违法的规章制度,在仲裁或诉讼中不能作为审理劳动争议案件的依据。

(二) 规章制度法律风险防范

1. 严格落实规章制度制定和修改的程序

规章制度的制定和修改要经过民主程序,并保存相应的记录。涉及劳动者切身利益的规章制度的制定和修改,用人单位应当严格履行"民主程序",并保留已经履行民主程序的相关书面证据。建议采取讨论会议签到表、规章制度重大事项意见建议表、规章制度重大事项意见建议反馈表等方法履行民主程序,保留职工代表大会或者全体职工讨论、协商的书面证据。

2. 严格履行"公示程序"

在规章制度公示或告知时选择易于举证的公示或告知方式,并保留已公示或告知的书面证据,建议采取员工手册发放、内部培训、劳动合同约定、入职登记表声明条款等方法公示。对于新修改的规章制度最简单易行的方法是:组织员工对规章制度进行培训、学习,并让员工签字确认,保证让员工通晓企业规章制度的全部内容。

3. 及时修订规章制度

用人单位应经常关注新出台的相关法律法规,对于生效的劳动规章制度及时进行合法性审查,从内容和程序两个方面加以补正。对不符合法律规定的要进行修订或删除,甚至推倒重来,并重新履行法定程序,以使其具有法律效力。

4. 规章制度的内容要合理

用人单位在规章制度中就"严重违反"情形要加以明确,否则一旦发生争议,对于不明确的规章制度内容,仲裁庭、法庭一般会倾向作出有利于员工的解释。

5. 加强日常管理

注意建立日常书面行文制度和档案保管制度,平时注意保存和收集员工违纪违章的证据。对于员工的违纪行为,应注意平时记录在案;对于有违法行为的员工,可以要求政府有关部门处理,取得并保留政府有关部门的处理结论或者记录,这些都可能是有力的证据。

四、典型案例

(一) 案情简介

张某系职业高中毕业生,分到某合资饭店工作,并与饭店正式签订了为期2年的劳动合同。在劳动合同终止前的1个月,张某就合同到期后不再与饭店续订一事向饭店提出了请求,饭店人事部表示同意并答复张某过1个月后来办手续。1个月以后,张某手持接收单位的商调函找到饭店要求办理调离手续时,人事部负责人却突然提出:"要调走可以,但必须交齐后3年的培养费1200元,然后才给办理调动手续。"张某认为,与饭店签订的是为期2年的劳动合同,自己既没有经过饭店培训,又没有提前解除合同,饭店收取培训费是非法的。饭店根据其制定的《饭店员工须知》第18条"凡到饭店工作的人员至少应服务五年……"的规定则认为:张某与饭店签订的 2 年劳动合同虽然已经到期,但至少还应与饭店续签 3 年的劳动合同,如果张某不再为饭店服务,则应赔偿饭店培训费 1200 元。在此之后,张某又多次与饭店交涉,得到的答复仍然是"要调离,必须交齐 1200 元培训费,否则,不能办理调离手续"。在这种情况下,张某向父母求助,凑齐了 1200 元,办理了离店手续。对于饭店这种违背职工意愿,合同到期后职工不再续签劳动合同,强行收取培训费的做法,张某无法接受,遂向劳动争议仲裁委员会提出申诉,要求给予公正处理。

(二) 案例评析

(1)《饭店员工须知》是在该饭店与张某签订劳动合同后的 1 年零 9 个月时制定的,在制定过程中及实施之前,既没有征求过工会的意见,也没有征求职工本人的意见,纯属饭店单方面的意见,其中第 18 条"凡到饭店工作的人员至少应服务五年……"的规定与双方协商制定的劳动合同的期限相悖,饭店以此为由要求张某与饭店续订 3 年的劳动合同或赔偿培训费 1200 元,依据不足。

无论是何种内容的企业规章制度,其制定过程必须反映职工的意愿,吸纳职工或工会代表参与制定,这样做便利于规章制度的有效施行。规章制度还必须与劳动合同的约定和国家法律、法规的规定相符合,对劳动合同没有约定,国家法律、法规又没有规定,才能作出补充的规定,因为前者是双方意志的体现,后者是国家意志的体现。作为单方意志体现的企业规章制度毕竟处于从属的地位,任何与劳动合同和法律、法规相抵触的规章制度条款都属无效。综上所述,《饭店员工须知》第 18 条只是饭店单方面的意思表示,不能视为劳动合同的组成部分,因与劳动合同相抵触,对张某没有约束力。

(2) 劳动合同的终止是指由于法律规定或当事人约定的情况出现,劳动合同的法律效力终止。根据《劳动法》的规定,当劳动合同期满时,劳动合同即行终止,一方不得强迫另一方延长劳动合同期限,延续劳动合同的效力。本案中张某与某合资饭店签订的劳动合同的 2 年期限届满,张某有权依法终止劳动合同,饭店应为张某办理调离手续,不得为张某设定新的义务。

思考题 》》

1. 创业企业应如何选择用工形式?
2. 请从法律的视角,谈谈如何做好职工的培训工作?
3. 请谈谈应如何利用劳动规章制度管理好创业企业。
4. 创业企业应如何管理并留住核心员工?

5. 劳动规章制度的公示手段包括哪些？
6. 请简述劳动规章制度审查修订的原则。
7. 请简述劳动规章制度制定的技术要求。
8. 创业企业应如何做好临时用工管理？
9. 创业企业应如何从劳动法的角度保护好自身的商业秘密？
10. 创业企业应怎样利用试用期选择合适的员工？

课后练习

第四章—习题

第四章—答案

第五章 创业融资法律风险防范

资金作为企业的血液,是其存在与发展的保障。创业融资是指创业者以自有资产、权益和预期收益为基础,筹集项目建设、营运及业务拓展所需资金的行为过程。创业的过程就是融资、发展、再融资、再发展的过程。可以根据不同的标准对融资进行分类,根据是否有中介介入可分为直接融资和间接融资;根据资金的来源,可以分为内源性融资和外源性融资等。但从融资的性质和实践来看,主要还是分为股权融资和债权融资两大类,前者主要包括私募股权投资和风险股权投资,后者则包括民间借贷、银行贷款、债券融资、融资租赁、项目融资、政策融资等。对于创业企业而言,民间借贷、银行贷款、债券融资、私募股权投资和风险股权投资仍是最主要的融资方式。

创业者虽然可以自由选择融资方式,但应当慎重选择,要根据本企业的行业性质、企业经营状况、创业进程、未来发展预期、资金需求等因素,充分比较考量各种融资模式的优劣,并结合各种模式的特点,综合确定适应自身需求的某种或多种组合式的融资模式。成功的融资不仅能解决创业的资金需求,又能引入增值服务,加快创业进程,促进企业发展壮大,融资已成为创业不可或缺的必选途径。

第一节 融资方式的选择

一、法律规则

(一)核心法条

《中华人民共和国民法典》

第六百六十七条 借款合同是借款人向贷款人借款,到期返还借款并支付利息的合同。

《最高人民法院关于审理民间借贷案件适用法律若干问题的规定》

第一条 本规定所称的民间借贷,是指自然人、法人和非法人组织之间进行资金融通的行为。

经金融监管部门批准设立的从事贷款业务的金融机构及其分支机构,因发放贷款等相关金融业务引发的纠纷,不适用本规定。

第十条 法人之间、非法人组织之间以及它们相互之间为生产、经营需要订立的民间借贷合同,除存在民法典第一百四十六条、第一百五十三条、第一百五十四条以及本规定第十三条规定的情形外,当事人主张民间借贷合同有效的,人民法院应予支持。

第十一条 法人或者非法人组织在本单位内部通过借款形式向职工筹集资金,用于本单位生产、经营,且不存在民法典第一百四十四条、第一百四十六条、第一百五十三条、第一百五十四条以及本规定第十三条规定的情形,当事人主张民间借贷合同有效的,人民法院应予支持。

《中华人民共和国证券法》

第九条 公开发行证券,必须符合法律、行政法规规定的条件,并依法报经国务院证券监督管理机构或者国务院授权的部门注册。未经依法注册,任何单位和个人不得公开发行证券。证券发行注册制的具体范围、实施步骤,由国务院规定。

有下列情形之一的,为公开发行:

(一)向不特定对象发行证券;

(二)向特定对象发行证券累计超过二百人,但依法实施员工持股计划的员工人数不计算在内;

(三)法律、行政法规规定的其他发行行为。

非公开发行证券,不得采用广告、公开劝诱和变相公开方式。

第十五条 公开发行公司债券,应当符合下列条件:

(一)具备健全且运行良好的组织机构;

(二)最近三年平均可分配利润足以支付公司债券一年的利息;

(三)国务院规定的其他条件。

公开发行公司债券筹集的资金,必须按照公司债券募集办法所列资金用途使用;改变资金用途,必须经债券持有人会议作出决议。公开发行公司债券筹集的资金,不得用于弥补亏损和非生产性支出。

上市公司发行可转换为股票的公司债券,除应当符合第一款规定的条件外,还应当遵守本法第十二条第二款的规定。但是,按照公司债券募集办法,上市公司通过收购本公司股份的方式进行公司债券转换的除外。

《企业债券管理条例》

第五条 本条例所称企业债券,是指企业依照法定程序发行、约定在一定期限内还本付息的有价证券。

第十条 国家计划委员会会同中国人民银行、财政部、国务院证券委员会拟订全国企业债券发行的年度规模和规模内的各项指标,报国务院批准后,下达各省、自治区、直辖市、计划单列市人民政府和国务院有关部门执行。

未经国务院同意,任何地方、部门不得擅自突破企业债券发行的年度规模,并不得擅自调整年度规模内的各项指标。

融资方式法律规则解读

(二) 规则解读

1. 民间借贷

民间借贷是相对于金融机构贷款的一个概念,是指自然人、法人、非法人组织之间及其相互之间进行资金融通的行为,但不包括经金融监管部门批准设立的从事贷款业务的金融机构及其分支机构发放贷款的行为。

根据出借主体的不同,创业企业的民间借贷主要分为两种:一是与自然人之间的民间借贷,二是与企业之间的民间借贷。公民与非金融企业(以下简称企业)之间的借贷属于民间借贷,与自然人之间的借款一样。企业与自然人在不违反国家法律、行政法规强制性规定的前提下,意思表示真实达成的借贷行为受法律保护。企业与企业或其他经济组织相互之间因生产、经营需要订立的民间借贷合同的效力在 2015 年 9 月 1 日之前争议很大,司法实践和最高人民法院的相关答复和文件均倾向于无效,仅对临时性、应急性的借贷予以确认。《最高人民法院关于审理民间借贷案件适用法律若干问题的规定》第 10 条才正式确认了法人之间、非法人组织之间以及它们相互之间为生产、经营需要订立的民间借贷合同的合法性。

民间融资属于历史最悠久、最传统的融资模式,相对于其他融资方式而言,借贷手续简便、获取资金条件较低、随需随借、期限灵活,对实际经营限制较小,然而,其融资成本较高、随意性大、风险大,容易产生纠纷。相对于其他融资方式,民间借贷融资的门槛较低,能够弥补创业初期企业其他融资方式资质不够的短板,比较适合起步期的融资需求。

2. 银行贷款

银行贷款系指贷款人(银行)对借款人提供的并按约定的利率和期限还本付息的货币资金。按偿还期限可分为期限 5 年以上的长期贷款,1 年以上 5 年以下的中期贷款以及 1 年以下的短期贷款;按资金来源和风险承担可分为以银行自有资金自主发放并自行承担放贷风险的自营贷款和由其他单位、企业、个人委托,并按照委托人确定的贷款对象、用途、利率、期限等进行放贷并由委托人承担放贷风险,银行只收取手续费的委托贷款,以及经国务院批准并对贷款可能造成的损失采取相应补救措施后责成国有独资商业银行发放的特定贷款;按有无担保条件可划分为信用贷款和担保贷款,前者是银行根据企业的信誉放款,后者是指银行以企业提供担保为条件的贷款;按担保的形式又可分为提供保证人承担一般责任或连带责任的保证贷款、由企业自有或第三人提供的财产作为抵押物的抵押贷款以及由企业自有或第三人提供的财产性权利,如商业票据(本票、汇票、支票等)、股份等或动产作为质押的质押贷款。

银行贷款也属于传统的融资途径之一。银行根据审慎监管的要求,从贷款安全、效益、流动性等出发,会对借款人的资质、用途、担保条件等方面提出一定的要求,并根据内部贷款准则对借款人进行评级,进而根据评级确定贷款金额、利息及期限。对于创业企业来讲,贷款手续相对简捷,银行具有贷款自主权,融资速度相对较快,利息等融资成本相对较低。对于创业融资,不管处在哪个阶段,贷款都应是重要的渠道。

3. 债券融资

债券融资,与民间借贷、银行贷款一样,都属于债权融资,都是以支付一定利息来获取资金使用权的行为,形成的均为债权债务法律关系。与股权融资相比,债券融资所形成利息支出属于企业的费用,可以税前扣除,增加税后利润,且投资者不参与企业管理,不分散股权,可以保证股权控制。在我国,法定的债券为企业债券和公司债券以及中小企业私募债券。

根据《企业债券管理条例》的规定,企业债券是指企业依照法定程序发行、约定在一定期限内还本付息的有价证券。企业债券原由国家发展和改革委员会作为主管机关,负责发行核准工作。虽然法律上对于企业发行债券除遵守《企业债券管理条例》外,并无其他特殊要求,在理论上具有独立法人资格的企业都可发行,但实践中能够发行企业债券的几乎都有政府信用作为支撑,获准发行的基本上都为国有独资企业或国有控股企业等大型国有企业,一般的民营中小企业特别是创业初期的企业,基本上很难获得批准发行。公司债券是指公司依照法定程序发行、约定在一定期限内还本付息的有价证券。公司债以公司制法人作为发行主体,按照法定程序发行,还款期限在1年期以上,到期还本付息。2015年1月15日,中国证券监督管理委员会发布《公司债券发行与交易管理办法》(已被修订),规定公司债发行按照大公募债、小公募债和私募债进行分类审核。与企业债券不同的是,公司债券可以公开发行也可以非公开发行,而企业债券只能公开发行。公司债券发行的条件较企业债券要更具体和严格,仅适用于达到一定规模的创业公司,将中小企业基本上排除在外。对于中小企业来讲,最可行的债券融资形式是发行中小企业私募企业债券,发行条件较低,对净资产、盈利能力均无明确要求,相比公司债券和企业债券最大的优势是无须审批,备案即可,且无年度发行规模控制。但是,2023年以后,企业债券与公司债券实现了统一,均按照公司债券规定的条件、程序发行,而且公司债券的发行不再实行审批制,公开发行的公司债券实行注册制,非公开发行的公司债券实行报备制。

债券融资筹资灵活,企业或公司掌握筹资主动权,可以根据资金需求,合理确定债券期限、利息和发行量等,到期如仍需资金,还可发行新债券来偿还旧债,或通过与投资人签订延期偿还协议等方式,继续使用资金。债券融资的成本较低,还具有广告效应,在面向不特定投资者公开发行债券的同时就是提升企业知名度的过程。

4. 私募股权投资

私募股权投资即 Private Equity(简称"PE"),是指私募基金对私有企业,即非上市企业进行的权益性投资,部分 PE 也投资于上市企业,在交易实施过程中附带考虑了将来的退出机制,即通过上市、并购或管理层回购等方式,出售持股获利的行为。创业企业通过增资扩股或转让股份引进私募基金作为新股东,以充足资金,这种融资方式就属于私募融资。通过私募融得的资金无须还本付息,私募基金作为股东与企业共享盈利,共担风险。对私募基金和基金投资人,我国法律有专门的监管要求,但对 PE 和私募融资并没有特殊监管要求,且无须行政审批,对融资企业也无确定的资质要求,只要私募基金与融资企业达成一致即可,双方的法律关系主要适用《民法典》和《公司法》的有关规定。

PE 虽然持有融资企业股权,并在一定程度上参与企业的管理,但 PE 的目标性非常明确,就是追求超额回报,介入管理提供专业服务也仅仅为超额回报服务。为了达到目的,PE 通常会与目标企业管理层签订对赌协议,为管理层设定业绩增长目标、限定上市时间或要求达到其他目标。因此,此种融资方式会给创业企业的管理层带来一定的风险。

5. 风险股权投资

风险股权投资,简称 VC(Venture Capital),是指将资金投放到新兴的、迅速发展的、有巨大竞争潜力却又蕴藏巨大失败风险的行业,并提供专业化的增值服务,促进融资企业发展,在企业发展到目标阶段后,通过一定渠道退出融资企业的行为。VC 与 PE 和融资公司的关系在法律关系上并无区别,两者也均以获得超额利益为目的,都是入股融资企业,持有股份,从专业化的角度参与融资企业的管理,与融资企业共享利益,共担风险。VC 与 PE 的区别不在于投资模式,而是在于投资阶段、投资规模和投资理念。简单地来讲,PE 相对比较保守,主要用来投资于企业的发展阶段,也就是把蛋糕做大。而 VC 顾名思义偏好风险型、潜力性企业,初期以较低资本投入,经过运作将"鸡蛋孵化成小鸡",起到"孵化器"作用,最后获取超额收益。

股权融资,无论 PE 还是 VC,没有相关金融监管和法定资质要求,主要通过投资与融资双方磋商达成,能带来创业企业所缺乏且必需的专业化增值服务,因此,股权融资已成为当前创业企业发展起步后再次强壮发展的主要选择。

随着投资行业的日益发展，私募股权投资和风险股权投资的界限逐渐模糊，广义的私募股权投资已经包括了风险投资，许多风险投资机构也开始涉足私募股权投资业务。

二、实务操作

1. 创业企业应当根据本企业的行业性质、发展预期、资金需求量，合理规划需求，科学选择融资方式，并可创新使用组合式融资。如民间借贷伴随着高利息成本和极易引发的债务风险，并且一般借款期间较短，对于创业企业来讲一般在急需资金、临时性救急时才可选择使用，不能将民间借贷作为长期使用的融资手段，借新还旧、利滚利这种饮鸩止渴的融资方式终将会使企业陷入困境乃至破产，管理层个人也可能会牵涉其中。银行贷款的融资成本相对较轻，可以作为创业企业长期使用的融资手段，但由于银行贷款的规模控制，并不总能满足创业企业的融资需求。概括地说，创业企业必须要在正确的时间选择正确的融资方式。

融资方式选择的实务操作

2. 企业在确定融资方式之后，应当核实与查证融资提供机构的资质和口碑，并在尽量多的主体之间进行比较选择。选择多家比较，不仅仅是从融资成本和融资效果考虑，还关系到融资风险。融资提供机构的资质不完备和不规范，会使企业陷入融资不能的困境，引发一系列法律后果，使企业疲于应付，不仅不能达到融资的目的，反而会使企业陷入各种法律风险。因此，融资机构的审慎选择是企业融资的前提和基础。

3. 确定融资合作机构之后，慎重对待融资协议。首先，要注意融资协议上的投资主体资格，是否符合对外提供融资的条件，融资金额与投入方式是否满足企业需求，回报方式或股权安排是否属于创业者可接受的范围，对赌协议是否能符合企业发展预期等。企业还需要对选定的融资进行专门的财务分析、法律风险评定、发展预期估计。创业企业应认识到只有条款完备、权责清晰、符合企业发展预期的融资协议才能真正满足企业的融资需求，确保企业的经营控制权，避免陷入融资陷阱。

4. 融资协议的履行要依法诚信。

三、风险防范

1. 在选择融资方式前，创业者要根据本企业的现状和发展预期，在比较各种融资方式优劣的基础上，采取适合本阶段的融资方式，寻求财务杠杆的同时要兼顾企业的经营风险和经营控制权的掌握，以及可能面临的法律风险，理性选择融资方式。

融资方式选择的风险防范

融资渠道和融资方式可以多样化选择，但企业必须详尽认识和准确理解各种融资方式,建立科学的融资体系,使得各种融资方式之间可以相互补充,优化融资结构,从而有效规避融资带来的风险,发挥融资解决创业资金需求和作为发展杠杆的作用。

2. 创业企业应具有一套完备的风险评估和预防体系。创业企业必须具有融资风险的防范意识,招聘或委托专业人士对融资决策进行可行性和风险性评估,制定适合企业实际情况的风险规避方案,通过合理的融资条款和融资组合规避和分散风险。主要是做好以下两个方面的工作:一是对融资所需材料进行合规性审查,即无论最终选择以何种方式进行融资,都应当安排企业法务人员或委托专业律师对融资所需材料进行法律审核与分析,避免潜在的法律风险;二是预先制定好危机处理办法,即事先考虑好若融资后经营项目失败,如何归还融资或出现股权纠纷的解决方案和方式。

3. 融资成功后一定要合理安排使用,将资金用在企业生产经营方面,即使经营不力不能按约归还,一般也不会承担刑事责任。

四、典型案例

私募基金与蒙牛乳业豪赌案件[①]

1999年1月,牛根生创立了"蒙牛乳业有限公司",公司注册资本100万元。2002年年底摩根士丹利等私募基金通过海外复杂的投资结构安排向蒙牛乳业投入约2597万美元(折合人民币约2.1亿元),将蒙牛乳业变更为合资企业。2003年,摩根士丹利等私募基金又向蒙牛乳业注资3523万美元(折合人民币约2.9亿元),获未来以0.74港元/股的价格认购蒙牛乳业股份的期权。摩根士丹利等私募基金进入后,帮助蒙牛乳业重组了企业治理结构与财务结构,实现财务、管理、决策的科学化和规范化,并主导了蒙牛乳业在香港的上市。2004年6月10日,"蒙牛乳业(2319.HK)"在香港主板市场正式挂牌。此次IPO共发行3.5亿股,发行价为每股3.925港元,共募集资金13.74亿港元。此次发行的3.5亿股中,1亿股来自三家风险投资机构的减持。至此三家风险投资机构的持股比例减至11%(1.1亿股),获利3.925亿港币,同时持有3.67亿股可转债。此外,摩根士丹利等私募基金还与蒙牛乳业管理层签署了基于业绩增长的对赌协议。双方约定,从2003年至2006年,蒙牛乳业的复合年增长率应不低于50%。若达不到50%,公司管理层应向摩根士丹利等私募基金无偿转让约6000万至7000万股股份;如果业绩增长达到目标,摩根士丹利等私募基金应无偿转让相应股份给蒙牛管理层。结果,蒙牛乳业业绩增长达到预期目标,蒙牛乳业管

[①] 参见汤谷良、刘辉:《机构投资者"对赌协议"的治理效应与财务启示》,载《财务与会计》2006年第20期。

理层的股份奖励因此得以兑现。同时,由于蒙牛乳业业绩大增,股价随之大涨,三家投资机构在 2004 年 12 月 16 日、2005 年 4 月 7 日、2005 年 6 月 15 日,又分三次出售股票套现。在短短 3 年不到的时间,摩根士丹利等私募基金获利约 26 亿港元,投资回报率近 500%。而公司管理层根据对赌协议,获得了大量的额外股份,随着股价的升值,据报道,蒙牛乳业管理层在公司上市以后 4 年内,卖股套现了将近 50 亿美元。

蒙牛乳业的私募融资和对赌协议,是双方共赢的经典案例。

第一,解决了蒙牛乳业的融资需求。对处在迅速扩张期的蒙牛乳业来说,无论生产还是市场营销,都需要大量的资金注入,PE 为其崛起提供了强大的资本支持。

第二,助力上市,实现跨越发展。PE 与蒙牛利益的一致化,使得双方均为上市而努力。风险投资方自然会利用其在资本市场积累的经验和国际化的视角,为蒙牛乳业设计一个能被股市看好的、清晰的商业模式,最终成功将蒙牛乳业推上香港主板。

第三,风险投资方的进入,从一个侧面反映了蒙牛乳业的发展潜力,从而也提高了蒙牛乳业的信誉,帮助其获取政府的支持和其他方面的资源。

第四,保证了创业者的经营控制权。风险投资追逐的是超额利润,目的不是控股企业。摩根士丹利等私募基金将蒙牛孵化成功,在香港主板上市,第一考虑的就是退出机制。摩根士丹利等私募基金通过 IPO 减持、禁售期解禁后二级市场出售等方式,成功退出蒙牛乳业。因此,蒙牛乳业虽为风险投资提供了高额的回报,但是却保证了自身对企业的控制权。

第二节 民间借贷融资风险防范

民间借贷自古存在,作为一种资源丰富、操作简捷灵便的融资手段,民间借贷在一定程度上缓解了企业资金的不足,促进了经济的发展。但是显而易见,民间借贷的随意性、高利息、高风险容易引发各种问题,融资企业对于民间借贷应当慎重对待,一般将其作为解决创业初期和临时性资金需求的融资方式。

一、法律规则

(一) 核心法条

《中华人民共和国民法典》

第六百七十三条 借款人未按照约定的借款用途使用借款的,贷款人可以停止发放借款、提前收回借款或者解除合同。

第六百七十五条　借款人应当按照约定的期限返还借款。对借款期限没有约定或者约定不明确,依据本法第五百一十条的规定仍不能确定的,借款人可以随时返还;贷款人可以催告借款人在合理期限内返还。

第六百七十六条　借款人未按照约定的期限返还借款的,应当按照约定或者国家有关规定支付逾期利息。

《最高人民法院关于审理民间借贷案件适用法律若干问题的规定》

第十二条　借款人或者出借人的借贷行为涉嫌犯罪,或者已经生效的裁判认定构成犯罪,当事人提起民事诉讼的,民间借贷合同并不当然无效。人民法院应当依据民法典第一百四十四条、第一百四十六条、第一百五十三条、第一百五十四条以及本规定第十三条之规定,认定民间借贷合同的效力。

担保人以借款人或者出借人的借贷行为涉嫌犯罪或者已经生效的裁判认定构成犯罪为由,主张不承担民事责任的,人民法院应当依据民间借贷合同与担保合同的效力、当事人的过错程度,依法确定担保人的民事责任。

第十三条　具有下列情形之一的,人民法院应当认定民间借贷合同无效:

(一) 套取金融机构贷款转贷的;

(二) 以向其他营利法人借贷、向本单位职工集资,或者以向公众非法吸收存款等方式取得的资金转贷的;

(三) 未依法取得放贷资格的出借人,以营利为目的向社会不特定对象提供借款的;

(四) 出借人事先知道或者应当知道借款人借款用于违法犯罪活动仍然提供借款的;

(五) 违反法律、行政法规强制性规定的;

(六) 违背公序良俗的。

第十八条　人民法院审理民间借贷纠纷案件时发现有下列情形之一的,应当严格审查借贷发生的原因、时间、地点、款项来源、交付方式、款项流向以及借贷双方的关系、经济状况等事实,综合判断是否属于虚假民事诉讼:

(一) 出借人明显不具备出借能力;

(二) 出借人起诉所依据的事实和理由明显不符合常理;

(三) 出借人不能提交债权凭证或者提交的债权凭证存在伪造的可能;

(四) 当事人双方在一定期限内多次参加民间借贷诉讼;

(五) 当事人无正当理由拒不到庭参加诉讼,委托代理人对借贷事实陈述不清或者陈述前后矛盾;

(六) 当事人双方对借贷事实的发生没有任何争议或者诉辩明显不符合常理;

(七) 借款人的配偶或者合伙人、案外人的其他债权人提出有事实依据的异议；

（八）当事人在其他纠纷中存在低价转让财产的情形；

（九）当事人不正当放弃权利；

（十）其他可能存在虚假民间借贷诉讼的情形。

第二十五条 出借人请求借款人按照合同约定利率支付利息的，人民法院应予支持，但是双方约定的利率超过合同成立时一年期贷款市场报价利率四倍的除外。

前款所称"一年期贷款市场报价利率"，是指中国人民银行授权全国银行间同业拆借中心自 2019 年 8 月 20 日起每月发布的一年期贷款市场报价利率。

《最高人民法院关于审理非法集资刑事案件具体应用法律若干问题的解释》

第一条 违反国家金融管理法律规定，向社会公众（包括单位和个人）吸收资金的行为，同时具备下列四个条件的，除刑法另有规定的以外，应当认定为刑法第一百七十六条规定的"非法吸收公众存款或者变相吸收公众存款"：

（一）未经有关部门依法许可或者借用合法经营的形式吸收资金；

（二）通过网络、媒体、推介会、传单、手机信息等途径向社会公开宣传；

（三）承诺在一定期限内以货币、实物、股权等方式还本付息或者给付回报；

（四）向社会公众即社会不特定对象吸收资金。

未向社会公开宣传，在亲友或者单位内部针对特定对象吸收资金的，不属于非法吸收或者变相吸收公众存款。

第二条 实施下列行为之一，符合本解释第一条第一款规定的条件的，应当依照刑法第一百七十六条的规定，以非法吸收公众存款罪定罪处罚：

（一）不具有房产销售的真实内容或者不以房产销售为主要目的，以返本销售、售后包租、约定回购、销售房产份额等方式非法吸收资金的；

（二）以转让林权并代为管护等方式非法吸收资金的；

（三）以代种植（养殖）、租种植（养殖）、联合种植（养殖）等方式非法吸收资金的；

（四）不具有销售商品、提供服务的真实内容或者不以销售商品、提供服务为主要目的，以商品回购、寄存代售等方式非法吸收资金的；

（五）不具有发行股票、债券的真实内容，以虚假转让股权、发售虚构债券等方式非法吸收资金的；

（六）不具有募集基金的真实内容，以假借境外基金、发售虚构基金等方式非法吸收资金的；

（七）不具有销售保险的真实内容，以假冒保险公司、伪造保险单据等方式非法吸收资金的；

（八）以网络借贷、投资入股、虚拟币交易等方式非法吸收资金的；

（九）以委托理财、融资租赁等方式非法吸收资金的；

（十）以提供"养老服务"、投资"养老项目"、销售"老年产品"等方式非法吸收资金的；

（十一）利用民间"会""社"等组织非法吸收资金的；

（十二）其他非法吸收资金的行为。

第三条　非法吸收或者变相吸收公众存款，具有下列情形之一的，应当依法追究刑事责任：

（一）非法吸收或者变相吸收公众存款数额在100万元以上的；

（二）非法吸收或者变相吸收公众存款对象150人以上的；

（三）非法吸收或者变相吸收公众存款，给存款人造成直接经济损失数额在50万元以上的。

非法吸收或者变相吸收公众存款数额在50万元以上或者给存款人造成直接经济损失数额在25万元以上，同时具有下列情节之一的，应当依法追究刑事责任：

（一）曾因非法集资受过刑事追究的；

（二）二年内曾因非法集资受过行政处罚的；

（三）造成恶劣社会影响或者其他严重后果的。

第四条　非法吸收或者变相吸收公众存款，具有下列情形之一的，应当认定为刑法第一百七十六条规定的"数额巨大或者有其他严重情节"：

（一）非法吸收或者变相吸收公众存款数额在500万元以上的；

（二）非法吸收或者变相吸收公众存款对象500人以上的；

（三）非法吸收或者变相吸收公众存款，给存款人造成直接经济损失数额在250万元以上的。

非法吸收或者变相吸收公众存款数额在250万元以上或者给存款人造成直接经济损失数额在150万元以上，同时具有本解释第三条第二款第三项情节的，应当认定为"其他严重情节"。

民间借贷融资的规则解读

（二）规则解读

1. 民间借贷融资需求信息释放渠道的合规选择

民间借贷融资来源除了亲戚朋友之外，更多的还是社会资本。企业与资本提供方之间的交易，基本上属于陌生人之间的交易。因此，必须通过一定的渠道释放融资需求信息，让更多的陌生投资人能获得投资信息，有兴趣去了解企业，并最终达成投资意向。可以说民间借贷融资的前提是需求信息的释放。在选择需求信息释放渠道时,一定要掌握好尺度,避免使用媒体、推介会、传单、手机短信等公开方式宣传,采用公开方式极易涉嫌非法吸收公众存款罪。建议向特定对象发出融资需求的信息,采用单对单、一定程度的单对多方式,禁止单对众的方式释放需求信息。

2. 合同审查

民间借贷融资尽量多采用书面合同,避免使用口头协议。合同审查,不仅要审查文字的表述,还要审查条款的实质内容,约定的借款金额、期限、用途、利息、担保、违约责任是否符合企业的融资意图,尽量减少风险因素。

合同审查内容,主要包括以下几方面:

(1) 合同条款。企业应当全面细致地逐一审查每项条款,这是合同审查的重点部分,主要分为三方面内容:一是合同的主体,主要是出借人是否符合法律要求,如出借人为自然人的,该自然人是否具有民事行为能力;二是合同的标的,即借款金额、期限、利息、借款条件是否符合事先约定;三是违约条款,违约的具体承担方式是否符合企业原意,是否存在显失公平等。

(2) 文字审查。合同是法律行为的文字表述,纠纷始终都是从文字性表述的合同上寻找解决依据,因此,在引入民间借贷时对合同文字的审查尤为重要,应当使用规范、准确、到位的文字,避免使用歧义性文字和歧义性表述。

(3) 合法性审查。主要审查是否违反法律强制性规定,是否存在合同无效的问题。民间借贷还可能涉及刑事风险。

3. 民间借贷融资用途要正当合法

用途不仅要按照借贷合同的约定,更要符合法律的规定。按照我国法律规定,企业民间借贷融资主要是用于生产、经营活动,禁止用于个人消费、转贷和违法行为等。不合法使用融资,除了承担借贷的违约责任,如赔偿损失、支付违约金、提前收回借款外,可能还要承担相应的刑事责任。这对创业者来说,应是最不愿意发生的事情,不仅融资未起到作用,除承担融资成本外,个人还要面临牢狱之灾。

4. 民间借贷融资风险

民间借贷融资风险,首先是民事法律责任风险,主要是融资企业未能按约返还本金和支付利息的违约责任;基于民间借贷高利息的特点,企业在融资过程中如出现未能按约支付利息或返还本金的行为,也就是出现资金链断裂的现象,还会引发一系列的刑事法律风险。

民间借贷存在刑事风险是指从事民间借贷融资时可能会涉及刑事责任,涉嫌的罪名主要包括非法吸收公众存款罪和集资诈骗罪。非法吸收公众存款与合法的民间借贷的区别在于融资对象是否特定,如向不特定公众融资,会有构成犯罪的风险。集资诈骗除了具有非法吸收公众存款罪的一般特点外,主观上还有非法占有他人资金的目的或存在认定为以占有为目的的行为。这两个涉罪行为绝大多数都是因为资金链断裂才暴露的。因此，在引进民间借贷资金时，一定要衡量企业的承担能力。

二、实务操作

（一）民间借贷融资对象要特定化

民间借贷融资的实务操作

企业可以向亲朋好友、企业内部员工等特定对象进行融资，严禁向社会不特定对象发布融资信息。要初步确定融资对象，要查明融资对象背景情况，如公司营业执照、办公地址、个人身份证和联系方式等，并通过企业信用系统网站等核实资料的真伪，防范贷款骗局。

（二）认真审查民间借贷合同条款

1. 当事人条款：明确双方借贷主体的资格情况，确定出借人的民事行为能力和代理人的授权权限。

2. 借款用途：借款用途一定要合法，具体的用途应当在合同条款中写明，不得冒用合法用途掩盖非法目的。

3. 借款金额、利息及期限条款：借款金额要考虑企业需求，不要盲目举债，融入金额与需求相差过大则不能达到融资目的。金额条款要保证该金额系双方协议约定的金额，不得出现书写或其他误差。民间借贷的利息一般较高，利息约定要考虑到企业的承受能力，高息运转会给企业带来极大的经营风险。利息条款还要注意还息方式，支付期限的长短关系着融资成本的高低。借贷期限，也就是企业能够自由使用这笔融资的期限，约定的期限不能太短，太短融资使用效益未能体现，太长则会提高融资成本，适当的期限是与企业需要此项融资的期限一致，这就要求企业合理审视自身的发展趋势，合理确定融资阶段的走出时间。

（三）健全财务制度，加强企业内部管理

对于民间借贷融资的资金要明确专款专用，只能用于生产、经营等融资所需，不得用于其他用途，特别是转贷、高消费，以及一些非法用途，确保资金使用安全。

三、风险防范

民间借贷融资的风险防范

1. 合理控制融资对象的数量和类型。民间借贷不得向不特定社会公众进行，向不特定社会公众进行民间借贷，是构成非法吸收公众存款罪的要件之一。民间借贷融资对象的数量和类型越少，融资的刑事风险性也越小。

2. 企业应当依据自身的经营状况和财务能力，选择合适的贷款利率或融资回报率，保证融资后的偿还能力。不要一味为了扩大经营规模，以向贷款人许诺高额利息和回报率为代价进行盲目融资，这种完全超出企业承受能力的融资会使企业背上高息负担，榨干企业的经营利润，迫使企业陷入借新债还旧债的债务

循环,企业所谓的融资发展已无从谈起。

3. 民间借贷融资的理由一定要真实、合法,不得为了取得出借人的信任,投其所好编造融资理由。融资项目可以适当包装提升对资金方的吸引力,但不得构成隐瞒和欺诈。以虚构的项目或事实进行融资,如到期不能归还借款本息,企业还将面临刑事风险。

4. 审查出借人的背景情况,注意交易资金的来源合法性。出借人为自然人的,该自然人年龄、精神状况等如不符合《民法典》规定的完全民事行为能力条件,即使签订了借贷合同,也会被认定无效。出借人为企业的,应注意该企业对外出借的次数、频率,如该企业频繁对外出借资金或专门以借贷为业,融资企业就要注意风险了。严禁从非法机构或专职从事高利贷业务的个人处借贷,这些机构和个人的资金往往来源不规范甚至不合法,容易出现风险,如涉嫌非法集资、非法经营等,虽然相关责任不会由融资企业承担,但如若资金涉嫌违法犯罪,即使民间借贷融资合同有效,并且仍处在借贷期限内,也会存在被有关部门冻结、划拨的可能,会打乱企业的资金使用安排,影响企业财务安排,进而影响企业发展。

5. 防止合同条款陷阱。一要注意格式条款,格式条款是当事人一方为了自己的利益而预先拟定,并在订立合同时未与对方协商的条款。但在实践中,对方会尽量想办法让你忽略这些条款,使用各种花言巧语让你签字,甚至还要在合同上写上"以上内容看过,是经过双方充分协商,并且对其内容充分理解"。二是条款可能存在不同理解或意义时候,一定要坚决提出修改,不能认为可以按自己的理解来,等到纠纷发生时候,法官不一定会持同样的意见。

6. 严格掌握民间借贷融资与非法吸收公众存款和集资诈骗的界线,依法融资,维护企业的正常经营秩序,营造良好的企业成长环境。民间借贷融资与非法吸收公众存款的界线其实就是两条,一是是否向社会不特定公众进行融资,二是是否将融资所得资金用于企业正常的生产经营;集资诈骗还应具备以非法占有为目的的特征,这里的"以非法占有为目的"不仅仅是主观上的,如存在《最高人民法院关于审理非法集资刑事案件具体应用法律若干问题的解释》第 7 条规定的客观行为,也将被认定为"以非法占有为目的"。

四、典型案例

(一)案件简介

本色控股集团集资诈骗案[①]

1981 年出生在浙江东阳的吴某曾是浙江本色控股集团有限公司的法定代

[①] (2012)浙刑二重字第 1 号。

表人,被捕前住在东阳市本色概念酒店913房间。经法院审理查明,吴某在2006年4月成立本色控股集团有限公司前,以万元每日35元、40元、50元不等的高息或每季度分红30%、60%、80%的高额回报为诱饵,从多人处集资达1400余万元。在已负债上千万元的情况下,为了资金链的延续,吴某于2005年下半年开始,继续以高额回报为诱饵,大量非法集资,并用非法集资款先后虚假注册了多家公司,为其隐瞒事实真相,掩盖已巨额负债的事实,又采用付高息或高额投资回报,继续进行集资,非法集资人民币7.7亿余元。2009年12月18日,金华市中级人民法院依法作出一审判决,以集资诈骗罪判处被告人吴某死刑,剥夺政治权利终身,并处没收其个人全部财产。2010年1月,吴某不服一审判决,提起上诉。2012年1月18日下午,浙江省高级人民法院对被告人吴某集资诈骗一案进行二审判决,裁定驳回吴某的上诉,维持对被告人吴某的死刑判决。2012年4月20日,最高人民法院未核准吴某死刑,该案发回浙江省高级人民法院重审。2012年5月21日下午,浙江省高级人民法院经重新审理后,对被告人吴某集资诈骗案作出终审判决,以集资诈骗罪判处被告人吴某死刑,缓期两年执行,剥夺政治权利终身,并处没收其个人全部财产。

(二) 案例评析

这就是当时闹得全国沸沸扬扬的"吴某案",可以说是民间借贷融资风险最生动的体现。

(1) 吴某及本色集团名义上仅直接向11位个人进行了借贷融资,从表面上看似乎不构成"向不特定的社会公众"集资。但这11人的资金实际是从背后的100多人处筹资而来,司法机关经过审理认为吴某对此明知仍进行融资,以此认定构成"向不特定的社会公众"集资。

(2) 吴某及本色集团在有实体经营和项目的情况下,之所以被认定为诈骗,很大原因就在于司法机关认为吴某在负债累累、已无偿还能力的情况下,仍继续高息从事民间借贷融资,并对部分非法集资款随意处分和挥霍。即使融资初衷并不是为了"非法占有"和诈骗,但融资之后的资金使用情况,也同样影响犯罪定性。

本案给创业者的警示意义在于,从事民间借贷融资时一定要认真审查融资对象的经济能力,注意融资对象的资金来源,融资规模明显超过融资对象的经济能力和收入水平的,创业者应当要谨慎考虑是否接受融资,控制好法律风险。融资后,一定要按照融资时所陈述的用途使用资金,将资金投向于生产、经营,需要改变用途的应事先书面征求融资对象同意。对民间借贷融资要预先建立完备的风险评估和预防体系,对民间借贷的高利息和高风险要有预期准备,不能像本案一样陷入高利贷陷阱,不能自拔,以至于借新还旧,雪球越滚越大,最后事发,人财两空。

第三节　银行贷款融资风险防范

银行贷款是一种风险小、成本低的融资方式,不管处于何种创业阶段,都应把银行贷款作为重要的融资渠道。银行贷款融资的风险主要集中在银行信贷的延续性和创业者获取银行贷款的行为上。

一、法律规则

(一)核心法条

《中华人民共和国民法典》

第六百七十三条　借款人未按照约定的借款用途使用借款的,贷款人可以停止发放借款、提前收回借款或者解除合同。

第六百七十五条　借款人应当按照约定的期限返还借款。对借款期限没有约定或者约定不明确,依据本法第五百一十条的规定仍不能确定的,借款人可以随时返还;贷款人可以催告借款人在合理期限内返还。

第六百七十六条　借款人未按照约定的期限返还借款的,应当按照约定或者国家有关规定支付逾期利息。

《中华人民共和国刑法》

第一百七十五条　以转贷牟利为目的,套取金融机构信贷资金高利转贷他人,违法所得数额较大的,处三年以下有期徒刑或者拘役,并处违法所得一倍以上五倍以下罚金;数额巨大的,处三年以上七年以下有期徒刑,并处违法所得一倍以上五倍以下罚金。

单位犯前款罪的,对单位判处罚金,并对其直接负责的主管人员和其他直接责任人员,处三年以下有期徒刑或者拘役。

第一百七十五条之一　以欺骗手段取得银行或者其他金融机构贷款、票据承兑、信用证、保函等,给银行或者其他金融机构造成重大损失的,处三年以下有期徒刑或者拘役,并处或者单处罚金;给银行或者其他金融机构造成特别重大损失或者有其他特别严重情节的,处三年以上七年以下有期徒刑,并处罚金。

单位犯前款罪的,对单位判处罚金,并对其直接负责的主管人员和其他直接责任人员,依照前款的规定处罚。

第一百九十三条 有下列情形之一,以非法占有为目的,诈骗银行或者其他金融机构的贷款,数额较大的,处五年以下有期徒刑或者拘役,并处二万元以上二十万元以下罚金;数额巨大或者有其他严重情节的,处五年以上十年以下有期徒刑,并处五万元以上五十万元以下罚金;数额特别巨大或者有其他特别严重情节的,处十年以上有期徒刑或者无期徒刑,并处五万元以上五十万元以下罚金或者没收财产:

(一)编造引进资金、项目等虚假理由的;

(二)使用虚假的经济合同的;

(三)使用虚假的证明文件的;

(四)使用虚假的产权证明作担保或者超出抵押物价值重复担保的;

(五)以其他方法诈骗贷款的。

第二百条 单位犯本节第一百九十四条、第一百九十五条规定之罪的,对单位判处罚金,并对其直接负责的主管人员和其他直接责任人员,处五年以下有期徒刑或者拘役,可以并处罚金;数额巨大或者有其他严重情节的,处五年以上十年以下有期徒刑,并处罚金;数额特别巨大或者有其他特别严重情节的,处十年以上有期徒刑或者无期徒刑,并处罚金。

《贷款通则》

第二十条 对借款人的限制:

一、不得在一个贷款人同一辖区内的两个或两个以上同级分支机构取得贷款。

二、不得向贷款人提供虚假的或者隐瞒重要事实的资产负债表、损益表等。

三、不得用贷款从事股本权益性投资,国家另有规定的除外。

四、不得用贷款在有价证券、期货等方面从事投机经营。

五、除依法取得经营房地产资格的借款人以外,不得用贷款经营房地产业务;依法取得经营房地产资格的借款人,不得用贷款从事房地产投机。

六、不得套取贷款用于借贷牟取非法收入。

七、不得违反国家外汇管理规定使用外币贷款。

八、不得采取欺诈手段骗取贷款。

第二十二条 贷款人的权利:

根据贷款条件和贷款程序自主审查和决定贷款,除国务院批准的特定贷款外,有权拒绝任何单位和个人强令其发放贷款或者提供担保。

一、要求借款人提供与借款有关的资料;

二、根据借款人的条件,决定贷与不贷、贷款金额、期限和利率等;

三、了解借款人的生产经营活动和财务活动;

四、依合同约定从借款入帐户上划收贷款本金和利息；

五、借款人未能履行借款合同规定义务的，贷款人有权依合同约定要求借款人提前归还贷款或停止支付借款人尚未使用的贷款；

六、在贷款将受或已受损失时，可依据合同规定，采取使贷款免受损失的措施。

第六十九条 借款人采取欺诈手段骗取贷款，构成犯罪的，应当依照《中华人民共和国商业银行法》第八十条等法律规定处以罚款并追究刑事责任。

第七十条 借款人违反本通则第九章第四十五条规定，蓄意通过兼并、破产或者股份制改造等途径侵吞信贷资金的，应当依据有关法律规定承担相应部分的赔偿责任并处以罚款；造成贷款人重大经济损失的，应当依照有关法律规定追究直接责任人员的刑事责任。

借款人违反本通则第九章其他条款规定，致使贷款债务落空，由贷款人停止发放新贷款，并提前收回原发放的贷款。造成信贷资产损失的，借款人及其主管人员或其他个人，应当承担部分或全部赔偿责任。在未履行赔偿责任之前，其他任何贷款人不得对其发放贷款。

第七十一条 借款人有下列情形之一，由贷款人对其部分或全部贷款加收利息；情节特别严重的，由贷款人停止支付借款人尚未使用的贷款，并提前收回部分或全部贷款：

一、不按借款合同规定用途使用贷款的。

二、用贷款进行股本权益性投资的。

三、用贷款在有价证券、期货等方面从事投机经营的。

四、未依法取得经营房地产资格的借款人用贷款经营房地产业务的；依法取得经营房地产资格的借款人，用贷款从事房地产投机的。

五、不按借款合同规定清偿贷款本息的。

六、套取贷款相互借贷牟取非法收入的。

第七十二条 借款人有下列情形之一，由贷款人责令改正。情节特别严重或逾期不改正的，由贷款人停止支付借款人尚未使用的贷款，并提前收回部分或全部贷款：

一、向贷款人提供虚假或者隐瞒重要事实的资产负债表、损益表等资料的；

二、不如实向贷款人提供所有开户行、账号及存贷款余额等资料的；

三、拒绝接受贷款人对其使用信贷资金情况和有关生产经营、财务活动监督的。

（二）规则解读

银行贷款融资的规则解读

1. 借款主体要适格。具有借款主体资格是创业者依法向商业银行申请借贷融资的前提。银行贷款属于国家金融监管事项，并不属于完全的意思自治领域。因此，创业者若要获得银行贷款融资，必然要取得法定的借款资格。创业者为法人或其他组织的，应具备以下基本条件：（1）依法设立；（2）借款用途明确、合法；（3）借款人生产经营合法、合规；（4）具有持续经营能力，有合法的还款来源；（5）信用状况良好，无重大不良信用记录；（6）贷款人要求的其他条件。

创业者为自然人的，应具备以下基本条件：（1）具有完全民事行为能力的中华人民共和国公民或符合国家有关规定的境外自然人；（2）贷款用途明确合法；（3）贷款申请数额、期限和币种合理；（4）借款人具备还款意愿和还款能力；（5）借款人信用状况良好，无重大不良信用记录；（6）贷款人要求的其他条件。

2. 申请建立信贷关系。信贷关系是指银行与借款人在信贷活动中所发生的权利和义务关系。想获得银行贷款融资，必须与银行建立信贷关系，信贷关系的建立要先由创业者根据融资需求向银行提交贷款申请书。

3. 通过目标银行的贷款调查审批。创业者提出借款申请后能否获得银行贷款融资的主动权在目标银行，目标银行是否放贷主要取决于对创业者的贷款调查情况，并据此决定贷款金额、利息、期限以及担保方式等。因此，创业者必须重视和认真对待银行的贷款调查，按要求提供材料并主动配合银行经办人员的贷款调查。

4. 签订借款合同。通过目标银行的贷款调查审批，银行才会同意放款。所有贷款应当由贷款人与借款人签订借款合同。借款合同应当约定借款种类、用途、金额、利率、期限、还款方式等以及需要约定的其他事项。有保证人的，保证人要与银行签订保证合同，有抵押物和质押物的，抵押人、出质人应与银行签订抵押合同和质押合同。

5. 贷后检查。贷款发放后，贷款人应当对借款人执行借款合同情况及借款人的经营情况进行跟踪和检查。如果发现借款人存在未按约定用途使用贷款等违反借款合同约定的情形，有可能造成贷款风险加大，银行可按照双方签订的借款合同约定或法律法规规章等规定提前收回贷款或采取相关保全措施。

二、实务操作

银行贷款融资的实务操作

（一）提出贷款申请

1. 合理选择贷款银行。目前可提供贷款融资的银行有很多选择，有国有的、股份制的、国内的、国外的，同一家银行不同分支机构对信贷政策的把控和贷款利息的设定也会存在一定的差异。因此,对于创业者来讲,根据企业发展情况,确定需要从银行贷款融资后,还应在多家银行甚至同家银行不同分支机构间进行比较选择,避免选择高息银行,尽量减轻企业负债压力。此外还要注意的是按中国人民银行的《贷款通则》第20条第1项之规定,不得在一个贷款人同一辖区内的两个或两个以上同级分支机构取得贷款。确定目标银行后,要主动与目标银行联系,银行会安排信贷员与创业者进行洽谈沟通,达成初步意向后,创业者要及时向银行提交贷款申请书,以便银行下一步开展贷款调查。

2. 贷款申请材料主要有:(1)借款人及保证人的基本情况;(2)上年度财务报告,以及申请借款前最近一期的财务报告;(3)抵押物、质物清单和有处分权人的同意抵押、质押的证明及保证人拟同意保证的有关证明文件;(4)项目建议书和可行性报告;(5)贷款人认为需要提供的其他有关资料。创业者为企业的,应当提供企业法人营业执照、法人资格认定书、税务登记证、法定代表人身份证明、公司章程、企业董事会名单、企业董事会决议、企业具体贷款用途、企业自身经营规模、财务状况、产品情况等具体材料。

(二)要主动配合银行调查审批

银行调查审批主要包括三个方面的内容:信用等级评估、贷款调查、贷款审批。

1. 信用等级评估,是银行出于贷款合法性、安全性、盈利性考虑,在贷前对借款人进行的综合调查并评定信用等级的行为,是根据借款人的领导者素质、经济实力、资金结构、履约情况、经营效益和发展前景等因素,进行的信用等级评定。具体调查以下方面的内容:

(1)借款人主体是否适格;

(2)近几年的经营状况和发展前景预测;

(3)近几年的财务状况:资产负债、股权架构、资金周转情况、盈利能力等现状及变化;

(4)征信情况:借款人及其主要负责人和关联企业有无拖欠金融机构的贷款本息和涉诉等不良信用记录;

(5)经营者素质:主要是法定代表人和主要领导层的学识、经历、业绩、品德和经营管理能力;

(6)担保情况:主要是抵(质)押物的权属,价值和变现难易程度,保证人的保证资格和保证能力。

信用评定等级是银行对借款人的偿债能力和意愿的一种判断。银行更愿意放贷给评定等级高的企业和个人,贷款条件和利息、期限等相对会放宽。评定的等级过低,可能会遭到银行的拒贷。

2. 贷款调查,是指贷款银行受理借款人申请后,应当对借款人的信用等级以及借款的合法性、安全性、盈利性等情况进行调查,核实抵押物、质物、保证人情况,测定贷款的风险度,属于实质审查,也是借款人能否取得贷款融资的关键环节。主要调查以下内容:

(1) 借款人的主体资格是否合法,有无民事责任能力;

(2) 借款人是否符合贷款基本条件,如负债比例等;

(3) 借款用途是否合规,金额、期限、利率是否合规;

(4) 企业法人的股东会借款决议记录、法人公章、法定代表人或授权代理人的印章、签字样本等的真伪;

(5) 其他认定需要进一步调查核实的。

贷款调查一般由银行指派两名信贷员负责,采用非现场调查与实地调查相结合的方式进行,经深入调查,形成调查报告,连同其他贷款资料一并送交审查部门审查。

3. 贷款审批。贷款人应当建立审贷分离,分级审批的贷款管理制度。因此,银行内部会有专门的审批人员(内部称审批师)根据调查报告对调查人员提供的资料进行核实、评定,复测贷款风险度,提出意见,按规定权限报批。并不是由调查人员即信贷员直接提交权限部门或领导进行发放审批。

事实上,绝大多数银行在贷款审批流程之后,还要再经过一个贷款风险审查环节,这属于银行的内部风险管控,只有经过风险审查才会真正提交给权限部门或领导进行发放审批。

(三) 签订借款合同

所有贷款应当由贷款人与借款人签订借款合同。借款合同应当约定借款种类、借款用途、金额、利率、借款期限、还款方式,借、贷双方的权利、义务,违约责任和双方认为需要约定的其他事项。

保证贷款应当由保证人与贷款人签订保证合同,或保证人在借款合同上载明与贷款人协商一致的保证条款,加盖保证人的法人公章,并由保证人的法定代表人或其授权代理人签署姓名。抵押贷款、质押贷款应当由抵押人、出质人与贷款人签订抵押合同、质押合同,需要办理登记的,应依法办理登记。

(四) 贷后检查

贷后检查也称贷后管理,按《贷款通则》的规定,贷款发放后,贷款人应当对借款人执行借款合同的情况及借款人的经营情况进行追踪调查和检查。银行为保证贷款能按时收回,在发放贷款后,会组织检查人员定期或不定期对贷款人的经营状况和财务状况进行调查,也会要求借款人定期或不定期提供相关经营资料,以关注资金的用途。如贷款人不能按时还本付息,银行有权采取相应措施,或以法律手段追回本息,以维护信贷资金的安全。

(五) 贷款归还

借款人应当按照借款合同的约定按时足额归还贷款本息。贷款人在贷款到期前,应当向借款人发送还本付息通知单;借款人应当及时筹备资金,按期还本付息。

贷款人对逾期的贷款要及时发出催收通知单,做好逾期贷款本息的催收工作。贷款人对不能按借款合同约定期限归还的贷款,应当按规定加罚利息;对不能归还或者不能落实还本付息事宜的,应当督促归还或者依法起诉。

借款人提前归还贷款,应当与贷款人协商。

三、风险防范

(一) 自查是否符合贷款资格和条件

创业者应在贷前自查是否符合借款主体资格,拟申请的借款事由或项目是否符合相关规定,以避免贷款申请不能批准的风险。根据自身的经营现状、发展预期和财务能力,确定适当的贷款金额和选择能够承受的贷款利率。贷款规模超过创业者的资金需求会造成资金浪费及不必要的利息损失,增加经营成本和风险。

银行贷款融资的风险防范

(二) 创业者必须提供真实的申请材料并告知银行真实的借款用途

银行会依照《贷款通则》和金融监管部门的要求以及本行贷款准则对借款人设立一定的贷款条件、要求。创业者如不符合目标银行的信贷要求,应当进行积极沟通或选择其他银行重新申请贷款,绝不能通过编造、伪造证明材料,或隐瞒负面信息,如虚构用途、财务报表作假、用虚假资产评估及控制多家公司自行担保等,以通过目标银行的贷款审查,顺利获得贷款。若采用上述手段获得贷款,在事后被发现,除必须提前还款外,还要承担违约责任,如不能及时归还本息造成银行重大损失或者有其他严重情节的,将触犯《刑法》,构成骗取贷款罪;若贷前具有以"非法占有"为目的的情形,将构成贷款诈骗罪。

(三) 认真对待借款合同

借款合同一般都是使用银行提供的格式合同,但创业者在签订借款合同时,仍要认真对待。借款用途、金额、利息、期限、逾期责任作一般审查即可,这些方面不会有较大的陷阱。需要创业者特别注意的是担保条款,除了之前磋商达成的保证人、抵押物、质押物外,条款里是否还设置其他担保方式,如创业者为个人或个体户的,是否要求配偶承担连带还款责任;如创业者为法人的,法定代表人和股东是否要承担连带保证责任;等等。创业者对此一定要有敏感性,按此类条款,创业不利导致无法偿还银行贷款的责任,除了创业企业外,还要由创业者以其个人和家庭财产进行清偿。

(四)严格规范贷款资金的使用,确保借款用途合法

借款合同约定的用途肯定合法,不然根本过不了银行审查这一关。这里所指的合法有两层含义:一是符合合同约定的要求。依照签订的借款合同约定的用途使用,不得擅自挪作他用。依约使用是对创业者的基本要求,否则,贷款银行有权对其挪用部分或全部贷款加收罚息;情节特别严重的,贷款银行会停止支付借款人尚未使用的贷款,并提前收回部分或全部贷款。这会直接造成融资者的经营风险。二是借款用途必须不得违反法律、行政法规强制性规定,这层含义指的是创业者如违约改变贷款用途,也不得将贷款投向法律、法规禁止的用途,如高利转贷、赌博、贩毒等非法用途,这是底线要求,任何创业者都不得违反,否则会有触犯《刑法》的风险。

四、典型案例

(一)案情简介

锦州经济技术开发区合金有限公司等骗取贷款案[①]

2007年5月,被告人王某某与他人合资收购锦州经济技术开发区合金厂,注册成立锦州经济技术开发区合金有限公司,王某某任法定代表人。2007年7月,该公司成为王某某的独资公司,经营范围为钼铁、钛铁、锰、矿产品等销售。2010年4月份,王某某以合金公司名义,用228.77吨钼精矿粉和11套机器设备作为抵押物,向锦州天桥农村商业银行股份有限公司抵押贷款1000万元(以下币种均为人民币)。王某某向银行提交了没有实际交易的《矿产品购销合同》、虚假的利润表和其他财务报表,且在抵押的钼精矿粉中掺杂了无品位的矿土、水泥等。2010年4月,1000万元贷款批下来后,王某某将其全部用于归还公司及个人贷款,而没有用于贷款用途。且王某某在取得贷款后,在未告知银行的情况下,私自将抵押物钼精矿粉绝大部分变卖,所得款项也未还银行。2011年5月,王某某还款200万元后又以相同手段与该行签订了续贷800万元的贷款合同,借新还旧,致使800万元贷款本金无法偿还。

2009年11月,被告人王某某采用"借名贷款"的方式从葫芦岛市龙港区信用合作联社连港信用社贷款600万元。他以自己名下的80吨钼沙和沈某某名下的65吨钼精矿作抵押,以李某某、赵某某、何某某、韩某某的名义和龙港区信

---

① (2015)开刑初字第00035号。

用合作联社连湾信用社签订600万元贷款合同,所获600万元贷款被王某某所用。2010年10月,担保人沈某某在征得王某某同意的情况下,私自将用于抵押的钼精矿出售,王某某未将此事告知连湾信用社。同年,当贷款到期时,在沈某某的抵押物已经不存在的情况下,王某某又采取欺骗的方式,再次以李某某等四人的名义同连湾信用社签订了540万元的续贷合同(此次续贷前已还本金60万元,故此次续贷合同金额为540万元)。2011年2、3月份,王某某因急需用钱,又私自将自己用于抵押的80吨钼精矿出售。同年10月,当贷款的续贷期限到期后,王某某向信用社隐瞒了将抵押的钼精矿已全部出售的事实,又采取欺骗的方式以李某某等四人的名义同连湾信用社再次签订了480万元的续贷合同(此次续贷前已还本金60万元,故此次续贷合同金额为480万元),致使480万元贷款本金无法偿还。

法院判决认定被告单位锦州经济技术开发区合金有限公司和被告人王某某均构成骗取贷款罪。

(二)案例分析

(1)此案属于典型的单位骗取贷款罪中单位直接负责的主管人员和其他直接责任人员承担刑事责任的案件,虚构用途、编造财务报表、冒用他人名义、隐瞒资产现状等骗取贷款常用的手段在本案中随处可见。

(2)在银行贷款中,银行尽管要审慎审查贷款企业申请贷款的各种资料,如财务报告、贷款人的真实情况、贷款企业的资产现状等。但是,不能否认的是企业才是最了解自身情况的主体,银行毕竟是局外人,可能会因为这样或那样的原因发放贷款给违法的企业。但是"没有不透风的墙",企业骗取贷款的行为迟早会被发现。因此,企业在贷款时就应当提供真实有效的企业信息以备审核,贷款成功后要将所贷款项用于约定的用途。另外,企业还必须建立健全风险控制制度,用于约束别有用心的企业高管。

第四节 债券融资风险防范

债券的发行主体很多,中央政府、地方政府、金融公司、公司企业等一般都可以发行债券,由于证券的发行主体大于股票的发行主体(股票的发行主体为股份有限公司),因此,其融资规模也大于股票融资。同时,债券融资的规模也远远大于银行贷款,综合融资成本较银行贷款更低,企业可以随时根据经营状况自主决定发行事项。债券融资属于债务性融资,国家对投资者利益的保护作出了一系列的规定,严格规定了发行条件和发行程序,创业者在发行债券的时候一定要严格防范融资风险。

一、法律规则

（一）核心法条

《中华人民共和国刑法》

第一百六十条 在招股说明书、认股书、公司、企业债券募集办法等发行文件中隐瞒重要事实或者编造重大虚假内容，发行股票或者公司、企业债券、存托凭证或者国务院依法认定的其他证券，数额巨大、后果严重或者有其他严重情节的，处五年以下有期徒刑或者拘役，并处或者单处罚金；数额特别巨大、后果特别严重或者有其他特别严重情节的，处五年以上有期徒刑，并处罚金。

控股股东、实际控制人组织、指使实施前款行为的，处五年以下有期徒刑或者拘役，并处或者单处非法募集资金金额百分之二十以上一倍以下罚金；数额特别巨大、后果特别严重或者有其他特别严重情节的，处五年以上有期徒刑，并处非法募集资金金额百分之二十以上一倍以下罚金。

单位犯前两款罪的，对单位判处非法募集资金金额百分之二十以上一倍以下罚金，并对其直接负责的主管人员和其他直接责任人员，依照第一款的规定处罚。

第一百六十一条 依法负有信息披露义务的公司、企业向股东和社会公众提供虚假的或者隐瞒重要事实的财务会计报告，或者对依法应当披露的其他重要信息不按照规定披露，严重损害股东或者其他人利益，或者有其他严重情节的，对其直接负责的主管人员和其他直接责任人员，处五年以下有期徒刑或者拘役，并处或者单处罚金；情节特别严重的，处五年以上十年以下有期徒刑，并处罚金。

前款规定的公司、企业的控股股东、实际控制人实施或者组织、指使实施前款行为的，或者隐瞒相关事项导致前款规定的情形发生的，依照前款的规定处罚。

犯前款罪的控股股东、实际控制人是单位的，对单位判处罚金，并对其直接负责的主管人员和其他直接责任人员，依照第一款的规定处罚。

第一百七十九条 未经国家有关主管部门批准，擅自发行股票或者公司、企业债券，数额巨大、后果严重或者有其他严重情节的，处五年以下有期徒刑或者拘役，并处或者单处非法募集资金金额百分之一以上百分之五以下罚金。

单位犯前款罪的，对单位判处罚金，并对其直接负责的主管人员和其他直接责任人员，处五年以下有期徒刑或者拘役。

《中华人民共和国证券法》

第十五条 公开发行公司债券,应当符合下列条件:
(一) 具备健全且运行良好的组织机构;
(二) 最近三年平均可分配利润足以支付公司债券一年的利息;
(三) 国务院规定的其他条件。

公开发行公司债券筹集的资金,必须按照公司债券募集办法所列资金用途使用;改变资金用途,必须经债券持有人会议作出决议。公开发行公司债券筹集的资金,不得用于弥补亏损和非生产性支出。

上市公司发行可转换为股票的公司债券,除应当符合第一款规定的条件外,还应当遵守本法第十二条第二款的规定。但是,按照公司债券募集办法,上市公司通过收购本公司股份的方式进行公司债券转换的除外。

第七十八条 发行人及法律、行政法规和国务院证券监督管理机构规定的其他信息披露义务人,应当及时依法履行信息披露义务。

信息披露义务人披露的信息,应当真实、准确、完整,简明清晰,通俗易懂,不得有虚假记载、误导性陈述或者重大遗漏。

证券同时在境内境外公开发行、交易的,其信息披露义务人在境外披露的信息,应当在境内同时披露。

第七十九条 上市公司、公司债券上市交易的公司、股票在国务院批准的其他全国性证券交易场所交易的公司,应当按照国务院证券监督管理机构和证券交易场所规定的内容和格式编制定期报告,并按照以下规定报送和公告:
(一) 在每一会计年度结束之日起四个月内,报送并公告年度报告,其中的年度财务会计报告应当经符合本法规定的会计师事务所审计;
(二) 在每一会计年度的上半年结束之日起二个月内,报送并公告中期报告。

第八十一条 发生可能对上市交易公司债券的交易价格产生较大影响的重大事件,投资者尚未得知时,公司应当立即将有关该重大事件的情况向国务院证券监督管理机构和证券交易场所报送临时报告,并予公告,说明事件的起因、目前的状态和可能产生的法律后果。

前款所称重大事件包括:
(一) 公司股权结构或者生产经营状况发生重大变化;
(二) 公司债券信用评级发生变化;
(三) 公司重大资产抵押、质押、出售、转让、报废;
(四) 公司发生未能清偿到期债务的情况;
(五) 公司新增借款或者对外提供担保超过上年末净资产的百分之二十;

（六）公司放弃债权或者财产超过上年末净资产的百分之十；

（七）公司发生超过上年末净资产百分之十的重大损失；

（八）公司分配股利，作出减资、合并、分立、解散及申请破产的决定，或者依法进入破产程序、被责令关闭；

（九）涉及公司的重大诉讼、仲裁；

（十）公司涉嫌犯罪被依法立案调查，公司的控股股东、实际控制人、董事、监事、高级管理人员涉嫌犯罪被依法采取强制措施；

（十一）国务院证券监督管理机构规定的其他事项。

第八十五条 信息披露义务人未按照规定披露信息，或者公告的证券发行文件、定期报告、临时报告及其他信息披露资料存在虚假记载、误导性陈述或者重大遗漏，致使投资者在证券交易中遭受损失的，信息披露义务人应当承担赔偿责任；发行人的控股股东、实际控制人、董事、监事、高级管理人员和其他直接责任人员以及保荐人、承销的证券公司及其直接责任人员，应当与发行人承担连带赔偿责任，但是能够证明自己没有过错的除外。

第一百九十七条 信息披露义务人未按照本法规定报送有关报告或者履行信息披露义务的，责令改正，给予警告，并处以五十万元以上五百万元以下的罚款；对直接负责的主管人员和其他直接责任人员给予警告，并处以二十万元以上二百万元以下的罚款。发行人的控股股东、实际控制人组织、指使从事上述违法行为，或者隐瞒相关事项导致发生上述情形的，处以五十万元以上五百万元以下的罚款；对直接负责的主管人员和其他直接责任人员，处以二十万元以上二百万元以下的罚款。

信息披露义务人报送的报告或者披露的信息有虚假记载、误导性陈述或者重大遗漏的，责令改正，给予警告，并处以一百万元以上一千万元以下的罚款；对直接负责的主管人员和其他直接责任人员给予警告，并处以五十万元以上五百万元以下的罚款。发行人的控股股东、实际控制人组织、指使从事上述违法行为，或者隐瞒相关事项导致发生上述情形的，处以一百万元以上一千万元以下的罚款；对直接负责的主管人员和其他直接责任人员，处以五十万元以上五百万元以下的罚款。

《企业债券管理条例》

第十一条 企业发行企业债券必须按照本条例的规定进行审批；未经批准的，不得擅自发行和变相发行企业债券。

中央企业发行企业债券，由中国人民银行会同国家计划委员会审批；地方企业发行企业债券，由中国人民银行省、自治区、直辖市、计划单列市分行会同同级计划主管部门审批。

第二十条 企业发行企业债券所筹资金应当按照审批机关批准的用途，用于本企业的生产经营。

企业发行企业债券所筹资金不得用于房地产买卖、股票买卖和期货交易等与本企业生产经营无关的风险性投资。

第二十六条 未经批准发行或者变相发行企业债券的，以及未通过证券经营机构发行企业债券的，责令停止发行活动，退还非法所筹资金，处以相当于非法所筹资金金额5%以下的罚款。

第二十七条 超过批准数额发行企业债券的，责令退还超额发行部分或者核减相当于超额发行金额的贷款额度，处以相当于超额发行部分5%以下的罚款。

第三十条 未按批准用途使用发行企业债券所筹资金的，责令改正，没收其违反批准用途使用资金所获收益，并处以相当于违法使用资金金额5%以下的罚款。

第三十三条 对有本条例第二十六条、第二十七条、第二十八条、第二十九条、第三十条、第三十一条所列违法行为的单位的法定代表人和直接责任人员，由中国人民银行及其分支机构给予警告或者处以1万元以上10万元以下的罚款；构成犯罪的，依法追究刑事责任。

第三十六条 发行企业债券的企业违反本条例规定，给他人造成损失的，应当依法承担民事赔偿责任。

《公司债券发行与交易管理办法》

第四条 发行人及其他信息披露义务人应当及时、公平地履行披露义务，所披露或者报送的信息必须真实、准确、完整，简明清晰，通俗易懂，不得有虚假记载、误导性陈述或者重大遗漏。

第十二条 根据财产状况、金融资产状况、投资知识和经验、专业能力等因素，公司债券投资者可以分为普通投资者和专业投资者。专业投资者的标准按照中国证监会的相关规定执行。

证券自律组织可以在中国证监会相关规定的基础上，设定更为严格的投资者适当性要求。

发行人的董事、监事、高级管理人员及持股比例超过百分之五的股东，可视同专业投资者参与发行人相关公司债券的认购或交易、转让。

第十五条 存在下列情形之一的，不得再次公开发行公司债券：

（一）对已公开发行的公司债券或者其他债务有违约或者延迟支付本息的事实，仍处于继续状态；

（二）违反《证券法》规定，改变公开发行公司债券所募资金用途。

第十六条　资信状况符合以下标准的公开发行公司债券,专业投资者和普通投资者可以参与认购:

(一)发行人最近三年无债务违约或者延迟支付本息的事实;

(二)发行人最近三年平均可分配利润不少于债券一年利息的1.5倍;

(三)发行人最近一期末净资产规模不少于250亿元;

(四)发行人最近36个月内累计公开发行债券不少于3期,发行规模不少于100亿元;

(五)中国证监会根据投资者保护的需要规定的其他条件。

未达到前款规定标准的公开发行公司债券,仅限于专业投资者参与认购。

第三十四条　非公开发行的公司债券应当向专业投资者发行,不得采用广告、公开劝诱和变相公开方式,每次发行对象不得超过二百人。

第四十七条　发行人和承销机构在推介过程中不得夸大宣传,或以虚假广告等不正当手段诱导、误导投资者,不得披露除债券募集说明书等信息以外的发行人其他信息。承销机构应当保留推介、定价、配售等承销过程中的相关资料,并按相关法律法规规定存档备查,包括推介宣传材料、路演现场录音等,如实、全面反映询价、定价和配售过程。相关推介、定价、配售等的备查资料应当按中国证券业协会的规定制作并妥善保管。

第七十条　非公开发行公司债券,发行人及其他信息披露义务人披露的信息存在虚假记载、误导性陈述或者重大遗漏的,中国证监会可以对发行人、其他信息披露义务人及其直接负责的主管人员和其他直接责任人员采取本办法第六十九条规定的相关监管措施;情节严重的,依照《证券法》第一百九十七条予以处罚。

第七十一条　非公开发行公司债券,发行人违反本办法第十三条规定的,中国证监会可以对发行人及其直接负责的主管人员和其他直接责任人员采取本办法第六十九条规定的相关监管措施;情节严重的,处以警告、罚款。

第七十五条　发行人及其控股股东、实际控制人、董事、监事、高级管理人员违反本办法第五条第二款的规定,严重损害债券持有人权益的,中国证监会可以依法限制其市场融资等活动,并将其有关信息纳入证券期货市场诚信档案数据库。

债券融资的
规则解读

(二)规则解读

1. 债券发行条件

债券发行条件是指以发行债券的形式进行融资时应具备的条件,包括融资者的资产状况、盈利情况、用途要求、票面利率以及其他规定的条件,企业债券、公司债券、中小企业私募债券的发行条件各不相同。创业企业应当在有意向发行债券进行融资的时候，对照各种债券的发行条件，选择最为符合自身现状的债券融资形式，避免融资方式选择不当造成损失。

2. 债券发行方式

债券的发行分为公开发行和非公开发行。对于公开发行，还存在"大公募"和"小公募"两种形式。其中"大公募"是指可以面向公众投资者发行的公司债券，要求最为严格；"小公募"是仅向合格投资者公开发行的公司债券。《公司债券发行与交易管理办法》第16条规定："资信状况符合以下标准的公开发行公司债券，专业投资者和普通投资者可以参与认购：（一）发行人最近三年无债务违约或者延迟支付本息的事实；（二）发行人最近三年平均可分配利润不少于债券一年利息的1.5倍；（三）发行人最近一期末净资产规模不少于250亿元；（四）发行人最近36个月内累计公开发行债券不少于3期，发行规模不少于100亿元；（五）中国证监会根据投资者保护的需要规定的其他条件。未达到前款规定标准的公开发行公司债券，仅限于专业投资者参与认购。"非公开发行方式，即私募，是指仅向合格投资者发行，且每次发行对象不超过200人的发行方式，其具有发行成本低、对发债机构资格认定标准较低、可不需要提供担保、信息披露程度要求低、有利于建立与业内机构的战略合作等优点。债券的发行方式跟创业者采用的债券融资类型相关，相关的法律法规对不同的债券类型规定了不同的发行方式，只有选择符合规定的发行方式才能进行债券发行。一般而言，私募债券的发行主要适合于中小企业。

3. 公司债券和企业债券

由于历史发展原因，在我国另有公司债券和企业债券之区分。公司债券是由股份有限公司或有限责任公司发行的债券，企业债券是由中央政府部门所属机构、国有独资企业或国有控股企业发行的债券。两者曾在发行方式和审核方式上有所不同：公司债券采取核准制，由中国证券监督管理委员会核准；企业债券采取审核制，由国家发展和改革委员会审批。由于审核政策不同，发行人在不同品种之间腾挪，容易产生监管套利空间。因此，近年来，债券市场统一工作一直在推进之中。

2020年2月，国务院办公厅印发《关于贯彻实施修订后的证券法有关工作的通知》，明确将企业债券纳入《证券法》规制范围，施行发行注册制。2023年4月18日，中国证券监督管理委员会、国家发展和改革委员会发布公告，宣告开启为时6个月的企业债券发行审核职责划转过渡期。同年10月，中国证券监督管理委员会发布公告，宣布过渡期顺利结束，此后公开发行企业债券的发行条件、申请文件、审核注册程序等，均按照公司债券（含企业债券）相关制度规则执行。

4. 信息披露

发行债券，发行者应当承担信息披露的义务，披露应遵循诚实信用的原则，不得有虚假记载、误导性陈述或者重大遗漏。信息披露主要集中在两个阶段,一是募集说明书,募集说明书应参照公开发行募集说明书的内容编制,保证真实、准确、完整、公平、及时地提供一切对合格投资者作出投资决策有重大影响的信息;二是持续信息披露。在债券存续期内,发行人应向持有债券的合格投资者及时披露对其作出投资决策有重大影响的信息。持续信息披露的内容与方式应在募集说明书中明确约定。

二、实务操作

(一) 债券发行条件

债券融资的实务操作

1. 根据《企业债券管理条例》第 12 条的规定,发行企业债券必须符合以下条件:(1) 企业规模达到国家规定的要求;(2) 企业财务会计制度符合国家规定;(3) 具有偿债能力;(4) 企业经济效益良好,发行企业债券前连续三年盈利;(5) 所筹资金用途符合国家产业政策。

《国家发展改革委关于进一步改进和加强企业债券管理工作的通知》对企业债券的发行条件规定如下:(1) 所筹资金用途符合国家产业政策和行业发展规划;(2) 净资产规模达到规定的要求;(3) 经济效益良好,近三个会计年度连续盈利;(4) 现金流状况良好,具有较强的到期偿债能力;(5) 近三年没有违法和重大违规行为;(6) 前一次发行的企业债券已足额募集;(7) 已经发行的企业债券没有延迟支付本息的情形;(8) 企业发行债券余额不得超过其净资产的 40%,用于固定资产投资项目的,累计发行额不得超过该项目总投资的 20%;(9) 符合国家发展改革委根据国家产业政策、行业发展规划和宏观调控需要确定的企业债券重点支持行业、最低净资产规模以及发债规模的上、下限;(10) 符合相关法律法规的规定。

为了鼓励信用优良企业发行小微企业增信集合债券,为受疫情影响的中小微企业提供流动性支持,《国家发展改革委办公厅关于疫情防控期间做好企业债券工作的通知》允许债券发行人使用不超过 40% 的债券资金用于补充营运资金,同时将委托贷款集中度的要求放宽为"对单个委贷对象发放的委贷资金累计余额不得超过 5000 万元且不得超过小微债募集资金总规模的 10%"。

2. 发行公司债券的条件为:(1) 股份有限公司的净资产不低于人民币 3000 万元,有限责任公司的净资产不低于人民币 6000 万元;(2) 累计债券余额不超过公司净资产的 40%;(3) 最近三年平均可分配利润足以支付公司债券 1 年的利息;(4) 筹集的资金投向符合国家产业政策;(5) 债券的利率不超过国务院限定的利率水平;(6) 国务院规定的其他条件。

3. 中小企业私募债券,目前上交所和深交所的试点要求为:(1) 发行人是中国境内注册的有限责任公司或者股份有限公司;(2) 发行利率不得超过同期银行贷款基准利率的 3 倍;(3) 期限在 1 年(含)以上;(4) 该所规定的其他条件。

(二) 公司债券发行流程

在我国公司债券可以公开发行,也可以非公开发行。公开发行的债券可以向公众投资者发行,而非公开发行的债券只能向专业投资者发行,且每次发行的对象不超过 200 人。因此两者的发行程序也有所不同,我国对公开发行的公司债券采取注册制,对非公开发行的公司债券则采取备案制。

1. 公司债券公开发行的流程

公司债券的发行流程,简单来说,就是发行人公司聘请中介机构,中介机构进行尽职调查后,起草相关文件并报送有关主管机关中国证券监督管理委员会(以下简称中国证监会)注册,继而向市场投资者出售的过程。基础程序如下:

(1) 发行人公司聘请中介机构。公司债券发行的中介机构主要包括:证券公司作为主承销商;信用评级公司作为资信评级机构;会计师事务所作为审计机构;律师事务所作为专项法律顾问。发行人在选定中介机构后,应当与中介机构签订相关合同文件。

(2) 召开公司债券发行启动会议。选定中介机构后,一般由发行人组织,召开首次公司债券发行启动会议。

(3) 中介机构尽职调查。启动会后,各中介机构着手展开相关的尽职调查工作,收集整理相关资料,撰写尽职调查报告初稿或工作底稿。

(4) 准备相关文件。在尽职调查的基础上,发行人制作募集说明书,主承销商制作推荐报告,评审机构出具资产评级报告,审计机构出具审计报告,律师出具法律意见书。

(5) 确定债券受托机构。发行人应当为债券持有人聘请债券受托管理人,并订立债券受托管理协议;在债券存续期间,由债券受托管理人依照规定或协议的约定维护债券持有人的利益。债券受托管理人由本次发行的承销机构或者其他经中国证监会认可的机构担任。债券受托管理人应当为中国证券业协会会员。为本次发行提供担保的机构不得担任本次债券发行人的委托管理人。

(6) 文件资料申报。各中介机构准备好相关资料、发行人确定受托管理人后,发行人按照规定的程序和要求,向证券交易所提交注册申请文件。证券交易所收到注册申请文件后,在 5 个工作日内作出是否受理的决定。

(7) 问题反馈。证券交易所就公司债券发行事宜,认为存在需要进一步说明或者落实事项的,可以通过向发行人提出审核问询、发行人回答问题方式开展审核工作,以判断发行人是否符合发行条件、上市条件和信息披露要求。

(8) 取得注册文件。证券交易所认为符合发行条件和信息披露要求的,会将审核意见、注册申请文件即相关审核资料报送中国证监会履行发行注册程序。

中国证监会作出注册决定后,发行人即可在注册决定有效期内发行公司债券。

(9) 债券承销。公司债券应当由具有证券承销业务资格的证券公司承销。发行人和主承销商应当签订承销协议,在承销协议中界定双方的权利义务关系,约定明确的承销基数。

(10) 债券的上市与挂牌。证券公司承销完成后公募债券可申请在交易所上市,私募债券可申请在交易所挂牌。

企业债券和中小企业私募债券的发行流程和公司债券的发行流程基本一致。

2. 公司债券非公开发行的流程

公司债券非公开发行在前期与公开发行基本一致,区别在于非公开发行不用取得证监会的注册文件,只需承销机构或自行销售的发行人在每次发行完成后 5 个工作日内向中国证券业协会报送报备登记表。报备登记表应当包括但不限于以下内容:(1) 发行人相关信息;(2) 债券发行相关信息;(3) 中介机构相关信息;(4) 债券持有人相关信息;(5) 报备义务人关于报备信息内容真实、准确、完整的承诺;承销机构或自行销售的发行人关于非公开发行公司债券的销售符合适当性要求的承诺;承销机构对项目承接符合负面清单规定的承诺。

另外,根据中国证券业协会发布的《非公开发行公司债券报备管理办法》第 7 条的规定,拟在证券交易场所、证券公司柜台转让的非公开发行公司债券,报备义务人应当在每次发行完成后 5 个工作日内向协会报送报备登记表,同时报送以下材料:(1) 发行人内设有权机构关于本期非公开发行公司债券发行事项的决议;(2) 公司债券募集说明书;(3) 发行结果公告,包括但不限于发行人的董事、监事、高级管理人员、持股比例超过 5% 的股东及其他关联方认购情况;(4) 承销总结报告;(5) 发行人在发行环节不存在直接或间接认购其发行的公司债券行为的承诺;(6) 协会要求报备的其他材料。第 (4) 项的《承销总结报告》在发行后 5 个工作日内因内部签批程序等原因无法及时提交的,应不迟于材料补正期限届满前提交。

(三) 信息披露

1. 信息披露的方式

《公司债券发行与交易管理办法》规定公开发行公司债券的发行人及其他信息披露义务人应当将披露的信息刊登在其债券交易场所的互联网网站和符合中国证监会规定条件的媒体,同时将其置备于公司住所、证券交易场所,供社会公众查阅。

2. 信息披露的时间

《证券法》规定上市公司和公司债券上市交易的公司,应当在每一会计年度的上半年结束之日起 2 个月内,向国务院证券监督管理机构和证券交易所报送记载规定内容的中期报告;并且应当在每一会计年度结束之日起4个月内,向国务院证券监督管理机构和证券交易所报送记载规定内容的年度报告。

《公司债券发行与交易管理办法》规定,非公开发行公司债券的发行人信息披露的时点、内容,应当按照募集说明书的约定履行,相关信息披露文件应当由受托管理人向中国证券业协会备案。

3. 信息披露的内容

《公司债券发行与交易管理办法》规定公司债券募集资金的用途应当在债券募集说明书中披露。发行人应当在定期报告中披露公开发行公司债券募集资金的使用情况。非公开发行公司债券的,应当在债券募集说明书中约定募集资金使用情况的披露事宜。

企业债券发行人应该披露的信息包括定期报告和临时报告。定期报告包括年度报告和中期报告,其他报告为临时报告。(1)定期报告之中期报告:债券上市期间,企业在每个会计年度的上半年结束之日起2个月内,公布中期报告;定期报告之年度报告:债券上市期间,企业在每个会计年度结束之日起4个月内,公布年度报告。(2)临时报告。根据规定,债券上市期间,发生可能对债券价格产生较大影响的重大事件时,发行人应当予以公告,具体包括:发行新债券的决定;发生重大债务和未能清偿到期重大债务的违约情况;减资、合并、分立、解散、申请破产及其他涉及债券发行人主体变更的决定;涉及担保人主体发生变更的情况;涉及和可能涉及企业债务的重大诉讼;等等。

三、风险防范

1. 要在规定的时间以规定的方式披露真实的、实质性的、符合法律规定的信息。我国大多数企业是中小企业,在发行私募债券之前,不承担对外披露信息的义务,企业内部也没有相应地建立信息披露管理制度,对信息披露的内容、程序和方法还需要进

债券融资的风险防范

一步的学习。一些中小企业出于保护商业机密或逃避税收等方面考虑,不愿意将企业真实的经营业绩和财务状况对外披露。其自愿对外披露信息的意识不强,导致信息不对称,有的企业发行债券时故意提供虚假的信息或隐瞒重要事实,或者提供与法律要求不相符合的不具有实质性的文件。这使得投资者很难获得中小企业的真实信息,无法准确把握其经营状况和盈利能力,从而降低人们对中小企业私募债券的投资热情,影响债券发行企业的长远发展。中小企业应完善公司治理结构,促进自身财务监督质量的提高,建立企业内部的信息披露管理制度,明确相关的岗位职责,从而强化信息披露的责任。同时,企业如果不按照法律的规定进行信息披露,会受到法律的制裁,如我国《刑法》规定了违规披露、不披露重要信息罪。

2. 公司应审慎选择适格的中介服务机构。法律对不同的企业发行债券的中介机构的要求不同。如《国家发展改革委关于进一步改进和加强企业债券管理工作的通知》规定主承销商除了具有应该具有的资格外,还应当符合一定的特殊条件,如已经承担过 2000 年以后下达规模的企业债券发行主承销商或累计承担过 3 次以上副主承销商的金融机构才能担任主承销商。如果对中介机构的选择不符合法律的规定,则要承担不利的法律责任。此外,公司在债权融资中还应当选择信用资质良好、业务熟练度高、组织结构完善、规章制度健全、无违反法律规定的中介机构。因为良好的中介机构在企业债券融资过程中起着重要作用,能够帮助发行者开辟融资渠道,扩大其资金来源,降低发行费用,减少筹资成本,强化债券信用,保证金融稳定,并协助发行者进行财务处理,且能够增强投资者信心,使企业可以更加容易方便地筹集到生产所需的资金。反之,若中介机构的资质较差,发布的文件常常存在虚假记载、误导性陈述等内容,对企业的债券融资是很不利的。另外,在实务操作中,不少企业并不具有债券发行的资格。但是,有的企业往往通过不正当的手段促使中介机构对其作出合乎规定的推荐报告、资产评级报告、审计报告、法律意见书等文件,一旦这种不法的行为被坐实,则可能导致债券发行失败。

3. 公司债券的发行必须符《证券法》等相关法律的规定。首先,公开发行公司债券,应当符合下列条件:(1) 具备健全且运行良好的组织机构;(2) 最近三年平均可分配利润足以支付公司债券一年的利息;(3) 具有合理的资产负债结构和正常的现金流量;(4) 国务院规定的其他条件。存在下列情形之一的,不得再次公开发行公司债券:(1) 对已公开发行的公司债券或者其他债务有违约或者延迟支付本息的事实,仍处于继续状态;(2) 违反《证券法》规定,改变公开发行公司债券所募资金的用途。其次,公开发行公司债券,可以申请一次注册,分期发行。中国证监会同意注册的决定自作出之日起 2 年内有效,发行人应当在注册决定有效期内发行公司债券,并自主选择发行时点。公开发行公司债券的募集说明书自最后签署之日起 6 个月内有效。发行人应当及时更新债券募集说明书等公司债券发行文件,并在每期发行前报证券交易所备案。再次,公司债券公开发行的价格或利率以询价或公开招标等市场化方式确定。发行人和主承销商应当协商确定公开发行的定价与配售方案并予公告,明确价格或利率确定原则、发行定价流程和配售规则等内容。最后,发行人及其控股股东、实际控制人、董事、监事、高级管理人员和承销机构不得操纵发行定价、暗箱操作;不得以代持、信托等方式谋取不正当利益或向其他相关利益主体输送利益;不得直接或通过其利益相关方向参与认购的投资者提供财务资助;不得有其他违反公平竞争、破坏市场秩序等行为。发行人不得在发行环节直接或间接认购其发行的公司债券。发行人的董事、监事、高级管理人员、持股比例超过 5% 的股东及其他关联方认购或交易、转让其发行的公司债券的,应当披露相关情况。

非公开发行的公司债券发行的条件与公开发行的债券相同,但应当向专业投资者发行,不得采用广告、公开劝诱和变相公开方式,每次发行对象不得超过200人。同时,非公开发行的公司债券仅限于专业投资者范围内转让。转让后,持有同次发行债券的投资者合计不得超过200人。

4. 要注意把握"私募"的度。"私募"即非公开发行,从我国《证券法》对公开发行的规定可知,公开发行是指向不特定对象发行证券或者向特定对象发行证券累计超过200人,或者是法律、行政法规规定的其他发行行为。其中特定对象有两个含义:第一,对方比较有经济实力,具有一定的风险控制能力;第二,对方是特定行业或特定类别的机构或者个人。非公开发行证券,不得采用广告、公开劝诱和变相公开方式。因此,企业若是采用广告、公告、广播、电话、传真、信函、推介会、说明会、网络、短信、公开劝诱等公开方式或变相公开方式向社会公众发行,则构成变相公开发行债券。也就是说,若发行的手段属于公开或变相公开方式,即使发行对象特定且不超过200人,亦构成变相公开发行。公司股东自行或委托他人以公开方式向社会公众转让债券的,亦构成变相公开发行债券。向特定对象转让债券,未依法报经中国证监会注册或报备的或者转让后,公司股东累计超过200人的,也可以认定为公开发行。因此企业,尤其是中小企业在进行私募债券融资中要避免采用上述方式进行融资,要在私募的范围内进行。

四、典型案例

(一)案情简介

圣达威服饰有限公司欺诈发行债券案[①]

2012年下半年,因资金紧张、经营困难,圣达威法定代表人章某与公司高管研究决定发行私募债券融资,并安排财务负责人胡某具体负责。为顺利发行债券,章某安排胡某对会计师事务所隐瞒公司及章某负债数千万元的重要事实,并提供虚假财务报表、凭证,通过虚构公司销售收入和应收款项、骗取审计询证等方式,致使会计师事务所的审计报告发生重大误差,并在募集说明书中引用审计报告。

2013年5月3日,圣达威在深圳证券交易所骗取5000万元中小企业私募债券发行备案,并在当年内,分两期发行私募债"13圣达威01""13圣达威02",均为两年期,票面利率分别为9.5%、10.2%。这是深交所批准发行的首批中小企

---

① (2016)黔01刑初50号。

业私募债,募集资金合计5000万元,承销商及托管人为华创证券。2013年6月13日,华夏基金认购了第一期的2500万元。9月27日,第二期由国联安—辉石—债券一号特定多客户资产管理计划认购。圣达威获得募集资金后,未按约定用于公司生产经营,而是用于偿还公司及章某所欠银行贷款、民间借贷等。

2015年,"13圣达威01""13圣达威02"到期后,由于圣达威称已无力偿还本息,均告违约,造成了投资者的重大经济损失。之后,圣达威方涉嫌犯罪被立案侦查。

（二）案例分析

（1）本案系我国首例欺诈发行私募债券罪,一审法院贵阳市中级人民法院以欺诈发行债券罪分别判处圣达威公司的高管章某、胡某有期徒刑3年和2年。贵州省高级人民法院裁定维持了一审判决。圣达威发行的私募债也是深交所试点的首批中小企业私募债,此教训应当引起创业者的足够重视。

（2）圣达威服饰有限公司故意隐瞒公司的债务,并提供虚假的财务报表和凭证,在发行私募债券前就存在欺诈的故意,且在募集到资金后并没有按照约定用于公司的生产经营,而是用于偿还公司和章某所欠的银行贷款和民间借贷等款项,违反约定用途。

（3）本案例给创业者带来的警示是企业在债券融资的过程中,必须在事前、事中、事后全过程披露重要事实,禁止用债券融资的合法形式掩盖非法用途,必须将募集的资金用于约定的生产经营中,要定期地将资金的使用情况、资金投向等事项进行公布,接受社会公众的监督,否则除面临到期不能偿付的民事违约责任外,还将承担刑事法律风险。

第五节 股权融资风险防范

私募股权融资和风险股权融资,作为股权融资的两种主要方式,在法律性质上是一致的,而且实践中两者的投资形式和对象也多有交叉,因此,在本节中对此两种融资方式的风险防范作合并介绍。

一、法律规则

（一）核心法条

《中华人民共和国公司法》

第六十六条 股东会的议事方式和表决程序,除本法有规定的外,由公司章程规定。

股东会作出决议,应当经代表过半数表决权的股东通过。

股东会作出修改公司章程、增加或者减少注册资本的决议,以及公司合并、分立、解散或者变更公司形式的决议,应当经代表三分之二以上表决权的股东通过。

第八十四条 有限责任公司的股东之间可以相互转让其全部或者部分股权。

股东向股东以外的人转让股权的,应当将股权转让的数量、价格、支付方式和期限等事项书面通知其他股东,其他股东在同等条件下有优先购买权。股东自接到书面通知之日起三十日内未答复的,视为放弃优先购买权。两个以上股东行使优先购买权的,协商确定各自的购买比例;协商不成的,按照转让时各自的出资比例行使优先购买权。

公司章程对股权转让另有规定的,从其规定。

第八十五条 人民法院依照法律规定的强制执行程序转让股东的股权时,应当通知公司及全体股东,其他股东在同等条件下有优先购买权。其他股东自人民法院通知之日起满二十日不行使优先购买权的,视为放弃优先购买权。

第八十六条 股东转让股权的,应当书面通知公司,请求变更股东名册;需要办理变更登记的,并请求公司向公司登记机关办理变更登记。公司拒绝或者在合理期限内不予答复的,转让人、受让人可以依法向人民法院提起诉讼。

股权转让的,受让人自记载于股东名册时起可以向公司主张行使股东权利。

第八十七条 依照本法转让股权后,公司应当及时注销原股东的出资证明书,向新股东签发出资证明书,并相应修改公司章程和股东名册中有关股东及其出资额的记载。对公司章程的该项修改不需再由股东会表决。

第一百五十八条 股东转让其股份,应当在依法设立的证券交易场所进行或者按照国务院规定的其他方式进行。

(二)规则解读

1. 股权融资途径

企业股权融资主要有两种模式,这两种方式是增资扩股和股权转让:

股权融资的
规则解读

增资扩股是指企业向社会募集股份、发行股票、新股东投资入股或原股东增加投资扩大股权,从而增加企业的资本金。对于有限责任公司来说,增资扩股一般指企业增加注册资本,增加的部分由新股东认购或新股东与老股东共同认购,企业的经济实力增强,并可以用增加的注册资本,投资于必要的项目。

股权转让,是公司股东依法将自己的股东权益有偿转让给他人,使他人取得股权的民事法律行为。股权转让是一种物权变动行为,股权转让后,转让人(原股东)基于股东地位而形成的与公司之间的权利义务关系全部同时转移于受让人,受让人因此成为公司的股东,取得股东权。股份有限公司股权转让交易应当注意必须在依法设立的证券交易所进行或者按照国务院规定的其他方式进行,禁止在场外交易。另外,有限责任公司的公司章程可以对股权转让作出具体规定,甚至可以规定限制性条件,作出特别要求。因此,股权转让也必须符合公司章程的规定。

2. 增资扩股说明书

企业增资扩股要准备增资扩股说明书,增资扩股说明书应当从这几个方面进行阐释:增资扩股方案、企业介绍、业务介绍、财务会计信息、利润分配政策、发展规划、本次募集资金的运用、增资扩股后的损益预测和参股出资认购意向书。企业进行股权转让一般要经过可行性研究、双方协商和谈判、评估与验资、融资企业召开职工大会或者股东会会议、签署转让手续、变更登记。

3. 商业计划书

商业计划书是公司、企业或项目单位为了达到招商融资和其他发展目标,根据一定的格式和内容要求而编辑整理的一个向受众全面展示公司和项目目前状况、未来发展潜力的书面材料。商业计划书是一份全方位的项目计划,其主要意图是递交给投资商,以便于他们能对企业或项目作出评判,从而使企业获得融资。一般包括企业成长经历、产品服务、市场营销、管理团队、股权结构、组织人事、财务状况、运营状况、融资方案。

4. 对赌协议

对赌协议是一种股价调整机制。通过条款的设计,对赌协议可以有效保护

对赌条款构成要素				
投资人进入方式	对赌目标	对赌方式	对赌对象	对赌机制
增资 转股	业绩 上市 其他	单向对赌 双向对赌	原股东 目标公司 原股东与目标公司	现金补偿 股权回购 股权比例调整 其他

图 5-1　对赌条款构成要素

投资人利益。对赌协议就是收购方(包括投资方)与出让方(包括融资方)在达成并购(或者融资)协议时,对于未来不确定的情况进行一种约定。如果约定的条件出现,融资方可以行使一种权利;如果约定的条件不出现,投资方则行使一种权利。所以,对赌协议实际上就是期权的一种形式。

5. 四种融资方式的特征比较

表 5-1　融资方式比较

	私募股权融资	私募债券融资	公募股权融资	公募债券融资
融资方	中小企业	所有企业	准备上市的公司	大型上市公司或者大型企业
一般融资的规模	很小	很小	非常大	非常大
融资方资格限制	很少	很少	比较多	最多
投资人是否有风险	风险最大	风险比较大	风险大	风险不大
投资人是否分担企业最终风险	负担部分风险	不负担风险	平均负担风险	不负担风险
投资人对最后利润的分享情况	一部分的分享	一点不分享	一般分享	一点不分享
资金是否影响公司治理	最影响	较影响	影响	不影响
投资人是否对公司管理层深度介入	最深	深	较深	不深

二、实务操作

(一) 制作融资内部计划

中小企业的融资计划内容应当根据企业自身实际情况来制定,内部计划很大程度上就是对企业现状进行梳理与审计,主要工作包括对历史数据的整理、对目前形势的分析、对企业未来发展前景的规划。中小企业在制定融资内部计划时还应当明晰所需资金的总额、融资的目的、资金的支出方向、融资之后几年内的财务指标等。此外,还应当明确公司的现行股价及可以出让的股份比例以及未来上市计划安排等。做好这些准备工作,既能够对企业的过去做一次总结,让企业对自身发展状况更加了解,又能够为后续的各阶段工作顺利进行做好铺垫。

股权融资的实务操作

(二) 制作商业计划书

商业计划书是公司、企业或项目单位为了达到招商融资和其他发展目标之目的,在经过前期对项目科学的调研、分析,搜集与整理有关资料的基础上,根据一定的格式向投资方介绍公司目前各方面发展情况和未来前景规划的书面材料。作为企业融资的必备文件,既能够让企业对自身进行剖析,也能够使股权投资方对企业进行全面了解和判断。企业在制作商业计划书时必须遵循实事求是的原则,对企业的优势和竞争力要如实阐述、不能虚假夸大,对企业目前存在的问题也不能含糊隐瞒。从法律层面讲,企业的商业计划书是一份邀约邀请,也是企业进行股权融资开始承担法律责任的第一步,商业计划书中不应当出现虚假性及误导性的内容。

(三) 股权融资谈判

一旦企业收到了投资人的谈判邀请,说明其商业计划书做得很成功,引起了投资机构的兴趣。在股权融资谈判这一阶段,主要是双方对彼此进行更进一步的了解,私募股权机构(风险投资机构)通过沟通谈判核实商业计划书的内容,双方拟定交易条件,如果谈判成功私募股权投资方(风险投资方)通常会签订意向书。中小企业在进行股权融资谈判时一般都是围绕以下几点进行谈判:(1)公司的治理结构问题,即在接受私募股权基金(风险股权基金)的投资后,双方应该如何分配企业控制权的问题;(2)投资方式,即投资方注入资金是一次性注入还是分批注入,投资方希望获得什么类型的股权,以及在企业经营状况不尽如人意时的股权回购方式;(3)股权价格,通常投资方不会按照企业商业计划书上给明的股价出资,多数会根据对企业的尽职调查和投资经验给出一个较为保守的股价;(4)优先股条款,私募股权基金(风险股权基金)在进行股权投资时一般都会选择可转换优先股等灵活的投资方式;(5)对赌协议,其实质是对私募股权基金(风险股权基金)信息不对称的一种补偿机制,双方根据自己的预期对协议条款进行设计。约定的条件如果出现,融资方可行使一种权利;若未出现,则投资方可行使预先约定之权利。对于企业来讲,对赌协议是一把高风险和高收益的双刃剑。

(四) 应对投资人的尽职调查

中小企业和投资方融资谈判结束后,一旦被认为具有投资价值,通常会收到投资方的投资意向书,随后便进入尽职调查阶段。尽职调查指的是投资方对融资方的资本状况、运营情况及行业背景等各方面作的真实性调查。尽职调查既是投资方确定目标企业所提供信息是否真实的重要凭证,也是投资方发现目标企业内在价值的关键程序。尽职调查的重点是对目标企业的管理调查、财务调查和风险调查。在调查的过程中可能会涉及企业的核心技术和商业秘密等不宜公开的内容,企业为了安全起见必须要提前做好防范措施。

(五) 签订投资协议书

投资协议书的签订是私募股权投资方(风险股权投资方)和中小企业正式合作的标志。协议书应当由主投资协议和若干附件组成,形成一系列的投资文件,共同对该投资活动进行约束。签订投资协议书要注意合同的有效要件,包括主体合格、双方意思表示真实、内容目的合法,以及形式要件合法。另外,融资企业要保证股权转让的文件合乎法律规定,投资方保证资金的来源合法,并对违约责任等作出规定。

三、风险防范

融资企业应充分认识股权融资可能存在的风险。考虑政策风险、市场风险、违约风险、系统风险等各种风险,提前制定好相应的风险应对策略,尤其是在自己并不熟悉的领域,如财务融资领域,并考虑各种风险可能引发的经济后果,及时采取措施来补救。下面为实践中常见的风险防范措施。

股权融资的
风险防范

(一)在引进股权投资时中小企业要避免丧失企业控制权

一般而言,股权基金投资的最终目的是获取高额回报,很少有股权基金旨在争夺目标企业的控制权。但由于合作的过程往往十分漫长,政策或者市场的变化有时会使双方措手不及,为了降低风险或是获得更高的回报,股权基金有时会以控制权为筹码要求企业采取某种措施。因此,在引进股权投资时中小企业一定要做足防范措施,如设计有效合同条款、签订附属协议等以免失去对企业的控制权。

(二)采取合理的估值办法进行自我估值,并坚持底线

在股权融资中,企业价值是融资企业和投资机构讨价还价博弈的结果。企业价值往往被低估,因为基金掌握着先进和复杂的估值方法,以保障他们的利益。但是中小企业管理层的素质往往不高,在企业价值评估方面显然没有股权基金的经验丰富,在具体协商中常常处于不利地位。另外,中小企业由于急需获得资金,不得不进行妥协,企业估价越低,也就意味着其股权会被稀释得越多,不利于创业者对企业的掌控。因此,中小企业在估价前一定要自己先采取合理的估值办法进行自我估值,了解自身的价值。只有对方出价在可接受的范围内才能合作,不能一味地退让。

(三)充分考虑对赌协议的合理性和风险值

股权基金在对中小企业进行投资时,通常会要求企业签订对赌协议,这是投资方应对信息不对称的一种自我保护措施。对赌协议的本质是双方对企业未来预判的对赌,如果约定的条件出现,融资方可以按约定行使一种权利,如果未出现则投资方可行使一种权利。对企业来说对赌协议是一盘要么大胜要么大败的赌局,一旦约定的条件出现,企业便能从股权基金那里获得较大份额的股权奖励,加上原本份额的升值,企业会获得成倍的收益。但一旦对赌失败,其原本股权份额会减少,且份额价值会降低,在签订对赌协议之前企业一定要从现实出发,利用数据等可量化的方法对企业未来发展概况进行科学预测,并充分考虑对赌协议的合理性和风险值再作决定。

(四) 管理层对企业的发展要做好长远规划

融资者在进行管理的时候,其行为往往具有短期性。因为股权基金对企业进行投资的目的是尽快以转让、上市或第三者并购等方式退出,收回投资并获得超额资本回报。股权基金之所以会投资目标企业是认为企业有着良好的发展形势,如果股权融资者预期企业的发展前景不好,便不会投入充足的资金或者不予以融资。因此,不少中小企业为了增强股权基金的信心,会在美化短期财务报表上下功夫,往往对企业的长远发展漠不关心,这对企业的持续发展是不利的。即使融到了资金,企业却没有发展好,这也是广大管理者和融资者都不愿意看到的结局。

(五) 筛选最佳投资者

从上文的分析中可以知道,在股权融资中,投资人介入企业管理的程度最深,其可能会利用中小企业急于融资的心态和自己资金上的优势地位而迫使企业将企业的大部分股权转让给它,以便于其操纵融资企业的决策层。另外不同的股权融资基金的偏好不同,有的偏好于生产型企业,如制造业、建筑业、能源产业;有的偏好于消费型企业,如现代物流、餐饮业、影视业等;有的偏好于新兴行业,如网游、数字动漫、新媒体、生物医药等。并且不同的股权融资基金关注的企业的侧重点也不相同,有的侧重于企业的市场优势,有的关注的是企业的技术和管理优势。因此企业在选择投资者时,要充分认识到自身的优势和价值所在,并以此为出发点寻找最佳的投资者。

(六) 防范投资骗局和陷阱

目前国内投资机构鱼龙混杂,有不少披着"股权"外衣的伪投资机构为了骗取劳务费或者差旅费对企业提出无理要求,如要求企业支付昂贵的尽职调查费用,然后携款消失。中小企业对此一定要保持谨慎,一是聘请专业的律师团队与股权机构交涉;二是对可疑的股权投资机构进行反向调查——对方有无足够的资金;有无成功的投资经验;能否为企业带来增值服务;等等。

四、典型案例

(一) 案情简介

太子奶李途纯对赌英联、摩根士丹利、高盛输掉太子奶[①]

太子奶曾于1997年底以88888888元夺得中央电视台日用消费品的标王。

---

① 参见郭慧:《"太子奶"盛衰溯源》,载《企业管理》2011年第3期。

据传言,该公司董事长李途纯在夺得标王时,身上所剩无几。无疑,太子奶曾经想通过一举夺得标王大赚一笔。但事与愿违,在奶制品同行业来比较的话,价格、质量、性能各方面指标并不达标,付出巨额广告费用的太子奶只能在市场中分得极小的一块蛋糕。

太子奶为了实现上市计划,于2006年引入英联、高盛、摩根士丹利等三大投行"对赌",他们借款7300万美元给李途纯,之后又介绍花旗集团、新加坡星展银行等六家国际银行,为太子奶提供了5亿元人民币的无抵押、无担保、低息三年期信用贷款。根据这份对赌协议,在收到7300万美元注资后的前三年,如果太子奶集团业绩增长超过50%,就可调整(降低)对方股权;如完不成30%的业绩增长,李途纯将会失去控股权。彼时太子奶实现连续10年的复合增长率超过100%,给了李途纯很大的底气。

借助这些资金,李途纯开始疯狂扩张。2008年8月,由于高速扩张,太子奶集团开始陆续被曝资金链断裂,随后陷入了严重的债务危机。三大投行以再注资4.5亿元的承诺让李途纯交出所持的61.6%股权。2009年1月湖南株洲政府注资1亿元,由高科奶业托管太子奶,并从三大投行手中要回61.6%股权,交回李途纯,并抵押给高科奶业代为行权。然而,这些举措并未救活负债累累的太子奶。在资金链趋于断裂、销售业绩急剧下降的双重压力下,李途纯签订的那份对赌协议被迫提前履行,他不得不将自己持有的股权全部出让。2010年7月,湖南省株洲市中级人民法院依法裁定太子奶集团进入破产重整程序。而李途纯为了破解资金难题,在全国范围内面向社会公众非法吸收或变相非法吸收公众存款1.3亿余元,其中绝大部分没有兑付。李途纯等4人于2010年7月因涉嫌非法吸收公众存款罪由检察机关批准逮捕。

(二) 案例分析

(1) 股权投资机构虽以追求超额利润为目的,但作为投资,风险规避永远是第一位的,创业者接受股权投资必然要接受投资者的风险规避条件,最常见的形式即为对赌协议,这在一定程度上也是为了能够激励公司高层。

(2) 在签署对赌条款时,创业者应当审慎分析自身发展现状和趋势,作出客观理性的决定,不要好高骛远、盲目签署股权融资协议。本案太子奶李途纯战略构建太急,四面出击、急功近利的扩充战略忽视了公司的客观现状,草率签署对盈利要求极高的对赌协议,最终导致了李途纯的出局。李途纯最后被迫在股权转让协议上签字,将61.6%的股权转让了出去,失去了公司的控制权。最后李途纯为了破解资金难题,继而走上了非法集资的违法道路。

(3) 基于创业企业未来业绩的不确定性,对赌协议已成为股权投资的标配,创业者在签订对赌协议接受投资的时候,必须要先对企业现状和未来发展进行科学预测,尤其是对公司的发展战略要有合理的定位,不可操之过急,并且在此基础上充分考虑对赌协议的合理性和风险值。

思考题

1. 为什么融资成为创业的一大难题?
2. 请结合创业的实践,试述境外投资的法律风险及其防范。
3. 请结合创业的实践,试述企业融资中的法律风险及其防范。
4. 请结合创业的实践,试述企业投资存在的法律风险及其防范。
5. 请结合创业的实践,试述公司并购的法律风险及其防范。
6. 请简述天使投资的特点。
7. 请比较天使投资与风险投资的特征。
8. 为什么很多创业企业都渴望上市?
9. 公司上市将面临哪些法律风险?
10. 请简述创业投资的特点。
11. 创业融资的渠道有哪些?
12. 请比较创业融资的几种方式。
13. 创业融资需求有什么特点?
14. 中小创业企业在融资时如何向债权人提供债务偿还保证?
15. 中小创业企业应如何在股权融资与债权融资间进行选择?
16. 中小创业企业应如何在直接融资与间接融资间进行选择?
17. 请谈谈应如何理解中小企业融资决策的各项原则。
18. 请简述中小企业应如何控制融资成本与费用。

课后练习

第五章—习题

第五章—答案

第六章　创业知识产权法律风险防范

处于创业初期的企业一般规模较小,创业者往往把主要的精力都放在研发和销售环节,对知识产权的管理不够重视。到了一定的阶段,可能会因此产生诸多知识产权风险,知识产权纠纷案件也会层出不穷。知识产权事务风险管理贯穿企业生产经营管理活动的各个环节,也贯彻于创业的整个过程。创业者对知识产权管理不善或错误可能会引发企业内部或企业与外界的知识产权争议,其中与外界的知识产权纠纷涉及对外交流的各个方面,每一环节都可能存在风险。通过知识产权的有效管理规避知识产权风险,是降低创业风险所带来的不利影响的必然选择和有效途径。创新创业者在生产经营以及管理过程中,一定要增强知识产权意识,重视知识产权保护并尊重他人知识产权。

第一节　企业知识产权法律风险

一、法律规则

(一) 核心法条

《中华人民共和国商标法》

第三条　经商标局核准注册的商标为注册商标,包括商品商标、服务商标和集体商标、证明商标;商标注册人享有商标专用权,受法律保护。

本法所称集体商标,是指以团体、协会或者其他组织名义注册,供该组织成员在商事活动中使用,以表明使用者在该组织中的成员资格的标志。

本法所称证明商标,是指由对某种商品或者服务具有监督能力的组织所控制,而由该组织以外的单位或者个人使用于其商品或者服务,用以证明该商品或者服务的原产地、原料、制造方法、质量或者其他特定品质的标志。

集体商标、证明商标注册和管理的特殊事项,由国务院工商行政管理部门规定。

第四条　自然人、法人或者其他组织在生产经营活动中,对其商品或者服务需要取得商标专用权的,应当向商标局申请商标注册。不以使用为目的的恶意商标注册申请,应当予以驳回。

本法有关商品商标的规定,适用于服务商标。

第五条 两个以上的自然人、法人或者其他组织可以共同向商标局申请注册同一商标,共同享有和行使该商标专用权。

第六条 法律、行政法规规定必须使用注册商标的商品,必须申请商标注册,未经核准注册的,不得在市场销售。

第十三条 为相关公众所熟知的商标,持有人认为其权利受到侵害时,可以依照本法规定请求驰名商标保护。

就相同或者类似商品申请注册的商标是复制、模仿或者翻译他人未在中国注册的驰名商标,容易导致混淆的,不予注册并禁止使用。

就不相同或者不相类似商品申请注册的商标是复制、模仿或者翻译他人已经在中国注册的驰名商标,误导公众,致使该驰名商标注册人的利益可能受到损害的,不予注册并禁止使用。

第十八条 申请商标注册或者办理其他商标事宜,可以自行办理,也可以委托依法设立的商标代理机构办理。

外国人或者外国企业在中国申请商标注册和办理其他商标事宜的,应当委托依法设立的商标代理机构办理。

第三十九条 注册商标的有效期为十年,自核准注册之日起计算。

第四十条 注册商标有效期满,需要继续使用的,商标注册人应当在期满前十二个月内按照规定办理续展手续;在此期间未能办理的,可以给予六个月的宽展期。每次续展注册的有效期为十年,自该商标上一届有效期满次日起计算。期满未办理续展手续的,注销其注册商标。

商标局应当对续展注册的商标予以公告。

第四十二条 转让注册商标的,转让人和受让人应当签订转让协议,并共同向商标局提出申请。受让人应当保证使用该注册商标的商品质量。

转让注册商标的,商标注册人对其在同一种商品上注册的近似的商标,或者在类似商品上注册的相同或者近似的商标,应当一并转让。

对容易导致混淆或者有其他不良影响的转让,商标局不予核准,书面通知申请人并说明理由。

转让注册商标经核准后,予以公告。受让人自公告之日起享有商标专用权。

第四十三条 商标注册人可以通过签订商标使用许可合同,许可他人使用其注册商标。许可人应当监督被许可人使用与其注册商标的商品质量。被许可人应当保证使用该注册商标的商品质量。

经许可使用他人注册商标的,必须在使用该注册商标的商品上标明被许可人的名称和商品产地。

许可他人使用其注册商标的,许可人应当将其商标使用许可报商标局备案,由商标局公告。商标使用许可未经备案不得对抗善意第三人。

第五十七条　有下列行为之一的,均属侵犯注册商标专用权:

(一) 未经商标注册人的许可,在同一种商品上使用与其注册商标相同的商标的;

(二) 未经商标注册人的许可,在同一种商品上使用与其注册商标近似的商标,或者在类似商品上使用与其注册商标相同或者近似的商标,容易导致混淆的;

(三) 销售侵犯注册商标专用权的商品的;

(四) 伪造、擅自制造他人注册商标标识或者销售伪造、擅自制造的注册商标标识的;

(五) 未经商标注册人同意,更换其注册商标并将该更换商标的商品又投入市场的;

(六) 故意为侵犯他人商标专用权行为提供便利条件,帮助他人实施侵犯商标专用权行为的;

(七) 给他人的注册商标专用权造成其他损害的。

《中华人民共和国专利法》

第二条　本法所称的发明创造是指发明、实用新型和外观设计。

发明,是指对产品、方法或者其改进所提出的新的技术方案。

实用新型,是指对产品的形状、构造或者其结合所提出的适于实用的新的技术方案。

外观设计,是指对产品的整体或者局部的形状、图案或者其结合以及色彩与形状、图案的结合所作出的富有美感并适于工业应用的新设计。

第六条　执行本单位的任务或者主要是利用本单位的物质技术条件所完成的发明创造为职务发明创造。职务发明创造申请专利的权利属于该单位,申请被批准后,该单位为专利权人。该单位可以依法处置其职务发明创造申请专利的权利和专利权,促进相关发明创造的实施和运用。

非职务发明创造,申请专利的权利属于发明人或者设计人;申请被批准后,该发明人或者设计人为专利权人。

利用本单位的物质技术条件所完成的发明创造,单位与发明人或者设计人订有合同,对申请专利的权利和专利权的归属作出约定的,从其约定。

第十二条　任何单位或者个人实施他人专利的,应当与专利权人订立实施许可合同,向专利权人支付专利使用费。被许可人无权允许合同规定以外的任何单位或者个人实施该专利。

第六十五条　未经专利权人许可,实施其专利,即侵犯其专利权,引起纠纷的,由当事人协商解决;不愿协商或者协商不成的,专利权人或者利害关系人可以向人民法院起诉，也可以请求管理专利工作的部门处理。管理专利工作的部门处理时，认定侵权行为成立的，可以责令侵权人立即停止侵权行为，当事人不服的，可以自收到处理通知之日起十五日内依照《中华人民共和国行政诉讼法》向人民法院起诉；侵权人期满不起诉又不停止侵权行为的，管理专利工作的部门可以申请人民法院强制执行。进行处理的管理专利工作的部门应当事人的请求，可以就侵犯专利权的赔偿数额进行调解；调解不成的，当事人可以依照《中华人民共和国民事诉讼法》向人民法院起诉。

《中华人民共和国著作权法》

第二条 中国公民、法人或者非法人组织的作品，不论是否发表，依照本法享有著作权。

外国人、无国籍人的作品根据其作者所属国或者经常居住地国同中国签订的协议或者共同参加的国际条约享有的著作权，受本法保护。

外国人、无国籍人的作品首先在中国境内出版的，依照本法享有著作权。

未与中国签订协议或者共同参加国际条约的国家的作者以及无国籍人的作品首次在中国参加的国际条约的成员国出版的，或者在成员国和非成员国同时出版的，受本法保护。

第八条 著作权人和与著作权有关的权利人可以授权著作权集体管理组织行使著作权或者与著作权有关的权利。依法设立的著作权集体管理组织是非营利法人，被授权后可以以自己的名义为著作权人和与著作权有关的权利人主张权利，并可以作为当事人进行涉及著作权或者与著作权有关的权利的诉讼、仲裁、调解活动。

著作权集体管理组织根据授权向使用者收取使用费。使用费的收取标准由著作权集体管理组织和使用者代表协商确定，协商不成的，可以向国家著作权主管部门申请裁决，对裁决不服的，可以向人民法院提起诉讼；当事人也可以直接向人民法院提起诉讼。

著作权集体管理组织应当将使用费的收取和转付、管理费的提取和使用、使用费的未分配部分等总体情况定期向社会公布，并应当建立权利信息查询系统，供权利人和使用者查询。国家著作权主管部门应当依法对著作权集体管理组织进行监督、管理。

著作权集体管理组织的设立方式、权利义务、使用费的收取和分配，以及对其监督和管理等由国务院另行规定。

第二十六条 使用他人作品应当同著作权人订立许可使用合同，本法规定可以不经许可的除外。

许可使用合同包括下列主要内容：

（一）许可使用的权利种类；
（二）许可使用的权利是专有使用权或者非专有使用权；
（三）许可使用的地域范围、期间；
（四）付酬标准和办法；
（五）违约责任；
（六）双方认为需要约定的其他内容。

(二) 规则解读

1. 商标

（1）商标注册的定义和重要性：商标注册是指商标所有人为了取得商标专用权，将其使用的商标，依照国家规定的注册条件、原则和程序，向商标局提出注册申请，商标局经过审核，准予注册的法律事实。经商标局审核注册的商标，便是注册商标，享有商标专用权。在中国，商标注册是商标得到法律保护的前提，是确定商标专用权的法律依据。商标使用人一旦获准商标注册，就标志着它获得了该商标的专用权，并受到法律的保护。别人不敢仿冒，否则就可以告其侵权，获得经济赔偿。相反，若被他人抢先注册，则必然失去自己精心策划苦心经营的市场，自己反而可能成为侵权被告。

知识产权有关规则解读

（2）商标注册一般流程：商标查询（2天内）→申请文件准备（3天内）→提交申请（2天内）→缴纳商标注册费用→商标形式审查（1个月）→下发商标受理通知书→商标实质审查（9个月）→商标公告（3个月）→颁发商标证书。

商标注册可以自己办理，也可以委托商标代理机构办理。每件续展注册申请需缴纳规费2000元。如果是在宽展期内提交续展注册申请的，还需缴纳500元的延迟费。如果是委托商标代理机构办理的，商标局从该商标代理机构的预付款中扣除规费。

（3）注册商标专用权的主要内容：

① 使用权：商标注册人有权在其注册商标核准使用的商品和服务上使用该商标，在相关的商业活动中使用该商标。

② 独占权：商标注册人对其注册商标享有排他性的独占权利，其他任何人不得在相同或类似商品或服务上擅自使用与注册商标相同或近似的商标。

③ 许可使用权：商标注册人有权依照法律规定，通过签订商标使用许可合同的形式，许可他人使用其注册商标。

④ 禁止权：对他人在相同或者类似的商品或者服务上擅自使用与其注册商标相同或者近似的商标的行为，商标注册人有权予以制止。

⑤ 设立抵押权：商标注册人有权在经营活动中以其注册商标设立抵押。

⑥ 投资权:商标注册人有权根据法律规定,依照法定程序将其注册商标作为无形资产进行投资。

⑦ 转让权:商标注册人有权通过法定程序将其注册商标有偿或者无偿转让给他人。

⑧ 继承权:商标作为无形财产,可以依照财产继承顺序由其合法继承人继承。

(4) 注册商标专用权的保护范围:注册商标专用权的保护以核准注册的商标为限。如果商标注册人实际使用的商标与核准注册的商标不一致,不仅自身的商标专用权得不到有效保护,还有可能带来四种后果:一是构成自行改变注册商标的文字、图形或其组合的违法行为;二是在自行改变的商标与核准注册的商标有明显区别,同时又标明注册标记的情况下,构成冒充注册商标的违法行为;三是若改变后的商标同他人的注册商标近似,会构成侵犯他人商标专用权的行为;四是因连续三年不使用,导致注册商标被撤销。

商标权利的地域性是指一个国家或地区依照其本国的商标法或本地区的商标条约所授予的商标权,仅在该国或该地区有效,对他国或该地区以外的国家没有约束力。虽然也有商标国际组织和一些商标区域性组织,但这些组织也并不能脱离商标的地域性而存在。

2. 专利

(1) 专利权的性质:① 排他性,也称独占性或专有性。专利权人对其拥有的专利权享有独占或排他的权利,未经其许可或者出现法律规定的特殊情况,任何人不得使用,否则即构成侵权。这是专利权(知识产权)最重要的法律特点之一。② 时间性,指法律对专利权所有人的保护不是无期限的,而是有限制的,超过这一时间限制则不再予以保护,专利权随即成为人类共同财富,任何人都可以利用。发明专利权的期限为20年,实用新型专利权的期限为10年,外观设计专利权的期限为15年,均自申请日起计算。专利权期限届满后,专利权终止。专利权期限届满前,专利权人可以书面声明放弃专利权。③ 地域性,指任何一项专利权,只有依一定地域内的法律才得以产生并在该地域内受到法律保护。这也是区别于有形财产的另一个重要法律特征。根据该特征,依一国法律取得的专利权只在该国领域内受到法律保护,而在其他国家则不受该国家的法律保护,除非两国之间有双边的专利(知识产权)保护协定,或共同参加了有关保护专利(知识产权)的国际公约。

(2) 专利权的内容:① 实施许可权,它是指专利权人可以许可他人实施其专利技术并收取专利使用费。许可他人实施专利的,当事人应当订立书面合同。② 转让权,专利权可以转让。转让专利权的,当事人应当订立书面合同,并向国务院专利行政部门登记,由国务院专利行政部门予以公告,专利权的转让自登记之日起生效。中国单位或者个人向外国人、外国企业或者外国其他组织转让专利权的,应当依照有关法律行政法规的规定办理手续。③ 标示权,它是指专利权人享有在其专利产品或者该产品的包装上标明专利标记和专利号的权利。

(3) 专利权许可:

① 一般许可:专利权人许可他方在规定的时间、地域内享有对专利的使用权后,自己仍保留实施该专利的权利,同时还有权在同一地域内就同样专利再许可任何第三方使用。

② 排他许可:专利权人许可他方在规定的时间、地域内享有对专利的使用权后,除专利权人可保留这方面权利外,不得再将同一许可证发放给任何第三人。

③ 独占许可:专利权人许可他方在规定的时间、地域内享有对专利的使用权后,不仅无权向第三人发放该专利的许可证,而且自己也不得在合同期限内使用该专利。

④ 分许可:专利权人许可他方在规定的时间、地域内使用该专利的同时,又允许被许可方将该专利许可给第三人使用。

⑤ 交叉许可:两个专利权人均允许对方在一定的时间、地域内实施自己的专利,或允许对方将自己的专利许可给任何第三人使用。

⑥ 开放许可:专利权人自愿以书面方式向国务院专利行政部门声明愿意许可任何单位或者个人实施其专利,并明确许可使用费支付方式、标准的,由国务院专利行政部门予以公告,实行开放许可。就实用新型、外观设计专利提出开放许可声明的,应当提供专利权评价报告。专利权人撤回开放许可声明的,应当以书面方式提出,并由国务院专利行政部门予以公告。开放许可声明被公告撤回的,不影响在先给予的开放许可的效力。

3. 著作权

(1) 著作权的范围和对象。在中华人民共和国境内,凡是中国公民、法人或者非法人单位的作品,不论是否发表都享有著作权;外国人的作品首先在中国境内发表的,也依《著作权法》享有著作权;外国人在中国境外发表的作品,根据其所属国与中国签订的协议或者共同参加的国际条约享有著作权。

著作权的对象是指文学、艺术和科学领域内具有独创性并能以一定形式表现的智力成果。《著作权法》所保护的作品具有如下特征:作品是思想、情感的表现形式,不是思想、情感本身;作品应当具有独创性;该表现形式属于文学、艺术和科学范畴。

(2) 著作权取得的条件。著作权应具备实质和形式两方面的条件。实质条件是指法律对作品的要求,大体有两种标准。一种标准是只要特定的思想或情感被赋予一定的文学艺术形式,这种形式无论是作品的全部还是其中的局部,也不问该作品是否已经采取了一定物质形式被固定下来,都可以依法被认为是受保护的作品。另一种标准是,除了具备作为作品的一般条件,即表现为某种文学艺术形式外,还要求这种形式通过物质载体被固定下来,才可以获得《著作权法》保护。形式条件是指作品完成之后,是不附加其他条件就享有著作权,还是附加一定条件或是再履行一定的法律手续才能获得著作权。我国《著作权法》采用自动保护原则。作品一经产生,不论整体还是局部,只要具备了作品的属性即产生著作权,既不要求登记,也不要求发表,也无须在复制物上加注著作权标记。

(3) 著作权的使用。① 著作权的转让,是指著作权人将其作品财产权部分或全部转移给他人所有的法律行为。著作权的转让有如下特征:著作权转让的对象是财产权;著作权的转让导致著作权主体的变更;著作权的转让与作品载体所有权无关。② 著作权的许可使用,是指著作权人将其作品许可其他人以一定的方式在一定的地域和期限内使用的法律行为。著作权的许可使用有如下特征:不改变著作权的归属,被许可人取得的是使用权,不能成为著作权主体;被许可人只能自己按照约定方式、地域范围和期限使用作品,不能将所获权利转让给第三人,著作权人同意的除外;著作权许可使用中,非专有使用权的许可人不能因为权利被侵害而以自己的名义起诉;未经著作权人同意擅自使用其著作权,或者只使用其著作权而不署名著作人的,构成侵权。

(4) 著作权的合理使用。著作权的合理使用是重要的著作权限制机制,它是指在特定的条件下,法律允许他人自由使用享有著作权的作品,而不必征得权利人的许可,不向其支付报酬。合理使用应包括五层含义:一是使用要有法律依据;二是使用是基于正当理由;三是不需经作者与著作权人同意;四是不支付报酬;五是不构成侵权,是合法行为。

著作权的合理使用有一定的限制。使用他人作品的,应当指明作者姓名、作品名称,但是,当事人另有约定或者由于作品使用方式的特性无法指明的除外。《著作权法》所称已经发表的作品,是指著作权人自行或者许可他人公之于众的作品。依照《著作权法》的有关规定,使用可以不经著作权人许可的已经发表的作品的,不得影响该作品的正常使用,也不得不合理地损害著作权人的合法利益。著作权的合理使用是著作权限制制度的一种,其目的就在于防止著作权人滥用权利,损害他人学习、欣赏、创作的自由,妨碍社会科学文化技术的进步。

二、实务操作

商标的实务操作

(一) 商标实务操作

商标就是商品的牌子,是商品的生产者和经营者为了使自己生产或经营的商品同其他商品生产者或者经营者生产或经营的商品区别开来而使用的一种标记。这种标记通常由文字、图形、字母、颜色、数字的组合构成。商标是企业品牌文化的精髓,而企业品牌形象的建立是企业为之奋斗的核心,企业一般在印刷厂印刷标签、包装或者在各种媒体上做广告宣传都需要出具相关品牌的商标注册证明文件。在国际贸易中,商标是极为重要的,国际贸易离不开商标。商标就好比是战争中的盾牌,谁掌握商标,谁就拥有商标的专用权,谁就是这个"盾牌"的主人。注册商标,不仅可以保护自己的商标权益不受侵害,在必要的时候可以反弹成为应对入侵"敌军"的有力"武器"。

1. 商标注册阶段

(1) 商标申请注册的重要性。

一个企业使用的商标不经过注册,最致命的弱点是商标使用人对该商标不享有商标专用权。就是说使用这个商标后,别人也可以使用这个商标,这就使商标标明商品来源的基本作用受到了影响,也导致商标代表一定商品质量和信誉的作用大打折扣。

未注册商标不能形成工业产权,因此也不能成为使用人的无形资产。由于中国《商标法》规定,注册商标专用权受法律保护,未注册商标虽然受到法律保护但不能获得商标专用权。所以,从严格意义上讲,在中国只有注册商标才是工业产权,只有注册商标才能成为企业的无形资产。未注册商标有可能与使用在相同或类似商品上的已注册商标相同或者近似,从而发生侵权行为。在新申请商标注册时,如果未经事先查询,申请的驳回率几乎达到70%。这就是说,使用未注册商标,该商标与使用在相同或类似商品上的注册商标相同或者近似的概率为70%。换句话说,使用未注册商标,就有70%侵权的可能性。侵权就要受处罚,就要赔偿经济损失,就要影响企业的生产经营活动。为了企业的正常经营与发展,也为了尊重他人注册商标专用权,使用未注册商标的企业应当申请商标注册。

大多数国家都实行申请在先原则,保护在先申请注册的商标。如果企业出口前没有考虑商标注册及查询等问题,很有可能都不知道自己已经侵犯他人在该国的商标权;一旦已有他人在先注册,很可能会有被动侵权及面临跨国诉讼和巨额赔偿的风险。如果长期使用的商标被他人包括竞争对手、经销商或其他利害关系人在国外抢先注册,则不得不以高昂代价与之合作或被迫重新打造新品牌。商标作为企业最重要的无形资产之一,在国际经济活动中发挥着举足轻重的作用。在符合条件的情况下,应积极申报驰名商标。申请驰名商标有以下几点好处:① 对抗恶意抢注;② 对抗不同商品的相同(似)商标影响;③ 对于近似商标的认定更容易;④ 在立案调查假冒商标犯罪案件时,不受立案金额的限制;⑤ 防止其他公司以驰名商标为公司名称注册;⑥ 在电子商务中避免域名注册问题。

(2) 商标注册阶段侵权防范策略。

第一，企业在使用商标前，申请商标注册的过程中均应当进行商标查询，避免侵犯他人注册商标和驰名商标。商标查询具有这几项功能：① 探明注册障碍。查询是否在相同或近似商品上存在已注册或已申请的相同或相近似商标注册，增加商标注册成功的概率；若存在相同或近似的在先注册商标，可以对准备注册的商标进行修改或调整，或者放弃提交申请。② 弄清商标能否安全使用。通过查询商标注册情况，避免造成对他人注册商标构成侵权，减少宣传广告费用损失，降低经营风险。③ 发现抢注商标。商标抢注者有三类：一类是商标所有人的合作伙伴，如销售代理等，目的是获得或巩固自己独家代理的地位，或者向被抢注人索取高额转让费；第二类是"搭便车者"，即企图利用被抢注商标的良好商誉，有意识造成消费者误认而获取不当利益；第三类是商标掮客，即纯以诈取被抢注人商标转让费或许可使用费为目的抢注他人的商标，而抢注人自己并没有使用抢注商标的意图。因此，应及早进行商标查询，一旦发现商标被抢注，尽量减轻、避免及挽回损失。如果通过查询得知抢注商标尚在申请阶段，还未获得注册，就可及时在异议公告期间提出异议。④ 了解申请进展。及时进行商标查询可以了解商标注册申请进展情况，做到商标注册与商标使用心中有数。

第二，商标注册申请应该越早越好。一旦他人将该商标抢先注册，该商标的最先使用人反而不能再使用该商标，这方面的教训是非常深刻的。根据《商标法》的规定，商标专用权的原始取得只通过商标注册取得，而申请商标注册，又采用申请在先原则，即对一个未注册商标来讲，谁先申请注册，该商标的专用权就授予谁。因此，不管一个企业使用一个商标多久，如果它没有将该商标注册，那么，只要别人将该商标申请注册，商标专用权就会授予别人。

第三，商标注册可以直接委托给代理机构，一方面可以弥补专业知识上的短板，另一方面还可以让创业者集中时间和精力进行业务开拓。

第四，企业进入国外市场之前，应积极委托国内的商标代理机构进行相应国家的商标注册情况查询，如未注册，可以积极委托商标代理机构在国外注册。

第五，在我国，企业如果发现自己的商标遭到抢注，可以根据抢注商标所处的不同阶段采取不同的法律手段进行维权：首先，在法定期限内，可就初审公告的商标向商标局提出异议，请求商标局不予核准注册；其次，可就已经注册的商标向商标评审委员会提出撤销申请，也可以向人民法院提起诉讼，以司法手段保护自己的合法权利。

在企业主张权利时，应注意提供相应的证据。一方面是商标注册人在主观上具有恶意的证据，如与争议商标有关的商品购销合同、往来函电，商标注册人向权利人索要不合理的高额"商标转让费"的书面证据；另一方面是权利人在先使用、宣传争议商标的证据，如刊登商标广告的报纸、杂志，有关商标商品的购销合同及发票等。但此法时间长,风险大。比较简单的做法是协商转让此商标。

2. 注册商标的转让、许可或质押

依照《商标法》的规定,商标注册人享有商标专用权,包括注册商标的使用权、独占权、许可使用权、禁止权、质押权、投资权、转让权、继承权等。作为一种无形资产,商标专用权还可以通过转让,许可给他人使用,或通过质押来转换实现其价值。

(1)任何商标交易行为均应先审核商标是否已经核准注册。如果交易的商标根本没有注册,或者在到期时没有及时续展注册,或者已经被依法撤销或无效,则没有法律上的商标专用权可言,任何人都有机会使用该商标,甚至会被他人注册,从而妨碍自己从商标交易中获得的所有权或使用权等权利。当然,假设未注册或未续展注册的商标是驰名商标或知名商品的特有名称、外观(包装、装潢),还是可以享受《商标法》或《反不正当竞争法》的保护。

(2)确认交易的商标是有效的注册商标,避免在申请注册中的商标交易。同时,司法实践一般认为,法律法规对许可他人使用尚未获得注册的商标未作禁止性规定,商标许可合同当事人对商标应该获得注册亦未有特别约定,一方以许可使用的商标未获得注册构成欺诈为由主张许可合同无效的,不予支持。

(3)确定交易主体有权处置商标权。应当了解与自己交易的一方是否有权利处置这个注册商标,可以是这个注册商标的权利人(注册人或所有人),或者经过权利人特别授权的代理人,或者被授权的被许可人。如果商标是共有的,须确认交易对方已经过共有人的同意。可以通过查验商标注册证书、商标转让合同、交易授权书,或者查询商标公告、中国商标网,来了解交易商标的真正权利人是谁,目前谁有权利将商标转让、许可或质押等。

此外,注意商标权人与版权人是否一致,如商标权人的商标是委托他人创作的,在没有约定权属的情形下,该商标著作权是"别人家"的著作权,虽然商标权人可以根据委托创作的目的,继续合法使用其商标,但毕竟权利不圆满而容易滋生事端。商标权人与商标版权人不一致的情况下,应确认商标权人是否有独占使用的权限。

(4)确认注册商标的时效性和地域性。商标专用权是有时效的,要特别注意商标的时效期限及续期情况,保障交易的权利有效。如想取得中国境内的商标所有权或使用权,那么必须确认这个商标已经在中国核准注册。如果想使用一个商标在中国制造商品,同时还要出口到欧洲,那么,这个商标除了在中国需要注册外,还需要在欧洲有关国家也取得商标注册,否则在出口时有可能遇到商标侵权的麻烦。

(5)确定商标指定使用的商品或服务项目。注册商标的专用权以核定使用的商品或服务为限。要查明权利人是否超出核定使用的范围,发放许可或从事转让，因为这可能引发商标侵权等问题，假如别人已经在权利人超出核定使用范围的那些商品或服务上注册了相同或近似的商标，就可能构成商标侵权。

（6）查清楚是否存在相同或近似的商标，是否容忍跨类注册的相同或近似商标。如果通过商标转让、企业并购等方式收购对方商标的所有权，为了避免将来存在相关商业标志导致市场混淆，甚至违反法律强制性规定，需要审核对方是否存在与交易商标有近似等关联的商业标志，并进一步考虑是不是需要把这些相关的防御商标、联合商标等商业标志都一并转移过来。这是《商标法》上的强制性要求，否则转让会遇到法律障碍。

与交易商标在不相同或不相类似商品上注册的相同或近似商标，《商标法》并未要求必须一并转让。但是，从商业的角度谨慎考虑，还是要评估哪些类别的相同或近似商标应当一并收购过来，避免将来业务混淆。

（7）确定是否存在与交易商标相同的商号或域名。为了有效保护商标，有的企业不仅注册了防御商标和联合商标，还把商标与商号（企业名称）、域名保持了一致。虽然商标交易成功，但对方还保留了与商标相同的字号或域名，这样必然会让市场和消费者产生混淆，损害商标交易一方的利益。

（8）确认商标是否存在质押、许可等约束。如果购买的商标存在质押或者许可，尤其是独占许可，必然会影响到商标权人的利益。假设一个注册商标已经质押了再予以转让，一旦该商标所担保的债务不能清偿，质押权人（债权人）有权以该商标专用权折价，或者以拍卖、变卖该商标专用权的价款优先受偿。

3. 商标保护策略

（1）企业要把商标权保护列为品牌战略，尽快审查商标注册手续是否完备，商标是否到了续展期。在企业发展到一定的规模后，需要尽快申请国际注册。要及时地申请注册商标，在国内进行保护的同时，要注重国际商标的注册保护，防止因商标被抢注而出现的侵权纠纷。

（2）注意积累企业商标的基础资料，评估出商标的价值。商标的价值和知名度与企业产品销售的地域范围有密切的关系。此外，广告宣传也是商标知名度提升的重要组成部分。因此，企业产品销售、广告合同费用等方面的资料和数据都是验证一个品牌知名程度的重要基础性资料，在申报著名商标和驰名商标以及可能进行的商标侵权诉讼中，都有重要的意义。

（3）尽早申报省市著名商标，并为申报驰名商标做准备。商标权受法律保护的范围与力度和商标的知名度有较大的关系。商标越知名，受保护的范围越广，受保护的力度越大。

（4）密切关注商标注册情况。在商标申请期间，一定要密切关注商标注册情况，同时还应注意查阅商标公告，一旦发现他人申请注册的商标与自己的商标相同或近似，应当及时提出异议或争议。

(5) 企业需要经常对市场进行调查,要求各地推销商及分公司注意市场上同类产品企业标识包装,一旦发现侵权嫌疑产品,需要及时加以制止,如果确定对方侵权,有必要的话还可以向市场监督管理部门投诉或向法院起诉。

对商标侵权行为要尽早采取法律措施解决。如果某一侵权行为不及时消除,侵权商标在长期的使用中可能成为与原商标共存的合法商标,这对商标权人来说非常麻烦,可能会导致更多的侵权人效仿。

(6) 注册防御商标和联合商标。防御商标指的是驰名商标所有者,为了防止他人在不同类别的商品上使用其商标,而在非类似商品上将其商标分别注册,这种在非类似商品上注册的商标称为防御商标。我国《商标法》对此并无明确规定。企业可以按一般商标分别在非类似商品上进行商标注册,从而防止他人利用自己知名商标的声誉。联合商标是指某一个商标所有者,在相同的商品上注册几个近似的商标,或在同一类别的不同商品上注册几个相同或近似的商标。因联合商标作用和功能的特殊性,其中的某个商标闲置不用,不致被国家商标主管机关撤销。由于联合商标相互近似的整体作用,因此,联合商标不得跨类分割使用或转让。

(二) 专利实务操作

专利是受法律规范保护的发明创造,是指一项发明创造向国家审批机关提出专利申请,经依法审查合格后向专利申请人授予的在规定的时间内对该项发明创造享有的专有权。专利权是一种专有权,这种权利具有独占的排他性。非专利权人要想使用他人的专利技术,必须依法征得专利权人的同意或许可。一个国家依照其专利法授予的专利权,仅在该国法律的管辖范围内有效,对其他国家没有任何约束力,外国对其专利权不承担保护的义务,如果一项发明创造只在我国取得专利权,那么专利权人只在我国享有独占权或专有权。

专利的实务操作

1. 专利申请

(1) 积极申请专利。申请专利并获得专利权后,既可以保护自己的发明成果,防止科研成果流失,获取垄断利润来弥补研发投入,也有利于科技进步和经济发展。可以通过申请专利的方式占据新技术及其产品的市场空间,获得相应的经济利益。为此需要将最为核心的、最具市场价值的技术申请专利。对于科技类新创业公司来说,一般会先申请专利,认为这样可以证明自己的技术过硬而且还受法律保护。但更重要的是,新创公司必须把目标放在追求高价值的专利上。

(2) 区分职务发明创造和非职务发明创造。执行本单位的任务或者主要是利用本单位的物质技术条件所完成的发明创造,属于职务发明创造,申请专利的权利属于该单位;如果不是执行本单位的任务或者不是利用本单位的物质技术条件所完成的发明创造,属于非职务发明创造,申请专利的权利属于发明人或者设计人。企业应当与研发人员约定本职工作内容,或者与研发人员签署项目任务书。研发人员与用人单位签订的劳动合同不仅能够证明其与用人单位之间存在劳动关系,而且如果劳动合同中明确约定了研发人员的本职工作内容,则该工作内容相关的研发成果也将在一定程度上被用人单位锁定。

单位应该按照国家法律规定给予职务发明者奖励和报酬,或者与职务发明者依照《专利法》的规定约定奖励和报酬。

(3) 区分商业秘密和专利,专利在申请之前可以考虑当作商业秘密来保护,并应加强对商业秘密的保护意识和措施。企业应当建立健全商业秘密保护制度,企业可以根据商业秘密的不同特点,进行取舍、充实,制定出一套符合商业秘密运作规律的管理制度。企业可以与职工签订保密合同保护商业秘密。企业一般与高级研究开发人员、技术人员、经营管理人员、关键岗位的技术工人、销售人员、财会人员、秘书人员、保安人员等签订保守商业秘密协议书。在签订协议书时要注意几点:第一,协议书的内容不得违反国家法律、法规和有关的规章制度;第二,双方当事人法律地位要平等,要以自愿为原则,双方意思表示应真实,权利和义务要对等;第三,主要内容要完整;第四,违约责任要明确。

(4) 专利实施许可和专利转让时,应该请法律专业技术人员对许可合同和转让合同进行把关。专利实施许可的作用是实现专利技术成果的转化、应用和推广,有利于科学技术进步和发展生产,从而促进社会经济的发展和进步。专利实施许可合同的内容包括许可的范围、技术资料、使用费及支付方式等,具有专业性,最好请专业律师严把此关。

(5) 专利检索、风险专利筛查及风险评估。对相应项目拟采用的重点技术方案进行划分,确定技术领域及关键词,由技术人员配合知识产权工程师(IPR)完成现有技术的检索及筛查。对项目拟采用的技术方案完成专利风险评估,对有风险的技术方案进行技术规避。在研发之前、研发过程中、产品投入市场之前等阶段,要进行一系列的风险评估。

(6) 定期检索最新公开申请、定期检索最新授权专利,加强针对主要竞争对手产品的侵权分析,分析是否可对风险专利技术进行回避改进,进行必要的回避改进设计,等等。

(7) 依照相关法律,积极运用法律手段保护自己的商业秘密和专利权,让侵权者依法承担民事赔偿责任、行政责任,甚至刑事责任。在专利权被侵犯后,专利权人可以采取三种方式保护自己的专利权:① 协商、谈判;② 请求专利行政管理部门调解;③ 提起专利侵权诉讼。

2. 专利侵权

专利侵权是指未经专利权人许可,以生产经营为目的,实施了依法受保护的有效专利的违法行为。

(1) 专利侵权的构成要件包括两个方面：

第一，形式要件，主要有：① 实施行为所涉及的是一项有效的中国专利；② 实施行为必须是未经专利权人许可或者授权的；③ 实施行为必须以生产经营为目的。行为人的主观故意并不是形式要件。但是，是否具有主观故意可以作为衡量其情节轻重的依据。

第二，实质要件，也就是构成专利侵权的技术条件，即实质实施行为是否属于专利权的保护范围。如果行为人所涉及的技术特征属于专利权的保护范围，那么该行为人就构成了专利侵权。主要有以下几种表现形式：① 行为人所涉及的技术特征与专利的技术特征全部相同，则构成侵权；② 行为人所涉及的技术特征多于专利的技术特征，也构成侵权；③ 行为人所涉及的技术特征与专利的技术特征有相同的，有相异的，但是，相异的技术特征与专利的技术特征是等效的，仍构成侵权；否则，不构成侵权。

(2) 专利侵权行为分为直接侵权行为和间接侵权行为两类：

第一，直接侵权行为。这是指直接由行为人实施的侵犯他人专利权的行为。其表现形式包括：制造发明、实用新型、外观设计专利产品的行为；使用发明、实用新型专利产品的行为；许诺销售发明、实用新型专利产品的行为；销售发明、实用新型或外观设计专利产品的行为；进口发明、实用新型、外观设计专利产品的行为；使用专利方法以及使用、许诺销售、销售、进口依照该专利方法直接获得的产品的行为。

第二，间接侵权行为。这是指行为人本身的行为并不直接构成对专利权的侵害，但实施了诱导、怂恿、教唆、帮助他人侵害专利权的行为。间接侵权行为通常是为直接侵权行为制造条件，常见的表现形式有：行为人销售专利产品的零部件、专门用于实施专利产品的模具或者用于实施专利方法的机械设备；行为人未经专利权人授权或者委托，擅自转让其专利技术的行为；等等。

3. 企业预防专利侵权的举措

(1) 企业自我保护。

① 在新产品研发阶段做好保密工作。企业在开发新产品时，应将项目组的人员减少到最低限度，并要求其承担保密义务。项目的名称可采用代号。在申请专利之前不召开任何形式的发布会，不发表论文，也不召开鉴定会。

② 做好专利调查。这里所讲的专利调查主要是指为回避侵犯他人专利权而进行的调查。由于现在科学技术的发展日新月异，专利文献每年增长的速度也极快，而且绝大部分的创造发明都属于改进型发明，所以在申请专利和实施专利之前必须进行查新，避免落入他人专利的保护范围。

③ 抢先申请。专利申请必须先发制人，特别是在采用先申请原则的国家。企业在制定专利申请战略时，不仅要采取预防措施，而且更重要的是应主动出

击、抢占制高点。这样就会使相同的发明创造不会再被授予专利权。因此就会大大降低本企业侵犯他人专利权的概率。

④ 文献公开。在新产品获得专利权后,仍需继续研究对该新产品进一步改进的各种技术方案,并将那些本单位近期不准备实施,但一旦被其他企业抢先获得专利权又会妨碍本单位实施的其他可能方案及时向社会公开,以防止其他企业采用外围专利战略与自己对抗,限制本企业的发展和造成侵权行为。

⑤ 专利收买。就是收买竞争对手的专利为己所用,避免对方以专利侵权为由对自己不断改进的新产品提起诉讼。

(2) 外部侵权处理。

① 积极收集证据、核查事实,应对专利侵权行为。一项专利权是否被他人侵犯,首先要查明是否有已构成侵权的事实,这些事实完全要靠证据来证明。因此,及时、全面地收集有关证据是非常重要的,特别应注意收集侵权的物证和书证。物证主要是侵权产品。侵权产品是十分重要的证据,而且它的取得也并不困难。书证一般应包括两个部分:其一,证明专利权人的有效专利权,如专利证书、专利申请文件、专利实施许可或专利权转让合同书等;其二,证明侵权方实施了侵权行为,如侵权方与他人的订货合同或转让合同、销售发票或销售产品说明书,技术对比文件,等等。在有些情况下,往往一两份有力的书证就可以认定侵权事实的存在。

② 积极利用先用权原则。先用权原则是指在专利申请日之前已经制造相同产品,使用相同方法,或者已经做好制造、使用的必要准备,并且仅在原有范围内继续制造、使用的行为不构成专利侵权。其目的在于保护先使用人就一项发明创造所作的工业投资不造成浪费。如果发明创造是由先使用人自己独立完成或合法取得,并且与专利权人无关的话,那么在被控侵权时,就可提出已经做好制造、使用的必要准备,或仅在原有范围内继续制造使用的举证。

③ 积极运用撤销请求或无效宣告请求。如果授予专利权的发明和实用新型不符合《专利法》第22条的规定,即没有新颖性、创造性、实用性;授予专利权的外观设计不符合《专利法》第23条的规定,即没有新颖性、创造性,均可提出撤销请求或无效宣告请求。

(三) 著作权实务操作

著作权的实务操作

著作权,也称为版权或作者权,是基于文学、艺术和科学作品而产生的法律赋予公民、法人和非法人组织等民事主体的一种特殊的民事权利。著作权的客体是作品。著作权保护的客体内容极其繁杂,且大多数客体与企业的生产经营活动密切相关,企业对其创作的具有独创性的作品都依法享有著作权。如果企业对著作权管理不当,就可能给其生产经营活动带来不利影响。在互联网时代,随着电子宣传平台的兴起,很多企业都有自己的网站,网页内容基本是作品的集合。

企业使用的作品权属是否明确、作品来源是否明确、作品使用是否有授权、被许可使用或受让的作品权利是否明确、企业是否进行了审核等各个方面均是企业经营中著作权法律风险所在。企业应进行严格审核管理，否则一不小心就会惹上纠纷。

近年来，知识产权的保护越来越成为国家和社会所高度重视的问题，知识产权也成为不少企业的重要资产甚至是核心资产，企业面临的著作权保护和风险防范问题成为法律工作的重中之重。

1. 企业委托创作事务法律风险防范

企业使用资料，一部分是由内部员工创作，一部分来源于委托创作，如委托广告公司进行广告设计、产品包装设计等。现在还有很多企业将微博、网站等平台进行托管，由其他公司、人员进行全权管理，发布内容进行平台宣传运作，这里面也有委托创作的法律关系。

委托创作作为一种民事法律行为，直接涉及受托人和委托人的双方利益，极易导致双方产生著作权方面的纠纷，其中著作权权属纠纷最为常见。我国《著作权法》第19条中对委托作品的著作权归属只作了简单的规定，但是实际上委托作品涉及的关系非常复杂，这里特别论述之。委托作品系受托人接受委托人的委托，根据委托人的需要所创作或完成的作品，委托作品应体现委托人的意志，实现委托人使用作品的目的。《著作权法》第19条规定受委托创作的作品，著作权的归属由委托人和受托人通过合同约定。合同未作明确约定或者没有订立合同的，著作权属于受托人。虽然法律规定以委托人和受托人的合同约定来确立著作权的归属，但是合同只是当事人对自己所享有或者即将享有权利的主张和处分，要界定委托作品的著作权归属必须同时结合其他因素，从民法的公平和等价有偿原则出发来综合判断，而不能简单地套用《著作权法》的规定。

要确定著作权的归属应该从三个方面进行判断：首先，基础权利的存在，其权利的来源包括参与或进行创作、提供物质条件、提供报酬、提供资金支持、提供创作需要等。这种权利是不能由合同约定的，而是根据法律原始取得，是双方签署合同的权利基础。其次，是公平对等。公平、等价有偿是民法的基本原则，同样适合于著作权法，双方就完成委托作品所签署的合同也必然要遵循这一原则，双方各自的付出和获得的利益（权利与义务）应该对等。提供了创造性的智力劳动、物质技术条件、创作需要、报酬、资金支持等都是一种承担义务的体现，是享有相应的权利资格的保障。最后，行为、约定合法有效。双方签署合同是双方真实意愿的体现，对权利的主张和处置应当符合法律的规定。

基于以上基础权利进行的著作权权属的约定才是合法、有效的。合同中可以约定著作权财产权的归属，署名权是作者人格利益的体现，是不能通过约定来确定归属的；而且，署名权也只有作为自然人的作者才有资格享有，受托单位不能享有这种权利,因此不可对署名权进行约定。著作权之人身权中的发表权、修改权、保护作品完整权往往与权利人行使著作权之财产权相关联,可以进行约定。但是作品的修改很可能会改变作者的原意甚至造成歪曲,而署名权的不可转移性,会导致作者的声誉受到影响,因此这种通过约定转移的修改权也受到制约。当然,权利人可以对包括人身权在内的著作权予以放弃。因此企业签署委托创作合同应该对以上情况进行充分注意。

委托创作分为"双方达成委托、受托人知悉委托人的需要"和"委托人验收认可作品、受托人向委托人交付作品"两个阶段。作品验收实质上是委托人对受托人完成工作的检验,确定创作的作品与其需求是否一致。委托人认可的作品才是委托作品,对于委托创作期间受托人根据委托人需要所创作,但委托人不认可的作品,不能作为委托作品,但是如果双方约定了创作过程中形成但是未选中的作品著作权归委托方享有,应该是对其著作权的转让,并且受托人有权另行收取著作权转让费用。

因此,对于委托他人创作的作品,企业如果想获取作品著作权,方便以后使用,必须签署书面委托合同,明确约定著作权的归属,同时将创作的背景、要求、目的、双方的权利义务、验收标准、验收时间等根据客观情况在合同中进行明确的约定,并保存合同履行中的资料,进行存档,作为权属确认、纠纷解决的证据资料。需要支付报酬的,支付报酬时应索取收据或发票并妥善保管。同时委托创作合同还应明确约定创作人应保证作品不侵犯他人权利,并对责任承担、承担方式、范围进行约定。

2. 著作权许可使用和转让实务操作

（1）签署著作权许可或者转让合同。

企业要使用他人作品,应当同著作权人签署著作权许可合同。企业要取得他人作品的著作权中的部分或全部财产权,应当同著作权人签署著作权转让合同。著作权许可合同中应该对许可使用的权利种类、许可使用的权利是专有使用权或者非专有使用权、许可使用的地域范围及期间、付酬标准和办法、违约责任等双方认为需要约定的内容进行明确约定。著作权转让合同应该对作品的名称、转让的权利种类、地域范围、转让价金、交付转让价金的日期和方式、违约责任等双方认为需要约定的内容进行明确约定。

签署著作权许可或者转让合同,首先应该审核作品权属资料。著作权许可人或转让人应该保证自己是所提供的作品的合法拥有者,这是保证著作权许可或转让合同有效的基础要件之一。为审查许可人或者转让人是不是作品的著作权人,应该要求权利人提供权属证明、合法的作品来源及权利使用的说明,并附有著作权人的权利许可使用(含费用支付)的申明材料。权属证明可以是原图、草稿、创作说明、合法出版物等有效资料。企业应将上述资料存档保管。

另外,该类合同应含有相关的"罚则"或者"知识产权侵权"条款。在相关的"罚则"或者"知识产权侵权"条款中,许可方或者转让方应保证被许可人或受让人不受任何第三方的知识产权侵权指控,并明确约定被许可人或受让人受到第三方侵权指控时,被许可人或受让人的处理方案。如当被许可人或受让人收到第三方的知识产权侵权指控通知时,应立即书面通知许可方或者转让方,许可方或者转让方应自费采取下列一项或多项行动:① 解决该类通知、索赔或者诉讼,在必要时与第三方协商以获取许可;② 直接委派人员在相应法院抗辩索赔或应诉。同时应当约定出现侵犯第三方权利的情况时,对受让方或者被许可方遭受的损失进行补偿,并明确约定损失的计算方式。

(2) 主要举措。

为了确保企业的利益,企业在对自己有关的作品进行管理时应采取合理的措施。

① 明确权利归属。企业为了更好地管理自己的作品,可以统一与自己的员工就职务作品的权利归属作出约定,避免以后因该作品权利归属发生纠纷。有了明确规定,即使发生纠纷也能很好地维护企业的利益。同时,企业也可以与员工就职务作品的使用方式作出约定。为了激励员工积极地进行创作,企业还可以规定,对完成一定创作的作者给予物质上的奖励等。

职务作品是指公民为完成法人或者其他组织的工作任务所创作的作品。除法律规定的特殊情况以外,著作权由作者享有,但企业或者其他组织有权在其业务范围内优先使用。作品完成 2 年内,未经单位同意,作者不得许可第三人以与单位使用的相同方式使用该作品。

除了职务作品外,在企业委托他人创作作品或者与他人合作创作作品的情形下,应通过合同约定的方式来事先明确著作权的权利归属。依照我国《著作权法》的规定,2 人以上合作创作的作品,著作权由合作作者共同享有。没有参加创作的人,不能成为合作作者。合作作品可以分割使用的,作者对各自创作的部分可以单独享有著作权,但行使著作权时不得侵犯合作作品整体的著作权。委托作品若没有约定,则其著作权属于受托人。合作创作的作品,若没有约定,则著作权属于合作双方。因此,企业在经营实践中需要委托他人或与他人合作完成特定作品的,在与受托人或合作人签订协议时应明确约定作品的著作权归属。

② 注意保存创作档案、材料。包括我国在内的大多数国家对作品采取的是自动产生原则,无须像取得专利权、商标权那样经过审批或登记程序。因此,对于著作权人而言,其权利往往没有官方"登记""注册"或"公告"等外在表征,而是通过在作品的载体上署名或者标注著作权标记的形式来表现。然而,这种权利的表征方式没有足够的公信力。为了避免以后因著作权的归属或者侵权而发生纠纷,企业在创作完成后应当保存自己独立创作作品的相关档案或资料。当纠纷发生以后,企业应向法庭提供这些资料以证明自己对该作品享有的权利。

③ 采取必要的技术防范措施。企业应采取必要的技术防范措施保护其作品如软件和数据信息等的著作权。企业可采用一定的设备、产品和方法来控制对受著作权保护的作品的接触,以此来保护著作权人的权利,如采取有效措施防止任何人在未经授权的情况下使用、复制或传播受著作权保护的作品。首先,企业对其作品或者相关的信息采取的技术措施应当具备有效性。有效性是指著作权人用以控制作品的技术措施具有技术上的可行性,权利人通过接触控制或保护程序,使对受保护作品或其他标的物的使用行为受到控制,实现其保护目的。[①] 其次,相关的技术措施应当具有合法性。权利人采取的技术保护措施只能是防御性的,而不能是攻击性的。具体而言,技术措施给侵权行为制造障碍,但是不能超出制止侵权行为所必需的限度,技术措施只能被用来保护法律赋予的权利,而不能超出法律规定的范围,不能妨害社会公益,如权利人不能在其软件或者信息系统中植入病毒,以攻击未经授权的非法用户。最后,技术措施的目的应在于行使著作权,出于其他目的(如不正当竞争的目的)而采取的技术措施,不应受到法律的保护。

④ 添加和完善权利管理信息。通常,软件以代码划分成两种形式:源代码(计算机读取的代码)和目标代码(人工识别的代码)。尽管这两种形式的代码都可以通过著作权的形式来进行保护,但使用者很容易通过修改源代码的方式改变该软件。因此,通常情况下软件开发者都要通过协议的方式,禁止他人拷贝或者将源代码转让给第三方,以此来限制使用者接触源代码。

企业也可以以开放源代码的形式将软件源代码进行公开。开放源代码是指软件程序的机器识别代码向社会进行公开,供任何使用者使用、修改和重新分配。这种软件程序通常作为政府合作项目得以开发,并通过开放源代码许可而供公众免费获取。当然,开放源代码并不代表该软件所有人对软件放弃著作权,任何人使用开放源代码都必须遵守规定的开源软件协议。

⑤ 进行著作权登记。除上述措施外,企业还可以对其作品进行著作权登记。虽然著作权遵循自动生成原则,不需要履行任何手续即可受到保护。但是,著作权人为了能够在诉讼中为自己拥有权利提供初步证据,也可以自愿将其作品向有关机关进行著作权登记。目前,我国著作权作品的登记主要由国家版权局根据《作品自愿登记试行办法》承担。

中国版权保护中心作品著作权部是承担各类作品(计算机软件除外)著作权登记的业务部门。其登记和服务的具体内容包括:各类作品(计算机软件除外)著作权登记;各类作品(计算机软件除外)授权事项(许可、转让)登记;录音、录像制品登记。此外,受国家版权局委托,还办理著作权(计算机软件除外)质押合同登记手续。

---

① 梁志文:《技术措施界定的比较与评价》,载《知识产权》2003年第2期。

中国版权保护中心软件著作权部是承担软件登记的业务部门。其主要业务职能包括:办理计算机软件著作权登记;办理计算机软件著作权专有许可合同和著作权转让合同登记;办理计算机软件著作权登记事项变更/补充登记等业务;负责软件著作权登记案卷、登记簿的建立并对外提供阅览查询服务。此外,受国家版权局委托,中国版权保护中心软件著作权部还办理计算机软件著作权质押合同登记手续。办理软件著作权登记申请时,申请人应提交中国版权保护中心统一制定的《软件著作权登记申请表》或《计算机软件著作权变更或补充登记申请表》;办理软件著作权的转让、许可时,企业应相应地填写《计算机软件著作权转让、专有许可合同登记申请表》。

中国版权保护中心数字著作权部受理数字版权登记。数字版权登记是中国版权保护中心牵头的《基于数字版权链(DCI[①]体系3.0)的互联网版权服务基础设施建设与试点应用》项目的创新业务。该业务主要面向互联网平台开展。互联网平台可通过技术服务方提供的API[②]接口完成DCI标准化升级,升级后即可面向平台用户提供"即时申领DCI,按需办理数字版权登记"的版权权属确认服务。支持用户原创内容创作完成后提交DCI申领,数字版权链(DCI体系3.0)即对其作品版权信息的真实性、有效性、一致性进行识别、记录和分析,通过智能算法核验后可获得DCI。DCI作为数字版权唯一标识符描述了用户与数字内容一一映射的权属关系,支撑数字内容价值进一步释放,促进数字内容授权与价值转化。获得DCI的用户,可进一步按需自愿办理数字版权登记业务,获得《作品登记证书(数字版)》。[③]

因为著作权权利的抽象性,著作权的管理涉及很多环节,法律风险的防范也应以易出现问题的环节为基础,下文对容易出现问题的几个环节进行了分析,希望企业知晓和遵守法律的相关规定,尊重他人权利、保护自己权益,避免著作权法律纠纷的产生。

三、风险防范

(一) 企业知识产权法律风险防范应坚持以下原则

1. 战略一致性原则

企业对知识产权法律风险的管理虽然相比于其他的法律风险管理具有特殊性,但特殊性存在的前提是二者须在同一系统内部。也就是说,企业知识产权法律风险管理必须是整个企业法律风险管理体系的组成部分,必须与其他法律风险管理乃至整个企

企业知识产权风险防范应坚持的原则

---

① DCI,设备控制接口(Device Control Interface)。
② API,应用程序接口(Application Programming Interface)。
③ 中国版权中心国家版权登记门户网,https://www.ccopyright.com.cn/index.php?optionid=1650,访问时间:2023年7月25日。

业的管理运行保持战略上的一致性,如果企业已将战略目标瞄准海外市场,而知识产权法律风险管理还针对的是国内市场的竞争,那么企业的国际市场竞争必然会受到知识产权法律风险这块短板的影响,严重的话有可能造成整个战略的失败,企业也将会遭遇毁灭性的打击。因此,对企业知识产权法律风险的管理绝不能闭门造车,企业的知识产权战略应当与其他部门的战略相协调,与整个企业的经营战略保持步调一致。

2. 全员参与原则

企业的知识产权管理虽然具有很强的专业性,但却贯穿企业从研发到生产再到销售的全过程,因此绝不是企业的一个法务部门或知识产权管理部门就能够承担起整个企业的知识产权法律风险管理的责任,企业内部从管理层到员工,每一个人既是被管理的对象,又是管理工作的参与者与执行者,应当注重在整个企业内部培养起浓厚的知识产权意识和法律风险防范意识,这样才能够保证企业的知识产权战略在执行中不会发生偏差或出现漏洞。

3. 技术前瞻性原则

该原则主要体现在两个方面。一方面,我们已经知道法律风险在被触发前都是潜伏在企业的正常生产、经营和管理活动中,是不易被觉察的,但它同时具有可预测性。那么,对法律风险的管理也应当具有一定的前瞻性,即管理者在法律风险的潜伏期就应当提前对其做好充分的评估与排查,并对将来可能触发的法律危机在制度层面和技术层面都做好充足的准备,我们称之为法律风险管理的预警机制。另一方面,知识产权法律风险存在并贯穿于企业运行的整个过程中,特别是在研发阶段,企业的产品研发是紧密围绕着市场需求而展开的,当今科学技术的发展日新月异,如果企业的创新与发展速度跟不上科学技术的发展,将面临因市场需求更新而被淘汰的风险,市场的激烈竞争导致企业不得不将产品的研发超越当前市场需求,即首先研发概念产品,如美国苹果公司的移动通信设备 iPhone 系列产品,当 iPhone4 的销售正如火如荼时,各种 iPhone5 的概念机型已经在众多媒体亮相,率先抢占下一阶段的市场份额。新概念的发布是企业营销的重要手段之一,但它也是一把双刃剑,它可以大大提高市场对新产品的期待值,但同时面临巨大的知识产权法律风险,虽然核心技术作为高度商业秘密受到保护,但产品的外观设计、外围产品的跟进等信息都会或多或少地被披露,其他企业为了不在下一阶段的竞争中被淘汰,就会利用这些被披露的信息率先生产与概念产品具有相似或相同元素的产品,并以在先使用为理由抢注相关知识产权。而下一代产品一旦上市,首先面临的问题就是与投机企业的在先权利发生冲突。因此,企业知识产权法律风险的管理水平必须与企业的产品研发水平保持一致,甚至可以通过设置假想敌,预测竞争对手可能采取的对本企业知识产权不利的手段等方式,对将来可能出现的一些法律风险有所防范,笔者称其为知识产权法律风险"预防针"。

4. 区别对待原则

企业在经营和管理活动中面临的知识产权法律风险多种多样,根据产生的法律后果不同,可以做以下分类:第一类是因违反包括我国在内的各缔约国共同遵守的与知识产权或不正当竞争有关的国际条约以及国内的法律、规章或条例的规定(包括因为上述规定更新或调整,而企业没有及时作出相应的更新和调整)而触发的法律风险,其后果是该企业将受到相关国际条约或国内法律的处罚,违反行政规章或条例的将受到相应的行政处罚,构成犯罪的,企业负责人或相关责任人还将受到《刑法》的制裁;第二类是由于企业内部自身的知识产权法律风险管理制度不健全而导致的各种法律风险,其后果包括但不限于企业的专利、商标被他人侵犯,企业的重要商业秘密被泄露等原因造成的企业重大经济损失;第三类是在企业生产经营或市场交易过程中,由于交易相对方的欺诈、违约或失信等行为而产生的法律风险,如在与其他企业的合作开发或委托创作中,合同双方当事人可能由于长期合作产生的信赖而在某一项目或某一部作品的合同中没有对成果的知识产权归属作出明确的约定,或者在交易过程中令对方获悉与本次交易有关的本企业的重要商业秘密等,其后果是在交易标的范围内或高出交易标的一定范围内给企业经济利益造成损害;第四类比较特殊,是企业在经营或交易过程中为了促成合作或交易,就企业知识产权作出妥协或让步,如以企业的知识产权行使质押或担保,或在影视作品的制作过程中以署名为条件双方达成融资协议等,都会不可避免地产生一定的知识产权法律风险。

对企业知识产权法律风险的管理应当针对该法律风险种类的不同有所区别,完善的风险管理体系并非在各个方面都必须做到滴水不漏,而是将漏洞控制在可以允许的范围之内。如上述四类企业知识产权法律风险的管理中,对前三类法律风险的管理就应当从严,通过不断健全和完善自身管理制度做到最大限度的风险防范与排查,避免这样的风险被触发;而第四类风险具有一定的特殊性,交易中的风险与收益是成正比的,企业必须考虑到双赢互利的重要性,利用法律风险管理体系对知识产权法律风险的管控功能,为这类风险留有一定的余地,允许其在法律规定的范围内存在,使企业在交易中达到风险与利润的平衡。

(二) 具体举措

知识产权法律风险管理团队(以下简称"管理团队")可以将知识产权法律风险管理体系的建设作为企业的单独建设服务项目,也可以将其作为企业整体法律风险管理体系的一部分,加以综合、系统的考虑,并根据企业所在行业的特点,确定知识产权法律风险管理的重点,并根据形势的发展及时进行调整。同时,还

企业知识产权
风险防范的
具体举措

要制定明确的知识产权管理指导方针来保证该体系的正常运行。针对企业的知识产权法律风险管理体系建设过程中的法律服务需求，管理团队可以在以下四个阶段为客户企业提供法律服务：

1. 风险诊断阶段

在风险诊断阶段，管理团队充分利用公开的知识产权文献和检索工具，对客户企业与项目有关的无形资产状况进行尽职调查，实现对各种知识产权信息的收集，从而了解行业技术发展动向和行业内其他企业的知识产权申请情况，包括但不限于专利信息采集、侵权可能性分析、商标扩张可能性分析、保护方式可能性分析、衍生专利分析、品牌的文化分析、交叉许可的可能性分析、技术成果的专利性分析、技术成果申请专利的效益分析等，针对调查结果建立企业知识产权法律风险档案，并以书面方式对企业生产经营活动中涉及知识产权法律风险的部分向企业提供详尽的建议。管理团队的工作包括：积极与企业研发人员、技术人员沟通，挖掘创新发明并及时申请保护，并做好专利、商标、技术秘密等工业产权的取得与维持工作；处理侵权案件；负责知识产权的实施与收益管理，组织谈判及签订关于知识产权的合同；起草企业知识产权保护与管理政策及具体实施措施，并提出建议；对客户企业的相关知识产权法律风险作出详尽评估，出具企业知识产权法律风险尽职调查报告书等。

2. 体系建设阶段

在第二阶段，即为客户构建知识产权法律风险控制管理体系的阶段，管理团队根据客户企业的预期和尽职调查报告书，设计项目实施方案，并协助起草和完善客户企业相关项目治理文件。该文件包括但不限于企业专利管理制度、企业商标管理制度、企业商业秘密管理制度、企业版权和其他知识产权管理制度、企业知识产权档案管理制度、企业知识产权发展和运用战略、企业知识产权纠纷防御和救济策略、企业职工创新激励机制、对涉密文件的管理等以及上述各项制度下的项目治理文件，建立健全覆盖企业研发、生产、管理、销售各环节的内部知识产权管理制度等，以使日常知识产权法律风险管理有章可循。具体内容包括但不限于：促进知识产权发生的制度；员工发明创造权属的确定与分享；技术成果申报制度，既方便对项目作出决策和调整，又可以作为证据，还可以防止因员工的流失而导致项目的中断；专利申请、维持、放弃的评估和确定程序；专利、商标、商业秘密的管理体系与办法；按知识产权类别区分的保护方式方法与措施；违规责任规定。并对方案的合法性、合理性和可操作性进行分析论证。

3. 流程管理阶段

在该阶段，管理团队首先根据企业需求，针对企业的领导、业务主管、业务人员和其他员工分别制定培训计划，第一通过向被培训者讲授流程内业务所需的基本法律常识,达到培养企业的知识产权法律意识的目的;第二是使参与管理工作的业务主管和业务人员尽快熟悉风险管理流程,明确个人岗位职责。

培训工作完成后,管理团队正式参与客户企业该方案的实施和操作,协助客户企业解决该方案实施中可能发生的法律问题,该等事项包括但不限于参加客户企业与知识产权有关的项目的论证、实施的会议,参与项目实施过程中与相关利益主体的协商谈判,参与客户企业在知识产权领域的诉讼事务等,并协助客户企业起草、修改和审核与项目实施有关的合同协议和其他法律文件。该等事项包括但不限于专利权合同(专利实施许可合同、专利权转让合同、专利申请权转让合同)、非专利技术合同(技术咨询合同、技术服务合同、技术委托开发合同、技术合作开发合同、技术秘密转让合同)、商标权合同(注册商标许可使用合同、注册商标转让合同)等知识产权许可使用及贸易协议或其他法律文件。

4. 相关信息持续动态更新

与企业知识产权法律风险相关的最新信息的提供是该管理体系的重要组成部分,这种信息提供应当以书面形式完成,定期或不定期向企业发布,具体应当包括但不限于以下几个方面的内容:首先是对与企业知识产权法律风险相关的法律、法规的定期或不定期更新,要求管理团队在协议期限内,按照协议约定的周期(协议约定不定期的,则在相关法律、法规实施前的一定期限内)就该相关法律、法规的具体内容及其对该企业会产生的具体影响向该企业出具法律意见书;其次是与该企业知识产权相关的产业政策的及时准确的通报,并针对该政策对该企业会产生的具体影响提供资深律师的专业分析;此外还可以向该企业提供与其知识产权法律风险相关的典型案例,并针对在第一阶段对该企业形成的评估报告就案例所涉及的法律问题出具资深律师的专业分析。

第二节 商业秘密保护

商业秘密是企业主体、核心能力和竞争优势的具体体现,也是企业所拥有的重要的无形资产,对于企业在市场竞争中的生存和发展有着重要的影响,对很多创业企业而言更是至关重要,且创新创业的根本动力可能就是因为拥有专利或商业秘密。在创业过程中,企业都会形成自己的商业秘密,小到企业多年积累的客户信息,大到企业产品的秘密配方,都会对企业的发展产生不可忽视的重大影响。随着网络的高速发展,信息技术的进步,保密工作难度加大,遭遇的挑战更多。创业企业在日常公司经营及员工工作生活中要尽量避免泄露商业秘密,造成不必要的损失和后果。商业秘密管理是商业秘密保护的基础和关键。因此,企业要提高保密工作意识,提升创业企业及员工业务知识能力,提高商业秘密保护意识,并要完善商业秘密保护制度,做好商业秘密管理工作,为企业发展构建核心竞争优势,为创业保驾护航。

一、法律规则

（一）核心法条

《中华人民共和国反不正当竞争法》

第九条　经营者不得实施下列侵犯商业秘密的行为：

（一）以盗窃、贿赂、欺诈、胁迫、电子侵入或者其他不正当手段获取权利人的商业秘密；

（二）披露、使用或者允许他人使用以前项手段获取的权利人的商业秘密；

（三）违反保密义务或者违反权利人有关保守商业秘密的要求,披露、使用或者允许他人使用其所掌握的商业秘密；

（四）教唆、引诱、帮助他人违反保密义务或者违反权利人有关保守商业秘密的要求,获取、披露、使用或者允许他人使用权利人的商业秘密。

经营者以外的其他自然人、法人和非法人组织实施前款所列违法行为的,视为侵犯商业秘密。

第三人明知或者应知商业秘密权利人的员工、前员工或者其他单位、个人实施本条第一款所列违法行为,仍获取、披露、使用或者允许他人使用该商业秘密的,视为侵犯商业秘密。

本法所称的商业秘密,是指不为公众所知悉、具有商业价值并经权利人采取相应保密措施的技术信息、经营信息等商业信息。

第二十一条　经营者以及其他自然人、法人和非法人组织违反本法第九条规定侵犯商业秘密的,由监督检查部门责令停止违法行为,没收违法所得,处十万元以上一百万元以下的罚款；情节严重的,处五十万元以上五百万元以下的罚款。

《最高人民法院关于审理侵犯商业秘密民事案件适用法律若干问题的规定》

第十二条　人民法院认定员工、前员工是否有渠道或者机会获取权利人的商业秘密,可以考虑与其有关的下列因素：

（一）职务、职责、权限；

（二）承担的本职工作或者单位分配的任务；

（三）参与和商业秘密有关的生产经营活动的具体情形；

（四）是否保管、使用、存储、复制、控制或者以其他方式接触、获取商业秘密及其载体；

（五）需要考虑的其他因素。

第十三条 被诉侵权信息与商业秘密不存在实质性区别的，人民法院可以认定被诉侵权信息与商业秘密构成反不正当竞争法第三十二条第二款所称的实质上相同。

人民法院认定是否构成前款所称的实质上相同，可以考虑下列因素：

（一）被诉侵权信息与商业秘密的异同程度；

（二）所属领域的相关人员在被诉侵权行为发生时是否容易想到被诉侵权信息与商业秘密的区别；

（三）被诉侵权信息与商业秘密的用途、使用方式、目的、效果等是否具有实质性差异；

（四）公有领域中与商业秘密相关信息的情况；

（五）需要考虑的其他因素。

第十四条 通过自行开发研制或者反向工程获得被诉侵权信息的，人民法院应当认定不属于反不正当竞争法第九条规定的侵犯商业秘密行为。

前款所称的反向工程，是指通过技术手段对从公开渠道取得的产品进行拆卸、测绘、分析等而获得该产品的有关技术信息。

被诉侵权人以不正当手段获取权利人的商业秘密后，又以反向工程为由主张未侵犯商业秘密的，人民法院不予支持。

《中华人民共和国刑法》

第二百一十九条 有下列侵犯商业秘密行为之一，情节严重的，处三年以下有期徒刑，并处或者单处罚金；情节特别严重的，处三年以上十年以下有期徒刑，并处罚金：

（一）以盗窃、贿赂、欺诈、胁迫、电子侵入或者其他不正当手段获取权利人的商业秘密的；

（二）披露、使用或者允许他人使用以前项手段获取的权利人的商业秘密的；

（三）违反保密义务或者违反权利人有关保守商业秘密的要求，披露、使用或者允许他人使用其所掌握的商业秘密的。

明知前款所列行为，获取、披露、使用或者允许他人使用该商业秘密的，以侵犯商业秘密论。

本条所称权利人，是指商业秘密的所有人和经商业秘密所有人许可的商业秘密使用人。

《中华人民共和国劳动合同法》

第二十三条 用人单位与劳动者可以在劳动合同中约定保守用人单位的商

业秘密和与知识产权相关的保密事项。

对负有保密义务的劳动者,用人单位可以在劳动合同或者保密协议中与劳动者约定竞业限制条款,并约定在解除或者终止劳动合同后,在竞业限制期限内按月给予劳动者经济补偿。劳动者违反竞业限制约定的,应当按照约定向用人单位支付违约金。

商业秘密法律规则解读

（二）规则解读

1. 商业秘密的界定

《民法典》第 123 条规定,商业秘密是知识产权的保护客体之一,权利人对商业秘密享有"专有的权利"。国家目前还没有对侵犯商业秘密专门立法,其作为《反不正当竞争法》中六种不正当竞争行为的一种受到法律规制。《反不正当竞争法》第 9 条第 4 款规定,商业秘密,是指不为公众所知悉、具有商业价值并经权利人采取相应保密措施的技术信息、经营信息等商业信息。《侵犯商业秘密案件司法解释》第 1 条对其中的"技术信息、经营信息"进行了具体的解释,即:"与技术有关的结构、原料、组分、配方、材料、样品、样式、植物新品种繁殖材料、工艺、方法或其步骤、算法、数据、计算机程序及其有关文档等信息,人民法院可以认定构成反不正当竞争法第九条第四款所称的技术信息。与经营活动有关的创意、管理、销售、财务、计划、样本、招投标材料、客户信息、数据等信息,人民法院可以认定构成反不正当竞争法第九条第四款所称的经营信息。前款所称的客户信息,包括客户的名称、地址、联系方式以及交易习惯、意向、内容等信息。"同时,《侵犯商业秘密案件司法解释》第 2 条还规定,当事人仅以与特定客户保持长期稳定交易关系为由,主张该特定客户属于商业秘密的,人民法院不予支持。客户基于对员工个人的信赖而与该员工所在单位进行交易,该员工离职后,能够证明客户自愿选择与该员工或者该员工所在的新单位进行交易的,人民法院应当认定该员工没有采用不正当手段获取权利人的商业秘密。

2. 商业秘密的构成要件

技术信息、经营信息以及其他商业信息只有在满足"不为公众所知悉"（秘密性）、"具有商业价值"（价值性）以及"采取相应保密措施"（保密性）三个要件的情况下,才能构成商业秘密,才可以受到保护。可见,商业秘密的认定要件包括了为公众所知悉,具有商业价值,以及经权利人采取相应保密措施。

（1）秘密性的认定。对于"不为公众所知悉",《侵犯商业秘密案件司法解释》第 4 条第 1 款规定,具有以下情形之一的,人民法院可以认定有关信息为公众所知悉,不构成商业秘密:该信息在所属领域属于一般常识或者行业惯例的;

该信息仅涉及产品的尺寸、结构、材料、部件的简单组合等内容，所属领域的相关人员通过观察上市产品即可直接获得的；该信息已经在公开出版物或者其他媒体上公开披露的；该信息已通过公开的报告会、展览等方式公开的；所属领域的相关人员从其他公开渠道可以获得该信息的。

（2）价值性的认定。《侵犯商业秘密案件司法解释》第 7 条规定："权利人请求保护的信息因不为公众所知悉而具有现实的或者潜在的商业价值的，人民法院经审查可以认定为反不正当竞争法第九条第四款所称的具有商业价值。生产经营活动中形成的阶段性成果符合前款规定的，人民法院经审查可以认定该成果具有商业价值。"通常来说，原告请求保护的信息因不为公众所知悉而具有现实的或者潜在的商业价值，可以给原告带来竞争优势的，一般可以认定具有商业价值。生产经营活动中形成的阶段性成果符合前述条件的，也可以认定该成果具有商业价值。[①] 可见，商业价值的判断比较宽泛，不一定是现实的价值，可以是给权利人带来竞争优势，或者是潜在价值，都可以认定为"商业价值"。同时，阶段性成果也可以被认定为具有商业价值。

（3）保密性的认定。"经权利人采取相应保密措施"是商业秘密的法定构成要件之一。司法实践中，权利人是否就其主张的商业秘密采取了相应保密措施，往往是案件审理的难点。不少案件正是由于权利人未能举证证明采取了相应保密措施，导致其主张不能获得人民法院的支持。权利人对于商业秘密进行保护的意愿和具体情形，也要通过保密措施来反映。[②]《侵犯商业秘密案件司法解释》第 6 条规定："具有下列情形之一，在正常情况下足以防止商业秘密泄露的，人民法院应当认定权利人采取了相应保密措施：（一）签订保密协议或者在合同中约定保密义务的；（二）通过章程、培训、规章制度、书面告知等方式，对能够接触、获取商业秘密的员工、前员工、供应商、客户、来访者等提出保密要求的；（三）对涉密的厂房、车间等生产经营场所限制来访者或者进行区分管理的；（四）以标记、分类、隔离、加密、封存、限制能够接触或者获取的人员范围等方式，对商业秘密及其载体进行区分和管理的；（五）对能够接触、获取商业秘密的计算机设备、电子设备、网络设备、存储设备、软件等，采取禁止或者限制使用、访问、存储、复制等措施的；（六）要求离职员工登记、返还、清除、销毁其接触或者获取的商业秘密及其载体，继续承担保密义务的；（七）采取其他合理保密措施的。"这些措施是法院认定企业是否采取保密措施的重要标准，企业应当根据该规定采取与自身相适应的保密措施。

[①] 佚名：《侵犯商业秘密民事案件办理指引（律师版）》，https://www.kangdalawyers.com/newsdetail_1594.html，访问时间：2023 年 7 月 22 日。

[②] 林广海等：《系列解读之一〈最高人民法院关于审理侵犯商业秘密民事案件适用法律若干问题的规定〉的理解与适用》，载《法律适用》2021 年第 4 期。

3. 商业秘密保护范围的期限要求

《侵犯商业秘密案件司法解释》第 27 条规定原告应当在一审法庭辩论结束前明确所主张的商业秘密具体内容。仅能明确部分的,一审法院仅能对该明确的部分进行审理和认定。二审中,原审原告另行主张其在一审中未明确的商业秘密具体内容的,二审法院可以进行调解,调解不成的,原审原告可以另行起诉。双方均同意由二审法院一并审理的,二审法院可以一并裁判。

4. 商业秘密侵权主体以及侵权行为

根据《反不正当竞争法》第 9 条的规定,商业秘密侵权主体突破了仅以经营者为侵权主体的局限性,使除商业秘密所有人以外的任何人都有可能作为商业秘密的侵权主体,包括:商业秘密权利人的员工、前员工或者其他单位、个人及明知或应知他人实现侵犯商业秘密的违法行为,仍获取、披露、使用或者允许他人使用该商业秘密的第三人等都可能是侵权主体。经营者以下行为属于侵犯商业秘密的行为:(1) 以盗窃、贿赂、欺诈、胁迫、电子侵入或者其他不正当手段获取权利人的商业秘密;(2) 披露、使用或者允许他人使用以前述手段获取的权利人的商业秘密;(3) 违反保密义务或者违反权利人有关保守商业秘密的要求,披露、使用或者允许他人使用其所掌握的商业秘密;(4) 教唆、引诱、帮助他人违反保密义务或者违反权利人有关保守商业秘密的要求,获取、披露、使用或者允许他人使用权利人的商业秘密。经营者以外的其他自然人、法人和非法人组织实施上述违法行为的,视为侵犯商业秘密。

5. 商业秘密侵权认定标准

根据《反不正当竞争法》第 32 条的规定,商业秘密侵权认定标准为"接触、实质相同并排除有效抗辩"。① 有的认为是"相同+接触-合理来源"。认定是否构成侵权,必须首先依法确认商业秘密确实存在。行为主体可以是经营者,也可以是其他人。《反不正当竞争法》规范的各种不正当竞争行为的实施者,绝大多数要求其具有经营者的身份,而侵犯商业秘密的人则不受此限制。客观上,行为主体实施了侵犯他人商业秘密的行为,实施的方式有盗窃、利诱、胁迫或不当披露、使用等。

在判定侵害权利人商业秘密时,因为侵犯商业秘密案件有着极高的隐蔽性,所以原告很难拿出直接证据来证明被告在什么时候在什么位置,用什么手段侵犯了原告所持有的商业秘密。因此,在实际诉讼案件的裁决中就存在着一条重要的"接触+相似"原则,即权利人能证明被申请人所使用的信息与自己的商业秘密具有一致性或者相同性,同时能证明被申请人有获取其商业秘密的条件,而被申请人不能提供或者拒不提供其所使用的信息是合法获得或者使用的证据

---

① 李钟、于立彪主编:《企业知识产权管理基础》,知识产权出版社 2020 年版,第 170 页。

的,市场监督管理部门可以根据有关证据,认定被申请人有侵权行为。

6. 是否构成商业秘密的举证责任以及证明标准

对于原告而言,应当就主张保护的商业信息构成商业秘密承担举证责任。根据《反不正当竞争法》第32条的规定,举证责任可以分为两个层面:

第一个层面是商业秘密的认定层面,商业秘密权利人提供初步证据,证明其已经对所主张的商业秘密采取保密措施,且合理表明商业秘密被侵犯,涉嫌侵权人应当证明权利人所主张的商业秘密不属于《反不正当竞争法》规定的商业秘密。此处的商业秘密权利人应证明其对商业秘密已经采取了保密措施,并初步证明其商业秘密受到了侵犯;涉嫌侵权人要免责,必须证明权利人主张的商业秘密不属于商业秘密,即他要证明涉案的商业秘密"为公众所知悉","不具有商业价值"或"没有采取保密措施",有的学者主张这是举证责任倒置[①],有的认为这是举证责任转移。

第二个层面是侵权商业秘密权利人提供初步证据合理表明商业秘密被侵犯,且提供以下证据之一的,涉嫌侵权人应当证明其不存在侵犯商业秘密的行为:(1)有证据表明涉嫌侵权人有渠道或者机会获取商业秘密,且其使用的信息与该商业秘密实质上相同;(2)有证据表明商业秘密已经被涉嫌侵权人披露、使用或者有被披露、使用的风险;(3)有其他证据表明商业秘密被涉嫌侵权人侵犯。

以上商业秘密权利人关于商业秘密被侵犯的举证责任,其证明标准不是高度盖然性。因此,合理表明中的表明应与说明、释明类同,同样表明承担"合理表明"举证责任者仅承担低强度的举证责任,这也与《反不正当竞争法》修订意在降低权利人在商业秘密侵权诉讼中的举证责任的立法目的相符。[②] 可见,商业秘密权利人的证明标准应当是盖然性,而不是高度盖然性。

7. 商业秘密侵权民事责任的承担

根据侵权行为的不同类型和造成损失的不同后果,商业秘密侵权的法律责任可分为民事责任、刑事责任、行政责任以及劳动法责任。在对民事责任的细化中,除了承担损失赔偿金外,司法解释还规定人民法院根据权利人的请求,判决侵权人返还或者销毁商业秘密载体,清除其控制的商业秘密信息,以减少、消除再次发生侵权行为的风险,这样在另一层面上也统一了权利人的诉请和法院关于停止侵权的判决,下面就民事责任予以阐述。

(1) 停止侵权。

原告可以向法院主张判决被告停止侵权,即主张判决被告不得披露、使用或允许他人使用其接触或获取的商业秘密,停止侵权的时间一般应当持续到该商

---

① 孜里米拉·艾尼瓦尔:《试论反不正当竞争法修正案的商业秘密条款》,载《科技与法律》2020年第2期。

② 喻志强、戈光应:《商业秘密侵权诉讼举证新规则的适用》,载《人民司法》2020年第19期。

业秘密已为公众所知悉时止。依据上述规定判决停止侵权的时间如果明显不合理,法院可以在依法保护权利人该项商业秘密竞争优势的前提下,判决侵权人在一定期限或者范围内停止使用该项商业秘密。

(2) 返还或销毁商业秘密载体,清除控制的商业秘密信息。

原告可以请求判决被告返还或销毁商业秘密载体,清除其控制的商业秘密信息,该诉讼请求人民法院一般也会予以支持。

(3) 赔偿损失。

① 赔偿额的确定。原告因被告商业秘密侵权行为遭受损失的,可以要求被告赔偿损失,因不正当竞争行为受到损害的经营者的赔偿数额,按照其因被侵权所受到的实际损失确定;实际损失难以计算的,按照侵权人因侵权所获得的利益确定。经营者恶意实施侵犯商业秘密行为,情节严重的,可以在按照上述方法确定数额的 1 倍以上 5 倍以下确定赔偿数额。2019 年《反不正当竞争法》修正后,将法定赔偿上限由 300 万元提高至 500 万元,并对惩罚性赔偿作出明确规定,显著加强了商业秘密保护。

② 赔偿额的计算,可以根据以下因素确定:

第一,按照商业秘密的商业价值确定。《侵犯商业秘密案件司法解释》第 19 条规定:"因侵权行为导致商业秘密为公众所知悉的,人民法院依法确定赔偿数额时,可以考虑商业秘密的商业价值。人民法院认定前款所称的商业价值,应当考虑研究开发成本、实施该项商业秘密的收益、可得利益、可保持竞争优势的时间等因素。"

第二,参照商业秘密许可使用费确定。权利人请求参照商业秘密许可使用费确定因被侵权所受到的实际损失的,人民法院可以根据许可的性质、内容、实际履行情况以及侵权行为的性质、情节、后果等因素确定。

第三,赔偿数额还应当包括经营者为制止侵权行为所支付的合理开支。

第四,刑事裁判认定的实际损失或违法所得。针对刑民交叉案件,当事人可依据生效刑事裁判认定的实际损失或者违法所得确定涉及同一侵犯商业秘密行为的民事案件的赔偿数额。

第五,惩罚性赔偿确定赔偿数额的,可以考虑商业秘密的性质、商业价值、研究开发成本、创新程度、能带来的竞争优势以及侵权人的主观过错、侵权行为的性质、情节、后果等因素。

8. 侵犯商业秘密罪的认定

侵犯商业秘密罪,是指以盗窃、利诱、胁迫或者其他不正当手段获取权利人的商业秘密,或者非法披露、使用或者允许他人使用其所掌握的或获取的商业秘密,给商业秘密权利人造成重大损失的行为。本罪侵犯的客体是商业秘密权利人对其商业秘密所拥有的合法权益。本罪的客观方面表现为以下几种形式:

(1) 以盗窃、贿赂、欺诈、胁迫、电子侵入或者其他不正当手段获取权利人的商业秘密的;(2) 披露、使用或者允许他人使用以前述手段获取的权利人的商业秘密的;(3) 违反保密义务或者违反权利人有关保守商业秘密的要求,披露、使用或者允许他人使用其所掌握的商业秘密的;(4) 明知上述所列行为,获取、披露、使用或者允许他人使用该商业秘密的,以侵犯商业秘密论。本罪的主体是一般主体,单位和自然人均可构成本罪,指的是因工作或业务联系而可能接触到商业秘密的单位和个人。主观方面一般是故意,不包括过失。2020 年公布的《中华人民共和国刑法修正案(十一)》将《刑法》第 219 条第 2 款中"应知"二字删除仅保留了"明知"。因此,侵犯商业秘密罪的主观罪过形式为故意(包括直接故意和间接故意),也即行为人明知自己的行为会侵犯商业秘密,仍然希望或者放任这一危害结果的发生。

认定侵犯商业秘密罪应当收集以下证据:证明行为人盗窃权利人商业秘密行为的证据;证明行为人以利诱手段获取权利人商业秘密行为的证据;证明行为人以胁迫手段获取权利人商业秘密行为的证据;证明行为人以其他不正当手段获取权利人商业秘密行为的证据;证明行为人披露用以上手段获取的权利人的商业秘密行为的证据;证明行为人使用或者允许他人使用,用以上手段获取的权利人的商业秘密行为的证据;证明行为人违反约定或者违反权利人有关保守商业秘密的要求披露商业秘密行为的证据;证明行为人使用或者允许他人使用权利人要求保密的商业秘密行为的证据;证明行为人给商业秘密权利人造成重大损失行为的证据;证明行为人给商业秘密权利人造成特别严重后果行为的证据。

二、实务操作

(一) 内部管理

商业秘密的内部保护是关键,要确保员工知悉商业秘密的范围,确保文件在储存或使用过程中有必要的机密标识,签署必要的保密协议,设置文件取用的管理权限等。

商业秘密保护的内部管理

1. 涉密人员的管理

侵犯商业秘密的高发主体为企业员工、前员工,特别是技术人员和高级管理人员,用人单位应重点对涉密人员从入职、在职、离职管理等全流程进行动态监测,并采取有效措施,防止其泄露商业秘密。

(1) 入职管理。入职时,应签订保密协议和竞业限制协议,控制商业秘密的知悉人员范围。企业在招聘时应注意以下几个方面:首先,企业招聘时应根据商业秘密清单确定拟招聘的岗位是否属于涉密岗位。对涉密岗位,应由招聘人员告知拟应聘人员保密事项要求,必要时可要求其作出知悉承诺或签署保密承诺书。其次,对涉密岗位的拟入职员工进行背景调查,避免因新员工入职带来的法律风险。明确该员工已在原单位正式办理了离职手续,避免因该员工未与原用人单位解除劳动合同而导致企业承担连带赔偿责任,必要时可要求其作出在企业任职期间不侵犯前雇主的商业秘密、不违反与前雇主签订的竞业限制协议等承诺。

  员工入职后,用人单位应考虑以下三个方面:一是签订保密协议,约定保密范围和保密期限、双方的权利和义务及违约责任等。二是签订竞业限制协议,约定竞业限制的范围、地域、生效条件、期限、违约责任、经济补偿等。根据《劳动合同法》第23条、第24条及《最高人民法院关于审理劳动争议案件适用法律问题的解释(一)》第36条至第40条之规定,企业在签订竞业限制协议时应考虑竞业限制协议的签订主体(高级管理人员、高级技术人员及其他知悉核心、重要商业秘密的人员)以及公司应承担的经济补偿义务。三是进行保密培训,以确保新员工理解商业秘密权利、义务,树立保密意识,理解企业商业秘密管理相关规定,理解其岗位的保密责任。

  (2) 在职管理。用人单位应当加强对涉密人员的日常管理,要定期开展保密培训,检查和评估保密措施,根据动态监测商业秘密清单、接触涉密信息等情况的变化,更新涉密岗位及涉密人员名单。定期梳理高级管理人员、高级技术人员和其他知悉核心、重要商业秘密的人员,确定是否补签竞业限制协议以及承诺书。对于涉密岗位变动的,企业应督促岗位变动员工做好保密材料交接工作,对员工重新划分涉密类别与层级,及时做好涉密接触权限调整和脱密期管理工作。

  (3) 离职管理。一是要求离职员工登记、返还、清除、销毁其接触或获取的商业秘密及其载体,载体交接包括对其电脑等设备进行清查,对涉密载体及复制品、相关物品进行盘点等;二是根据该员工的工作岗位、接触的商业秘密信息,以及离职有可能对公司产生的影响,评估是否需要履行与其签署的竞业限制协议或重新签署竞业限制协议;三是离职沟通,告知其负有的保密义务及其他约定或法定的注意事项,要求其签署保密承诺书并声明不再拥有任何与涉密信息相关的载体;四是对负有保密义务及签订竞业限制的员工,对其离职后的去向进行定时追踪,以便能及时发现涉密信息泄露或不正当使用的线索。

  (4) 脱密管理。虽然《劳动合同法》没有规定脱密期,但《劳动部关于企业职工流动若干问题的通知》对此有规定。一般认为,脱密期系公司和员工平等协商的结果,是双方真实意思表示,双方应当依约定履行,员工不得在脱密期内解除劳动合同关系。因此,用人单位与掌握商业秘密的职工在劳动合同中约定保守商业秘密有关事项时,可以约定在劳动合同终止前或该职工提出解除劳动合同后的一定时间内(不超过6个月),调整其工作岗位,变更劳动合同中相关内容。

  2. 涉密载体的管理

  明确涉密载体及其功能作用,制定涉密载体管理制度,确定涉密载体的保护要求,建立涉密载体台账并由专人负责,进行涉密载体的制作、收发、传递、使用、

复制、保存、维修、销毁等全生命周期管理。①（见表6-1）

表6-1　涉密载体的管理

制作	① 明确保护措施、实施的控制要求和管理权限； ② 根据涉密信息的级别，对不同涉密载体，明确使用或发放范围和制作数量； ③ 在涉密载体的相关位置标注商业秘密的标志或信息，必要时可使用隐藏式记号。
收发、传递	履行清点、编号、登记、签收手续。
使用	① 使用应办理手续； ② 携带涉密载体外出或外发涉密载体时，应履行审批手续； ③ 对涉密载体的流转过程进行记录，确保及时回收使用完毕的外发的涉密载体。
复制	① 复制时应履行审批、登记手续； ② 复制涉密载体不得改变商业秘密的密级、保密期限和知悉范围； ③ 涉密载体复制件应加盖复制戳记，并视同原件管理。
保存	选择安全保密的特定场所或位置保存涉密载体，并根据涉密载体的不同由专人保管。
维修	涉密载体需外部人员现场维修的，应指定专人全程现场监督。
销毁	① 销毁应进行审核批准，并履行清点、登记手续； ② 确保销毁的秘密信息无法还原。

3. 运用信息化工具

（1）建立中央集中的文件管理中心，用于数据交换、备份与归档。企业机密文件管理，第一个工具通常会导入文件服务器，以提供员工数据集中备份、权限管理、文件规范的系统，让所有的机密文件可以被妥善保存与交换。

（2）在个人电脑设备安装安全软件，用于限制员工使用电脑的行为。当企业希望逐步提高保密的强度时，一般会在个人电脑上安装信息安全管理软件，用于限制和管理员工以下行为：USB 传输、网络传输、文件打印等，除了能够有效防范员工通过文件传输、打印进行泄密的行为，更可以建立员工强烈的保密观念。

（3）以文件加密工具来严格保护文件的使用。从文件保护的角度看，一般来说最严格的方案便是"文件加密保护"，如微软的 RMS 加密技术。在文件加密后，仅能使用特定工具且需拥有权限才能够使用文件，对文件产生极佳的保护效果。但是需要注意的是，文件加密也大幅地降低了文件流通的价值与效率，所以一般仅会在"封闭式"的工作环境（如研发中心、客服中心）中来实施文件加密

---

① 李璐璐：《浅谈企业商业秘密保护之内部管理规制》，载"康桥律师事务所"微信公众号，https://mp.weixin.qq.com/s/nAeQhNHk3c8dF3wA18ZscQ，访问时间：2022年5月2日。

系统。在大部分"开放式"作业环境中,如公司总经办、业务团队、营销中心等,均不建议采用此方案。

（二）外部管理

商业秘密保护的外部管理

企业在对外销售、技术交流、技术合作、投资等过程中,为了宣传企业,或者为了取得对方的信任,或者因合作的必要,可能会涉及商业秘密问题,或者告知对方一些包含本企业商业秘密的内容。企业应当注意控制向对方透露的商业秘密的范围,在介绍涉及的商业秘密信息时,要保持在合理有必要的程度内,既不能过多披露导致企业信息的泄露,也不能太少介绍,从而阻碍企业之间的交流合作,做到保护企业商业秘密和促进交流合作两不误。同时,最常见的做法是与对方签订保密协议,对商业秘密的范围、权属、双方的权利义务以及违约责任等问题进行明确的约定,约定双方对涉密信息在信息公开之前的保密义务,未经对方允许,不得以任何方式向第三人披露。这种做法不仅有利于保护商业秘密,而且在发生商业秘密侵权纠纷后当事人还可把该协议当作证据使用,证明权利人采取了合理的保密措施。

对于企业对外交易行为,如针对供应商和客户,可以在有关合同中加入保密条款,必要时可以签订专门的保密协议。对于创业企业而言,以下情况要注意加强商业秘密的管理：

1. 技术开发中要约定技术秘密的有关事项。《民法典》第861条规定："委托开发或者合作开发完成的技术秘密成果的使用权、转让权以及收益的分配办法,由当事人约定;没有约定或者约定不明确,依据本法第五百一十条的规定仍不能确定的,在没有相同技术方案被授予专利权前,当事人均有使用和转让的权利。但是,委托开发的研究开发人不得在向委托人交付研究开发成果之前,将研究开发成果转让给第三人。"可见,委托开发关系下商业秘密的归属由当事人自行约定,也就是说当事人可以约定委托关系下完成的技术成果属于委托人,也可约定属于被委托人。如果没有约定或者约定不明,委托人和被委托人都有使用和转让的权利,也就是说由当事人共同拥有。但是,被委托人在向委托人交付研究成果之前,不得转让给第三人。另外,除当事人另有约定以外,委托开发中完成的技术成果的专利申请权属于被委托人。除委托开发外,企业也经常会通过与其他企业、科研机构或个人合作开发的方式以取得技术成果,合作开发完成的技术秘密成果的归属也完全依据当事人自行的约定,既可以约定该技术秘密成果归属于合作关系中的一方,也可以约定归属于多方。在没有约定或者约定不明的情况下,则该技术秘密成果归属于全体合作人员,任何一方均有使用或转让的权利。

2. 公司并购企业商业秘密管理。公司并购是市场经济优胜劣汰的产物,也是创业过程中公司扩张的一种重要手段,可以快速扩大公司的规模,产生规模效应。同时,创业公司也可能会被头部企业所并购,实现其价值。在公司并购的过程中,如何避免泄露商业秘密是一个很敏感的问题,尤其是对被收购的目标公司来说,更是要注意商业秘密管理,保护自身的合法权益,防止并购过程中商业秘密的泄露,并要防止有的企业借助并购获取商业秘密。为了了解被收购目标公司的情况,收购方往往会在并购前对被收购企业进行尽职调查。尽职调查的内容不仅有对包括目标公司商业秘密在内的技术信息和经营信息等商业信息、财务信息的收集,还涉及律师和会计师等尽职调查小组成员利用其具有的专业知识去分析这些信息。为了保护本单位的商业秘密,目标公司应与调查方和收购方签订保密协议。

3. 诉讼中的商业秘密管理。基于诉讼的公开性可能会导致商业秘密在证据保全、证据交换、委托鉴定、庭审等环节被披露,当事人可以采取如下的措施:

(1) 当事人申请对接触涉密证据的人员范围作出限制,并提供充足的理由。证据涉及商业秘密或者其他需要保密的商业信息的,人民法院应当在相关诉讼参与人接触该证据前,要求其签订保密协议、作出保密承诺,或者以裁定等法律文书责令其不得出于本案诉讼之外的任何目的披露、使用、允许他人使用在诉讼程序中接触到的秘密信息。当事人及其他诉讼参与人违反前述保密措施的,应依法承担相应的法律责任。同时,还可以向法院申请裁定等法律文书,责令相关诉讼参与人承担保密义务。相较于保密协议和保密承诺,以"裁定等法律文书"责令相关诉讼参与人承担保密义务,亦即实践中通常所称的"秘密保持令",其约束力和强制力更强,如果违反,将可能适用《民事诉讼法》第 120 条等规定,被采取对妨害民事诉讼的强制措施,情节严重构成犯罪的,还会面临刑事责任的追究。

(2) 当事人申请对案件不公开审理。根据《民事诉讼法》第 137 条的规定,人民法院审理民事案件,除涉及国家秘密、个人隐私或者法律另有规定的以外,应当公开进行。涉及商业秘密的案件,当事人申请不公开审理的,可以不公开审理。当事人要注意自己的诉讼内容是否有透露商业秘密的风险,及时向法院申请不公开审理。

三、风险防范

1. 加强在岗保密的培训。不仅要对入职人员进行岗前培训,而且要定期进行在岗保密培训。要提高职工的保密意识,深刻认识到保密的重要性,尤其是泄密对单位所带来的风险和应承担的法律责任,更要提高其保密的技能,熟知职工保护商业秘密的权利和义务,理解内外部人员的正当或不正当行为可能带来的泄密风险,以及处理方式,培训的内容包括公司章程、法律法规、保密制度、保密措施等。

2. 建立商业秘密信息定密制度。准确界定企业的商业秘密范畴,梳理涉密事项、涉密人员、涉密场所、涉密活动,明确商业秘密中的密点要素,为企业商业秘密保护奠定坚实的基础。

3. 采取有效的保密措施。只有被认定为采取了有效的保密措施,才有可能被认定为商业秘密,常见的保密措施包括:

(1) 信息分类,确保从产品设计图纸、产品配方、制作工艺及流程,到客户资料、货源情报、产销策略、定价方案、招投标标书、财会报表等各方面信息都有负责人把关;

(2) 计算机设备和软件的加密,限制使用移动存储设备,防拷贝复制;

(3) 设立专门的保密场所,如保密资料室(柜)、保险箱;

(4) 对生产车间、实验室、研究室等涉及商业秘密的场所采取隔离措施;

(5) 严格处理废弃物;

(6) 对信息负责人进行制约,技术信息的调用采取古时"虎符"的方式,对商业秘密进行拆分保护,每人掌握一部分,组合才能使用;

(7) 其他合理的保密措施。

4. 建立商业秘密风险评估制度。实地考察企业商业秘密保护现状,发现存在的泄密风险,分析风险的危害程度,给出整改和规避的措施建议,为进一步的商业秘密保护工作提供方向和依据。

5. 建立商业秘密保护制度。为企业设置保密部门及相关人员,有效落实保密责任人,规范涉密载体管理制度、涉密网络管理制度、涉密人员管理制度、涉密场所管理制度、涉密活动管理制度,建立商业秘密全寿命、全环节完整的制度体系。

四、典型案例

(一) 案情介绍

洛阳瑞昌环境工程有限公司、洛阳明远石化技术有限公司等侵害商业秘密案[①]

1. 各方当事人的相关情况

洛阳瑞昌环境工程有限公司(以下简称瑞昌公司)成立于1994年1月25日,原名为洛阳瑞昌石油化工设备有限公司,其经营范围为:设计、开发、生产、销售并安装石油化工、石油勘探、节能环保设备;一、二类压力容器设计、制造及产

---

① (2020)最高法知民终726号。

品售后服务；大气污染防治工程设计、咨询、工程总承包；物业管理；房屋、厂房和场地租赁。

程向锋等十名被诉侵权自然人均为瑞昌公司前员工，按离职先后罗列如下：程向锋2003年3月24日入职，2008年10月27日签订保密协议，2013年4月28日离职；李建伟2010年7月26日入职，2010年11月1日签订保密协议，2014年8月25日离职；武立国2007年6月入职，2008年9月26日签订保密协议，2015年2月3日离职；程高锋2005年4月入职，2012年4月签订保密协议，2015年4月28日离职；唐海宽2008年7月15日入职，2008年9月27日签订保密协议，2015年6月29日离职；蔡盼雷2010年11月入职，2011年2月22日签订保密协议，2016年1月15日离职；王瑞星2010年11月11日入职，2011年8月10日签订保密协议，2016年1月20日离职；王伟1997年12月1日入职，2008年9月3日签订保密协议，2016年6月14日离职；田川川2012年3月27日入职，2012年4月20日签订保密协议，2016年7月6日离职；江俊锋2009年3月入职，2009年7月1日签订保密协议，2016年10月31日离职。

上述十名被诉侵权自然人离职后先后入职洛阳明远石化技术有限公司(以下简称明远公司)。明远公司于2014年3月10日登记成立，股东为程向锋，公司类型为有限责任公司(自然人独资)，经营范围：石化技术的研发及服务，石化设备及配件、环保设备的研发设计及销售，机械加工。

2. 瑞昌公司主张的32家客户信息情况

自2008年10月始，瑞昌公司先后建立和制定了相关客户档案和管理办法。客户档案具体包括客户基本信息表、交易记录、装置使用状况表、客户管理通讯录、质量记录表，以及客户级别、客户性质、所属系统类别、客户规模、区域等。瑞昌公司持续跟进客户项目进展、维护客户关系并适时对所收集的客户经营信息进行动态更新。瑞昌公司主张的32家客户的具体信息包括：客户基本信息表、装置使用状况表、客户管理通讯录、主要装置及处理量以及客户维修保养及使用状况表、相关项目资料，相关产品规格型号、数量、单价、质量标准、包装标准、交货方式、运输方式，检验标准、方法、地点及期限，安装与调试、结算方式、备注材质参数、竞争情况、争议的解决、联系人、收货人电话、地址等信息。

3. 瑞昌公司主张技术秘密的情况

瑞昌公司在二审主张技术秘密的载体是李建伟上传至瑞昌公司OA系统的"燃烧器设计.PPT"文件第11、12页的内容，即一种"CBCFIII-1.0型燃烧器(试验炉和耐火砖)"技术方案。涉及设置于燃烧器壳体内的××××部件的形状和构造，发明点是××××的技术方案(以下简称涉密技术信息)。

4. 瑞昌公司主张明远公司侵害技术秘密的情况

瑞昌公司主张明远公司申请被诉侵权涉案专利公开了涉密技术信息，并利用专利产品获得对华星公司的销售业绩,导致瑞昌公司失去竞争优势,构成侵害技术秘密。

【法院裁判】

1. 关于瑞昌公司主张的客户信息是否构成经营秘密

根据《反不正当竞争法》(2017年修订)第9条第3款的规定并结合本案实际情况,本案争议的客户信息如果构成经营秘密,应具备秘密性、价值性、保密性的构成要件,重点要考察是否包括客户的名称、地址、联系方式以及交易习惯、意向、内容等深度信息,是否汇集众多客户并保持长期稳定交易关系。

(1) 关于客户信息的秘密性问题。第一,从客户信息的内容看,瑞昌公司主张构成经营秘密的32家客户信息不仅包括客户名称、地址、客户对接人员联系方式等基础信息,还包括设备装置规模、数量、设计单位、投用时间、型号规格、安装位置、使用状况等客户需求习惯,还包括交易合同、发票、报价单、供货范围等客户交易习惯,以及各个项目进展信息、竞争对手情况等市场信息,上述内容的集合属于不易从公开渠道获取的深度信息。第二,从客户信息的客户数量看,瑞昌公司主张构成经营秘密的客户数量众多,具有不容易集中从公开渠道获取的特点。第三,从客户交易的稳定性看,瑞昌公司与上述32家客户均有较多交易,信息动态持续更新,交易时间较长,交易对象比较稳定。因此瑞昌公司主张的32家客户信息具有不为公众所知悉的秘密性。

(2) 关于客户信息的价值性问题。首先,根据程向锋等十名被诉侵权自然人在瑞昌公司的工作情况,可以证明无论是新建项目还是检修项目,无论是标准产品还是非标准产品,业务人员通过拜访新客户和回访老客户、了解客户实际需求、探寻价格空间,都需要付出较多努力。其次,根据石油化工行业的特点,瑞昌公司必须通过业务人员搜集信息、跟进维护,了解客户的交易习惯、价格承担能力、质量要求、竞争对手情况,以便在同行业竞争中形成竞争优势,更容易获得交易机会,降低交易成本,创造更多经济利益。因此,32家客户信息具有现实的或者潜在的商业价值,能为瑞昌公司带来竞争优势,具有价值性。

(3) 关于客户信息的保密性问题。瑞昌公司提交了与程向锋等十名被诉侵权自然人签订的《保密协议》《员工手册》、保密义务培训讲座资料等证据,并使用加密的OA系统对员工业务信息进行管理,在武立国、程高锋离职时签署《专业技术和涉密人员离岗(辞职)保密承诺书》,与王瑞星签署《竞业限制协议》。瑞昌公司主观上具有保护公司客户信息的意愿,客观上实际采取了多重保密措施,因此具有保密性。

综上,瑞昌公司的32家客户信息符合秘密性、价值性、保密性的要件,构成经营秘密。

2. 明远公司等被诉侵权人是否侵害瑞昌公司主张的经营秘密

关于程高锋、李建伟、武立国、王伟、蔡盼雷、田川川的行为是否构成侵权。依据《反不正当竞争法》（2017年修订）第9条的相关规定并结合本案实际情况，如果员工违反约定或者违反权利人有关保守商业秘密的要求，具有披露、使用或者允许他人使用其所掌握的商业秘密的行为，原单位要求行为人承担侵权责任的，人民法院应当予以支持。程高锋、李建伟、武立国、王伟、蔡盼雷、田川川等六名员工从瑞昌公司离职之前披露、使用或者允许明远公司使用其所掌握的经营秘密行为的违法性体现在以下几个方面：

首先，程高锋等六名员工与瑞昌公司均签订有《保密协议》，承诺"在任职期间不得组织、计划组织以及参加任何竞争企业或竞争活动""在任职期间及约定的保密期内均不得使用瑞昌公司的商业秘密为竞争企业工作"，因此均承担有竞业限制义务和保密义务。程高锋等六名员工的行为显然违反了上述义务。

其次，程高锋等六名员工帮助明远公司与瑞昌公司的客户达成交易，销售的产品与瑞昌公司的部分产品重合，足以导致瑞昌公司丧失交易机会，不正当地挤占瑞昌公司的市场份额，损害瑞昌公司的竞争优势。

最后，明远公司虽然辩称有部分交易是基于客户信赖或通过公开信息达成的，但是未提供足够证据。

综上，本院依法确认程高锋、李建伟、武立国、王伟、蔡盼雷、田川川等六名员工违反与瑞昌公司约定的竞业限制义务和保密义务，在离职之前实施了披露、使用并允许明远公司使用其所掌握的经营秘密的行为，并且该行为一直持续到六人从瑞昌公司离职之后，构成侵害瑞昌公司的经营秘密。

关于明远公司和程向锋的行为是否构成侵权。根据《反不正当竞争法》（2017年修订）第9条第2款的规定并结合本案实际情况，第三人明知或者应知商业秘密权利人的员工、前员工实施侵害商业秘密的违法行为，仍获取、披露、使用或者允许他人使用该商业秘密的，视为侵害商业秘密。本案中，明远公司经营范围与瑞昌公司经营范围相同。程向锋作为自然人独资股东设立明远公司，是公司的实际控制人，对明远公司的经营活动起主导作用。明远公司、程向锋明知程高锋、李建伟、武立国、王伟、蔡盼雷、田川川等六人有竞业限制义务和保密义务，仍获取并使用其提供的构成经营秘密的客户信息从事经营活动，不正当地获得交易机会和竞争优势。明远公司和程向锋的行为依法应视为侵害瑞昌公司的经营秘密。

关于唐海宽、王瑞星、江俊锋的行为是否构成侵权。法院认为，在审理涉及客户信息的经营秘密纠纷时,认定离职员工是否构成侵权行为要处理好保护经营秘密与劳动者自由择业、竞业限制、人才合理流动的关系。不仅要考虑员工是否有接触客户信息的条件,还要考虑员工的行为是否具有不正当性,是否符合法律规定的侵害商业秘密的具体情形。既要制止侵害经营秘密的违法行为,也要保护员工离职后合理利用在工作中积累的知识、经验和技能的权利。员工离职后,限制员工的择业自由一般以存在法定或者约定的竞业限制义务为前提。对于员工因本职工作正常获得的客户信息,除非原单位能够证明员工或其所在新单位使用该客户信息获取竞争优势具有不正当性,员工或其所在新单位使用该客户信息的行为并不当然具有违法性。

本案中,现有证据不能证明唐海宽、王瑞星、江俊锋从瑞昌公司离职前曾有为明远公司工作或侵害瑞昌公司经营秘密的行为。唐海宽、王瑞星、江俊锋并非瑞昌公司董事或高级管理人员,不负有法定竞业限制义务;唐海宽、江俊锋未与瑞昌公司签订《竞业限制协议》,未领取竞业限制补偿金,不负有约定竞业限制义务;王瑞星虽然与瑞昌公司签订《竞业限制协议》并领取了竞业限制补偿金,负有约定竞业限制义务,但证据表明王瑞星在离职1年之后才受聘于明远公司,并未违反竞业限制协议的相关约定。因此,上述三名员工在离职之后或者竞业限制协议期满之后,没有法定或约定的竞业限制义务,可以自主选择新单位入职。鉴于瑞昌公司未能证实该三人在入职明远公司后有利用在瑞昌公司获得的客户信息谋取不正当利益的行为,本院依法认定该三人的行为不构成侵权。

3. 瑞昌公司主张的技术信息是否构成技术秘密

根据《反不正当竞争法》(2017年修订)第9条第3款的规定并结合本案实际情况,本案争议的涉密技术信息如果构成商业秘密,重点要考察该技术信息的秘密点(××××)是否具备秘密性、价值性、保密性的构成要件。

(1)关于技术信息的秘密性问题。首先,明远公司就涉案专利技术方案申请专利的行为表明该公司认为该技术方案与现有技术有区别。在涉案专利与涉密技术信息构成实质相同的情况下,可以推定涉密技术信息属于不为公众所知悉的技术信息。其次,瑞昌公司长期与霍尼韦尔公司开展燃烧器技术合作,由霍尼韦尔公司的关联方凯勒特公司提供燃烧器技术,并在此基础上继续研发,也可以证明涉密技术信息不能轻易从公开渠道获得。再次,根据国家知识产权局专利检索咨询中心出具的《技术信息咨询报告》,在2015年4月22日被诉侵权涉案专利公开日之前未发现公开涉密技术信息的技术文献,进一步证明涉密技术信息不为公众所知悉。最后,明远公司主张该技术信息已经通过使用公开的依据不足。该公司提供的海南项目工程照片拍摄地点不详,拍摄时间真实性无法确认,且未显示××××的构造。该公司提供的海南项目相关图纸系在原审诉讼期间获得，且发件人蔡剑光明确表示"不要随意扩散"，因此不能证明该图纸记载的技术信息是社会公众想获得就可以获得的。综上，目前尚无证据表明在涉案专利授权公告之前，涉密技术信息已经为公众所知悉，因此该技术信息具有秘密性。

（2）关于技术信息的价值性问题。首先，瑞昌公司成立燃烧器设计组长期进行燃烧器实验测试，证明涉密技术信息需要经过技术研发、测试才能获得，需要付出一定的研发代价。其次，明远公司利用涉案专利产品已经完成对华星公司 28.6 万元的销售业绩，在涉案专利与涉密技术信息实质上相同的情况下，也可以证明涉密技术信息具有现实和潜在的商业价值，可以为企业创造市场竞争优势和经济利益。因此涉密技术信息具有价值性。

（3）关于技术信息的保密性问题。瑞昌公司对涉密技术信息采取了相应的保密措施，不仅在员工手册中有保密制度规定，而且通过 OA 办公系统设置密码登录以及对相关人员安装加密软件等措施提升涉密信息管理水平；瑞昌公司要求李建伟在与霍尼韦尔公司合作过程中签署《瑞昌人员保密协议》；在组织"凯勒特超蓝燃烧器培训"时要求参加人员签署保密协议。瑞昌公司主观上具有保护涉密技术信息的意愿，客观上在涉案技术信息的知悉主体、知悉内容以及接触权限上采取了合理的保密措施。因此涉密技术信息具有保密性。

综上，瑞昌公司主张的涉密技术信息具有秘密性、价值性、保密性，符合技术秘密的法定构成要件，本院依法认定构成技术秘密。

4. 明远公司等被诉侵权人是否实施了侵害技术秘密的行为

根据《反不正当竞争法》（2017 年修订）第 9 条相关规定并结合本案实际情况，经营者不得违反约定或者违反权利人有关保守商业秘密的要求，披露、使用或者允许他人使用其所掌握的商业秘密。第三人明知或者应知商业秘密权利人的员工、前员工实施侵害商业秘密的行为，仍披露、使用该商业秘密的，视为侵犯商业秘密。

鉴于明远公司关于涉案专利技术方案有合法来源的抗辩理由不能成立，本院依法推定该技术方案是明远公司、程向锋通过李建伟从瑞昌公司获得。李建伟违反与瑞昌公司的保密约定，向明远公司、程向锋披露其所掌握的涉密技术信息，侵害了瑞昌公司的技术秘密。明远公司、程向锋明知李建伟实施上述违法行为，仍获取、披露该涉密技术信息，应视为侵害瑞昌公司的技术秘密。明远公司、程向锋、李建伟共同采取申请涉案专利的方式披露涉密技术信息，并利用专利产品获得对华星公司的销售业绩，导致涉密技术信息被公开，不正当损害了瑞昌公司的竞争优势，明远公司、程向锋、李建伟应当承担共同侵权责任。

(二)案例评析

本案系离职员工侵害原单位经营秘密和技术秘密的司法判断的典型案例,既有经营信息的判断,也有技术信息的判断;既有离职员工的侵权,也涉及新用人单位的侵权;既涉及涉密人员的管理,也涉及涉密制度的建立与完善,对用人单位保护商业秘密具有借鉴意义。该案胜诉的关键之一在于法院认定了该公司主观上具有保护涉密信息的意愿,客观上在涉案信息的知悉主体、知悉内容以及接触权限上采取了合理的保密措施,不仅对涉密人员进行了有效管理,与员工签订了保密协议、进行了保密培训,同时亦对涉密载体足够重视,采取了使用加密软件、OA办公系统设密登录、对涉密载体设加"机密"字样等保密措施。

思考题

1. 怎样做好创业过程中的知识产权管理工作?
2. 为了求生存和发展,有的创业者盗用别人的知识产权,甚至以次充好,并认为这是整合资源、节约成本的做法。这种做法是否正确?
3. 请结合创业的实践,谈谈创业企业应如何建立商业秘密保护制度。
4. 请简述我国法律对未注册商标的管理。
5. 结合创业的实践,应怎样区分职务发明创造与非职务发明创造?
6. 请结合创业的实践,谈谈企业知识产权方面存在的法律风险及其防范。
7. 请列举一下身边可能导致侵犯商业秘密的行为。注:可以是有意的,也可以是无意识的行为。
8. 风险投资中应怎样识别和规避企业知识产权法律风险?

课后练习

第六章—习题

第六章—答案

第七章　创业纠纷解决法律风险防范

创业者在创业过程中可能会遇到各种问题，产生各种不同类型的纠纷，处理得不好将会对创业产生诸多不利的影响，尤其是创业体内部纠纷，处理得好，纠纷得以化解，创业继续顺利开展；处理得不好，可能导致创业体内部的分裂，甚至导致创业体的解散。当前创业纠纷呈现类型多样化、案情复杂化、主体群体化等特点，创业者应当理性选择纠纷解决机制，以维护自身的合法权益，尽快选择协商、调解等柔性的纠纷解决机制；对于国家和社会而言，应以积极回应当事人的需求为出发点，采取多元化纠纷解决方式，坚持诉源治理，快速解决创业纷争，为创业提供良好的环境和氛围。

第一节　创业纠纷解决方式的多元化选择

一、法律规则

（一）核心法条

《中华人民共和国民事诉讼法》

第五十三条　双方当事人可以自行和解。

第九十六条　人民法院审理民事案件，根据当事人自愿的原则，在事实清楚的基础上，分清是非，进行调解。

第九十九条　调解达成协议，必须双方自愿，不得强迫。调解协议的内容不得违反法律规定。

《最高人民法院关于人民法院民事调解工作若干问题的规定》

第二条　当事人在诉讼过程中自行达成和解协议的，人民法院可以根据当事人的申请依法确认和解协议制作调解书。双方当事人申请庭外和解的期间，不计入审限。

当事人在和解过程中申请人民法院对和解活动进行协调的，人民法院可以委派审判辅助人员或者邀请、委托有关单位和个人从事协调活动。

第六条　当事人可以自行提出调解方案，主持调解的人员也可以提出调解方案供当事人协商时参考。

《中华人民共和国仲裁法》

第四条 当事人采用仲裁方式解决纠纷,应当双方自愿,达成仲裁协议。没有仲裁协议,一方申请仲裁的,仲裁委员会不予受理。

第五条 当事人达成仲裁协议,一方向人民法院起诉的,人民法院不予受理,但仲裁协议无效的除外。

第十六条 仲裁协议包括合同中订立的仲裁条款和以其他书面方式在纠纷发生前或者纠纷发生后达成的请求仲裁的协议。

仲裁协议应当具有下列内容:
(一)请求仲裁的意思表示;
(二)仲裁事项;
(三)选定的仲裁委员会。

第十七条 有下列情形之一的,仲裁协议无效:
(一)约定的仲裁事项超出法律规定的仲裁范围的;
(二)无民事行为能力人或者限制民事行为能力人订立的仲裁协议;
(三)一方采取胁迫手段,迫使对方订立仲裁协议的。

第四十九条 当事人申请仲裁后,可以自行和解。达成和解协议的,可以请求仲裁庭根据和解协议作出裁决书,也可以撤回仲裁申请。

第五十条 当事人达成和解协议,撤回仲裁申请后反悔的,可以根据仲裁协议申请仲裁。

第五十一条 仲裁庭在作出裁决前,可以先行调解。当事人自愿调解的,仲裁庭应当调解。调解不成的,应当及时作出裁决。

调解达成协议的,仲裁庭应当制作调解书或者根据协议的结果制作裁决书。调解书与裁决书具有同等法律效力。

《最高人民法院关于人民法院进一步深化多元化纠纷解决机制改革的意见》

9. 加强与商事调解组织、行业调解组织的对接。积极推动具备条件的商会、行业协会、调解协会、民办非企业单位、商事仲裁机构等设立商事调解组织、行业调解组织,在投资、金融、证券期货、保险、房地产、工程承包、技术转让、环境保护、电子商务、知识产权、国际贸易等领域提供商事调解服务或者行业调解服务。完善调解规则和对接程序,发挥商事调解组织、行业调解组织专业化、职业化优势。

26. 鼓励当事人先行协商和解。鼓励当事人就纠纷解决先行协商,达成和解协议。当事人双方均有律师代理的,鼓励律师引导当事人先行和解。特邀调解员、相关专家或者其他人员根据当事人的申请或委托参与协商,可以为纠纷解决提供辅助性的协调和帮助。

《关于建立健全诉讼与非诉讼相衔接的矛盾纠纷解决机制的若干意见》

10. 人民法院鼓励和支持行业协会、社会组织、企事业单位等建立健全调解相关纠纷的职能和机制。经商事调解组织、行业调解组织或者其他具有调解职能的组织调解后达成的具有民事权利义务内容的调解协议,经双方当事人签字或者盖章后,具有民事合同性质。

(二) 现状和规则解读

1. 创业纠纷的概念、特点

创业纠纷是创业者在创业过程中因人身、财产或其他法律关系所发生的争议。创业法律纠纷具有以下特点:

创业纠纷解决的现状和有关规则解读

(1) 纠纷类型多样。在当前中国,既有的创业纠纷依然存在,而新类型创业纠纷也层出不穷。当前许多创业纠纷不仅包括创业体内部纠纷,还包括因创业所产生的融资纠纷、用工纠纷,由投资建厂带来的环境污染纠纷、用地纠纷,以及知识产权纠纷等;不仅包括民事纠纷,还有大量的行政纠纷。可见,纠纷类型多样化已经成为当前创业纠纷的一大特点。

(2) 纠纷主体多元。如前所述,纠纷类型多样其实也暗含了纠纷涉及的主体更加多元。当前社会的创业纠纷已经不局限于创业者之间,而是扩大到其他主体,包括行政管理部门、社会组织等,纠纷解决主体呈现多样化趋势。同时,在融资、征地拆迁、消费等领域还呈现出群体化的趋势。

(3) 纠纷案情复杂。这里的"案情复杂"不是简单地指案件法律关系复杂,还包括引起纠纷的原因复杂、涉及纠纷的人员关系复杂、处理起来面对的各种情况复杂、处理不好引起的后果难以控制。合伙人之间、股东之间会发生各种各样的冲突,如经营理念的不同、利益分配的不同意见,甚至性格的不同都会引发争议,而这些争议久而久之往往演变成冲突,进而转变为组织的僵局,使创业体因为创业者之间的矛盾而陷于危机。

2. 创业纠纷的类型

如前面所述,创业纠纷除了创业体内部纠纷、融资纠纷、侵权纠纷等这些传统纠纷之外,还有一些区别于传统纠纷的新型纠纷,如投资建厂带来的环境污染纠纷和土地纠纷、雇佣关系纠纷、知识产权纠纷等,创业纠纷逐渐呈现出案情复杂化、涉案主体群体化的特点,原本单一的民事纠纷演变为民事纠纷、行政纠纷、刑事纠纷交叉的态势。一般来说,主要有以下几种形式的创业常见纠纷。

(1) 确认创业者身份资格的纠纷。实际上为法律定性问题。在创业过程中,往往有些创业者身份需要明确或得到全体合作者的确认,如隐名合伙的问题就是个常见的问题,而确认隐名合伙人的合法地位是避免和处理隐名合伙纠纷的首要问题,也是我国目前处理隐名合伙纠纷时碰到的最为棘手和关键的部分。根据民法的基本原理,确认隐名合伙人的依据是当事人双方所订立的合同。

(2) 合作者的出资纠纷。出资义务是创业者承担的最主要的积极的负担义务,由此产生的纠纷主要包括出资种类问题、出资瑕疵问题及隐名合伙解散或解散时出资不到位问题。

(3) 创业者分享利润和分担损失的相关纠纷。分享利润、分担损失是创业合伙人的一项主要权利义务,合伙的损益分配直接关系到各合伙人的切身利益,也是出现频率最高的纠纷,主要包括利润分配问题和亏损分担问题。

很多创业者初创阶段选择合伙企业的模式,就是因为合伙企业以人与人之间的相互信任为基础,在确定企业发展的一些思路和方法时不需要召开股东会、董事会会议等,决策机制灵活。但往往没有对整个账目的定期公示或公示方式等进行约定,也没有设立专门的财务人员,导致因利润分配问题互相猜忌发生分歧,进而产生矛盾,合伙解体。如果要通过合伙的方式来成就一番事业,哪怕亲如兄弟姐妹,也要在一开始制定规范的书面合伙协议,制定好"合伙规则",明确约定各方的权利义务,以便规范合伙体的经营、管理、合伙财产分配、债务处理等合伙事务,以免在共同创业过程中发生纠纷,影响合伙企业的经营发展。

(4) 创业者与第三人之间的责任纠纷。创业者与第三人因民事行为所产生的债权债务关系原则上由全体合作者负责,但鉴于创业者在责任的承担及其风险负担等方面可能会存在分歧,创业者与第三人之间的责任纠纷包括承担债务的定性问题、行使诉权及确定相关人员诉讼地位问题以及可能存在的后续求偿权问题。

(5) 其他侵权责任纠纷。主要包括环境污染责任纠纷、生态破坏责任纠纷、饲养动物损害责任纠纷、建筑物和物件损害责任纠纷、义务帮工人受害责任纠纷。

3. 创业纠纷解决机制

创业纠纷解决机制包括私力救济、社会型救济、公力救济等各种类型,创业者要充分认识这些纠纷解决机制的优缺点,选择适合的纠纷解决机制。

(1) 公力救济。公力救济是保护民事权利的重要手段,当权利人的权利受到侵害或者有被侵害的危险时,权利人可以诉请行政机关或法院依行政手段或诉讼程序保护自己的合法权益,具体包括诉讼、行政裁决、行政调解、信访等方式。

民事诉讼是指法院在当事人和其他诉讼参与人的参加下,以审理、判决、执行等方式解决民事纠纷的活动,以及由这些活动产生的各种诉讼关系的总和。民事诉讼动态地表现为法院、当事人及其他诉讼参与人进行的各种诉讼活动,静态地则表现为在诉讼活动中产生的诉讼关系。诉讼具有高度的权威性,具有公信力,但存在周期长、成本高、"执行难"等问题。

行政裁决是指行政机关或法定授权的组织,依照法律授权,对当事人之间发生的、与行政管理活动密切相关的、与合同无关的民事纠纷进行审查,并作出裁决的具体行政行为。行政裁决的主体具有法定性。行政机关只有获得法律授权,才能对授权范围内的民事纠纷案件进行审查并裁决,没有法律授权,行政机关不能自行决定和裁决某些民事纠纷案件。

行政调解是国家行政机关处理平等主体之间民事争议的一种方法,国家行政机关根据相关法律法规的规定,对属于本机关职权管辖范围内的平等主体之间的民事纠纷,通过耐心的说服教育,使纠纷的双方当事人互相谅解,在平等协商的基础上达成一致协议,从而合理地、彻底地解决纠纷矛盾。

信访是指公民、法人或者其他组织采用书信、电子邮件、传真、电话、走访等形式,向各级人民政府、县级以上人民政府工作部门反映情况,提出建议、意见或者投诉请求,依法由有关行政机关处理的活动。与其他纠纷解决机制相比,信访所采用的协调、报案等机制会动用更多的行政、经济资源和其他社会资源,也是一种有效的纠纷解决机制。

(2)社会救济。社会救济,包括调解(诉讼外调解)和仲裁,是指依靠社会力量处理民事纠纷的一种机制。

(3)自力救济,包括自决与和解。它是指纠纷主体依靠自身力量解决纠纷,以达到维护自己权益的目的。自决是指纠纷主体一方凭借自己的力量使对方服从。和解是指双方互相妥协和让步,从而达成协议,解决纠纷。两者的共同点是,都是依靠自我的力量来解决争议,无须第三方的参与,也不受任何规范的制约。

二、实务操作

(一)和解的实务操作

和解是一种最常见也最常用的纠纷解决方式,是调解、仲裁等非诉讼方式的基础,贯穿于调解、仲裁和诉讼方式的全过程,并与其他方式随时发生转换和衔接。和解是可以选择的方式,但由于其灵活、简便、快捷的特点,决定了和解是解决纠纷的好方式,是当事人较好的选择。和解没有任何外来强制,方式的选择自愿,和解的时间、地点、形式、内容没有规范的要求,完全取决于当事人的意志,履行也取决于自觉、自愿,充分尊重了当事人的程序选择权,因而,和解能最大限度地节省时间,方便、快捷、几乎不

创业纠纷解决
的实务操作

需费用,还有利于当事人继续合作,不伤和气。因此,和解特别适合创业者解决内部成员纠纷,协调内部矛盾,不至于因纠纷的发生而导致内部成员关系的破裂;和解对于解决创业体外部纠纷也具有重要意义,不仅纠纷解决的周期短,而且有助于加强外部的合作,维持良好的关系,为创业创造良好的外部环境。

正是因为和解无专门处理机构,处理者是当事人自己,也无法定程序,完全取决于当事人自己,没有一个外来的力量去影响和督促当事人达成协议或者达成协议后督促其履行,强势方可能滥用权力,导致协议显失公平,甚至不履行和解协议。为了防止和解方式的滥用,对违反法律强制性规定和违背公序良俗的协议,以及显失公平或以欺诈方式达成的和解协议,当事人可以向法院起诉,请求确认和解协议无效。

(二) 公力救济的实务操作

1. 行政解决机制

行政解决是创业纠纷解决的主要力量之一,涵盖行政裁决、行政调解与信访制度在内的公力救济模式。

(1) 行政裁决。行政裁决是指行政机关或法定授权的组织,依照法律授权,对当事人之间发生的、与行政管理活动密切相关的、与合同无关的民事纠纷进行审查,并作出裁决的具体行政行为。行政裁决的主体具有法定性,只有获得法律授权,行政主体才能对授权范围内的民事纠纷案件进行审查并裁决。如果没有法律授权,行政机关不能自行决定和裁决某些民事纠纷案件。行政裁决具有效率高、成本低、专业性强、程序简便等特点,有利于促成矛盾纠纷的快速、高效解决,发挥化解民事纠纷的"分流阀"作用。

(2) 行政调解。行政调解一般是指行政机关居中主持的调解,是行政机关解决纠纷的重要方式。行政调解具有独特的功能价值,可用以处理行政争议和民事纠纷,具有专业、权威性强的特点,在创业过程中的很多纠纷可以采用这种模式来解决。

(3) 信访。信访一开始设立的目的不在于民事权利救济,而在于其监督政治权力的功能,信访制度是反映民意、监督权力的重要渠道,也是公民参政议政行使政治权利的重要途径。但是在基层治理实践中,一些涉及群众政治经济生活等切身利益的案件,如土地纠纷、拆迁安置补偿等,大量涌入信访这个救济渠道。尽管信访人的诉求内容纷繁复杂,千差万别,但实现权利的救济是信访人最主要的诉求内容之一。信访能够引起党政领导的关注,社会关注度高,是一种很好的纠纷解决机制。在司法救济能力存在局限的情况下,信访无论作为一种利益表达机制,还是作为一种具体的权利救济机制,对于解决那些涉及重大复杂利益,需要调动各种社会资源才能"摆平"的纠纷确实有其必要,也具有诉讼、仲裁、人民调解等其他纠纷解决机制所不可比拟的优势。①

2. 诉讼机制

诉讼机制最具权威性，在创业纠纷解决方面处于主导地位，能够引导和监督其他纠纷解决机制合法解决创业纠纷。司法解决创业纠纷的过程，也是增进创业者对创业法律认识和理解的过程，所以司法解决在一定程度上对创业社会的既有规则进行了确认或修改，随之对创业方式和处事逻辑产生影响，有助于提高创业者的法治意识，培养其法治思维，有助于形成办事依法、遇事找法、解决问题用法、化解矛盾靠法的社会环境。

诉讼作为典型的公力救济，其程序性和规范性的要求必然带来周期长、成本高的特点。同时，诉讼"一刀两断""黑白分明"的特点不太适合创业体内部纠纷的解决，不利于创业体内部关系的维持，可能"赢了官司，创业体也解散了"，对任何人都是一种损失。但我国诉讼机制有一个特点就是诉讼和调解融合，即其主要通过裁判和诉讼调解两种方式来解决纠纷，调解也是法院的结案方式之一，由此可以软化诉讼的刚性，使诉讼具有柔性和弹性。因此，即使是进入诉讼程序的创业纠纷，鼓励采用诉讼调解方式而不是采用裁判方式予以解决，由此也能达到应有的效果。

(三) 社会救济的实务操作

1. 调解

调解是由第三者(调解机构或调解人)出面对纠纷的双方当事人进行调停说和，用一定的法律规范和道德规范劝导冲突双方，促使他们在互谅互让的基础上达成解决纠纷的协议。调解协议不具有法律上的强制力，但具有合同意义上的效力。在创业纠纷解决中，要特别发挥人民调解和行业调解的作用。

人民调解是指人民调解委员会通过摆事实、讲道理、劝说、疏导等方法，促使案件当事人在平等对话协商的前提下自愿达成调解协议，从而解决民间纠纷的活动。农村或社区的人民调解员最熟悉当地情况，也能第一时间到达纠纷现场掌握第一手情况并及时制止矛盾纠纷的扩大与升级，有助于及时解决创业纠纷。

行业协会参与纠纷解决是对诉讼解纷机制的重要补充，在解决行业纠纷中具有独特的优势，在节约司法资源、提高纠纷解决效率以及降低当事人纠纷解决成本等方面发挥了重要的作用。相对于人民调解和仲裁的调解员和仲裁员而言，行业调解和行业仲裁的调解员和仲裁员具有更丰富的专业知识和实践经验，在信息的获取上也更快捷和全面，同时他们多由在本行业具有一定权威的人士担任，更能从专业的角度分析双方的权利义务关系，提出更具可行性的意见。通过行业协会解决纠纷更具有说服力，让双方当事人更能从内心接受纠纷解决的

---

① 左卫民等：《中国基层纠纷解决研究》，人民出版社2010年版，第174页。

结果从而主动履行自己的义务。

2. 仲裁

仲裁是指由双方当事人选定的仲裁机构对纠纷进行审理并作出裁决。仲裁不同于调解,仲裁裁决对双方当事人有法律上的拘束力。但是,仲裁与调解一样,也是以双方当事人的意愿为前提条件的,且只有纠纷的双方达成仲裁协议,一致同意将纠纷交付裁决,仲裁才能够启动。同时,仲裁具有专业性、保密性、快捷性、域外执行力强等优点,是一种比较理想的创业纠纷解决机制。

三、风险防范

(一) 理性选择纠纷解决机制

创业纠纷解决的风险防范

纠纷的解决方式有很多,诉讼不一定是最经济实惠、方便快捷的方式。商事合同纠纷双方可约定到仲裁委员会仲裁、一般纠纷到双方住所地的人民调解委员会调解或到相关的行业调解组织调解,也可申请法院诉前调解。上述方式具有程序相对简单、处理时间较短、费用相对低廉或不收费等特点。综合考虑各种解决方式后选择一种对自己最经济、方便有效的方式解决纠纷。诉讼前要算好"五笔账":一是算风险账——风险处处在,官司不例外;二是算亲情账——亲情浓于水,家和万事兴;三是算诚信账——诚信是块宝,信誉不能少;四是算时间账——司法按程序,期限不会短;五是算经济账——赌气争利益,成本要细算。①

绝大多数成功企业从创始到初具规模,一般会经历初创阶段、加速阶段、高位平稳发展阶段、重大战略转型阶段。在这些阶段的切换时,一定会面临团队的问题,一旦处理不好,往往面临挫折。团队成员务必要包容,只有合作,才能双赢。和解、调解是解决团队内部纠纷首选的方式,由此既能解决纠纷,又不会因此而导致关系破裂。诉讼方式需要慎重,很可能会导致关系的破裂,所谓"赢了官司,输了合作"就是最好的写照。纠纷解决方式的选择不仅要考虑诉讼成本,还要考虑双方关系的维持。对于团队之外的纠纷,也要理性地选择纠纷解决机制。

(二) 建立健全多元化创业纠纷解决机制

通过行政、司法、其他社会组织共同参与,诉讼、调解、仲裁与行政裁决、复议、信访等多样化的纠纷解决手段互相配合,可以有效化解创业过程中各类矛盾纠纷,因此,从国家和社会层面,应当建立健全多元化创业纠纷解决机制,为创新创业提供良好的环境。

---

① 佚名:《诉讼引导及风险告知书》,http://qh.12348.gov.cn/pub/qhfw/flfxts/202001/t20200113_22903.html,访问时间:2023 年 9 月 11 日。

1. 构建多元化纠纷解决机制,充分发挥非诉讼纠纷解决机制的作用

创业纠纷中所涉及的社会利益、社会关系呈现出多样性的特点,不同的纠纷需要采用不同的方式解决。如当创业者个人之间产生纠纷时,除了诉讼还可以进行和解、调解或仲裁。一方面,创业者个人具有自由选择纠纷解决方式的权利,可以选择通过调解或仲裁方式解决纠纷,倡导和解解决;另一方面,当纠纷双方选择诉讼作为纠纷解决方式时,法院也可以根据纠纷类型与涉及利益先行调解,调解不成再通过判决来解决纠纷。但也有一些纠纷,如涉及创业商业秘密以及创业者之间特殊关系,往往会考虑对群体的影响与自身利益,不愿意对簿公堂而选择非诉讼机制,如和解、调解等柔性且可以保密的纠纷解决机制。此外,随着现代社会创业环境的发展变化,所发生的矛盾纠纷都开始出现新的特点,很多新型纠纷不断出现,这些纠纷的解决往往需要纠纷解决者具有很强的专业性,了解一定的专业知识。法官虽然经过专业的法律训练,但是由于受到专业领域限制,不可能对所有新出现的领域都具有很深刻的了解,在解决这类纠纷时,往往力不从心,影响了纠纷解决的专业性、权威性、公正性,因此创业者可以选择仲裁或行业调解、行政调解等纠纷解决机制。

应将"非诉讼纠纷解决机制挺在前面",积极引导和鼓励争议双方当事人选择和解、调解的途径,互谅互让,以达成协议的方式解决纠纷。多元化纠纷解决机制在公正解决矛盾纠纷的同时,更重要的意义是通过调解、协商的方式解决问题有利于修复各方当事人之间的关系,保障日后人与人之间的友好交往。不仅解决了成员之间的纠纷,而且维持了合作。因此协商和调解追求的是结果的合理与合情,而诉讼则难以达到这一效果。多元化纠纷解决机制下的纠纷化解工作融法、理、情于一体,各方当事人自主选择纠纷解决途径,通过阐述、争议、退让到握手言和,其实就是一次很好的普法过程。诉讼机制解决矛盾纠纷太过于生硬,不利于修复情感与促进当事人自觉倡导诚信,而人民调解、行业调解及其他的社会组织调解,相比较司法审判而言,更加有利于维护交易当事人之间的诚实守信和社会公序良俗。因此多元化纠纷解决机制保护了人民群众的切身利益,倡导了社会的法治和谐之风,形成了良好的法治氛围。

2. 推进线上纠纷解决机制

纠纷解决的数字化可以最大限度节省资源,减少当事人的时间和经济成本。尤其是诉讼方式,在线诉讼可以提高诉讼效率,审判组织或调解组织通过对庭审时间的妥善安排,可以实现多个案件同时异步庭审或调解;其他诉讼参与人既节省了交通成本又节约了时间成本。通过快速解决纠纷,争议双方当事人可以尽快回归正常的市场经营活动,产生经济效益,审判组织或调解组织可以大大提升效率。

3. 兼顾公正与效率

在传统的法律价值追求的公平、正义之外,商业社会的发展也使得人们越来越多的开始考虑效率因素,尤其是创业者,不仅需要正义,而且需要高效率,创业机会可能稍纵即逝。从这种意义上而言,旷日持久的诉讼不适合创业纠纷解决,诉讼虽然具有权威性,但却效率不高,诉讼的对抗性可能会导致创业者关系的破裂。选择诉讼的人很大一部分原因是仰仗诉讼所体现的公平正义的价值追求,如果能使调解、仲裁等非诉解决方式涵盖与诉讼同等的公平正义内涵,那么人们也会在利益权衡之下越来越多地优先考虑非诉解决方式,这与创业者的要求是相吻合的。

同时,法院工作资源的有限性与纠纷的多发性正好成反比,在这种情况下,出于对效率的追求,法院对纠纷先行调解也具有一定的道理。但不是说,法院片面追求效率而忽视公平正义,而是应在追求司法公正的基础上,综合效率与公平正义因素,选择一个让纠纷双方都可以接受,法院可以更高效完成工作的方式来解决问题。

四、典型案例

(一)案例简介

案例一

刘某和王某是多年好友,两人都想在人生的青年时代开创一番自己的事业。2020年5月,在一次饭局中,两人一拍即合,决定顺应时代潮流,合伙创业。双方在多次考察项目后,一致认为蔬菜配送这个项目不错。于是双方口头约定刘某出资30万元投资,王某出人力物力负责具体事宜,净利润由刘某、王某分别按三七分享,刘某有权随时查看经营账目及利润情况。经过前期辛苦的准备工作,两人合伙的配送站也正式运行了,在王某的精心打理下,生意逐渐风生水起。正巧,蔬菜配送赶上了好时机,好多饭店、企业食堂都主动和王某联系订购蔬菜。随着生意越来越红火,两人合伙的项目盈利也越来越多。但是在利润分配面前,两人却不知不觉产生了分歧。刘某认为整个项目启动都是自己出的资金,随着生意日益红火,刘某怀疑王某是否真的把盈利所得如实地告诉了自己。另一边,王某认为是自己起早贪黑才让生意越做越大,但是刘某却并不信任自己,时不时查账,王某对此感到十分恼火。其间,刘某提出要撤回投资,王某同意后,每月结算后向刘某返还,至2022年10月,30万投资款全部返清。刘某认为此期间还有十几万利润应当分配,起诉要求解除和王某的合伙关系,并要求王某支付利润所得。

在案件审理过程中,王某辩称,在经营过程中,后续工作都是自己操持,需要处理各种业务往来关系。眼看生意越做越大,但对方陆续把资金撤回,是自己将收益所得投入到该项目才使该项目得以维持运转,王某遂不同意支付给刘某利润。法院经审理认为,双方虽未订立书面合伙协议,但双方均认可刘某出资30万元,由王某具体经营的事实,双方事实上已形成合伙关系。本案系合伙协议纠纷,原、被告之间系个人合伙关系。庭审中,原、被告均认可原告自2020年8月至2022年10月期间已经陆续撤回全部投入合伙的资金,且被告亦当庭同意解除双方合伙关系,故法院确认双方之间的合伙关系解除。通过审查合伙期间的账目,2022年10月刘某已经完成了撤资,双方就合伙期间的收益进行了清算。此后都是由王某自己运行,不应该再分得相应的利润。综上,根据相关法律规定,法院判决刘某和王某的合伙关系解除,驳回刘某的其他诉讼请求。

案例二

小希是一名即将毕业的大学生,在某艺术培训中心学习舞蹈时结识了该艺术中心老板唐某。2021年12月,小希看到唐某在朋友圈发布招募合伙人的信息,喜欢舞蹈又有创业打算的她对此颇有兴趣,便通过微信向唐某咨询入伙事宜。双方一番交流后,小希打定了入伙的主意。随后,唐某写好入伙合同,小希看后表示同意,并于当日向唐某支付宝账号转账2.25万元。谁知到店参与工作几天后,小希觉得该艺术培训中心经营管理混乱,与唐某此前描述的情况不一致,自己不适合这个项目,遂于几天后向唐某提出退伙,并要求其退还出资款,但遭到唐某拒绝。因多次与唐某协商退伙事宜无果,2022年1月19日,小希向法院提起诉讼,请求判令解除其与唐某的合伙关系,唐某退还其出资款。

法院经审理认为,小希在询问唐某招募合伙人信息后向其支付入伙款的行为,足以认定双方之间已形成合伙关系,该合伙关系合法有效,应受法律保护。从双方微信聊天内容来看,双方在形成合伙合意前,就退伙事宜进行了约定,故小希提出解除合伙关系,符合合同约定,法院予以支持。后法院依法判决解除小希与唐某就"合川某艺术培训中心"形成的合伙关系,唐某返还小希合伙出资款。

案例三

甲、乙、丙三名"90后"共同创业成立公司从事微商经营。因缺乏运营资金,三人决定由甲对外向银行贷款,所贷资金分作3份,向乙、丙各转借1/3,用作对公司的出资。甲乙、甲丙分别签订了借款合同,约定甲每偿还一期贷款后,再由乙丙将相应款项还给甲。三人未制定公司章程约定各自具体分工,导致各方职责不清,资金往来也未按照会计规则规范操作,乙丙二人的还款和公司经营款项交织在一起,账目混乱。后公司停止经营,乙、丙也停止向甲还款。

甲分别起诉乙、丙,要求二人偿还借款。甲和丙在一审法院经过协商调解,解决了争议。甲和乙在一审中未能调解成功,甲认为乙尚欠款14万余元,乙坚持认为欠款都已还清。一审法院判决甲向金融机构贷款后转贷,合同无效,乙仍应偿还甲借款9万余元。乙不服,上诉至法院。承办法官对双方进行了耐心细致地调解。一方面,劝导双方珍惜创业合作关系,基于风险共担原则,应互谅互让,友好协商;另一方面,指出公司经营失范、账目混乱是导致争议发生的根本原因。最终,双方达成一致的调解方案,将该案的借贷纠纷和公司合作经营纠纷一并化解。

案例四

"90后"的小范初次创业,踌躇满志地开了人生的第一家小店,成功招聘小张当设计师学徒,口头约定工资、工作内容等,没有签订书面劳动合同。哪知,小张干了不到3个月,便向小范提出辞职,后申请劳动仲裁,主张最后1个月的工资、未签书面劳动合同的两倍工资差额等,并获仲裁委支持。小范认为自己首次创业,诚心诚意教小张,3个月内,小张并没给自己带来任何经济效益,却索要双倍工资差额赔偿,心里委屈。为此,小范不理解裁决结果,向一审法院起诉要求撤销仲裁裁决,败诉后又立即上诉。二审承办法官向创业者小范耐心解释,从《个体工商户条例》(已失效)到《劳动合同法》,再到曾承办的类似案例,小范对法律规定表示理解,并表示自己以后要多学法。同时,二审承办法官劝小张也多多考虑实际情况,退一步海阔天空。最终,促使双方达成一致,小范当场给了小张5800元,案件就此顺利了结。

(二)案例评析

(1)尽量选择协商、调解等柔性方式解决创业纠纷。无论是创业者之间的内部纠纷,还是外部纠纷,都要选择比较柔性的纠纷解决机制。协商、调解是两种理性的创业纠纷解决机制,这两种机制灵活、快捷、成本低,而且不伤感情,能够维持创业者之间,以及与其他外围伙伴之间的合作。案例三、四就是很好的案例,合伙人在创业初期往往不规范,没有相应证据。因此,裁判者对这类纠纷也很难解决。因此,也只有通过协商、调解等柔性的方式,才可得到妥善的解决,不至于因为纠纷的发生而导致关系的破裂,外部纠纷也是如此。

(2) 通过书面协议明确创业成员之间的权利义务。在创业初期,创业者往往都是寻找与自己关系比较密切的同学、亲戚、朋友作为自己的创业合伙人。大家关系都比较友好,而且有些创业者是实干家,信心满满,认为以后如何分享利益、如何承担债务都是支端末节,也是比较遥远的事情,甚至认为不会发生在自己身上,由此可能埋下法律纠纷的祸根。在创业还没有见到成效的时候,这件事情可能不会暴露出来。但是,一旦获得了大量的经济利益,如何分配这些利益,便会成为创业伙伴们面临的问题,如果不能妥善处理,很可能会导致创业中途失败。为了有效地规避这类问题的发生,就要求在创业伊始通过订立书面协议来明确各个创业者之间的权利义务划分,以预防和减少纠纷的发生。案例二就是很好的说明,在创业前一定注意用书面形式将合作方案固定下来,明确创业者的权利义务。

第二节 创业诉讼风险防控

法院的审判权应当是纠纷解决的最后一道环节,也是最权威的一道环节,即法院拥有的是对社会纠纷的最终最权威的解决权,但绝对不是最先解决权。但诉讼却是最权威也是目前最常用的纠纷解决方式,本节以《人民法院民事诉讼风险提示书》为主线分析创业过程中的诉讼风险及其防范。

一、法律规则

(一) 核心法条(规定)

《人民法院民事诉讼风险提示书》

为方便人民群众诉讼,帮助当事人避免常见的诉讼风险,减少不必要的损失,根据《中华人民共和国民法通则》、《中华人民共和国民事诉讼法》以及最高人民法院《关于民事诉讼证据的若干规定》等法律和司法解释的规定,现将常见的民事诉讼风险提示如下:

一、起诉不符合条件

当事人起诉不符合法律规定条件的,人民法院不会受理,即使受理也会驳回起诉。

当事人起诉不符合管辖规定的,案件将会被移送到有权管辖的人民法院审理。

二、诉讼请求不适当

当事人提出的诉讼请求应明确、具体、完整,对未提出的诉讼请求人民法院不会审理。

当事人提出的诉讼请求要适当,不要随意扩大诉讼请求范围;无根据的诉讼请求,除得不到人民法院支持外,当事人还要负担相应的诉讼费用。

三、逾期改变诉讼请求

当事人增加、变更诉讼请求或者提出反诉,超过人民法院许可或者指定期限的,可能不被审理。

四、超过诉讼时效

当事人请求人民法院保护民事权利的期间一般为二年(特殊的为一年)。原告向人民法院起诉后,被告提出原告的起诉已超过法律保护期间的,如果原告没有对超过法律保护期间的事实提供证据证明,其诉讼请求不会得到人民法院的支持。

五、授权不明

当事人委托诉讼代理人代为承认、放弃、变更诉讼请求,进行和解,提起反诉或者上诉等事项的,应在授权委托书中特别注明。没有在授权委托书中明确、具体记明特别授权事项的,诉讼代理人就上述特别授权事项发表的意见不具有法律效力。

六、不按时交纳诉讼费用

当事人起诉或者上诉,不按时预交诉讼费用,或者提出缓交、减交、免交诉讼费用申请未获批准仍不交纳诉讼费用的,人民法院将会裁定按自动撤回起诉、上诉处理。

当事人提出反诉,不按规定预交相应的案件受理费的,人民法院将不会审理。

七、申请财产保全不符合规定

当事人申请财产保全,应当按规定交纳保全费用而没有交纳的,人民法院不会对申请保全的财产采取保全措施。

当事人提出财产保全申请,未按人民法院要求提供相应财产担保的,人民法院将依法驳回其申请。

申请人申请财产保全有错误的,将要赔偿被申请人因财产保全所受到的损失。

八、不提供或者不充分提供证据

除法律和司法解释规定不需要提供证据证明外,当事人提出诉讼请求或者反驳对方的诉讼请求,应提供证据证明。不能提供相应的证据或者提供的证据证明不了有关事实的,可能面临不利的裁判后果。

九、超过举证时限提供证据

当事人向人民法院提交的证据,应当在当事人协商一致并经人民法院认可或者人民法院指定的期限内完成。超过上述期限提交的，人民法院可能视其放弃了举证的权利，但属于法律和司法解释规定的新的证据除外。

十、不提供原始证据

当事人向人民法院提供证据，应当提供原件或者原物，特殊情况下也可以提供经人民法院核对无异的复制件或者复制品。提供的证据不符合上述条件的，可能影响证据的证明力，甚至可能不被采信。

十一、证人不出庭作证

除属于法律和司法解释规定的证人确有困难不能出庭的特殊情况外，当事人提供证人证言的，证人应当出庭作证并接受质询。如果证人不出庭作证，可能影响该证人证言的证据效力，甚至不被采信。

十二、不按规定申请审计、评估、鉴定

当事人申请审计、评估、鉴定，未在人民法院指定期限内提出申请或者不预交审计、评估、鉴定费用，或者不提供相关材料，致使争议的事实无法通过审计、评估、鉴定结论予以认定的，可能对申请人产生不利的裁判后果。

十三、不按时出庭或者中途退出法庭

原告经传票传唤，无正当理由拒不到庭，或者未经法庭许可中途退出法庭的，人民法院将按自动撤回起诉处理；被告反诉的，人民法院将对反诉的内容缺席审判。

被告经传票传唤，无正当理由拒不到庭，或者未经法庭许可中途退出法庭的，人民法院将缺席判决。

十四、不准确提供送达地址

适用简易程序审理的案件，人民法院按照当事人自己提供的送达地址送达诉讼文书时，因当事人提供的己方送达地址不准确，或者送达地址变更未及时告知人民法院，致使人民法院无法送达，造成诉讼文书被退回的，诉讼文书也视为送达。

十五、超过期限申请强制执行

向人民法院申请强制执行的期限，双方或者一方当事人是公民的为一年，双方是法人或者其他组织的为六个月。期限自生效法律文书确定的履行义务期限届满之日起算。超过上述期限申请的，人民法院不予受理。

十六、无财产或者无足够财产可供执行

被执行人没有财产或者没有足够财产履行生效法律文书确定义务的，人民法院可能对未履行的部分裁定中止执行，申请执行人的财产权益将可能暂时无法实现或者不能完全实现。

十七、不履行生效法律文书确定义务

被执行人未按生效法律文书指定期间履行给付金钱义务的，将要支付迟延

履行期间的双倍债务利息。

被执行人未按生效法律文书指定期间履行其他义务的,将要支付迟延履行金。

创业常见的
诉讼法律风险

（二）规则解读

根据最高人民法院的规定,常见诉讼风险为17种,以下以最常见的几种法律风险为例进行解读。

1. 确定诉讼请求的法律风险

提出诉讼请求是诉讼的基本要求,而如何提出恰当的诉讼请求,如何选择正确的切入点及对诉讼请求进行有利的拆分,则是一个充满技巧和诉讼策略的事情。某些时候,诉讼请求可以直接决定案件的胜败。如果诉讼请求不当,甚至在开始时就会造成无法启动诉讼程序的后果。对于原告来说,如果夸大、缩小诉讼请求或者提出与案件无关的诉讼请求,让对方当事人抓住"把柄",不仅会影响诉讼主张的实现,还会加大诉讼的成本和负担,直至被法院驳回诉讼请求,不仅不能实现诉讼目的,还会白白赔上诉讼费。

在司法实践中,根据原告起诉的目的和内容,诉讼请求一般分为确认之诉、给付之诉和变更之诉三种。其中确认之诉是指一方当事人请求法院从法律上确认与另一方当事人是否存在某种民事法律关系的诉讼,给付之诉是指原告请求法院判令被告履行一定民事义务的诉讼,变更之诉是指当事人请求法院改变或者消灭与对方当事人之间一定民事法律关系的诉讼。只有确立正确、恰当的诉讼请求,有的放矢,才能赢得法院的支持。

2. 不能提供或者不能充分提供证据的法律风险

证据具有客观性、关联性和合法性,三者缺一不可。打官司就是打证据,无论原告提出诉讼主张,还是被告反驳原告的诉讼请求,都需要充分有力的证据。谁占有证据,谁就占有主动;谁拥有证据,谁就能左右诉讼。离开了证据,再精明的律师也是"巧妇难为无米之炊"。赢得诉讼的关键,就在于准确、全面地收集证据。缺乏证据,胜诉就是一句空话。证据举证得不好,也会招致败诉的后果。

3. 超过诉讼时效的法律风险

诉讼时效是指法律规定权利人通过诉讼程序,请求人民法院保护其权利的有效时间。诉讼时效是权利人请求保护合法权益的法定有效期限,非特殊情况,权利人超越了法律规定的诉讼时效期限,便丧失了司法保护请求权。人民法院只依法在诉讼时效期间内保护权利人的请求权;权利人在法律规定的期间内,如果不行使自己的权利,就丧失了请求人民法院依照诉讼程序强制义务人履行义务的权利,即诉讼时效届满,除法律另有规定外,权利人的请求权不再受到人民法院的保护。可以认为,诉讼时效期间届满时,权利人就丧失了胜诉权。可见,掌握诉讼时效对当事人,特别是权利人(原告)是多么重要。因此,原告和被告在起诉前必须了解诉讼时效的知识。

在诉讼过程中,被告如果发现原告的起诉超过了法定诉讼时效期限,同时查明原告又无诉讼时效中止或中断的情况,就可以以原告的起诉超过法定诉讼时效为由,要求受诉法院驳回原告的诉讼请求。在诉讼时效的争论中,原告一般都会通过提出诉讼时效中止或者中断的证据,阐述自己的实际权利并未超过法律规定的时效,但原告往往对此举证困难。这就使得原告的诉讼时效举证环节较为薄弱。倘若此时被告方以此为突破口,否定原告诉讼时效中止或者中断的证据,就可以实现驳回原告诉讼请求的目的。

4. 无财产可供执行的法律风险

法院执行程序是申请执行人借助国家的强制力对其私权进行公权力救济的一种途径,但是国家并不能因此成为代偿主体,执行的效果好坏,申请执行的债权能否全部实现,完全取决于被执行人的履行能力,即是否具有可供执行的财产,如果法院依照法定程序、穷尽所有法律措施,仍然无法查实被执行人可供执行变现的财产,案件将依法中止或终结执行,申请执行人只能自己承担实体权益损失的风险。

二、实务操作

(一) 正确确定诉讼请求

创业诉讼的
实务操作

案由决定案件的性质。案由是否恰当,直接影响案件的法律适用和裁判结果。同一当事人基于同一法律事实和同一理由,只能提起同一法律诉讼,如果第一次诉讼请求选择不当,权利主张因无法获得实体上的支持而败诉。在第一次败诉之后再以同一事实和同一理由提起诉讼,会因一事不再理的诉讼原则被法院驳回起诉。在存在请求权竞合的情形,选择不同的请求权对原被告权利义务的影响非常大,如基于一次伤害事故可以提起违约之诉和侵权之诉,违约之诉不需要被告过错,但不能要求精神损害赔偿,侵权之诉可以主张精神损害赔偿,但在不能证明被告过错的情况下,原告主张全部或部分不能获得法院支持。

(二) 充分提供证据

识别证据后,律师和当事人还必须根据具体情况,以诉讼目的为中心或者针对对方当事人的诉讼主张,有针对性地确定己方需要的证据。在原告围绕自己的诉讼请求确定证据方面,当事人无论申请仲裁机关仲裁,还是上法院打官司,都有自己的诉讼(仲裁)请求。诉讼请求是确定、组织证据材料的一条"红线",为实现预期的诉讼目的,原告方必须紧紧围绕诉讼请求确定证据。原告方只有从案件出发,依据法律,恰如其分地提出自己的诉讼请求,才能正确合理地组织证据,确定证据也才有充分的证明力。如果原告方漫天要价般地提出自己的诉讼请求,即使煞费苦心地拼凑看似天衣无缝的"铁证",但在疏而不漏的法网之下,也会漏洞百出,不堪一击。

(三)巧用诉讼时效中止或中断制度

在经济关系中,一些企业担心影响和交易相对方的合作关系而不积极主动行使权利,一旦时效经过,债权变成自然之债,就失去了通过法院诉讼或者仲裁裁决保护自己权益的机会。在对同一当事人有几项权利同时存在的情况下,各项权利之间相对独立,对部分债权主张权利并不能达到中断其他债权时效的效果,其他债权将因时效经过而变成自然之债。

时效中断的法定事由包括提起诉讼或仲裁或要求调解、主张权利、对方当事人同意履行债务,其中,主张权利和对方同意履行债务主要发生在当事人之间,原告需要举证证明,一旦举证不能就会丧失胜诉权。

义务人履行债务包括同意履行的意思表示和实际履行,作为被告,如果在诉讼程序中对原告失去时效保护的权利不以时效经过进行抗辩,则应诉行为构成债务的承认和履行的认可,失去时效抗辩。

(四)做好前期准备工作,防范无财产可供执行的法律风险

1. 申请人申请执行前应尽可能调查被执行人的财产线索,包括被执行人拥有的不动产、机动车辆、机器设备、银行存款账号、知识产权登记信息、对第三人享有的债权情况、股权投资情况(包括被投资企业的注册信息、被执行人持有被投资企业的股权比例、最近一期经审计的财务报表)以及其他可供执行的权益,方便法院有针对性地采取强制措施,保证执行效果。

2. 调查被执行人出资到位情况。有合理证据怀疑被执行人出资未实际到位的,应及时追加其投资人或开办单位为被执行人,在未出资金额的范围内要求投资人承担赔偿责任。

3. 在实际调查被执行人财产的过程中出现凭申请人自己的能力不能获取有关财产线索的情况的,应委托律师向法院申请调查令,通过法院查清被执行人的财产状况。

4. 在可供执行的财产不足以清偿所有债务的情况下,如果被执行人确有履行债务的诚意,且未来具有完全履行的可能性,申请人可以在执行程序中和被执行人达成和解协议,由被执行人提供担保,保证其有履行能力,从而督促其将来履行债务,促进申请人债权的实现。

5. 被执行人被申请破产的,申请人应及时登记债权,保证能够在破产清算后剩余财产范围内部分受偿。法院因被执行人无可供执行财产中止执行后,申请人应随时追踪被执行人在今后的任何时期是否具有可供执行的财产线索,一

经发现应及时申请法院恢复执行。

三、风险防范

民事诉讼风险是指当事人及其诉讼代理人在民事诉讼活动中可能遭遇的影响诉讼结果,致使合法权益无法实现的风险因素。司法实践中,究竟有哪些诉讼风险?最高人民法院《人民法院民事诉讼风险提示书》将诉讼风险归纳为17类。这些风险的

创业诉讼的
风险防范

归纳更多的是从程序法的角度进行的。实际上,除上述风险外,司法实践中还存在着很多其他风险种类,如应当申请财产保全而未申请或者应当申请财产继续保全而未申请等都会给当事人带来现实的诉讼风险。严格意义上说,诉讼所涉及的每一个法律点都可能会对诉讼产生或大或小的影响,都可能成为一个风险因素,所以,以列举的方法很难穷尽所有的诉讼风险。

(一)确定诉讼请求的法律风险防范

企业提出诉讼请求前,要仔细分析案件所涉及的法律关系,比较哪一种法律关系最容易赢得胜利。也就是说为达到相同的诉讼目的,可以有多种诉讼请求以供选择,但究竟主张哪种诉讼请求,哪种诉讼请求更容易受到法院的支持,这就需要企业作出正确的选择。这是一项专业性很强的工作,需要对法律有比较全面深入系统的把握,建议由法律专业人士提供意见。

1. 提起诉讼前审查是否有正在审理或已经审理终结的与本案相关的案件,确定是否违反一事不再理的原则。如果法院已经受理案件,则对于正在审理中的案件尽可能以有独立请求权第三人的身份参与到诉讼程序当中,对于已经审理终结的案件则考虑申请再审程序。

2. 正确提出诉讼请求,其中最关键的是对基本法律关系的认识。首先,正确判断与对方当事人之间的基本法律关系,确定是否为借贷关系、买卖关系、承揽关系等,从而正确选择诉讼请求。其次,在请求权竞合的情况下,应结合全部证据材料并根据案件事实,综合考虑诉讼时效、举证责任、赔偿范围等因素,作出最为有利的选择。

3. 尽可能选择更多的被告,只要是可能承担法律责任的主体,应全部作为被告提起诉讼,同时要求所有被告承担连带责任,避免在判决后发现案件被告不具有执行能力,再针对其他被告提起诉讼时却因违反一事不再理原则被法院驳回的风险。

4. 在第一次诉讼过程中,即使选择了正确的诉讼请求,也应尽到充分的举证责任,将所有与案件相关的证据提交给法院,以保证法官全面了解案件事实,作出对自己有利的判决。在诉讼中如果发现诉讼请求不当,应在举证期限届满前及时变更诉讼请求。

（二）不能提供或者不能充分提供证据的法律风险防范

1. 企业在业务活动中应有证据意识，尽可能对每项业务活动均保存有相关证据材料，对于重大业务项目应签订书面合同，提供货物或交付合同成果的一方在履行交付义务时应由对方负责人员签收，长期性供应合同应定期和对方核对账目并经对方签章确认。

2. 证据材料根据其证据形式可分为书证、物证、鉴定意见、视听资料、证人证言等，能够收集保存书证、物证的尽可能保存书证、物证，录音证据应尽可能与书证、物证配套使用，传真件应保存传真记录。

3. 对于专业性极强的问题需要专家鉴定意见的，诉讼前的鉴定活动应聘请权威鉴定机构出具鉴定报告，诉讼中为避免对方质疑鉴定意见，在双方无法共同商定鉴定机构的前提下，建议由法院指定鉴定机构。

4. 在证据可能灭失或被第三人或对方当事人隐匿、转移或毁损的情况下，应在起诉前或诉讼进行中及时申请法院对证据进行保全。特别是对于举证责任倒置的案件，尽管根据证据规则，如果对方不提供该相关证据，系由对方当事人承担不利后果，而要证明这一点又有一定的困难，如果申请证据保全，通过法院采取强制措施固定证据材料，可以降低对方以该份证据不存在为由不予提供的诉讼风险。

5. 证据提交应根据代理律师制定的诉讼策略，在举证期限内合理提交证据，尽可能利用诉讼技巧取得最有利的判决。证据的提交不应一劳永逸，无论是在日常的业务活动中、诉讼准备阶段、起诉或审理阶段，还是在法庭审理后，如果发现有新的证据，应及时提交，确保万无一失。

（三）超过诉讼时效的法律风险防范

原告方在起诉时，如果时间较长，就必须针对己方的诉讼请求，准备好证明诉讼时效中断或中止，起诉没有超过诉讼时效的证据，或者能够证明延误诉讼不是出于自身的过错，而是由于不可抗力等非其所能控制的因素，以对抗被告可能提出的超过诉讼时效的反驳。而被告方在接到应诉通知书和起诉状后，则应对原告的起诉进行审查，收集相关的证据和法律依据，如果原告已过诉讼时效，则可以原告的起诉超过法定诉讼时效为由，请求驳回原告的诉讼请求。以超过诉讼时效来对抗原告的诉讼请求可以说是一种最有效、最直接而又最经济的方法。

企业应当意识到时效制度的重要性，应经常对合同管理部门及财务部门相关人员加强企业内部时效知识培训，培训内容包括时效定义、时效的法律效力、时效的期限及时效的起算、中止、中断等相关内容。

加强时效制度的管理，具体由法务部或合同管理部门负责，实时统计企业享有哪些债权并保持更新，注意各项权利的诉讼时效的起算点，是否有时效中止或中断的事由发生等内容。与此同时，企业应积极行使权利并保存权利行使的证据，不时中断诉讼时效。

（四）无财产可供执行的法律风险防范

"执行难"是我国司法实践中的突出问题，常常出现赢了官司却拿不到钱的情况，也就是通常说的"法律白条"现象。企业在诉讼之前，要先估量对方的经济水平和偿还债务的能力，被告明显没有偿债能力的，企业即使赢了官司也拿不到钱，那企业就面临着白白支出诉讼费的风险。

为了避免出现被告无财产可供执行的情况，应在起诉前调查对方的财政状况，不能贸然起诉。另外，为了避免被告人恶意的拒不执行，当事人要积极配合法院的执行工作，积极申请，寻找财产线索，动用一切可能的合法手段拿到自己的执行款。

1. 被执行人下落不明或者没有可供执行的财产，企业成为一家空壳公司，虽然作为法律主体仍然存在，但实际已经不再从事经营活动，人员全部解散，财产早被转移。由于公司法人的有限责任，非法定情形无法适用公司人格否认制度直接要求股东承担企业责任，在这种情况下法院只能裁定中止执行，申请人的债权将无法获得全部满足。

2. 被执行人已经进入破产清算程序的，申请人只能向受理破产案件的人民法院申报债权，然后按比例受偿，债权同样无法获得全部满足。

3. 在执行实务中，即使被执行人在申请时正常营业，但其可供执行的财产系维系持续经营的必要生产资料，如果全部执行，企业会因此失去营业能力，员工失业产生社会问题。在这种情况下，法院为维持企业的生产能力，不会立即采取强制执行措施，申请人的债权不会及时得以实现。

4. 申请人提供的财产线索为被执行人持有的其他公司的股权，为实现执行利益需要事先对股权评估拍卖，评估拍卖又需要目的公司提供相关资料。如果目的公司不予配合并提供相关财务资料，拍卖程序将很难开展下去，申请人的债权也很难实现。

四、典型案例

（一）案情简介

金融机构偷录举证案①

1991年12月20日，中国农业银行兰州支行与金星皮革公司签订借款合同

---

① 张泽远：《甘肃一金融机构偷录举证赢官司》，https://www.chinacourt.org/article/detail/2003/12/id/96690.shtml，访问时间：2023年9月11日。

书,约定由农行兰州城关支行贷款给金星皮革公司 18 万元流动资金,用于购置设备,利率月息为 0.705%,借款期限为 24 个月。贷款到期后,经过和解,办理了贷款延期使用申请手续,借款期限从 1993 年 12 月 21 日延长到 1994 年 6 月 21 日,利率月息为 1.002%。但在贷款展期届满之后,金星皮革公司以各种理由拒绝归还贷款。无奈之下,农行兰州城关支行一位副行长在 2003 年 3 月 6 日用其办公室电话拨打了金星皮革公司法定代表人石某的手机,催要贷款,同时在对方未知的情况下对通话进行录音。在这次谈话中,石某认可了以上事实,只是强调现在没钱给。农行兰州城关支行再次催要无果后,将金星皮革公司告到了法院,并提供了录音作为证据。庭审中,被告以银行在贷款展期届满后至今并未催要过这笔贷款、法定诉讼时效已过为由,拒不承认与银行有法律关系,而银行当庭提交偷录的电话录音,表明自己一直在催讨债务,诉讼依然在时效之内。后法庭经过调查认为录音资料合法有效,采信了这个证据,判决银行胜诉。

本案的争议焦点是,偷录的录音资料能不能被法庭采信作为定案证据,主要是证据是否合法的问题,这主要涉及证据收集的程序和方法。

关于未经对方许可偷拍偷录的证据,最高人民法院曾于 1995 年 2 月规定:没有经过对方当事人的同意,私自录制的谈话内容不能作为定案的依据。① 但这个规定不利于当事人举证,因为取证要经对方同意,如果告知对方录音的事实,对方可能不同意,即便同意也可能不会讲出真实的情况。2001 年,最高人民法院又出台了《最高人民法院关于民事诉讼证据的若干规定》,规定:损害他人的合法权益或者违反法律的禁止性规定而私自偷录的录音录像资料,只要不是以侵害他人合法权益(如违反社会公共利益和社会公德、侵犯他人隐私)或者违反法律禁止性规定的方法(如擅自将窃听器安装到他人住所进行窃听)取得的,将不被视为非法证据,而能作为证据使用。《民事诉讼法解释》第 106 条规定:"对以严重侵害他人合法权益、违反法律禁止性规定或者严重违背公序良俗的方法形成或者获取的证据,不得作为认定案件事实的根据。"根据该规定,判断一项证据是否属于非法证据,有三个标准:(1) 是否严重侵害他人合法权益;(2) 是否违反法律禁止性规定;(3) 是否严重违背公序良俗。因此,对于一项证据是否属于非法证据、是否应当予以排除,要根据上述标准进行判断,如此规定更为科学。

---

① 《最高人民法院关于未经对方当事人同意私自录制其谈话取得的资料不能作为证据使用的批复》(法复〔1995〕2 号,已失效)规定:"证据的取得必须合法,只有经过合法途径取得的证据才能作为定案的根据。未经对方当事人同意私自录制其谈话,系不合法行为,以这种手段取得的录音资料,不能作为证据使用。"

因此,对偷拍偷录取得的证据,要结合实际情况具体分析其合法性。可以设想几种情形:假如是在正常的谈判过程中录音录像的,该过程并没有违反法律的规定,也没有侵犯他人的利益,获得的证据是合法有效的,被法院采纳的可能性较大,如在与对方电话沟通过程中,偷偷录下了对话的内容,一般是合法有效的;假如是潜入他人住宅或者宾馆,安装窃听设备取得的录音资料,则严重违反了法律,不但证据不会被法院采纳,还有可能被追究刑事责任。之所以这样规定,是为了防止有人以取证为由任意侵犯他人的住宅和人身安全。

本案中,双方当事人电话里讲的内容没有申明个人权利的合法保护问题,录下这些内容,并不能认为侵犯对方的合法利益,同时现行法律又没有对电话录音进行禁止性的明文规定,说明这个录音的证据是合法有效的。一审法院据此采信了偷录的录音资料。在正常的商业活动中,有些当事人随身携带录音笔甚至小型摄像机的现象很常见,为的是保留证据,防范可能发生的合同纠纷。这种证据目前法院一般是能够接受的,可以作为一种取证手段灵活加以应用。

思考题 》》

1. 请简述创业纠纷的特点和类型。
2. 创业纠纷解决机制有哪些,各有何优缺点?
3. 如何妥善解决好创业体内部成员之间纠纷?
4. 诉讼机制在解决创业纠纷时,有哪些优缺点?
5. 请结合创业的特点和实际,谈谈如何防范诉讼机制的法律风险。
6. 请结合创业的特点和实际,谈谈如何防范非诉讼机制的法律风险。
7. 请结合创业的实践,阐述创业过程中的民事诉讼风险有哪些。
8. 请结合创业的实践,试述企业应如何构建诉讼法律风险防范体系。
9. 请结合创业的实践,试述强制执行过程中的法律风险及其防范。

课后练习 》》

第七章—习题

第七章—答案

第八章 创业刑事法律风险防范

所谓企业(家)刑事法律风险,指企业或者企业家[①],在经营管理过程中,因其行为违反《刑法》规定而产生的受刑事制裁的风险。[②] 长期以来,人们的思维、理论和法律,一直习惯于把犯罪看成主要是社会底层人员的问题。然而,改革开放至今,特别是进入21世纪之后,中国企业家,作为一个集财富与名望于一身的企业经理人群体,无论是大型民营企业老板还是大型国有企业的成功企业家,触犯法律而身陷囹圄的事件层出不穷。一方面,这反映出中国的企业家们还缺乏与市场经济相适应的法制观念,他们还不习惯于用法律的思维、在法治的框架之内去从事企业经营管理活动。另一方面,这也对我们法律人提出了强有力的挑战,建立起一整套完善的企业(家)刑事法律风险防控机制,以保护企业家的"创造性破坏"创新精神,便成为当务之急。

第一节 企业(家)刑事法律风险的主要环节

据统计,近年来企业(家)刑事法律风险的主要环节有日常经营和财务管理环节、产品安全和劳动卫生环节、贸易和融资环节等。[③]

一、日常经营和财务管理环节中的刑事法律风险

(一) 核心法条

在日常经营和财务管理环节中,刑事法律风险主要集中于贪污罪、挪用公款罪、受贿罪、单位受贿罪、非国家工作人员受贿罪、职务侵占罪、挪用资金罪、行贿罪、单位行贿罪、对单位行贿罪、非法经营同类营业罪、为亲友非法牟利罪和虚开

[①] 本书所称企业家,是指企业内部具有决策权和重要执行权的高级管理人员,通常包括八类人员:(1)董事长、总经理或法定代表人;(2)实际控制人、股东;(3)党群负责人;(4)董事;(5)监事;(6)财务负责人;(7)技术负责人;(8)销售及其他核心部门负责人。参见北京师范大学中国企业家犯罪预防研究中心课题组:《2014中国企业家犯罪报告》,载《河南警察学院学报》2015年第1期。

[②] 由于我国《刑法》对单位犯罪通常实行双罚制,亦即在企业犯罪时,既处罚单位又处罚其直接责任人,这就意味着,但凡企业存在刑事法律风险,作为其内部决策和执行的企业家,通常会同时承受这种刑事法律风险。因此,本书对于企业(家)刑事法律风险的防范举措便以企业家为中心提出。

[③] 参见北京师范大学中国企业家犯罪预防研究中心课题组:《2015中国企业家刑事风险报告》,载《河南警察学院学报》2016年第3期。

增值税专用发票、用于骗取出口退税、抵扣税款发票罪等罪名，主要触犯的《刑法》条文如下：

《中华人民共和国刑法》

第一百六十三条　【非国家工作人员受贿罪】公司、企业或者其他单位的工作人员，利用职务上的便利，索取他人财物或者非法收受他人财物，为他人谋取利益，数额较大的，处三年以下有期徒刑或者拘役，并处罚金；数额巨大或者有其他严重情节的，处三年以上十年以下有期徒刑，并处罚金；数额特别巨大或者有其他特别严重情节的，处十年以上有期徒刑或者无期徒刑，并处罚金。

公司、企业或者其他单位的工作人员在经济往来中，利用职务上的便利，违反国家规定，收受各种名义的回扣、手续费，归个人所有的，依照前款的规定处罚。

【受贿罪】国有公司、企业或者其他国有单位中从事公务的人员和国有公司、企业或者其他国有单位委派到非国有公司、企业以及其他单位从事公务的人员有前两款行为的，依照本法第三百八十五条、第三百八十六条的规定定罪处罚。

第一百六十五条　【非法经营同类营业罪】国有公司、企业的董事、监事、高级管理人员，利用职务便利，自己经营或者为他人经营与其所任职公司、企业同类的营业，获取非法利益，数额巨大的，处三年以下有期徒刑或者拘役，并处或者单处罚金；数额特别巨大的，处三年以上七年以下有期徒刑，并处罚金。

其他公司、企业的董事、监事、高级管理人员违反法律、行政法规规定，实施前款行为，致使公司、企业利益遭受重大损失的，依照前款的规定处罚。

第一百六十六条　【为亲友非法牟利罪】国有公司、企业、事业单位的工作人员，利用职务便利，有下列情形之一，致使国家利益遭受重大损失的，处三年以下有期徒刑或者拘役，并处或者单处罚金；致使国家利益遭受特别重大损失的，处三年以上七年以下有期徒刑，并处罚金：

（一）将本单位的盈利业务交由自己的亲友进行经营的；

（二）以明显高于市场的价格从自己的亲友经营管理的单位采购商品、接受服务或者以明显低于市场的价格向自己的亲友经营管理的单位销售商品、提供服务的；

（三）从自己的亲友经营管理的单位采购、接受不合格商品、服务的。

其他公司、企业的工作人员违反法律、行政法规规定，实施前款行为，致使公司、企业利益遭受重大损失的，依照前款的规定处罚。

第二百零五条　【虚开增值税专用发票、用于骗取出口退税、抵扣税款发票罪】虚开增值税专用发票或者虚开用于骗取出口退税、抵扣税款的其他发票的,处三年以下有期徒刑或者拘役,并处二万元以上二十万元以下罚金;虚开的税款数额较大或者有其他严重情节的,处三年以上十年以下有期徒刑,并处五万元以上五十万元以下罚金;虚开的税款数额巨大或者有其他特别严重情节的,处十年以上有期徒刑或者无期徒刑,并处五万元以上五十万元以下罚金或者没收财产。

单位犯本条规定之罪的,对单位判处罚金,并对其直接负责的主管人员和其他直接责任人员,处三年以下有期徒刑或者拘役;虚开的税款数额较大或者有其他严重情节的,处三年以上十年以下有期徒刑;虚开的税款数额巨大或者有其他特别严重情节的,处十年以上有期徒刑或者无期徒刑。

虚开增值税专用发票或者虚开用于骗取出口退税、抵扣税款的其他发票,是指有为他人虚开、为自己虚开、让他人为自己虚开、介绍他人虚开行为之一的。

第二百七十一条 【职务侵占罪】公司、企业或者其他单位的工作人员,利用职务上的便利,将本单位财物非法占为己有,数额较大的,处三年以下有期徒刑或者拘役,并处罚金;数额巨大的,处三年以上十年以下有期徒刑,并处罚金;数额特别巨大的,处十年以上有期徒刑或者无期徒刑,并处罚金。

【贪污罪】国有公司、企业或者其他国有单位中从事公务的人员和国有公司、企业或者其他国有单位委派到非国有公司、企业以及其他单位从事公务的人员有前款行为的,依照本法第三百八十二条、第三百八十三条的规定定罪处罚。

第二百七十二条 【挪用资金罪】公司、企业或者其他单位的工作人员,利用职务上的便利,挪用本单位资金归个人使用或者借贷给他人,数额较大、超过三个月未还的,或者虽未超过三个月,但数额较大、进行营利活动的,或者进行非法活动的,处三年以下有期徒刑或者拘役;挪用本单位资金数额巨大的,处三年以上七年以下有期徒刑;数额特别巨大的,处七年以上有期徒刑。

【挪用公款罪】国有公司、企业或者其他国有单位中从事公务的人员和国有公司、企业或者其他国有单位委派到非国有公司、企业以及其他单位从事公务的人员有前款行为的,依照本法第三百八十四条的规定定罪处罚。

有第一款行为,在提起公诉前将挪用的资金退还的,可以从轻或者减轻处罚。其中,犯罪较轻的,可以减轻或者免除处罚。

第三百八十二条 【贪污罪】国家工作人员利用职务上的便利,侵吞、窃取、骗取或者以其他手段非法占有公共财物的,是贪污罪。

受国家机关、国有公司、企业、事业单位、人民团体委托管理、经营国有财产的人员,利用职务上的便利,侵吞、窃取、骗取或者以其他手段非法占有国有财物的,以贪污论。

与前两款所列人员勾结,伙同贪污的,以共犯论处。

第三百八十四条 【挪用公款罪】国家工作人员利用职务上的便利,挪用公款归个人使用,进行非法活动的,或者挪用公款数额较大、进行营利活动的,或者挪用公款数额较大、超过三个月未还的,是挪用公款罪,处五年以下有期徒刑或者拘役;情节严重的,处五年以上有期徒刑。挪用公款数额巨大不退还的,处十年以上有期徒刑或者无期徒刑。

挪用用于救灾、抢险、防汛、优抚、扶贫、移民、救济款物归个人使用的,从重处罚。

第三百八十五条 【受贿罪】国家工作人员利用职务上的便利,索取他人财物的,或者非法收受他人财物,为他人谋取利益的,是受贿罪。

国家工作人员在经济往来中,违反国家规定,收受各种名义的回扣、手续费,归个人所有的,以受贿论处。

第三百八十七条 【单位受贿罪】国家机关、国有公司、企业、事业单位、人民团体,索取、非法收受他人财物,为他人谋取利益,情节严重的,对单位判处罚金,并对其直接负责的主管人员和其他直接责任人员,处三年以下有期徒刑或者拘役;情节特别严重的,处三年以上十年以下有期徒刑。

前款所列单位,在经济往来中,在帐外暗中收受各种名义的回扣、手续费的,以受贿论,依照前款的规定处罚。

第三百八十九条 【行贿罪】为谋取不正当利益,给予国家工作人员以财物的,是行贿罪。

在经济往来中,违反国家规定,给予国家工作人员以财物,数额较大的,或者违反国家规定,给予国家工作人员以各种名义的回扣、手续费的,以行贿论处。

因被勒索给予国家工作人员以财物,没有获得不正当利益的,不是行贿。

第三百九十条 【行贿罪的处罚规定】对犯行贿罪的,处三年以下有期徒刑或者拘役,并处罚金;因行贿谋取不正当利益,情节严重的,或者使国家利益遭受重大损失的,处三年以上十年以下有期徒刑,并处罚金;情节特别严重的,或者使国家利益遭受特别重大损失的,处十年以上有期徒刑或者无期徒刑,并处罚金或者没收财产。

有下列情形之一的,从重处罚:

(一)多次行贿或者向多人行贿的;

(二)国家工作人员行贿的;

(三)在国家重点工程、重大项目中行贿的;

(四)为谋取职务、职级晋升、调整行贿的;

(五)对监察、行政执法、司法工作人员行贿的;

（六）在生态环境、财政金融、安全生产、食品药品、防灾救灾、社会保障、教育、医疗等领域行贿,实施违法犯罪活动的;

（七）将违法所得用于行贿的。

行贿人在被追诉前主动交待行贿行为的,可以从轻或者减轻处罚。其中,犯罪较轻的,对调查突破、侦破重大案件起关键作用的,或者有重大立功表现的,可以减轻或者免除处罚。

第三百九十一条 【对单位行贿罪】为谋取不正当利益,给予国家机关、国有公司、企业、事业单位、人民团体以财物的,或者在经济往来中,违反国家规定,给予各种名义的回扣、手续费的,处三年以下有期徒刑或者拘役,并处罚金;情节严重的,处三年以上七年以下有期徒刑,并处罚金。

单位犯前款罪的,对单位判处罚金,并对其直接负责的主管人员和其他直接责任人员,依照前款的规定处罚。

第三百九十三条 【单位行贿罪】单位为谋取不正当利益而行贿,或者违反国家规定,给予国家工作人员以回扣、手续费,情节严重的,对单位判处罚金,并对其直接负责的主管人员和其他直接责任人员,处三年以下有期徒刑或者拘役,并处罚金;情节特别严重的,处三年以上十年以下有期徒刑,并处罚金。因行贿取得的违法所得归个人所有的,依照本法第三百八十九条、第三百九十条的规定定罪处罚。

（二）规则解读

贪污罪和挪用公款罪的风险防范

1. 贪污罪解读

（1）规范目的。

严惩贪赃枉法、以权谋私和监守自盗,使手握权力者不敢利用职权非法侵占公共财物,是《刑法》设置贪污罪的立法初衷。通常认为,贪污罪的目的在于保护国家工作人员职务的廉洁性和公共财物的所有权。前者是主要法益,后者是次要法益。

（2）构成特征。

贪污罪的主要特点是犯罪人利用自己手中的职权直接将公共财物据为己有。其特点表现为:第一,行为人拥有因职务权力和地位形成的主管、管理、经营、经手公共财物的便利条件;第二,将自己合法主管、管理、经营或者经手的公共财物以隐藏、扣押、转移、谎报、私分、伪造失窃、编造事故、篡改账目等各种手段非法占为己有;第三,行为的目的在于永久占有该财物,而非暂时使用。

(3) 风险提示。

第一,贪污罪的追诉标准。根据有关司法解释的规定①,贪污数额在3万元以上不满20万元的,应当认定为《刑法》第383条第1款规定的"数额较大"。贪污数额在1万元以上不满3万元,具有下列情形之一的,应当认定为《刑法》第383条第1款规定的"其他较重情节":① 贪污救灾、抢险、防汛、优抚、扶贫、移民、救济、防疫、社会捐助等特定款物的;② 曾因贪污、受贿、挪用公款受过党纪、行政处分的;③ 曾因故意犯罪受过刑事追究的;④ 赃款赃物用于非法活动的;⑤ 拒不交待赃款赃物去向或者拒不配合追缴工作,致使无法追缴的;⑥ 造成恶劣影响或者其他严重后果的。

第二,挪用公款向贪污转化的几种情况。实践中常出现下列几种情形,都导致行为性质由挪用公款转化为贪污:① 行为人原本意图挪用公款,但由于担心偿还不了公款或者出于其他原因携带公款潜逃;② 行为人采取虚假发票平账、销毁有关账目等手段使所挪用的公款在单位账目上难以反映出来;③ 行为人截取单位收入不入账,且使该公款在单位账目上难以反映出来;④ 行为人有能力归还所挪用的公款而故意不归还,并隐瞒该公款的去向。

第三,接受公务礼物的罪与非罪。应当严格遵守国家关于公务活动的有关规定,对于在国内公务活动或者对外交往中接受的对方礼物,应当交公而不交公,则可能构成贪污罪。

第四,企业改制中隐匿公司、企业财产的犯罪问题。按照相关司法解释,国家工作人员或者受国有单位委托管理、经营国有财产的人员利用职务上的便利,在国家出资企业改制过程中故意通过低估资产、隐瞒债权、虚设债务、虚构产权交易等方式隐匿公司、企业财产,转为本人持有股份的改制后的公司、企业所有,应当以贪污罪论处。

2. 挪用公款罪解读

(1) 规范目的。

《刑法》设置挪用公款罪,正是为了有力惩治公职人员滥用职权操控公共资金的使用,为自己谋私利的行为。挪用公款罪保护的法益是职务行为的廉洁性以及公共财物的占有权。

(2) 构成特征。

挪用公款罪的特点是:行为人利用了直接经手、管理公款的职务便利条件;行为人将公款非法挪用到其他方面,但并不打算永久占有;行为人挪用公款是为了"归个人使用"。对此,全国人大常委会专门就"归个人使用"解释如下:一是

---

① 参见《最高人民法院、最高人民检察院关于办理贪污贿赂刑事案件适用法律若干问题的解释》第1条第1款、第2款。

将公款供本人、亲友或者其他自然人使用;二是以个人名义将公款供其他单位使用;三是个人决定以单位名义将公款供其他单位使用,谋取个人利益的。①

挪用的形式表现为三种:一是挪用公款进行非法活动;二是挪用公款进行营利活动并且数额较大;三是挪用公款进行非营利的正常活动但数额较大且超过3个月未归还。

(3) 风险提示。

企业家在日常经营过程中,应注意在运用资金方面做到"公私分明",不要把个人资金与单位资金进行混同,不要通过个人银行账户进行公款收支,不要将公款用于私人开支,不要打着单位的名义将本单位公款借给其他单位而从中谋取个人利益。

第一,挪用公款罪的追诉标准。根据司法解释,挪用公款罪的追诉标准为:挪用公款归个人使用,进行非法活动,数额在3万元以上的;进行营利活动或者超过3个月未还,数额在5万元以上的。②

第二,对以单位名义对外借款的行为要谨慎把握。司法实践中,法院在判断将本单位公款借给其他单位的行为是否构成"以个人名义"时,并不只看形式,而是从实质把握。企业家不能认为凡是在自己职权范围内的、通过组织程序的对外借款都是"公对公",应当避免自己和对方单位负责人之间有直接的利害关系,特别是不能从中谋取个人利益,包括物质性利益和非物质性利益。

第三,对特殊形态的"公款"进行挪用也可构成挪用公款罪。根据司法解释,挪用公有或者本单位的国库券、单位职工的失业保险基金、下岗职工基本生活保障资金,都是挪用公款的行为。

第四,以为他人"担保""质押"的形式挪用本单位资金也可能构成挪用公款罪。根据有关规定,挪用金融凭证、有价证券用于质押,或者为他人提供担保,使公款处于风险之中,如果其他条件满足《刑法》的规定,同样构成挪用公款罪。

3. 受贿罪解读

(1) 规范目的。

《刑法》设置受贿罪,是专门为了惩治公职人员利用职务之便进行权钱交易或者索取贿赂的罪行。受贿罪保护的法益是国家工作人员职务行为的廉洁性。

(2) 构成特征。

受贿行为可分为接受型与索贿型两种。接受型的受贿表现

受贿罪和非国家工作人员受贿罪的风险防范

---

① 参见《全国人民代表大会常务委员会关于〈中华人民共和国刑法〉第三百八十四条第一款的解释》。

② 参见《最高人民法院、最高人民检察院关于办理贪污贿赂刑事案件适用法律若干问题的解释》第5条、第6条。

为权钱交易,受贿人利用自己职务上主管、负责或者承办某项公共事务的职权及其形成的便利条件为行贿人谋取利益,而无论该利益是否正当、是否实现;索贿型的受贿表现为行为人主动索取贿赂,而不论是否为他人谋取利益。两者的共同特征是利用职务上的便利。另外,《刑法》还规定了一种特殊的斡旋受贿的情形,即国家工作人员利用本人职权或者地位形成的便利条件,通过影响其他国家工作人员的职务行为来为请托人谋取不正当利益,从而索取或者收受他人财物。

(3) 风险提示。

第一,受贿罪的追诉标准。根据有关司法解释的规定①,受贿数额在3万元以上不满20万元的,应当认定为《刑法》第383条第1款规定的"数额较大"。受贿数额在1万元以上不满3万元,具有下列情形之一的,应当认定为《刑法》第383条第1款规定的"其他较重情节":① 曾因贪污、受贿、挪用公款受过党纪、行政处分的;② 曾因故意犯罪受过刑事追究的;③ 赃款赃物用于非法活动的;④ 拒不交待赃款赃物去向或者拒不配合追缴工作,致使无法追缴的;⑤ 造成恶劣影响或者其他严重后果的;⑥ 多次索贿的;⑦ 为他人谋取不正当利益,致使公共财产、国家和人民利益遭受损失的;⑧ 为他人谋取职务提拔、调整的。

第二,离职后受贿的问题。根据有关规定,国家工作人员与请托人约定,利用自己职务上的便利为请托人谋取利益,在其离职以后接受请托人财物的,以受贿罪定罪处罚。

第三,企业改制后主体身份发生变化的犯罪问题。根据司法解释,国家出资的企业在企业改制过程中,国家工作人员利用职务上的便利为请托人谋取利益,事先约定其在不具备国家工作人员身份后再接受请托人财物,或者在身份变化前后连续收受请托人财物的,以受贿罪定罪处罚。

第四,其他应注意的受贿罪风险。根据司法解释,下列情形均可构成受贿:① 以明显不符合市场价格的交易形式变相受贿;② 收受未实际出资的股份(即"干股");③ 以委托他人投资证券、期货或者其他理财项目的名义,未实际出资或者出资与收益明显不对等;④ 由请托人出资,与请托人"合作"开办公司或者进行其他"合作"投资;⑤ 以赌博方式变相受贿;⑥ 安排特定关系人"挂名"从请托人处领取薪酬;⑦ 以"借用"为名,不办理物权变更登记手续而变相接受请托人的房屋、汽车等物品。下行为应当认定为"为他人谋取利益":① 实际或者承诺为他人谋取利益的;② 明知他人有具体请托事项的;③ 履职时未被请托,但事后基于该履职事由收受他人财物的;④ 国家工作人员索取、收受具有上下级关系的下属或者具有行政管理关系的被管理人员的财物价值3万元以上,可能

---

① 参见《最高人民法院、最高人民检察院关于办理贪污贿赂刑事案件适用法律若干问题的解释》第1条第1款、第3款。

影响职权行使的,视为承诺为他人谋取利益。下列行为应当认定具有受贿故意:特定关系人索取、收受他人财物,国家工作人员知道后未退还或者上交的。

4. 单位受贿罪解读

(1) 规范目的。

《刑法》设置单位受贿罪的目的是惩治国家机关、国有公司、企业、事业单位、人民团体以单位的名义索取、非法收受他人财物,为他人谋取利益的不法行为,维护单位行为的廉洁性。

(2) 行为特征。

单位受贿罪在行为方面表现为:索取、非法收受他人财物;为他人谋取利益;情节严重。这三个方面必须同时具备,但是否为他人谋取到利益,不影响该罪的构成。另外,根据《刑法》第387条第2款的规定,国家机关、国有公司、企业、事业单位、人民团体,在经济往来中,在账外暗中收受各种名义的回扣、手续费的,也以单位受贿罪论处。

(3) 风险提示。

第一,单位受贿罪的犯罪主体不同于一般犯罪的自然人,该罪的主体只能是单位,而且只能是"体制内"单位,包括国家机关、国有公司、企业、事业单位、人民团体,集体经济组织、中外合资企业、中外合作企业、外商独资企业和私营企业不能成为单位受贿罪的主体。

第二,单位受贿罪在主观方面表现为直接故意。这种故意,是经单位决策机构的授权或同意,由其直接负责的主管人员和其他直接责任人员故意收受或索取贿赂的行为表现出来的,是单位整体意志的体现。

第三,单位受贿罪往往通过直接负责的主管人员和其他直接责任人员来实施,很容易与受贿罪相混淆,要注意其与受贿罪的区别。单位受贿罪是在单位意志支配下,以单位名义实施的;受贿罪是国家工作人员在自己个人意志支配下,为谋取私利而进行的。如果是单位成员假借单位名义索取、收受他人财物,把财物占为己有的,则应按受贿罪处理。单位受贿罪中收受的他人财物,要归单位整体所有,即直接责任人员的行为为单位带来了非法利益;而受贿罪中收受的财物归受贿人个人占有。单位受贿罪不要求构成该罪的单位利用职务上的便利,而受贿罪要求构成该罪的国家工作人员具有"利用职务便利"的行为。

5. 非国家工作人员受贿罪解读

(1) 规范目的。

《刑法》设置这一罪名,主要是为了规制非国有性质的公司、企业和其他单位的管理层员工利用职权进行腐败,从而危及单位的利益,破坏正常的市场经济秩序的行为。

(2) 构成特征。

非国家工作人员受贿罪主要侵犯的是国家对公司、企业的管理秩序,损害了公司、企业、其他单位工作人员职务的廉洁性,是典型的商业贿赂犯罪。与受贿罪类似,非国家工作人员受贿罪的受贿行为同样可分为接受型与索贿型两种。接受型的受贿表现为权钱交易,受贿人利用自己职务上主管、负责或者承办某项事务的职权及其形成的便利条件为行贿人谋取利益,而无论该利益是否正当、是否实现;索贿型的受贿表现为行为人主动索取贿赂,但与受贿罪不同的是,非国家工作人员受贿罪中的索贿型受贿也要求为他人谋取利益,至于利益是否正当、是否实现在所不论。同时,两种情况都要求受贿人利用职务上的便利,并且受贿数额较大才构成犯罪。凡不具备国家工作人员身份或者不实际从事公务的公司、企业、其他单位的工作人员,都可以构成非国家工作人员受贿罪。

(3) 风险提示。

公司、企业的管理层人员在经济往来中,违反国家规定收受各种名义的回扣、手续费归入个人腰包,是一种常见现象。《刑法》将其明文规定为非国家工作人员受贿罪。除此之外,还应注意以下刑事风险:

第一,非国家工作人员受贿罪的追诉标准。根据司法解释,非国家工作人员受贿罪中的"数额较大",按照受贿罪的数额标准规定的2倍计算。

第二,受贿与接受正常馈赠、合理报酬的区分。二者的关键区别在于是否符合政策、法律的规定。如果是亲友之间出于联络感情而进行的相互馈赠,并非利用一方的职务行为而为另一方谋利,是正常的人情交往;如果有法律上的依据,通过提供技术、劳务等获得正常报酬,也不是受贿。但是,应防止利用政策、法律的外壳"打擦边球",如果双方的付出过于不对等,或者收受财物的一方主要是利用自己掌握的职权为对方谋取利益,或者违反了《反不正当竞争法》等法律的明文规定,都有受贿的嫌疑。

第三,财物的问题。根据司法解释,商业贿赂中的财物既包括金钱也包括实物,泛指一切财产性利益,如提供房屋装修、含有金额的会员卡、旅游费等。

6. 职务侵占罪解读

(1) 规范目的。

职务侵占行为就是非国有公司、企业工作人员的贪污行为。《刑法》设置此罪的目的在于保护民营企业等非国有企业的财产权。

职务侵占罪和挪用资金罪的风险防范

(2) 构成特征。

第一,犯罪对象是公司、企业和其他单位的各种财物,动产、不动产、有体物与无体物均可。从范围上看,不仅包括本单位的财物,也包括本单位占有的他人财产。

第二，行为内容为利用职务上的便利，将本单位的财产占为己有。首先，利用了职务上的便利，即利用自己主管、管理、经营、经手单位财物的便利条件；其次，必须将单位财物非法占为己有，包括将基于职务管理的单位财物非法占为己有，还包括使第三者所有；最后，行为方式包括侵吞、窃取、骗取和其他手段，既可以是作为也可以是不作为。行为结果必须是非法占有了数额较大的单位财物。

(3) 风险提示。

第一，职务侵占罪的追诉标准。根据司法解释，职务侵占罪中的"数额较大"，按照贪污罪的数额标准规定的2倍计算。

第二，正确区分职务侵占与一般侵占单位财物行为的界限。一般侵占单位财物行为是指单位职工侵占数额较小的财物行为，属于违反单位纪律的行为或者违反《治安管理处罚法》的行为。

第三，股东侵占自己出资企业的财产可能构成职务侵占罪。股东出资以后，其出资的个人财产已经转化为公司财产。股东在区分个人财产和企业财产方面应保持清醒的认识，应充分认识到这两类财产在法律上的界限，避免"自己是老板，就可以随意支配公司财物"的错误认识。

7. 挪用资金罪解读

(1) 规范目的。

《刑法》设立此罪的目的在于打击非国家工作人员挪用本单位资金的犯罪行为，平等保护市场主体合法权益，促进多种经济成分的共同发展。

(2) 构成特征。

第一，行为主体必须是公司、企业或者其他单位的工作人员。根据司法解释，对于受国家机关、国有公司、企业、事业单位、人民团体委托，管理、经营国有财产的非国家工作人员，利用职务上的便利，挪用国有资金归个人使用构成犯罪的，应当以挪用资金罪定罪处罚。

第二，行为对象是单位资金。根据司法解释，筹建公司的工作人员在公司登记注册前，利用职务上的便利，挪用准备设立的公司在银行开设的临时账户上的资金，归个人使用或者借贷给他人，构成犯罪的，应当以挪用资金罪论处。

第三，挪用是指不经合法批准，擅自动用所主管、管理、经手的单位资金。挪用包括挪用单位资金归个人使用与借贷给他人两种情况，其中的他人包括自然人与法人等单位。

第四，"归个人使用"的理解：将本单位资金供本人、亲友或者其他自然人使用的；以个人名义将本单位资金供其他单位使用的；个人决定以单位名义将本单位资金供其他单位使用、谋取个人利益的。

(3) 风险提示。

第一，挪用资金罪的追诉标准。《刑法》第272条规定的挪用资金罪中的

"数额较大""数额巨大"以及"进行非法活动"情形的数额起点,按照挪用公款罪"数额较大""情节严重"以及"进行非法活动"的数额标准规定的2倍执行。

第二,注意企业组织形式对挪用资金行为性质的影响。私营企业主挪用私营企业资金是否构成此罪需要辨别私营企业的组织形式,若是个人独资企业,企业主对企业财产具有完全支配权,挪用私营企业资金不认定为犯罪;若是合伙企业和公司,企业主挪用资金情节严重的,将以此罪追究其刑事责任。

第三,注意承包、租赁企业中挪用资金罪与非罪的界限。不能将正常的资金调动或者出于生产需要而进行的暂时性的资金挪用予以刑事追究,只有对将企业资金挪用于承包、租赁项目以外的其他用途,归个人使用的行为,才能认定为挪用资金罪;实践中,司法机关考虑到承包、租赁企业经营、管理的实际情况,对其定罪标准常适当放宽,即只要完成了承包、租赁合同,没有给本单位造成损失,就可不以挪用资金罪追究刑事责任。

8. 行贿罪解读

(1) 规范目的。

在企业的经营过程中,企业家向政府机关、上级主管部门的工作人员以及其他公职人员主动或被动行贿已成为愈演愈烈的经营"潜规则",成为经济发展和政治文明的严重桎梏。《刑法》设置行贿罪,正是为了惩治此类犯罪,遏制腐败。

行贿罪和虚开增值税专用发票罪等犯罪的风险防范

(2) 构成特征。

行贿罪的特征表现在:① 行贿人主观上具有谋取不正当利益的目的;② 行贿人的目的可以通过国家工作人员的职务行为实现;③ 行贿人为了实现该目的,通过给予财物(包括一切财产性利益)的方式收买该国家工作人员。但是,通过提供非财产性利益的方式(如性贿赂)收买国家工作人员,目前立法尚未规定为行贿罪;④ 行贿人可能是主动的,也可能是被动的。在被动行贿的场合,只有没有实际获得不正当利益才能排除行贿罪。

(3) 风险提示。

企业家应谨慎把握政商关系的尺度,警惕"潜规则"下的刑事风险,特别要注意以下几点:

第一,行贿罪的追诉标准。根据相关司法解释的规定,为谋取不正当利益,向国家工作人员行贿,数额在3万元以上的,应当以行贿罪追究刑事责任。行贿数额在1万元以上不满3万元,具有下列情形之一的,应当依照《刑法》第390条的规定以行贿罪追究刑事责任:① 向3人以上行贿的;② 将违法所得用于行贿的;③ 通过行贿谋取职务提拔、调整的;④ 向负有食品、药品、安全生产、环境保护等监督管理职责的国家工作人员行贿,实施非法活动的;⑤ 向司法工作人员行贿,影响司法公正的;⑥ 造成经济损失数额在50万元以上不满100万元的。

第二,应注意区分行贿与正常馈赠的界限。二者关键区别在于是否具备权钱交易的色彩、是否谋取不正当利益。二者在礼品(金)价值大小、公开的程度、是否附条件等方面有本质区别。

第三,变相行贿的问题。实践中,企业家可能会通过在麻将桌上故意输钱、在赌场提供筹码等形式向国家工作人员输送财物。司法解释已将这类通过赌博或者为国家工作人员赌博提供资金的形式实施的变相行贿明确界定为行贿行为。

第四,对"谋取不正当利益"的理解。根据司法解释,所谓"谋取不正当利益",是指行贿人谋取违反法律、法规、规章或者政策规定的利益,或者要求对方违反法律、法规、规章、政策、行业规范的规定提供帮助或者方便条件。这意味着凡是违反行业规范要求的公平原则以谋求竞争优势的,都属于"谋取不正当利益",哪怕企业追求的利益本身是正当的。

9. 单位行贿罪解读

(1) 规范目的。

《刑法》设置单位行贿罪是为了保障国家机关、国有公司、企业、事业单位、人民团体履行职务的正当性,从源头上抑制腐败行为。

(2) 行为特征。

单位行贿罪的行为特征是公司、企业、事业单位、机关、团体,为了谋取不正当利益,给予国家工作人员以财物,数额较大,或者违反国家规定,给予上述人员以回扣、手续费,情节严重的行为。一般表现为以下几种情形:① 经单位研究决定的由有关人员实施的行贿行为;② 经单位主管人员批准,由有关人员实施的行贿行为;③ 单位主管人员以法定代表人的身份实施的行贿行为。

(3) 风险提示。

第一,单位行贿罪与行贿罪的一个重要区别是,单位行贿罪是以单位的名义实施的让单位受益的行贿行为。实践中,我们看到的更多是民营企业和私营企业触犯单位行贿罪,需要注意的是,个体工商户不能构成单位行贿罪。

第二,单位行贿罪除了要求行贿对象是国家工作人员以外,还有一个"情节严重"的要求。

第三,单位行贿罪实行"双罚制",即对单位判处罚金,对其直接负责的主管人员和其他直接责任人员处以刑罚。所谓直接负责的主管人员,是指直接策划、组织、指挥或批准犯罪活动的单位负责人,通常为法定代表人,但不能一概而定,不知情或不起决定作用的单位负责人,不能成为追究刑事责任的主管人员。所谓其他直接责任人员,是指具体负责实施的企业员工。也就是说,除了老板,员工也可能涉罪。

第四,各种名义的回扣、手续费,只要违反国家规定,都可能涉嫌行贿。如果要给销售折扣,一定要履行书面审批手续,并如实入账,严格报销。

第五,单位行贿不仅要接受罚金处罚,还会影响企业后续经营,例如:被列入有关部门的黑名单,受到行业准入限制;影响企业信用,增加企业经营成本;IPO(首次公开募股)被否。

10. 对单位行贿罪解读

(1) 规范目的。

《刑法》设置对单位行贿罪的目的是保障国家机关、国有公司、企业、事业单位、人民团体履行职务的正当性。

(2) 行为特征。

行为人向国家机关、国有公司、企业、事业单位、人民团体行贿的行为构成对单位行贿罪。至于行贿人所要谋取的不正当利益是否客观实现,不影响对单位行贿罪的构成。其表现形式主要有两种:一是为谋取不正当利益,而给予国家机关、国有公司、企业、事业单位、人民团体财物;二是在经济往来中,违反国家规定,给予国家机关、国有公司、企业、事业单位、人民团体各种名义的回扣、手续费。

(3) 风险提示。

第一,构成对单位行贿罪一定是为了获取不正当利益。如果行为人为了谋取正当合法的利益,如本来应当给办理的营业执照等手续由于长期得不到解决,为了尽早得到解决而采取送钱送物的手段,或者被勒索而被迫给予国家机关、国有公司、企业、事业单位、人民团体以财物的,在这些情况下不构成对单位行贿罪。

第二,要把对单位行贿和正常的馈赠行为区分开来。对单位行贿的目的是谋取不正当的利益,其本质是一种钱权交易,而向亲戚、朋友、同学的单位馈赠的行为,是为了加深感情和友谊,表礼致意。同时,对单位行贿一般是以隐蔽的方式进行,往往是"以礼代贿",贿赂物的数额比较大,而对单位馈赠的财物一般数额都比较小,两者的性质存在根本不同。

第三,要注意对单位行贿罪与单位行贿罪的区别。对单位行贿罪的主体可以是单位,也可以是自然人,而单位行贿罪的主体只能是单位;对单位行贿罪的行贿对象是国家机关、国有公司、企业、事业单位、人民团体,单位行贿罪的行贿对象是国家工作人员;成立对单位行贿罪不要求情节严重,但成立单位行贿罪有情节严重的要求。

第四,要注意对单位行贿罪与行贿罪和对非国家工作人员行贿罪的区别。对单位行贿罪与行贿罪和对非国家工作人员行贿罪的区别主要在于行贿的对象,对单位行贿罪的行贿对象是国家机关、国有公司、企业、事业单位、人民团体;行贿罪的行贿对象是国家工作人员;对非国家工作人员行贿罪的对象则是公司、企业或者其他单位的工作人员。

11. 非法经营同类营业罪解读

（1）规范目的。

《刑法》设置非法经营同类营业罪的主要目的是规范公司、企业的董事、监事、高级管理人员的行为，督促其履行忠实义务，维护公司、企业的合法权益。公司、企业的董事、监事和高级管理人员负有忠实义务，应当采取措施避免自身利益与公司利益相冲突，不得利用职权牟取不正当利益。

（2）行为特征。

非法经营同类营业罪在客观方面表现为行为人利用职务便利，自己经营或者为他人经营与其所任职公司、企业同类的营业，获取非法利益，数额巨大或致使公司、企业遭受重大损失的行为。

（3）风险提示。

第一，构成非法经营同类营业罪在主观方面必须出于故意。对于国有公司、企业的董事、监事、高级管理人员而言，还需要具有获取非法利益的目的，即明知自己或为他人所经营的业务与自己所任职公司、企业经营的业务属于同类，为了谋取非法利益，仍然进行经营。对于其他公司、企业则没有这个要求。

第二，非法经营同类营业罪的主体是特殊主体，即公司、企业的董事、监事、高级管理人员，不仅包括国有企业的董事、监事和高级管理人员，还包括其他公司的董事、监事和高级管理人员。董事是指由公司股东会或职工民主选举产生的具有实际权力和权威的管理公司事务的人员，对内管理公司事务，对外代表公司进行经济活动；监事是指在企业或事业组织中担任监察工作的领导成员；所谓高级管理人员，是公司董事会聘任的主持日常管理工作的高级职员，包括公司的经理、副经理、财务负责人、上市公司董事会秘书以及公司章程规定的其他人员。董事、监事、高级管理人员的认定适用《公司法》的有关规定。

第三，判断是否构成非法经营同类营业罪要看是否利用了职务上的便利。如果行为人虽然经营了与其所任职公司、企业同类的营业，并获利巨大，但这一行为与其所担任的职务无关，就不构成犯罪。

第四，构成非法经营同类营业罪还需要判断经营的是否为同类营业。构成该罪必须是经营与其所任职公司、企业同类的营业，如果行为人经营的不是同类营业，就不构成犯罪。

第五，对于国有公司、企业的董事、监事、高级管理人员而言，构成犯罪在客观方面还要求行为人获取的非法利益达到数额巨大的程度。如果行为人利用了职务之便，并且经营与其所任职公司、企业同类的营业，但获取非法利益未达到数额巨大，则不能以犯罪论处。但对于其他公司、企业的董事、监事、高级管理人员而言，是结果犯，即违反法律、行政法规规定，实施《刑法》第 165 条规定的行为,致使公司、企业利益遭受重大损失的,构成犯罪。

需要注意的是,《公司法》并不绝对禁止董事、监事、高级管理人员与自己交易以及利用公司的机会,但需要符合《公司法》规定条件,否则就构成非法经营同类营业罪。《公司法》第 182 规定:"董事、监事、高级管理人员,直接或者间接与本公司订立合同或者进行交易,应当就与订立合同或者进行交易有关的事项向董事会或者股东会报告,并按照公司章程的规定经董事会或者股东会决议通过。董事、监事、高级管理人员的近亲属,董事、监事、高级管理人员或者其近亲属直接或者间接控制的企业,以及与董事、监事、高级管理人员有其他关联关系的关联人,与公司订立合同或者进行交易,适用前款规定。"据此,董事、监事、高级管理人员如果与公司进行交易,需要向公司的董事会或股东会报告,并要获得董事会或股东会决议通过。同时,《公司法》也并不绝对禁止董事、经理、高级管理人员利用公司的机会。在一般情况下,董事、监事、高级管理人员不得利用职务便利为自己或者他人谋取属于公司的商业机会。同时,《公司法》第 183 条规定了例外规则,即在以下情况下可以利用公司的机会:一是向董事会或者股东会报告,并按照公司章程的规定经董事会或者股东会决议通过;二是根据法律、行政法规或者公司章程的规定,公司不能利用该商业机会。

12. 为亲友非法牟利罪解读

(1) 规范目的。

为亲友非法牟利罪的规范目的与非法经营同类营业罪大致相同,即公司、企业、事业单位的工作人员对单位负有忠实义务,不得利用职务的便利为自己或亲友牟取不正当利益,从而维护公司、企业、事业单位的合法权益。行为人在依法为其所在的公司或组织处理经营性事务的过程中,利用职务之便,意图为自己或第三人牟取非法利益,从而将事务交由其亲友经营,违背其忠实义务,造成本单位财产或其他利益损失的,这种行为需要予以规制和惩罚,构成犯罪的,当然要追究刑事责任。

(2) 行为特征。

为亲友非法牟利罪表现为利用职务便利,通过以下几种方式,致使国家利益或公司、企业利益遭受重大损失:① 将本单位的盈利业务交由自己的亲友进行经营;② 以明显高于市场的价格从自己的亲友经营管理的单位采购商品、接受服务或者以明显低于市场的价格向自己的亲友经营管理的单位销售商品、提供服务;③ 从自己的亲友经营管理的单位采购、接受不合格商品、服务。

(3) 风险提示。

第一,为亲友非法牟利罪是结果犯,即公司、企业、事业单位的工作人员实施《刑法》第 166 条规定的行为,致使国家利益或公司、企业利益遭受重大损失的,才成立该罪。

第二,为亲友非法牟利罪的行为特征具有特殊性,即具有经营性,这一点不同于其他犯罪。为亲友非法牟利罪中的亲友在客观方面必须实施一定的经营行为,付出一定的经营性劳动,而贪污罪通常表现为利用职务便利直接侵占公共财物。因此,应当考察非法获利者(即亲友)是否实施了一定的经营行为。在公司、企业、事业单位的购销活动中,通过实施一定的经营行为牟取非法利润的,一般可以依法认定为为亲友非法牟利罪;反之,对于借从事经营活动之名,行侵占公共财物之实的行为,则可以考虑依法认定为贪污罪。

第三,《公司法》并不绝对禁止公司的工作人员与亲友进行交易,但应当符合法律或公司章程规定的条件。根据《公司法》第182的规定,董事、监事、高级管理人员的近亲属,董事、监事、高级管理人员或者其近亲属直接或者间接控制的企业,以及与董事、监事、高级管理人员有其他关联关系的关联人,与公司订立合同或者进行交易,需要向公司的董事会或股东会报告,并要获得董事会或股东会决议通过。

13. 虚开增值税专用发票、用于骗取出口退税、抵扣税款发票罪解读

(1) 规范目的。

《刑法》设立此罪的目的在于防止税源流失,维护国家的税收管理秩序。

(2) 构成特征。

虚开的具体行为方式有以下四种:① 为他人虚开,即明知对方没有经营活动而利用自己所持有的增值税专用发票为其开具,或者为有经营活动的人开具内容不实的发票;② 为自己虚开,即尽管没有经营活动,但利用自己持有的增值税专用发票,虚开以后供自己使用,如进行抵扣税款等;③ 让他人为自己虚开,即要求或者诱骗他人为自己开具内容不实的发票;④ 介绍他人虚开,即在虚开增值税专用发票的犯罪活动中牵线搭桥、撮合沟通。

(3) 风险提示。

第一,该罪的追诉标准。虚开增值税专用发票或者虚开用于出口退税、抵扣税款的其他发票,虚开的税款数额在1万元以上或者致使国家税款被骗数额在5000元以上的,应予立案追诉。此追诉标准规定的两种情形是并列、选择关系,不要求同时具备。

第二,利用虚开增值税专用发票或者用于骗取出口退税、抵扣税款的其他发票,骗取出口退税或者抵扣税款的,既不以其他罪名也不按数罪而应直接按该罪立案追诉。如果以其他手段骗取国家税款,可按《刑法》的有关规定以其他相关犯罪进行立案追诉。

第三,虚开增值税专用发票或者虚开骗取出口退税、抵扣税款的其他发票的行为人与骗取税款的行为人不是同一人的,则各行为人均应对虚开的税款数额和实际骗取的国家税款数额承担刑事责任,对各行为人均应予以立案追诉。

二、产品安全和劳动卫生环节中的刑事法律风险

(一) 核心法条

在产品安全和劳动卫生环节中,刑事法律风险主要集中于假冒注册商标罪、生产、销售有毒、有害食品罪、非法经营罪、污染环境罪和拒不支付劳动报酬罪等罪名,主要触犯的《刑法》条文如下:

《中华人民共和国刑法》

第一百四十四条 【生产、销售有毒、有害食品罪】在生产、销售的食品中掺入有毒、有害的非食品原料的,或者销售明知掺有有毒、有害的非食品原料的食品的,处五年以下有期徒刑,并处罚金;对人体健康造成严重危害或者有其他严重情节的,处五年以上十年以下有期徒刑,并处罚金;致人死亡或者有其他特别严重情节的,依照本法第一百四十一条的规定处罚。

第二百一十三条 【假冒注册商标罪】未经注册商标所有人许可,在同一种商品、服务上使用与其注册商标相同的商标,情节严重的,处三年以下有期徒刑,并处或者单处罚金;情节特别严重的,处三年以上十年以下有期徒刑,并处罚金。

第二百二十五条 【非法经营罪】违反国家规定,有下列非法经营行为之一,扰乱市场秩序,情节严重的,处五年以下有期徒刑或者拘役,并处或者单处违法所得一倍以上五倍以下罚金;情节特别严重的,处五年以上有期徒刑,并处违法所得一倍以上五倍以下罚金或者没收财产:

(一) 未经许可经营法律、行政法规规定的专营、专卖物品或者其他限制买卖的物品的;

(二) 买卖进出口许可证、进出口原产地证明以及其他法律、行政法规规定的经营许可证或者批准文件的;

(三) 未经国家有关主管部门批准非法经营证券、期货、保险业务的,或者非法从事资金支付结算业务的;

(四) 其他严重扰乱市场秩序的非法经营行为。

第二百七十六条之一 【拒不支付劳动报酬罪】以转移财产、逃匿等方法逃避支付劳动者的劳动报酬或者有能力支付而不支付劳动者的劳动报酬,数额较大,经政府有关部门责令支付仍不支付的,处三年以下有期徒刑或者拘役,并处或者单处罚金;造成严重后果的,处三年以上七年以下有期徒刑,并处罚金。

单位犯前款罪的,对单位判处罚金,并对其直接负责的主管人员和其他直接责任人员,依照前款的规定处罚。

有前两款行为,尚未造成严重后果,在提起公诉前支付劳动者的劳动报酬,并依法承担相应赔偿责任的,可以减轻或者免除处罚。

第三百三十八条 【污染环境罪】违反国家规定,排放、倾倒或者处置有放射性的废物、含传染病病原体的废物、有毒物质或者其他有害物质,严重污染环境的,处三年以下有期徒刑或者拘役,并处或者单处罚金;情节严重的,处三年以上七年以下有期徒刑,并处罚金;有下列情形之一的,处七年以上有期徒刑,并处罚金:

(一)在饮用水水源保护区、自然保护地核心保护区等依法确定的重点保护区域排放、倾倒、处置有放射性的废物、含传染病病原体的废物、有毒物质,情节特别严重的;

(二)向国家确定的重要江河、湖泊水域排放、倾倒、处置有放射性的废物、含传染病病原体的废物、有毒物质,情节特别严重的;

(三)致使大量永久基本农田基本功能丧失或者遭受永久性破坏的;

(四)致使多人重伤、严重疾病,或者致人严重残疾、死亡的。

有前款行为,同时构成其他犯罪的,依照处罚较重的规定定罪处罚。

(二)规则解读

假冒注册商标罪、生产、销售有毒、有害食品罪、非法经营罪的风险防范

1. 假冒注册商标罪解读

(1)规范目的。

《刑法》设置此罪意在保护他人的注册商标专用权。注册商标具有专有性和排他性。假冒注册商标的行为侵犯了他人注册商标的专用权和使用许可权,破坏了市场经济中商品交易的秩序。

(2)构成特征。

假冒注册商标罪的主要特征为:第一,假冒注册商标罪在客观方面表现为违反商标管理法规,未经注册商标所有人许可,在同一种商品上使用与其注册商标相同的商标的行为。对"同一种商品"的认定,必须坚持法定标准和专家标准,不能以人们的习惯分类为准,如摩托车和自行车不是同一种商品,而只是类似商品;对于名称相同的商品以及名称不同但指同一事物的商品,可以认定为同一种商品。相同的商标,是指与被假冒的注册商标完全相同,或者与被假冒的注册商标在视觉上基本无差别,足以对公众产生误导的商标。对于商标是否相同的认定,应坚持常识标准或平均人标准,考虑普通人的识别能力,即应以是否足以使一般消费者误认为是注册商标为准。第二,假冒注册商标罪的主观方面只能是故意,过失不构成该罪。

(3)风险提示。

第一,假冒注册商标罪的追诉标准。根据有关司法解释,未经注册商标所有人许可,在同一种商品上使用与其注册商标相同的商标,涉嫌下列情形之一的,

应予立案追诉:① 非法经营数额在 5 万元以上或者违法所得数额在 3 万元以上的;② 假冒两种以上注册商标,非法经营数额在 3 万元以上或者违法所得数额在 2 万元以上的;③ 其他情节严重的情形。

第二,假冒注册商标罪与非罪的区别。① 擅自在类似商品上使用与他人注册商标相同或者类似的商标的,以及在同一种商品上使用与他人注册商标相类似的商标的行为,不构成假冒注册商标罪。② 假冒他人没有注册的商标的,不构成假冒注册商标罪。③《反不正当竞争法》第 6 条第 1 项至第 4 项规定了以下与假冒注册商标相关的不正当竞争行为:擅自使用与他人有一定影响的商品名称、包装、装潢等相同或者近似的标识;擅自使用他人有一定影响的企业名称(包括简称、字号等)、社会组织名称(包括简称等)、姓名(包括笔名、译名、译名等);擅自使用他人有一定影响的域名主体部分、网站名称、网页等;其他足以引人误认为是他人商品或者与他人存在特定联系的混淆行为。这四类行为虽然都属于不正当竞争行为,但都不是假冒注册商标的行为,所以,不构成假冒注册商标罪。

2. 生产、销售有毒、有害食品罪解读

(1) 规范目的。

《刑法》设置此罪的目的,一方面在于保护公平的市场竞争秩序,另一方面在于保护公民的生命和健康。

(2) 构成特征。

生产、销售有毒、有害食品罪的主要特征有:第一,生产、销售有毒、有害食品罪的客观方面表现为生产、销售有毒、有害食品,或者销售明知掺有有毒、有害的非食品原料的食品的行为。第二,生产、销售有毒、有害食品罪的行为对象是有毒、有害食品,即掺入有毒、有害物质或非食品原料的食品。在食用农产品种植、养殖、销售、运输、贮存等过程中,使用禁用农药、兽药等禁用物质或者其他有毒、有害物质的,或者在保健食品或者其他食品中非法添加国家禁用药物等有毒、有害物质的,不以生产、销售有毒、有害食品罪定罪处罚。第三,生产、销售有毒、有害食品罪是抽象危险犯,其构成要件不要求发生实害结果,也不要求有发生结果的具体危险。对人体健康造成严重危害或者有其他严重情节的,以及致人死亡或者有其他特别严重情节的,法定刑升格。第四,生产、销售有毒、有害食品罪的主观方面要求是故意,过失不成立该罪。

(3) 风险提示。

第一,生产、销售有毒、有害食品罪与生产、销售不符合安全标准的食品罪的界限。这两种犯罪在保护法益、犯罪主体方面存在相同或相似之处,但有根本的区别:① 生产、销售的食品的性质不同。前者生产、销售的是含有有毒、有害的非食品原料的食品;后者生产、销售的是不符合食品安全标准的食品,其中某些原料可能含有有毒、有害物质,但仍然是食品原料。② 犯罪的形态不同。前者是抽象危险犯,只要实施了生产、销售有毒有害的食品的行为,就成立犯罪;后者是具体危险犯,行为人实施的生产、销售不符合卫生标准的食品的行为,必须造成法定的危险,才成立犯罪。

第二,生产、销售有毒、有害食品罪与投放危险物质罪的界限。二者有相互重合之处,但一般来说,二者的区别主要在于:生产、销售有毒、有害食品罪发生在生产、经营活动中,具有使得食品数额增加、成本降低、吸引顾客等牟利目的,而投放危险物质罪一般则与生产、经营活动没有关系,投放危险物质罪目的主要在于报复、陷害等。如果出现了确实难以区分的情形,可以按竞合的原则处理,即择一重罪定罪处罚。

3. 非法经营罪解读

(1) 规范目的。

《刑法》设置非法经营罪旨在保护国家对部分物品实施的专卖、专营制度。

(2) 构成特征。

非法经营罪的特征有:

第一,危害行为和危害结果,非法经营罪客观上表现为违反国家规定,从事非法经营活动,扰乱市场秩序,情节严重。首先,必须实施了以下四种行为之一:① 未经许可经营法律、行政法规规定的专营、专卖物品或者其他限制买卖的物品;② 买卖进出口许可证、进出口原产地证明以及其他法律、行政法规规定的经营许可证或者批准文件;③ 未经国家有关主管部门批准非法经营证券、期货、保险业务,或者非法从事资金支付结算业务;④ 其他严重扰乱市场秩序的非法经营行为。其次,必须达到情节严重的程度。

第二,非法经营罪的主观方面为故意。

(3) 风险提示。

第一,其他严重扰乱市场秩序的非法经营行为的类型。根据近年来的立法和司法解释,其他严重扰乱市场秩序的非法经营行为的类型主要有:① 非法经营外汇;② 非法经营出版物;③ 非法经营电信业务;④ 非法生产、销售"瘦肉精"等药物;⑤ 灾害期间,哄抬物价,牟取暴利;⑥ 擅自从事互联网业务;⑦ 擅自发行、销售彩票;⑧ 擅自发行基金份额募集基金。

第二,非法经营罪的追诉标准。根据有关司法解释,具有下列情形之一的,应当立案追诉:① 个人非法经营数额在5万元以上,或者违法所得数额在1万元以上的;② 单位非法经营数额在50万元以上,或者违法所得数额在10万元以上的;③ 虽未达到上述数额标准,但两年内因同种非法经营行为受过2次以上行政处罚,又进行同种非法经营行为的;④ 其他情节严重的情形。

4. 污染环境罪解读

（1）规范目的。

《刑法》设立此罪旨在保护生态环境。就污染环境罪保护的法益而言，存在人类中心的法益观与生态中心的法益观两种观点。前者认为，环境刑法的主旨在于维护人的本体利益，某种破坏环境的行为如果没有最终对人的生命、身体造成侵害，就不应当以犯罪论处。但是，从各国环境立法的趋势看，保护以生态为中心的环境法益已经成为环境刑法立法的主要目的，立法逐渐摆脱了对个人法益的依赖。由此，生态中心的法益观认为，凡是对环境作不利改变的行为都可能成立犯罪。当然，生态中心论并不完全脱离人类利益，抽象地看待环境法益，保护环境的最终目的仍是保护人类，但这种人类利益是一种未来的、预期的利益。就现实保护而言，只能转换为保护与人类生存密切联系的现实整体环境。

（2）构成特征。

污染环境罪的主要特征有：第一，污染环境罪在客观上表现为，违反国家环境保护法规，实施了破坏自然环境和自然资源，严重污染环境的行为。具体而言，包括两个方面的内容：① 违法向土地、水体、大气排放、倾倒或者处置有放射性的废物、含传染病病原体的废物、有毒物质或者其他有害物质；② 造成严重污染环境的结果。第二，污染环境罪的主观方面，通说认为是过失。

（3）风险提示。

第一，污染环境罪的追诉标准。根据有关司法解释，实施《刑法》第338条规定的行为，具有下列情形之一的，应当认定为"严重污染环境"，应予立案追诉：① 在饮用水水源一级保护区、自然保护区核心区排放、倾倒、处置有放射性的废物、含传染病病原体的废物、有毒物质的；② 非法排放、倾倒、处置危险废物3吨以上的；③ 非法排放含重金属、持久性有机污染物等严重危害环境、损害人体健康的污染物超过国家污染物排放标准或者省、自治区、直辖市人民政府根据法律授权制定的污染物排放标准3倍以上的；④ 私设暗管或者利用渗井、渗坑、裂隙、溶洞等排放、倾倒、处置有放射性的废物、含传染病病原体的废物、有毒物质的；⑤ 两年内曾因违反国家规定，排放、倾倒、处置有放射性的废物、含传染病病原体的废物、有毒物质受过两次以上行政处罚，又实施前列行为的；⑥ 致使乡镇以上集中式饮用水水源取水中断12小时以上的；⑦ 致使基本农田、防护林地、特种用途林地5亩以上，其他农用地10亩以上，其他土地20亩以上基本功能丧失或者遭受永久性破坏的；⑧ 致使森林或者其他林木死亡50立方米以上，或者幼树死亡2500株以上的；⑨ 致使公私财产损失30万元以上的；⑩ 致使疏散、转移群众5000人以上的；⑪ 致使30人以上中毒的；⑫ 致使3人以上轻伤、轻度残疾或者器官组织损伤导致一般功能障碍的；⑬ 致使1人以上重伤、中度残疾或者器官组织损伤导致严重功能障碍的；⑭ 其他严重污染环境的情形。

第二,污染环境罪与投放危险物质罪的区别。二罪最明显的不同表现在:① 主观方面,前罪对最终结果的心理状态必须是过失,而不能是故意;而后罪是故意。② 客观方面,前罪的行为方式是"排放""倾倒""处置";而后罪的行为方式是"投放"。前罪排放、倾倒或者处置的是有放射性的废物、含传染病病原体的废物、有毒物质或者其他有害物质,即必须是废物,即使是有毒物质,也只能是含有有毒物质的废物,而不能是有毒物质本身;而后罪所投放的应当是毒害性、放射性、传染病病原体等物质本身,即使是掺在其他物质中投放,也不是作为废物在排放、倾倒的。但在行为人有意向环境中违法排放、倾倒或者处置各种危险废弃物,对不特定或者多数人的生命、身体或者财产构成直接而紧迫的威胁时,则成立二罪的竞合犯,应当择一重罪处断,即以投放危险物质罪论处。

5. 拒不支付劳动报酬罪解读

(1) 规范目的。

《刑法》设立此罪旨在借助刑罚严厉性,迫使拒不支付劳动者报酬的"老赖"积极履行支付义务,惩治和防范严重侵犯劳动者利益,影响社会稳定的恶意欠薪行为。

(2) 构成特征。

拒不支付劳动报酬罪在客观方面既有危害行为又有危害结果,且两者间有因果关系。① 危害行为表现为两种类型:一种是逃避支付劳动报酬的行为,另一种是有能力支付而不支付劳动报酬的行为。前者是用人单位以积极方式拒绝支付劳动报酬,通过转移财产、逃匿等方法导致实际支付能力的下降或者丧失,从而不履行应当承担的义务;而后一种类型则表现为行为人的消极性,虽怠于履行义务,但没有故意造成支付能力的弱化。② 危害结果表现为:拖欠劳动报酬数额较大,法律没有明文规定构成犯罪的绝对数值范围,宜比照职务侵占罪的入刑标准。③ 政府责令的前置程序:立法上强调"经政府有关部门责令支付仍不支付"的限制性条件,意味着用人单位只有在收到劳动行政部门或其他主管部门作出的支付劳动报酬的处理决定以后,仍然拒不支付劳动报酬的,才可能构成拒不支付劳动报酬罪。

(3) 风险提示。

第一,拒不支付劳动报酬罪的追诉标准。根据司法解释,拒不支付1名劳动者3个月以上的劳动报酬且数额在5000元至2万元以上的;拒不支付10名以上劳动者的劳动报酬且数额累计在3万元至10万元以上的,应予追诉。

第二,注意对"有能力支付而不支付"的理解,要区分用人单位和个体雇主。如果是用人单位,则以该用人单位是否存有资金为准,有资金而不支付即为"有能力支付而不支付",包括支付数额低于应当支付的数额。"有资金"包含有现金,或账户上有存款,或有到期债权等。对于个人来说,除了弄清其是否有经济能力外,还涉及夫妻财产、家庭财产等之间的差别,以及是否竭尽其一切能力的问题,诸如变卖家产、抵押贷款、借款等。

第三,企业主应注意转移资产与拒不支付劳动报酬罪的关联。实践中企业主可能因为种种原因需要资金周转,但只要企业主有资金的流动并导致无法及时足额支付劳动者报酬,都可能涉嫌转移财产,除非与劳动者先行沟通并获得劳动者谅解,或者有证据证明确有交易存在并有资金短期流动之必要和迅速回笼资金之可能。

三、贸易和融资环节中的刑事法律风险

(一) 核心法条

在贸易和融资环节中,刑事法律风险主要集中于合同诈骗罪、集资诈骗罪和非法吸收公众存款罪等罪名,主要触犯的《刑法》条文如下:

第一百七十六条 【非法吸收公众存款罪】非法吸收公众存款或者变相吸收公众存款,扰乱金融秩序的,处三年以下有期徒刑或者拘役,并处或者单处罚金;数额巨大或者有其他严重情节的,处三年以上十年以下有期徒刑,并处罚金;数额特别巨大或者有其他特别严重情节的,处十年以上有期徒刑,并处罚金。

单位犯前款罪的,对单位判处罚金,并对其直接负责的主管人员和其他直接责任人员,依照前款的规定处罚。

有前两款行为,在提起公诉前积极退赃退赔,减少损害结果发生的,可以从轻或者减轻处罚。

第一百九十二条 【集资诈骗罪】以非法占有为目的,使用诈骗方法非法集资,数额较大的,处三年以上七年以下有期徒刑,并处罚金;数额巨大或者有其他严重情节的,处七年以上有期徒刑或者无期徒刑,并处罚金或者没收财产。

单位犯前款罪的,对单位判处罚金,并对其直接负责的主管人员和其他直接责任人员,依照前款的规定处罚。

第二百二十四条 【合同诈骗罪】有下列情形之一,以非法占有为目的,在签订、履行合同过程中,骗取对方当事人财物,数额较大的,处三年以下有期徒刑或者拘役,并处或者单处罚金;数额巨大或者有其他严重情节的,处三年以上十年以下有期徒刑,并处罚金;数额特别巨大或者有其他特别严重情节的,处十年以上有期徒刑或者无期徒刑,并处罚金或者没收财产:

(一) 以虚构的单位或者冒用他人名义签订合同的;

(二) 以伪造、变造、作废的票据或者其他虚假的产权证明作担保的;

(三) 没有实际履行能力,以先履行小额合同或者部分履行合同的方法,诱骗对方当事人继续签订和履行合同的;

(四) 收受对方当事人给付的货物、货款、预付款或者担保财产后逃匿的;

(五) 以其他方法骗取对方当事人财物的。

合同诈骗罪、集资诈骗罪、非法吸收公众存款罪的风险防范

（二）规则解读

1. 合同诈骗罪解读

（1）规范目的。

合同诈骗罪是指以非法占有为目的，在签订、履行合同的过程中，以欺骗的手段取得对方当事人财物且数额较大的行为。合同诈骗犯罪是利用经济合同的形式进行的，具有相当的复杂性、隐蔽性和欺骗性，严重危害社会经济秩序的良性运行。《刑法》设立此罪目的在于保护经济往来中当事人合法的财产利益，维护社会主义市场交易信用体系。

（2）构成特征。

第一，行为发生的时空条件：合同诈骗罪行为发生于市场经济交往——合同的签订与履行过程中。

第二，行为实施的具体方式：以签订、履行经济合同为手段，实施了骗取对方当事人财物的行为。具体而言，合同诈骗罪的行为方式包括：① 以虚构的单位或冒用他人名义签订合同；② 以伪造、变造、作废的票据或者其他虚假的产权证明作担保；③ 行为人没有实际履行合同的能力，以先履行小额合同或者部分履行合同的方法，诱骗对方当事人继续签订和履行合同；④ 收受对方当事人给付的财物、货款、预付款或者担保财产后逃逸；⑤ 以其他方法骗取对方当事人的财物。

第三，行为产生的后果：行为人骗取他人的财产需要达到数额较大的标准。

（3）风险提示。

第一，合同诈骗罪的追诉标准。根据相关规定，以非法占有为目的，在签订、履行合同过程中，骗取对方当事人财物，数额在 2 万元以上的，应予立案追诉。此立案追诉标准对单位犯罪和自然人犯罪的立案追诉标准进行了统一。

第二，合理把握合同诈骗与夸大履约能力骗签合同行为的界限。夸大履约能力骗签合同的行为人必须具有一定的履约能力，夸大履约能力的目的仅限于使对方当事人相信自己与其签订合同，行为人签订合同后必须积极履行合同；若只是部分履行合同，给对方当事人造成一定经济损失的，须有归还所欠财物的意图。合同诈骗与之本质区别在于行为人从一开始就不具备履行合同的意思，而仅仅是以合同为幌子企图诈骗他人财物。

第三，合理区分合同诈骗罪与民事欺诈行为的界限。二者在主观上都有故意，但故意的内容不同，民事欺诈行为是通过双方履约来间接获取非法利益，合同诈骗则根本没有履约的能力与诚意，只是以签订合同为名而直接非法占有对方的财物。但是这二者之间并没有不可逾越的界限，实际案例中"民转刑"的情况很多，企业家应充分注意其中的刑事风险。

2. 集资诈骗罪解读

（1）规范目的。

集资诈骗罪是指以非法占有为目的，使用虚构事实或者隐瞒真相的方法，非法向社会公众集资，骗取集资款数额较大的行为。集资诈骗行为具有很大的欺骗性与迷惑性，不仅会造成社会公众的财产损失，更会严重干扰金融机构信贷业务的正常进行，破坏国家的金融管理秩序，从而影响社会经济的稳定与发展。《刑法》设立此罪的目的在于规范集资行为和加强对金融市场的管理，保护投资者的合法权益。

（2）构成特征。

诈骗方法、非法集资、数额较大是集资诈骗罪客观要素的基本内容，非法占有目的则是集资诈骗罪的主观要素。本罪特征为：① 诈骗方法多样。只要某种行为足以使对方陷入"行为人属合法募集资金""行为人属正当募集资金""行为人的集资获得了有权机关的批准""出资后会有回报"等认识错误，足以使对方"出资"，就可能涉嫌集资诈骗。司法实践中，常见的欺骗方法主要有：虚构客观上并不存在的公司、企业或者公司、企业计划非法集资；伪造金融机构印章、假冒金融机构非法集资；利用民间抬会方式①、利用多层次传销方式、利用虚假的证券交易形式非法集资等。② 集资的"非法性"。集资诈骗中的非法集资是指违反了法律、法规、规章及有关机关的实体规定或者程序规定，认定依据是国家金融管理法律法规，对于法律法规未作原则性规定的，可以参考部门规章或规范性文件。③ 社会性，向社会公众即不特定对象吸收资金。出资者为社会公众，集资者承诺高于正常回报通常也是该罪的基本特征。

（3）风险提示。

由于防范金融风险的需要，我国金融立法采用了窄口径的立法方式，给金融创新留下的空间很小，民间金融的尴尬生存及其合法性困境一直未能在金融制度层面得到解决。因而，企业家需要准确把握非法集资与合法集资的界限。

第一，集资诈骗罪的追诉标准。根据司法解释，个人集资诈骗，数额在10万元以上的；单位集资诈骗，数额在50万元以上的，应予追诉。

第二，集资数额的界定问题。集资诈骗的数额以行为人实际骗取的数额计算，案发前已归还的数额应予扣除；行为人实施集资诈骗活动而支付的广告费、中介费、手续费、回扣，或者用于行贿、赠与等费用，不予扣除。行为人为实施集资诈骗活动而支付的利息，除本金未归还可予折抵本金以外，应当计入诈骗数额。

---

① "抬会"是温州早期典型的民间集资组织，指若干人组成一个"会"，发起人被称为"会主"，把会员的钱聚拢，交会员轮流使用，先用的人付利息，后用的人吃利息。会员可发展新会员变成"会主"，层层往下，形成复杂的金字塔式结构。由于缺乏法律的保护与规范，"抬会"的运作纯靠乡亲间的个人信用保证，在平常时刻并无太大风险，然而到了经济快速成长和资金供求失衡的时候，就会引发意外的事件。

第三，集资诈骗罪与一般非法集资行为的区别。主观上是否具有非法占有他人财物的目的是二者的关键区别。实践中，常常是从集资后的资金运用方式予以区分，下列情况都可以认为是具有非法占有目的：携带集资款逃跑的；挥霍集资款致使无法返还的；使用集资款进行违法犯罪活动致使无法返还的；具有其他欺诈行为，拒不返还集资款或致使集资款无法返还的。

3. 非法吸收公众存款罪解读

（1）规范目的。

非法吸收公众存款罪，是指违反国家法律、法规的规定，非法吸收公众存款或者变相吸收公众存款，扰乱金融秩序的行为。非法经营的存贷款业务存在着高利率、高风险和缺乏有效约束和监管机制等特点，具有极大的欺骗性和财产损失风险，严重的会引发局部性金融风波和群体性事件，影响社会稳定。《刑法》设置此罪，目的在于惩治破坏国家金融管理秩序的行为，打击金融投机行为。

（2）构成特征。

根据有关司法解释的规定，违反国家金融管理法律规定，向社会公众（包括单位和个人）吸收资金的行为，同时具备下列四个条件，应当认定为非法吸收公众存款罪：① 未经有关部门依法批准或者借用合法经营的形式吸收资金；② 通过媒体、互联网、推介会、传单、手机短信等途径向社会公开宣传；③ 承诺在一定期限内以货币、实物、股权等方式还本付息或者给付高额回报。④ 向社会公众即社会不特定对象吸收资金。因此，未向社会公开宣传、在亲友或者单位内部针对特定对象吸收资金的，不属于非法吸收或变相吸收公众存款。

（3）风险提示。

现实中，中小企业特别是民营企业贷款难，民间融资与合法借贷广泛活跃地存在，与国家金融监管制度的紧张关系日益凸显。企业家应充分注意下列刑事风险：

第一，正确把握民间借贷的合法边界。合法的民间借贷的目的在于满足自己生产经营的资金缺口，且借款利率在国家许可范围内；而非法吸收公众存款的目的则在于从事未经批准的金融业务。

第二，合理区分变相吸收公众存款与委托理财。由于有关委托理财的法律、法规尚不完善，企业在提供委托理财服务时如果承诺保底收益，亦可能被认定为变相吸收公众存款。

第三，合理确定企业内部集资行为的边界。企业向内部职工集资，不得违反金融监管机构的有关规定，而且需将集资对象严格限定在内部职工的范围内，不得以社会不特定的个人与单位为对象。

第二节 企业(家)刑事法律风险的防范措施

"防患于未然、防微杜渐",这一策略适用于任何风险的防范,刑事法律风险亦不例外。导致企业(家)经受刑事法律风险的原因极其复杂,但可大致分为两大因素,一是外部因素,二是内部因素。前者主要是一个国家的法治环境包括各种经济制度的供给和司法机关的司法行为等因素,后者则主要取决于企业(家)自身的行为。由于主题所限,本书倡导的各种防范措施主要限于后者。

企业(家)刑事法律风险的防范措施

一、遵循基本商业伦理,规避"现实之罪"

在第一节当中,我们研究了企业(家)刑事法律风险的主要发生环节和可能触犯的罪名。由于我国《刑法》实行严格的"罪刑法定原则",于是,人们便形成这样一种印象,"只要能够规避《刑法》设的构成要件,企业(家)就可以有效阻止刑事法律风险的生成,避免招致刑事处罚"。大致而言,这一说法是正确的,但是,在司法实践中,事情并非总是如此。

一方面,企业(家)为达到某种商业目的,小心翼翼地规避《刑法》设定的构成要件,但最终却仍陷于漫长的刑事诉讼程序,面临刑罚的现实威胁。如实践中经常出现的"公安机关插手经济纠纷"的现象,便是其表现之一,尽管涉案的企业(家)最后可能作无罪、疑罪或者其他处理,但是,刑事诉讼过程中,当事人可能遭受长期羁押,而企业(家)为避免最终的刑事处罚而耗费的精力和财力,都无法估量,也很难挽回。

另一方面,符合《刑法》构成要件的行为,未必会为企业(家)招致实际的刑事处罚。在商业领域,风险往往与利润成正比,企业(家)如果在每一点上都按法律的要求循规蹈矩,就可能错过稍纵即逝的商机,从而在激烈的市场竞争中居于下风,时刻面临出局的危险。对于企业(家)而言,各种各样的"擦边球"在现实中难以避免。不过,同样是"擦边球",同样是实施了符合某一犯罪构成要件的行为,有的企业(家)被追究刑事责任,有的企业(家)却安然无恙。犯罪与刑罚在《刑法》条文中相对恒定的对应关系,在现实生活中却存在相当的变数。造成这种现象的原因是复杂的,有可能是公安司法机关的选择性执法,也有可能是当事企业(家)采取某种不合法的方式影响了公安司法机关的行为,但是,另外一个非常重要的原因便是,并不由《刑法》条文直接设定的商业伦理,对企业(家)现实面临的刑事法律风险具有重大影响。

综上所述,在《刑法》规定的犯罪构成要件之外,尚存在诸多影响企业(家)现实刑事法律风险的实践性因素,而企业(家)在商业活动中能否遵循基本的商业伦理,是这些实践性因素最为重要的侧面之一。不遵循基本商业伦理的企业(家),即便小心翼翼地规避《刑法》构成要件,也未必能确保自己不陷于刑事诉讼的纠缠;相反,诚实守信、兼顾相关利益的企业(家),却可能在刑罚威慑的边缘地带涉险脱身。[①] 因此,为提高企业(家)刑事法律风险防范的实用性、操作性和有效性,既有必要从"法律条文之法"切入,更有必要从"生活实体之法"着眼,以期达到既防范"理论之罪"又规避"现实之罪"。

二、增强法律意识,建立健全的企业法律顾问制度

毫无疑问,企业从事的主要是经济行为,作为企业实际运作者的企业家通常具有较强的经济意识,但其法律意识却较为欠缺。这种欠缺主要表现在两个方面:一方面,企业家自身并不具备起码的法律知识;另一方面,对企业的法律工作人员或者律师的意见缺乏足够的重视。为避免刑事法律风险的生成,企业家便需了解基本的法律常识,提升自身的法律意识,当然,这并非问题的关键,因为刑事法律问题本身颇为精深,企业家不可能成为刑法专家,更不可能对相关犯罪的构成要件了如指掌,并将其作为自己的行动指南。这就意味着,虽然了解基本的法律常识是增强法律意识的有效途径之一,但是,增强法律意识的关键却在于,建立起健全的法律顾问制度,对企业的法律工作人员或者律师的意见保持足够的重视,养成决策之前咨询律师的习惯。在企业作出重大决策之前,先聘请专业律师对决策涉及的项目计划进行合规性评估,发现其中存在的各种法律风险,合理预见潜在的法律风险,并提出修改、解决方案,防患于未然。

三、建立专门的刑事法律风险控制机制

建立企业法律顾问制度,重视律师或者法律工作人员的意见,通常能规避一般的刑事法律风险,因为通常而言,如果并不违反民商经济等法律,其行为便不会构成犯罪,不会产生刑事法律风险。然而,由于企业法律顾问或者企业内部的法律工作人员,通常并非刑事法律专家,其对刑事法律风险的敏感度以及掌控度便较为欠缺。因此,欲更有效地避免刑事法律风险的生成,便需建立专门的刑事法律风险控制机制,让刑事法律专家一开始就介入企业法律事务。具体而言,主要包括刑事法律风险的评估和预警、刑事法律风险内控机制的建立等内容。

---

① 赵军:《商业伦理与企业家刑事法律风险控制——基于两例个案研究》,载张远煌、陈正云主编:《企业家犯罪分析与刑事风险防控(2012—2013 卷)》,北京大学出版 2013 年版,第 252 页。

1. 建立刑事法律风险的评估和预警机制。这就要求,企业在进行投资、合并与分立、融资与担保、债权与债务等重大业务的法律风险评估时,一定要同时聘请刑事法律专家,对于可能出现的刑事法律风险进行评估,并根据风险等级的不同进行分类,对不同的风险提出相应的防范模式。全面评估后,应当对可能发生刑事风险的环节提出预警,决策机构应当及时研究决定,果断采取防控措施,相应的部门和人员应立即执行。

2. 建立刑事法律风险的内控机制。对于极易发生刑事法律风险的业务,企业内部应当建立刑事法律风险内控机制,可从权利授予、报告呈送、限时审批、责任审计、业务考评等几个程序,严格防控刑事法律风险的出现。① 易言之,通过把企业生产经营的重大环节纳入依法经营的管理之中,通过制度化、规范化的运作,从根本上把传统经营的"人治化"变成当今的"法治化",从而杜绝刑事法律风险的生成。

第三节　企业(家)刑事法律风险的典型案例

一、日常经营和财务管理环节中的典型案例

（一）案情简介

大连实德徐明案②

徐明于1992年创建了大连实德集团,任大连实德集团总裁。2005年,徐明曾在"福布斯中国富豪榜"上排名第八。2011年,在胡润机构发布的首个《东北财富报告》中,徐明以130亿元资产位列第五。2012年3月15日,新华社下属的《财经国家周刊》透露,徐明因涉嫌经济案件被相关部门控制。而徐明案发的直接导火索就是重庆市原副市长王某被查处。经查,在王某任职重庆期间,徐明出资285万元在北京购置两套住房送给王某一直系亲属,事后王某接受徐明请托,指令有关部门,将已羁押的潘某、王某某、张某释放。

（二）案例评析

徐明案是近年来纷纷"落马"的民营企业家群体的一个缩影。从2003年上海首富、农凯集团董事长周某被捕,到2010年中国首富、国美电器前主席黄某

---

① 参见叶亚杰:《新形势下企业刑事法律风险防控若干疑难问题研究》,载《和田师范专科学校学报》2015年第2期。
② 参见陈玉峰:《徐明:大连实德风雨飘摇》,载《法人》2013年第3期。

铛锒入狱,再到如今身陷囹圄的徐明,众多知名企业家"落马"背后的权贵阴影挥之不去。在中国现实的政商生态中,民营企业家攀附政治权贵寻找靠山成为其发家致富的捷径,无论是获取资金、项目,还是得到地块、矿山,只要有相关"领导关照"就能一路绿灯。但依靠这种手法生存发展的企业家,也面临着巨大的刑事风险。一旦其所攀附的权贵倒台,便很难置身事外。整肃吏治、营造良好的市场经营环境无疑是政府的责任,但作为企业家,唯有自觉遵循市场基本法则,寻求不依附于权力的商道,才能得以远行。

二、产品安全和劳动卫生环节中的典型案例

（一）案情简介

上海福喜食品安全案[①]

成立于1909年的美国福喜集团是世界最大的肉类及蔬菜加工企业,在全球17个国家拥有约60家食品加工厂。2014年7月20日,卧底记者爆料,隶属于该集团的上海福喜食品有限公司加工过期劣质肉,并销售给麦当劳、肯德基、必胜客等知名快餐企业。新闻爆出后,上海食品药品监督管理部门连夜展开调查,并立即要求上海所有肯德基、麦当劳问题产品全部下架。7月22日,上海市食品药品监督管理局的初步调查表明,上海福喜食品有限公司涉嫌有组织实施违法生产经营食品行为,食药监局查实了5批次问题产品,涉及麦乐鸡、迷你小牛排、烟熏风味肉饼、猪肉饼,共5108箱。相关部门对22家下游食品流通和快餐连锁企业进行紧急约谈,封存上海福喜食品有限公司产品约100吨。7月24日,上海警方依法对上海福喜食品有限公司负责人、质量经理等6名涉案人员予以刑事拘留。8月29日,上海福喜食品有限公司涉案高管胡某等6人,因涉嫌生产、销售伪劣产品罪被上海市人民检察院第二分院依法批准逮捕。

（二）案例评析

（1）上海福喜事件反映出我国食品安全整体状况堪忧。

作为有近百年历史的食品业巨头,福喜集团是全球最大的肉类及蔬菜加工企业,所供产品的安全性得到包括麦当劳、肯德基、必胜客在内众多国际知名食品企业的信赖。不过,福喜集团的生产工厂遍布全球,各分支机构在具体生产流

[①] 上海福喜食品有限公司、福喜食品有限公司等生产、销售伪劣产品案,(2015)嘉刑初字第1698号,案例来源于中国裁判文书网。

程和业务规范方面存在一定差异。此次食品安全丑闻,反映了福喜集团对中国市场食品安全的相对忽视。之所以如此,与中国食品安全法律体系不完备、实际监管力度不足以及整个食品行业对食品安全的重视程度低有关。客观地说,这次福喜食品安全事件的主要"罪状"——使用超过(冰冻)6天保质期的冻肉,在中国现实食品市场上算不上"严重",正相反,由福喜供货的麦当劳、肯德基、必胜客等大企业的食品安全水平在中国市场至少不居下游。这也是上海福喜长期如此操作的重要原因或者借口,该事件所反映的其实是我国食品安全整体状况堪忧的严峻现实。

(2)食品监督管理部门的监管力度亟待强化。

在食品市场,分散的消费者相对生产者、销售者居于天然的劣势,不具备对等博弈的基础。缺乏专业知识及专业设备的消费者无力准确判断食品的安全性,即便能够作出这样的判断,从诉讼经济的角度而言,整体上也不太可能通过司法途径维护权利。这意味着,类似问题的解决只能依靠政府监管部门积极的强力介入,通过对食品安全领域违法行为的严查、严罚,促使食品企业确保食品安全。这次福喜事件,并非由政府监管部门主动发现,监管部门的失职显而易见。事实上,福喜所暴露出的问题,远不及那些食品黑作坊严重,政府相关职能部门对食品安全的治理力度亟待强化。

(3)福喜案的教训值得每一家食品企业吸取。

尽管是一家具有百年历史的跨国企业,尽管与众多国际知名食品品牌有着长期稳固的战略合作关系,尽管其实际执行的生产流程和安全标准在中国同行中居于领先地位,尽管本次事件中的"过期"冻肉并不如地沟油、苏丹红那样"毒",但该事件对福喜集团的影响却是灾难性的。7月20日,事件被媒体曝光后,麦当劳、棒约翰、德克士、赛百味等主要客户先后停止了与上海福喜的合作,百胜集团在向美国证券交易委员会递交的一份备份文件中甚至决定在全球范围内停止与福喜集团的合作。至2014年年底,上海福喜已被迫正式宣布停止营运,超过1000名员工被分流,其在中国其他地方的投资工厂项目,也受到不同程度的影响,产品严重滞销,库存积压严重,出口业务全面叫停。数年前的"三鹿"是因奶制品中含三聚氰胺导致"大头娃娃"的严重后果才倒下,但在福喜事件中,一名卧底记者调查出的"过期冻肉"就让上海福喜遭受了灭顶之灾。这一方面反映出人们对食品安全问题的重大忧虑与关切,另一方面也反映出网络媒体时代舆论对特定议题的放大效应。这意味着,食品安全无小事,对食品安全问题的任何忽视,都有可能导致食品企业的彻底溃败。

三、贸易和融资环节中的典型案例

(一) 案情简介

周某集资诈骗案[①]

周某系浙江省衢州中宝投资有限公司(以下简称中宝投资公司)法定代表人。2014年3月13日周某因涉嫌非法吸收公众存款罪被刑事拘留,同年4月15日被逮捕。2015年8月16日,衢州市中级人民法院一审以集资诈骗罪判处周某有期徒刑15年,并处罚金50万元;对周某犯罪所得继续追缴,返还各被集资人。

自2011年2月以来,周某利用中宝投资公司及其"中宝投资网站",以开展P2P[②]网络借贷为名,以高息为诱饵,对外发布含有虚假借款人和借款用途等内容的贷款信息,向全国各地公众大量吸收资金。为了吸引更多投资人,自2015年5月以来,周某借用公司网站虚构34个发标人,并用自己的身份注册了2个会员,隐瞒真相,虚构事实,以高额回报等方式骗取投资人资金,先后从全国多个省份1586名不特定对象处集资共计10.3亿余元,其中部分用于支付投资人本金和许诺的利益、购买房产、支付员工工资等,直至案发尚有1136名投资人共计3.56亿元集资款未归还,案发后侦查机关从周某控制的用于集资的账户中扣押资金1.8亿元,其非法集资行为造成1.76亿元投资款无法偿还给投资人。

(二) 案例评析

中宝投资公司是我国第一家被立案侦查的P2P案件。该案是一个不同寻常、饱受争议的案件,案件的发展引起了P2P行业和广大投资人的广泛关注。中宝投资公司在众多P2P网贷跑路平台中欠款数额多、涉及的金额巨大,社会影响广泛。中宝投资公司案件的审理,不仅对众多P2P网贷平台违规违法经营具有重要的警示和震慑作用,同时,对相关P2P网贷平台集资诈骗罪的定性和量刑也具有重要的借鉴意义。

思考题

1. 在创业过程中,应如何防范财务管理环节中的刑事法律风险?

---

① 检例第40号,参见《关于印发最高人民检察院第十批指导性案例的通知》。
② P2P是英文peer to peer lending(或peer-to-peer)的缩写,意即个人对个人(伙伴对伙伴)。又称点对点网络借款,是一种将小额资金聚集起来借贷给有资金需求人群的一种民间小额借贷模式。

2. 在创业过程中,应如何防范劳动卫生环节中的刑事法律风险?
3. 在创业过程中,应如何防范融资环节中的刑事法律风险?
4. 在创业过程中,应如何防范知识产权方面的刑事法律风险?
5. 创业者应当采取哪些措施防范自身的刑事法律风险?

课后练习》

第八章—习题

第八章—答案

后　　记

在大众创业、万众创新的背景下，我国正在掀起一股又一股创业的大潮。但由于创业者对创业过程中的法律风险防范意识不强，导致影响其创业，甚至导致创业失败的案例并不鲜见。因此，开设此类课程意义重大。温州大学在国内率先开展了这方面的研究和开设了相关课程。创业法律风险防范课程就是在此背景下开设的，该课程有助于创业者提高法律素养，了解创业过程中常见的法律风险，对促进创业具有积极作用。温州大学是国家级创业型人才培养温州模式创新实验区、全国首批深化创新创业教育改革示范高校、全国首批创新创业典型经验高校、国家级首批"大学生创新创业训练计划"高校、国家级众创空间、教育部"卓越工程师教育培养计划"试点高校、教育部中美青年创客交流中心、浙江省大众创业万众创新示范基地和浙江省教师教育基地。同时，温州是创业的乐土，温商创业遍布全球，具有较大的辐射力和影响力，温商的创业经验值得其他地方借鉴。本书也是对温商创业法律风险防范经验的概括和总结，希望能对创业者有所借鉴和启示。

参加本书编写的既有高校教师，也有法官和律师等实务工作者，编写过程中温州德恒法治研究院全面参与，对本书贡献良多，在此对他们一并表示感谢。本书作者如下：周湖勇撰写第一、二、三、四、五章，以及第七章第二节；谭浩撰写第六章第一节；周秉策撰写第六章第二节；胡海华、陈以拓共同撰写第七章第一节；第八章第一节中的"单位受贿罪""单位行贿罪""对单位行贿罪""为亲友非法牟利罪"由周湖勇撰写，其他内容由胡剑波撰写，第八章第二、三节由胡剑波撰写。

周湖勇谨识
2024 年 3 月 6 日